한국사상선 24

홍명희
정인보

조선적인 것의 재구성

한국사상선 24

홍명희
정인보

강영주 · 박석무 편저

조선적인 것의
재구성

창비
Changbi Publishers

창비 한국사상선 간행의 말

나날이 발전하는 세상을 약속하던 자본주의가 반문명적 본색을 여지없이 드러내며 다수의 삶을 고통으로 몰아간 지 오래다. 이제는 인간 문명의 기본 터전인 지구 생태를 거세게 위협하는 시대에 이르렀다. 결국 세상의 종말이 닥친다 해도 놀랄 수 없는 시대의 위태로움이 전에 없던 문명적 대전환을 요구한다는 각성에서 창비 한국사상선의 기획은 시작되었다. '전환'이라는 강력하게 실천적인 과제는 우리 모두에게 다른 삶의 전망과 지침이 필요하며 전망과 지침으로 살아 작동할 사상이 절실함을 뜻한다. 그런 사상을 향한 다급하고 간절한 요청에 공명하려는 기획으로서, 창비 한국사상선은 한국사상이라는 분야를 요령 있게 소개하거나 새롭게 정비하는 평시적 작업을 넘어 어떤 비상한 대책이기를 열망하며 구상되었다.

사상을 향한 요청이 반드시 '한국사상'으로 향할 이유가 되는지 반문하는 이들도 있을지 모른다. 사상이라고 하면 플라톤 같은 유구한 이름으로 시작하여 무수히 재해석된 쟁쟁한 인물과 계보로 가득한 서구사상을 으레 떠올리기 때문이다. 우리가 겪는 위기가 행성 전체에 걸친 것이라면 늘 그래왔듯 서구의 누군가가 자기네 사상전통에 기대 무언가 이야기하지 않았을까, 그런 것들을 찾아보는 편이 더 효율적이지 않을까 하는 생각은 사실 오래된 습관이다. 더욱이 '한국사상'이라는 표현 자체가 많은 독자들에게 꽤 낯설게 느껴질 법하다. 한국의 유교사상이라거나 한국의 불교사상 같은 분류는 이따금 듣게 되지만 그 경우는 유교사상이나 불교사상의 지역적 분화라는 인상이 강하다. 한국사상이 변모하고 확장하면서 갖게 된 유교적인 또는 불교적인 양상으로 이해하는 방식은 익숙지 않을 것이기에 '한국사상'에 대한 우리의 공통감각은 여전히 흐릿하다고 말할 수 있다.

하지만 이런 사정이야말로 창비 한국사상선 발간의 또 다른 동력이다. 서구사상은 오랜 시간 구축한 단단한 상호참조체계를 바탕으로 세계 지성계에서 압도적 발언권을 유지하는 한편 오늘날의 위기에 관해서도 이런저런 인식의 '전회turn'라는 형식으로 대응하고 있다. 그럼에도 그 위상의 이면에 강고한 배타성과 편견이 작동하고 있음을 지적하는 목소리가 높다. 무엇보다 지금 이곳 — 그리고 지구의 또 다른 여러 곳 — 의 경험이 그들의 셈법에 들어 있지 않고 따라서 그 경험이 빚어낸 사상적 성과 역시 반영되지 않는다는 느낌은 갈수록 커져왔다. 서구사상에서 점점 빈번해지는 여러 전회들이 결국 그들 나름의 뚜렷한 한계 안에서 이루어지는 뒤집기 또는 공중제비에 불과하다는 인상도 지우기 어렵다. 정치, 경제, 문화 등 여러 부문에서 그렇듯이 이제 사상에서도 서구가 가진 위상은 돌이킬 수 없이 상대화되고 보편의 자리는 진실로 대안에 값하는 사상을 향한 열린 분투에 맡겨졌다.

그런가 하면 '한국적인 것' 일반은 K라는 수식어구를 동반하며 부쩍 세계적 이목을 끌고 있다. K의 부상은 유행에 민감한 대중문화에서 시작되어서인지 하나의 파도처럼 몰려와 해변을 적셨다가 곧이어 다른 파도에 밀려가리라 생각되기도 한다. '한류'라는 지칭에 집약된 이 비유는 숱한 파도가 오고 가도 해변은 변치 않는다는 암묵적 전제에 갇혀 있지만, 음악이든 드라마든 이만큼의 세계적 반향을 일으킨다면 해당 분야의 역사를 다시 쓰면서 더 항구적인 영향을 남길 수 있다고 평가받아야 한다. 중요한 것은 이제 한국적인 것이 무시 못 할 세계적 발언권을 획득하면서 단순히 어떻게 들리게 할까가 아니라 무엇을 말할까에 집중할 수 있게 된 점이다. 대중문화에 이어 한국문학이 느리지만 묵직하게 존재감을 발하는 이 시점이 한국사상이 전지구적 과제를 향해 독자적 목소리를 보태기에 더없이 적절한지 모른다.

그러기 위해 한국사상은 스스로를 호명하고 가다듬는 작업을 함께 진행해야 한다. 이름 자체의 낯섦에서 알 수 있듯 한국사상은 그저 우리 역사에 존재했던 여러 사상가들의 사유들을 총합하는 무엇이 아니라 상당 정도로 새로이 구성해야 하는 무엇에 가깝다. 창비 한국사상선은 문명전환을 이룰 대안사상의 모색이라는 과제를 중심으로 이 작업에 임하고자 했는데, 이는 거꾸로 바로 그런 모색이 실제로 한국사상의 면면한 바탕임을 발견하는 과정이기도 했다. 여기 실린 사상가들의 사유에는 역사와 현실을 탐문하며 새로운 삶의 보편적 비전을 구현하려 한 강도 높은 실천성, 그리고 주어진 사회의 시스템을 변혁하는 일과 개개인의 마음을 닦는 일이 진리에 속하는 과업으로서 단일한 도정이라는 깨달음이 깊이 새겨져 있다. 이 점은 오늘날 한국사상의 구성과 전승이 어떤 방식으로 지속되어야 할지 일러준다. 아직은 우리 자신에게조차 '가난한 노래의 씨'로 놓인 이 사유들을 참조하고 재해석하면서 위태로운 세계의 '광야'를 건널 지구적 자원이자 자기 삶의 실질적 영감으로 부단히 활용하는 실천을 통해 비로소 한국사상의 역량은 온전히 발휘될 것이다.

창비 한국사상선이 사상가들의 핵심저작을 직접 제공하는 데 주력한 이유도 여기에 있다. 학구적 관심이 아니라도 누구든 삶과 세계에 대해 사유하고 발언할 때 펼쳐 인용하고 되새기는 장면을 그려본 구성이다. 이제껏 칸트와 헤겔을 따오고 맑스와 니체, 푸꼬와 데리다를 언급했던 만큼이나 가까이 두고 자주 들춰보는 공통 교양서가 되기를 기대한다. 그러기 위해 원문의 의도를 훼손하지 않는 범위에서 되도록 오늘날의 언어에 가깝게 풀어 싣고자 노력했다. 핵심저작 앞에 실린 편자의 서문은 해당 사상가의 사유를 개관하며 입문의 장벽을 낮추는 역할에 더하여, 덜 주목받은 면을 조명하고 새로운 관점을 보탬으로써 독자들의 시야를 넓혀 각자 또 다른 해석자가 되도록 고무한다. 부록과 연보는 사상가를 둘러싼 당대적·세계적 문맥을 더 면밀히 읽는 데 도움이 되고자 한다.

사상선 각권이 개별 사상가의 전체 저작에서 중요한 일부를 추릴 수밖에 없었듯 전체적으로도 총 30권으로 기획되었기에 어쩔 수 없이 선별적이다. 시기도 조선시대부터로 제한했다. 그러다 보니 신라의 원효나 최치원같이 여전히 사상가로서 생명을 지녔을뿐더러 어떤 의미로 한국적 사상의 원류에 해당하는 분들과 고려시대의 중요 사상가들이 제외되었다. 또 조선시대의 특성상 유교사상이 지나치게 큰 비중을 차지한 느낌도 없지 않을 것이다. 하지만 조선의 유학 자체가 송학 내지 신유학의 단순한 이식이 아니라 중국에서 실현된 바 없는 독특한 유교국가를 만들려는 세계사적 실험이었거니와, 이 시대의 사상가들이 각기 자기 나름으로 유·불·선 회통이라는 한반도 특유의 사상적 기획에 기여하고자 했음이 이 선집을 통해 드러나리라 믿는다.

조선시대 이전이 제외된 대신 사상선집에서 곧잘 소홀히 되는 20세기 후반까지 포함하며 이제껏 사상가로 이야기되지 않던 문인, 정치인, 종교인을 다수 망라한 점도 본서의 자랑이다. 한번에 열권씩 발행하되 전부를 시대순으로 간행하기보다 1~5권과 16~20권을 1차로 배본하는 등 발간 방식에서도 20세기가 너무 뒤로 밀리지 않게 배려했다. 1권 정도전에서 시작하여 30권 김대중으로 마무리되는 구성에 1인 단독집만이 아니라 2, 3, 4인 합집을 배치하여 선별의 아쉬움도 최대한 보충하고자 했으나, 사상가들의 목록은 당연히 완결된 것이 아니고 추후 보완작업을 기대해야 한다. 그럼에도 이 사상선을 하나의 '정전'으로 세우고자 했음을 굳이 숨기고 싶지 않다. 다만 모든 정전의 운명이 그렇듯 깨어지고 수정되고 다시 세워지는 굴곡이야말로 한국사상의 생애주기에 꼭 필요한 일이다. 아니, 창비 한국사상선 자체가 정전 파괴와 쇄신의 정신까지 담고 있음에 주목해주시기를 바란다. 특히 수운 최제우와 소태산 박중빈 같은 한반도가 낳은 개벽사상가를 중요하게 배치한 점은 사상선의 고유한 취지를 한층 부각해주리라 기대한다.

창비 한국사상선은 1966년 창간 이래 60년 가까이 한국학에 남다른 관심을 기울여온 계간 『창작과비평』, 그리고 '독자와 함께 더 나은 세상을' 꿈꾸어온 도서출판 창비의 의지와 노력이 맺은 결실이다. 문명적 대전환에 기여할 사상, 그런 의미에서 단순히 개혁적이기보다 개벽적이라 불러야 할 사상에 의미 있는 보탬이 되고 대항담론에 그치지 않는 대안담론으로서 한국사상이 갖는 잠재성을 세계의 다른 구성원들과 공유하는 계기가 된다면 더없는 보람일 것이다. 오직 함께하는 일로서만 가능한 이 사상적 실천에 독자 여러분의 많은 관심과 참여를 부탁드린다.

2024년 7월
창비 한국사상선 간행위원회 일동

차례

홍명희

해방 직후의 홍명희.

진보적 민족주의자의 행로

선비정신과 근대사상의 공존

『임꺽정』의 작가이자 신간회 지도자였던 벽초碧初 홍명희洪命憙(1888~
1968)는 조선시대의 전통문화와 서구적인 근대문화를 누구보다도 깊숙이
체험한 인물이었다. 그는 19세기 말 명문 양반가의 장손으로 태어나 전래
의 봉건적 풍습 아래에서 성장했으며, 유년 시절부터 한학을 수학하여 전
통적인 유교사상을 자연스럽게 체득했다. 다른 한편 그는 같은 세대의 양
반가 출신 인사들 중 드물게 본격적으로 신학문을 배우고 신사상을 받아
들였다.

충청도 산골 괴산에서 태어나 자란 홍명희는 십대 때 상경하여 신교육
을 받고 일본에 유학했다. 그 후 이십대 말까지 서울과 토오꾜오, 상하이,
싱가포르 등 당시 동양 굴지의 대도시에서 생활하며 20세기의 신문물을
폭넓게 체험했다. 게다가 독서가로 소문났던 그는 유학 시절 이후 평생 동
안 광범한 독서를 통해 현대적인 사조를 기민하게 이해하고 적극 수용해
나갔다. 그 과정에서 전통적인 한학의 세계로부터 나아가 민족주의와 사

회주의에 이르기까지 다양한 근대사상을 접했다.

홍명희는 대하역사소설 『임꺽정』 이외에 글을 많이 쓰지 않았을뿐더러, 자신의 사상을 드러낸 저술은 더욱 드물게 남겼다.[1] 그중 서양의 근대 문화와 사상을 소개하는 글은 상대적으로 많았던 반면에, 우리의 전통 문화와 사상을 예찬한다든가 전통의 계승을 주장한 글은 매우 드물었다. 게다가 후자의 경우 그는 조선시대의 양반계급과 봉건적인 유학사상, 그리고 당쟁에 대해 혹독한 비판을 가했다. 따라서 홍명희의 인물됨을 고려하지 않고 저술만 살펴본다면 마치 그가 춘원 이광수처럼 전통사상을 무시하고 일방적으로 서구적 근대사상을 추종한 지식인인 것처럼 오해하기 쉽다. 그러므로 홍명희의 사상을 논하기에 앞서 전통적인 양반문화와 선비정신을 생래적으로 체득한 그의 면모에 대해 언급하지 않으면 안 될 것이다.

동시대인들의 인물평을 보면 홍명희는 단아한 선비다운 풍모를 지니고 있었고, 양심과 지조를 중시했으며, 안목이 높고 결벽이 심하면서도 남달리 겸허한 인물이었다고 한다. 그는 주위에서 "군자님"이라는 별호로 불리웠을 만큼 인격자로 알려져 있었다. 또한 고절苦節을 지킨 "개결介潔한 지사"요 "양심적인 인텔리"라는 정평이 있었다. 이는 그가 식민지 치하에서 가난과 병고에 시달리며 신변의 위협을 받으면서도 일제와 타협하지 않고 지조를 지켰기 때문이다. 이러한 특징들은 물론 홍명희의 개인적 성품이기도 하겠지만, 동시에 그가 명문 양반가 출신으로서 선비정신을 계승한 면을 말해주는 것이다. 그 점에서 홍명희는 절친한 벗 정인보鄭寅普와 많은 공통점을 지니고 있었다.

『임꺽정』을 집필할 때 "조선 정조情調에 일관된 작품"을 의도했다고 밝

---

1 『임꺽정』(전 10권) 이외에는 칼럼집 『학창산화』가 유일한 저서다. 그 밖에 다양한 장르의 단편적인 글이 있는데, 그중 상당수는 임형택·강영주 편 『벽초 홍명희와 『임꺽정』의 연구자료』(사계절 1996)에 수록되어 있다. 본서의 '핵심저작'에서는 그 자료집에 수록되지 않은 글도 일부 포함했으며, 모두 원문 대조를 거쳐 새로 교열했다.

힌 데서 드러나듯이, 홍명희는 우리의 전통 문화와 사상의 긍정적인 면을 부각하고자 애쓴 인물이다. 다만 너무도 당연시하여 이를 강조한 글을 별로 많이 남기지 않았을 따름이다. 그러므로 홍명희의 사상을 논할 때는 반드시 전통사상을 계승한 측면과 서양의 근대사상을 수용한 측면을 아울러 감안하면서 그의 저술들을 세심하게 살펴보아야 할 것이다.

반일 애국사상에서 진보적 민족주의로

말년에 홍명희는 자녀들에게 "나는 『임꺽정』을 쓴 작가도 아니고 학자도 아니다. 홍범식洪範植의 아들, 애국자이다. 일생 동안 애국자라는 그 명예를 잃을까 봐 그 명예에 티끌조차 묻을세라 마음을 쓰며 살아왔다"고 말했다고 한다. 이러한 술회대로 그는 평생 민족의 해방과 통일독립을 위해 헌신하는 애국자로 살고자 노력했다. 사회운동가로서나 작가로서나 홍명희의 사고와 행동을 규정한 가장 중요한 요인은 바로 민족애였다.

을사조약에서 경술국치에 이르는 시기의 일본 유학 체험은 홍명희를 예민한 민족의식의 소유자로 바꿔놓았다. 게다가 귀국 후 경술국치를 당하여 부친 홍범식이 비분 끝에 자결한 것은 홍명희로 하여금 투철한 민족의식을 갖게 한 결정적인 사건이었다. 홍범식은 유서에서 "내 아들아, 너희들은 어떻게 하나 조선사람으로서의 의무와 도리를 다하여 잃어진 나라를 기어이 찾아야 한다. 죽을지언정 친일을 하지 말고 먼 훗날에라도 나를 욕되게 하지 말아라"라고 당부했다고 한다. 홍명희는 이러한 부친의 유언을 각골명심하여 평생의 좌우명으로 삼았다. 그가 식민지 시기에는 민족해방을 위해, 해방 후에는 통일독립을 위해 헌신한 것은 모두 부친의 유지遺志를 받들어 실천하고자 한 행동이었다.

홍명희가 반일 애국사상에서 근대적 민족주의로 사상적 전환을 겪은 것은 신해혁명 직후 상하이에서 해외 독립운동 단체 동제사 활동을 하던 시기였을 것이다. 그리고 이는 귀국 후 3·1운동 때 괴산에서 만세운동을 주도하여 옥고를 치르면서 더욱 분명해졌으리라 본다. 출옥 후인 1920년대 초부터 홍명희는 민족해방을 위한 새로운 실천적 대안으로 조선에 소개된 사회주의에 관심을 갖게 되었다. 조선 최초의 사회주의 사상 단체인 신사상연구회와 그 후신인 화요회에 가담하여 주요 회원으로서 활동했다. 다른 한편 같은 시기에 그는 비타협적 민족주의자들이 중심이 되어 조직한 조선사정事情조사연구회에도 참여했다.

이와 같이 좌·우를 막론한 단체 활동을 기반으로 홍명희는 1927년 비타협적 민족주의자와 사회주의자 간의 민족협동전선 신간회의 결성을 주도했다. 신간회 창립 직전에 발표한 「신간회의 사명」에서 그는 "대체 신간회의 나갈 길은 민족운동만으로 보면 가장 왼편 길이나, 사회주의운동까지 겸兼치어 생각하면 중간 길이 될 것이다"라고 하여, 신간회의 노선을 중도적인 것으로 규정했다. "중간 길이라고 반드시 평탄한 길이란 법이 없을 뿐 아니라 이 중간 길은 도리어 험할 것"이라고 한 구절을 보면, 그는 좌·우 양 진영 사이에서 균형을 취하며 다양한 세력을 규합하는 것이 매우 어려운 작업이라는 점을 분명히 인식하고 있었다.

신간회 해소 후에는 『임꺽정』 집필에 전념하다가 일제강점기 말에는 은둔 생활을 하던 홍명희가 다시 사회운동의 일선에 나선 것은 해방 직후였다. 일제의 식민통치로부터 해방은 되었으나 38선으로 남북이 분단되고 통일된 독립국가 건설이 요원해지자, 그는 좌우합작운동을 지지하면서 일찍부터 중간파 정치노선을 표명했다.

1946년 말 중간파 정당 결성을 추진하면서 발표한 「나의 정치노선」에서 홍명희는 "대체 우리의 민족 문제는 세계적 계급 문제의 일부분이다"라고 하면서, 식민지 시기 민족해방을 위해 민족주의자와 사회주의자가 민족협동전선을 이루었듯이, 해방 후에도 통일된 독립국가 건설을 위해 좌·우의 대립을 지양하고 공동투쟁해야 한다고 역설했다. 이는 그가 식민지 시기의 민족협동전선 신간회의 중도적 노선을 일관되게 고수하고 있었음을 말해준다. 해방 직후의 한 인물평에서 홍명희를 조선의 대표적인 "민족통일자" "좌도 아니요 우도 아닌 중간적인 존재" "민족주의 좌파의 좌파" 등으로 규정한 것은 적실한 평가라 생각된다.

그런데 여기에서 주목되는 것은 "대체 우리의 민족 문제는 세계적 계급 문제의 일부분이다"라고 단언한 대목이다. 그는 우리의 민족 문제 해결이 당면 과제이기는 하지만, 나아가서는 그것이 세계적인 차원에서의 계급 문제 해결의 일환이라고 인식하고 있었음을 알 수 있다. 이러한 점에서 홍명희는 김구·김규식을 포함한 당시 대다수의 민족주의자들과 일정한 사상적 편차를 지니고 있었다.

'조선 최초의 에스페란티스토'로서 국제어 에스페란토운동을 지지하고 그 창시자인 자멘호프의 평화사상을 지지한 데서 알 수 있듯이, 홍명희는 민족주의자이되 국제주의적 시야를 지닌 열린 민족주의자였다. 그는 전세계 피지배계급의 해방을 추구하는 사회주의적 이상을 인류의 궁극적인 목표로 간주하면서도, 그를 향한 도정에서 우리 민족의 해방과 통일독립을 최우선적인 당면과제로 보았다. 그리하여 이 민족적 과제를 완수하는 것을 자신들 세대의 시대적 사명이자 자기 개인의 필생의 과업으로 삼고, 이를 위해 일생 동안 분투 노력했다. '홍범식의 아들, 애국자'로 살기 위해 노심초사했다는 말년의 술회에서 엿볼 수 있듯이, 월북 이후에도 홍명희는 통일독립을 위해 노력하는 삶이라는 신조를 저버리지 않았을 것으로 짐작된다. 이러한 그의 정치노선에 굳이 이름을 붙이자면 '진보적 민족주의'라고 부르는 것이 타당하리라 본다.

과학과 계몽

『학창산화學窓散話』는 서양의 근대 문화와 사상에 해박하고 이를 적극 수용하려 한 홍명희의 지적 면모를 선명하게 보여주는 책이다. 홍명희는 1920년대『동아일보』에 '학예란'과 '학창산화'라는 이름으로 동서고금의 이색적인 지식을 소개한 칼럼들을 연재했으며, 이 칼럼들을 모아『학창산화』를 간행했다. 이 책에서 그는 광범한 독서 편력을 바탕으로 자연과학·사회과학·역사·철학·언어학 등 다양한 분야에 대한 지식을 항목별로 흥미롭게 소개했다.

『학창산화』에는 간행 의도를 밝힌 서문이나 발문이 없지만, 신문 연재에 앞서 실린「학예란 신설에 대하여」에서는 이 칼럼들이 "과학의 민중화"와 "현대 세계의 발전적 추세를 소개함"을 임무로 삼는다고 했다. 이와 같이 현대의 최신 지식을 소개함으로써 독자 대중의 교양 수준을 향상하고자 한 것이『학창산화』를 간행한 의도라 보아도 좋을 것이다.

『학창산화』는 계몽적인 성격의 짧은 글들을 모아놓은 책이기는 하지만, 당시 홍명희의 사상을 엿볼 수 있게 하는 내용을 적잖이 포함하고 있다. 이 책에서 그는 양반 출신으로 한학을 수학한 인물이라고는 믿기지 않을 만큼 합리적이고 진보적인 사고를 보여준다.「비행기 발달사」「라듐」등 여러 글에서 근대 자연과학의 눈부신 성과를 소개하고 기대를 표명했으며,「신新맬서스주의」「차별」등에서는 남녀평등을 주장하고 피임을 옹호하기도 했다.

또한「한자 문제」「횡서橫書 문제」등에서는 한글 전용과 횡서 및 한글 자모 풀어쓰기를 주장하고,「국제어」에서는 인류 문명의 발달을 촉진하기 위해 세계 공통어의 필요성을 역설했다. 뿐만 아니라「법률」에서는 "대개 법률은 필요한 것이요 권위 있는 것이나, 그 권위는 민중이 인정함으로써 유지하는 것이다"라고 하여 민중의 힘을 강조했다.「신맬서스주의」에서는

"현재 사회제도와 현재 경제조직 아래서는 빈궁선貧窮線이 소멸하기를 바랄 수는 없는 일"이라고 하여, 자본주의 사회를 암암리에 비판했다.

또한 그는 과학을 신뢰하는 반면에 미신을 비이성적이라고 힘주어 비판했다. 「미신」에서 그는 미신이란 "이성이 허락지 않는 신념과 행사行事"를 뜻하는 것으로, 현대 사상이 용납하지 않는 정도의 "선대先代 신념의 타력惰力"이거나 혹은 "부정한 무리가 무엇에 이利함이 있고자 하여 인민을 기망하는 술책"이라고 규정했다. 그런데 "도당을 규합하여 교명敎名을 세우고 '훔치훔치'와 같은 주문을 외는 종류가 일국에 횡행함은 근세에 처음 있는 현상이라 할 것이다"라 하여, 당시에 미신이 유사종교로까지 발전하여 전국적으로 번성함을 우려했다. "'훔치훔치'와 같은 주문을 외는 종류"란 증산교를 지칭한다. 오늘날은 증산교를 동학사상의 계승자로 고평하기도 하지만, 과학적 합리주의자인데다 당시 마르크스주의에 경도해 있던 홍명희는 증산교에 대해 매우 부정적인 인식을 가지고 있었던 듯하다.[2] 결론적으로 그는 "대체 미신은 의심에 배태되고 무지에 번식하는 것"이라고 하면서 무지를 깨우쳐 미신의 전제를 타파할 것을 주장했다.

홍명희는 미신을 비판할 뿐 아니라, 당시 조선의 현실에서는 미신 타파를 위해 적극적으로 민중을 계몽해야 한다는 소신을 가지고 있었다. 해방 직후 후배 문인들과의 좌담에서 그는 "시골 가서 가만히 농민대중의 생활을 살펴보니 그의 생활 내용은 미신과 인습 두가지뿐인 것 같습디다"라고 하면서, "그 미신과 인습을 타파하자면 과학사상을 보급시키는 것이 제일이고, 과학사상을 보급시키는 데는 문학작품을 매개로 하는 것이 제일일게요"라고 했다. 당시 조선의 낙후된 현실 때문에 근대적인 과학사상에 부합되지 않는 전근대적이고 비합리주의적인 미신이 대중들에게 널리 퍼져

2　「미신」은 『동아일보』 1925년 1월 13일자에 게재되었다. 그 무렵 재정난에 처한 시대일보의 경영권이 증산교의 한 교파인 보천교로 넘어갈 위기에 처하자 각계에서 반대운동이 일어났고, 홍명희는 주위의 뜻있는 인사들과 함께 재단을 구성하여 그해 4월 시대일보를 인수했다.

있음을 우려하면서, 미신 타파를 위한 계몽운동과 계몽문학에 주력할 것을 강조한 것이다.

차별 비판과 평등사상

홍명희는 신분차별과 세대차별, 성차별 등 각종 차별을 비판했다. 그중에서도 가장 역점을 둔 것은 신분계급 간의 차별에 대한 비판이다. 첫 권인 「봉단편」에서 "대체 양반도 없고 백정도 없는 세상은 없나요?"라는 봉단이의 말과 "천인도 사람입니다"라는 이장곤의 말을 통해 잘 드러나듯이, 봉건적 신분차별에 대한 비판은 『임꺽정』 전체를 관통하는 주제다. 그 밖에도 홍명희는 칼럼 「양반」을 비롯한 몇몇 글에서 조선시대 지배계급인 양반에 대해 철저히 비판적인 견해를 피력했다.

「적서」에서는 양반의 자손 중 적자와 서자를 구별하고 "서庶를 천대하되 세계에 유례가 없도록 참혹히" 한 것도 벼슬자리 독점을 위해서라고 하면서 적서차별을 통렬히 비판했다. 현대사회의 계급차별에 대해 직접 논한 글은 없지만, 홍명희가 한때 사회주의에 경도하고 평론 「신흥문예의 운동」에서 프롤레타리아 문학에 대한 지지를 표명한 것은 현대의 계급사회를 비판한 것이라 보아도 좋을 것이다.

한편 칼럼 「노인」 등에서 홍명희는 전통적인 경로사상으로 말미암아 당시 우리 사회에 세대차별이 만연해 있다고 개탄했다. 「청춘을 어찌 보낼까」에서는 "'후레자식 구락부俱樂部(클럽)' 같은 것을 모으면 어떠할까"라고 썼다는 일본 유학 시절 일기의 한 대목을 인용하면서, 경로사상으로 인해 노인을 숭앙하고 젊은이를 경시한 결과 청년들이 패기가 없고 조로하게 되는 현상을 비판했다. 해방 직후 「청년 학도에게」에서는 "여러분은 부조父祖보다 나을 것을 자기自期하라!"라며 청년들에게 앞 세대의 권위에

눌리지 말고 어른들을 뛰어넘는 패기를 가질 것을 역설했다.

홍명희는 여성차별을 비판하고 남녀평등을 주장했으며, 여성관에 있어서도 대단히 진취적인 견해를 갖고 있었다. 식민지 시기 여성운동 단체 근우회가 출범할 때 쓴 「근우회에 희망」에서 그는 식량이 떨어지면 제 아내를 통째로 구워 먹는다는 미개 식인종의 예를 들면서, 문명사회에서도 남성이 여성을 인간이 아닌 식료품이나 소도구, 또는 장난감으로 간주하는 경우가 있다고 여성에 대한 차별과 착취를 풍자했다. 그리고 "완전한 합리적 인류사회에서는 여자가 남자와 같이 정치적·문화적으로 활동할 균일한 기회를 가질 것"이라고 하여, 남녀평등에 대한 확고한 소신을 피력했다.

그런데 이 글의 말미에서 홍명희는 "우리 민족운동의 이론이 세계 무산계급운동의 일부분인 것과 같이, 우리 여성운동의 이론이 조선 민족운동의 일부분이 될 것"이라고 하면서 "여러 가지 의미로 우리는 새로 탄생한 근우회에 대하여 많은 바람을 가지게 됩니다"라고 했다. 근우회가 신간회 자매단체인 때문이기도 하겠지만, 그는 식민지 시기의 여성해방운동이 민족해방운동과, 나아가서는 세계적인 계급해방운동의 일환으로서의 의미를 지닌다고 본 것이다. 민족운동, 계급운동과 여성운동의 위상을 이처럼 설정하는 논리는 우리 사회에서 지난 몇십년간 민주화운동을 거치면서 비판받고 오류로 지적되었다. 하지만 1920년대 당시로서는 충분히 공감할 수 있는 주장으로, 홍명희 개인의 사상적 한계라기보다는 시대적 한계를 드러낸 경우라 하겠다.

칼럼 「차별」을 보면 모든 종류의 차별을 반대하고 상대화하는 평등사상의 단초가 드러나 있다. 이 글에서 홍명희는 단세포동물과 단세포식물을 보면 알 수 있듯이 본래 동물과 식물의 경계가 분명치 않으며, 나아가 생물과 무생물의 경계도 모호하다는 주장을 소개했다. 이어서 인류를 포함한 모든 생물을 양성兩性혼합체로 보는 학설을 들어 남녀차별을 반박했다.

"그러므로 남녀차별도 구경究境 절대적이 아니라고 말할 것이니, 이로써 남녀가 근본적 지위에서 평등인 것도 알 수 있다"고 결론지었다.

이와 같이 홍명희는 여러 글에서 온갖 종류의 차별을 비판하고 평등사상과 인간해방사상의 단초를 보여주었다. 「근우회에 희망」에서 말한 "완전한 합리적 인류사회"를 향한 유토피아적 평등사상을 지니고 있었던 것이다. 홍명희가 한때 사회주의에 경도한 것이라든가, 사회주의를 포용한 진보적 민족주의에 기울어진 것도 온갖 차별을 넘어선 평등세상에 대한 희구 때문이었다고 할 수 있다.

조선학운동과 진보적 역사관

홍명희는 학자로 자처하지 않았고 체계적인 연구 업적을 남기지도 않았지만, 신문·잡지를 통해 우리 역사와 문화에 대해 단편적이나마 학문적 통찰력이 번뜩이는 글들을 적잖이 남겼다. 또한 고전간행 사업에 참여하여 조선시대의 몇몇 문집을 교열하기도 했다. 이러한 그의 활동은 1930년대에 비타협적 민족주의 계열의 학자·지식인들 사이에서 일어나고 있던 이른바 조선학운동과 맥을 같이하는 것이라 볼 수 있다.

홍명희가 조선학운동의 의의에 공감하고 그에 동조하여 활동한 흔적은 여러 면에서 나타난다. 우선 그는 조선학운동을 추진한 정인보·안재홍·문일평 등과 절친했을뿐더러 사상적으로도 매우 근접한 위치에 있었다. 게다가 조선학운동에 큰 영향을 미친 신채호의 사론史論들이 국내에서 발표되도록 적극 주선했던 만큼, 그에 대해 잘 알고 애착을 지니고 있었다. '조선학'이라는 용어를 사용하거나 역사연구의 방법론을 논하지는 않았지만, 신채호와 문일평의 역사연구를 "바른 견지로 연구한 조선사"라고 높이 평가한 것을 보면, 그 역시 민족주의 사학에 동조하고 있었음을 짐작할 수 있다. 홍명희는 이 시기 조선학운동의 일환으로 추진된 고전정리 사업에도 참여하여, 김정희의 『완당선생전집』, 홍대용의 『담헌서湛軒書』, 서유구의 『누판고鏤板考』 등을 교열했다. 그리고 다양한 형식으로 조선사와 조선문화에 대해 논한 글들을 종종 발표했다.

그중 홍명희의 사상이 잘 드러나는 것은 조선시대 양반계급에 대해 논한 글들이다. 그는 『조선일보』 연재 칼럼 '양아잡록養疴雜錄'의 일부로 3회에 걸쳐 발표한 「양반」과, 구술논문 「이조 정치제도와 양반사상의 전모」 등에서 조선시대 양반계급에 대해 학구적으로 논했다. 그는 우선 조선시대 양반계급의 역사를 발달시기, 당쟁시기, 퇴패退敗시기, 말기의 4기로 나누고, 각 시기의 특징을 설명했다. 그리고 양반의 사상과 유자儒者의 사상을 동일시하기 쉽지만, 양반사상의 핵심은 관벌주의官閥主義에 있는 까닭에 유학의 교훈인 인仁을 떠나 허례허식에 기울어졌다고 비판했다. 또한 양반계급의 생활이념을 소양素養·범절·행세·지조라 규정하고, 그러한 생활이념으로 인해 양반정치는 진취적이 아니라 퇴영적이 되었으며, 양반계급은 몰락의 길을 걷게 되었다고 보았다.

하지만 이와 같은 양반의 생활이념 중 '지조'에 대해서만은 높이 평가했다. 여기에서 그는 지조를 네가지로 나누어, 가난을 견디고 재화를 천히 여기는 청빈한 생활자세, 출세를 위해 비열하게 굴지 않는 높은 자존심, 신중하고 정중한 태도, 목숨을 걸고 대의를 지키는 순절을 들었다. 그리고 이 네가지 지조 가운데서도 "대의를 위하여 목숨을 던질지언정 몸을 더럽히지 않는 것이 지조 중에도 가장 높은 지조니, 조선에서는 절사節死와 순사殉死를 가장 높이 여기어왔다"고 했다. 그의 지조 예찬은 정몽주의 충신으로서의 지조를 높이 평가한 「정포은과 역사성」에서 더욱 두드러지게 나타난다. 이러한 가치평가는 지조를 중히 여긴 양반 사대부의 정신이 일제와 타협하지 않고 민족적 양심을 지키려는 자세와 통한다고 보았기 때문일 것이다. 그리고 이는 경술국치에 항거하여 자결한 부친 홍범식의 순국을 지극히 영예스럽게 생각하는 홍명희의 자부심을 잘 말해준다고 하겠다.

또 한가지 홍명희의 양반론에서 주목되는 것은, 양반계급의 생장과 소멸 과정에 대한 그의 논의가 다분히 현실주의적이고 사회사적인 시각을 보여준다는 점이다. 예컨대 그는 양반들이 표면상 내세운 대의명분과 달리, 조선시대 당쟁의 원인은 관직 수가 제한되어 있는 데 반해 양반 인구가 증가한 데에 있다고 보았다. "벼슬자리는 한이 있고 벼슬하려는 사람은 수가 없으면 개중에 알력이 아니 생길 수 없다." 이것이 "선조 때 당론黨論으로 터진 것이다." "벼슬을 내는 벼슬자리 전관銓官이란 것이 당쟁의 중요 목표가 된 것을 보면, 그 근저가 정권 쟁탈에 있는 것은 감출 수 없는 사실이라 할 것이다"라고 하였다.

이상과 같은 글들에서 홍명희는 자신의 출신계급인 양반에 대해 매우 객관적이고 비판적인 태도를 견지하고 있다. 계급적 편견 없이 현실을 직시하려는 리얼리스트다운 면모를 보여주고 있는 것이다. 이렇게 볼 때 홍명희의 양반론은 명문 양반가 출신인 그 자신의 자기비판적인 성격을 내포한 것이기도 하며, 봉건적 문벌의식에서 탈피한 그의 진보적 사상 경향을 잘 보여준다고 생각된다. 요컨대 홍명희는 조선시대 양반계급에 대해 철저히 반봉건적인 비판의식을 드러냈으며, 관념적인 역사관과는 거리가 먼 사회사적 연구 시각을 취했다. 이는 정인보·안재홍 등 조선학운동에 참여한 다른 학자들과 구별되는 홍명희의 특징이자, 그들에 비해 사상적으로 더욱 진보적인 면을 보여준 것이라 하겠다.

리얼리즘과 중도적 문학관

홍명희의 문학사상은 1920, 30년대에 그가 발표한 몇몇 평론과 해방 직후 조선문학가동맹에 속하는 후배 문인들과 가진 두차례의 좌담[3]을 통해 잘 드러난다. 또한 역사소설『임꺽정』의 특징과 그에 대한 작가의 말을 통해서도 어느 정도 짐작할 수 있다.

첫째로, 홍명희는 리얼리즘과 민중문학을 중시하고 참다운 민족문학을 추구하고자 했다. 이는『임꺽정』이 식민지 시기 우리 역사소설 중 거의 유일하게 민중적 리얼리즘 소설이자 민족문학적 개성에 충실한 작품이라는 사실을 통해서도 드러난다. 당시 우리 문단에서는 지배층의 인물을 주인공으로 하여 궁중비화나 권력투쟁을 다룸으로써 통속적인 흥미를 자아내는 역사소설이 대부분이었다. 그와 달리『임꺽정』은 백정 출신 도적 임꺽정의 투쟁을 중심으로 조선 중기의 사회현실과 그 시대인들의 삶을 탁월하게 그린 작품이다. 그리고 조선어의 맛을 잘 살리고 민족공동체의 아름다운 전통을 적극 재현함으로써 민족문학적 색채가 농후한 역사소설이 되었다.

홍명희는 일본 유학 시절 똘스또이와 도스또엡스끼 등 러시아 리얼리즘 작가들의 소설에 심취했으며, 프랑스 자연주의 작가 모빠상과 일본 자연주의 작가들의 소설을 즐겨 읽었다고 한다. 평론「대 똘스또이의 인물과 작품」을 보면, 똘스또이를 종교적 박애사상가로 이해한 이광수 등 당시 대다수의 문인들과 달리 똘스또이의 위대한 리얼리스트로서의 면모를 정확히 인식하고 있었음을 알 수 있다.

해방 직후의 좌담에서도 그는 리얼리즘 문학의 중요성을 역설했다. 후배 문인들에게 문학에 있어서 '사실'을 가장 중시하고 시류에 굴종하지 않는 '반항정신'을 지닌 리얼리스트로서의 자세를 요구했다. 그리고 작품을 통해 제시하려는 주제나 사상을 자신의 절실한 문제로 충분히 내면화하는 작가적 성실성을 강조했다. 이는 리얼리즘 문학의 핵심을 말한 것으로,

---

3 「벽초 홍명희 선생을 둘러싼 문학 담의」,『대조』1946년 1월호;「홍명희·설정식 대담기」,『신세대』1948년 5월호. 그중 후자는 분량 관계로 본서의 '핵심저작'에 수록하지 못했다.『벽초 홍명희와『임꺽정』의 연구자료』를 참조하라.

『임꺽정』의 창작 기조이자 홍명희의 작가적 기질이라고도 볼 수 있다.

또한 좌담에서 홍명희는 자신의 창작 구상을 밝히면서 민중문학을 중시하는 문학관을 표명했다. 그는 단편 형식의 역사소설을 시대순으로 써 모아 "소설 형식의 역사"이자 "민중적 역사"를 만들어보려는 구상을 한 적이 있다면서, 역사소설은 "궁정 비사"를 배격하고 민중의 사회사를 지향해야 한다는 견해를 피력했다.

이와 아울러 홍명희는 순수문학을 비판하고 조선의 민족문학을 강조했다. 해방 직후 우파 문인들이 주장하던 순수문학에 대해 "지금은 그런 소리 할 시대가 아니야. 그런 시대는 다 지나갔어. 지금은 조선문학이나 있으래면 있을 수 있지"라고 하였다. 이와 같이 순수문학을 시대착오적이라고 비판한 것은 통일된 민족국가 건설이라는 시대적 요구에 부응하는 '조선의 민족문학'이 필요하다는 뜻으로 여겨진다.

둘째로, 홍명희는 좌파와 우파의 대립을 지양한 중도적 문학관을 견지했다. 이러한 그의 중도적 문학관은 『임꺽정』의 예술적 특징과 호응한다. 『임꺽정』 연재가 시작되던 1920년대 후반 우리 문단에서는 프로문학과 민족주의문학이 첨예하게 대립하고 있었다. 『임꺽정』은 신분계급 간의 차별에 저항하는 임꺽정의 활동을 그린 점에서 계급의식의 표현을 중시하던 당시의 프로문학과 다분히 친화성을 지닌 작품이라 할 수 있다. 그러나 다른 한편 『임꺽정』은 "조선 정조에 일관된 작품"을 의도했다는 작가의 말과 같이 민족문학적 색채가 농후한 작품이다. 이렇게 볼 때 『임꺽정』은 식민지 시기 프로문학과 민족주의문학의 대립을 지양하고 양자의 장점을 종합한 작품으로 높이 평가될 만하다. 홍명희는 민족협동전선 신간회 운동을 추진하던 그 정신으로 『임꺽정』을 창작했다고 볼 수 있다.

홍명희의 중도적 문학관은 해방 직후의 좌담에서 더욱 분명하게 드러난다. 좌담에서 그는 문학을 정치에 예속된 것으로 보는 속류 좌익 문학관을 비판하는 한편, 우파 문인들이 주장하는 이른바 '순수문학'에 대해서는 더욱 부정적인 견해를 취했다. 순수문학론에 대해 "말하자면 문학을 정치에 예속시켜서는 안 된다는 말이겠는데, 누가 문학을 정치에 예속시키겠다는 말을 하나?"라고 반문하면서, "정치라는 것은 광범위로 해석한다면 문학하는 사람이 그것을 어떻게 떠날 수가 있을까. 말하자면 인생을 떠나서 문학이 있을 수 없는 것 모양으로 말이오"라고 하였다.

단, 그는 "문학은 문학을 통해서 도달하는 길이 있을 뿐이지 살림살이를 떠나서야 있을 수 없지"라고 했다. 여기에서 "문학은 문학을 통해서 도달하는 길이 있"다고 단서를 붙인 것은 문학의 독자성에 대한 인식을 보여주는 것이다. 그는 "문학이 독자성을 잃으면 벌써 문학이 아닐 테지"라고 단언하기도 했다. 즉 문학이 '인생' '살림살이', 광의의 '정치'를 떠나서는 존재할 수 없다고 보되, 문학은 어디까지나 '문학을 통해서' 그에 기여하는 것이며, 그 나름의 독자성을 상실하면 문학예술로서 존재 가치가 없다고 본 것이다. 문학과 정치가 긴밀한 관련을 지닌다고 보면서도 다른 한편 문학 나름의 독자성을 존중하는 유연한 태도를 보인 데에서 홍명희의 중도적 문학관이 잘 드러난다고 하겠다.

【핵심저작】

1장
반일애국사상

일괴열혈—塊熱血[1]

　내가 일찍이 듣건대 우리 선조宣祖 즉위 후 5년(1572)에 원로 이준경李浚慶[2]이 유차遺箚[3]를 올려서 4개조 충언忠言을 바치니, 그 제4조는 곧 '붕당의 사심을 깨뜨리라'는 1건이라. 임금께서 다 읽고 나시매 크게 놀라셔서 시임時任(현직) 대신에게 그 유차를 내려서 보게 하시고 "조정 신하 가운데 누가 붕당을 만들려고 하는가?" 물으시니, 이에 의론이 비등하여 "준경은 사림士林의 화를 빚어 일으키고자 한 자라 그 관작을 추탈追奪함이 옳다"고 하는 자가 많았고, 유신儒臣 이이李珥[4]는 "사람이 장차 죽으려 할 때는 그 말이 선하다 하였는데, 준경은 죽으려 할 때 그 말이 사악하다"고 매도하

1　『대한흥학보』 1909년 3월호. 국한문혼용체로 쓰인 원문을 번역했다. '일괴열혈'은 '한 덩이의 뜨거운 피'라는 뜻.

2　이준경(1499~1572). 호는 동고(東皐). 조선 중기의 명신. 신진 사류와 기성 사림 간의 알력을 조정하기에 힘썼으며, 죽을 때 붕당이 있을 것을 예언했다.

3　임종 직전에 올린 상소.

4　이이(1536~84). 호는 율곡(栗谷). 조선 중기의 문신·학자. 저서에 『율곡전서』 등이 있다.

였다 하느니라.

　우리들은 목격하지 못하여 그때에 동서東西(동인과 서인) 분쟁의 조짐이 명확했는지 알지 못하므로, 동고東皐(이준경의 호)「연보」에 "준경이 동서 분당分黨을 간파하였다" 하고 『청야만집淸野謾輯』[5]에 "준경이 그 맹아萌芽를 간파함이 아니라" 한 것은 누가 옳고 누가 그른지를 용이하게 판단키 어렵고, 또 내가 이에 판정할 필요도 없도다. 이제 내가 기술하고자 하는 일은 동서 분쟁과 같은 소소한 당쟁도 아니요, 맹아가 명확함은 고사하고 지엽枝葉이 분명한 사실이라. 내가 감히 취약한 수완으로 무딘 붓을 놀림은 정위精衛가 바다를 메꾸고자 하며 일교一膠로 하수河水(황하의 강물)를 맑히고자 함[6]과 동일하나, 협소한 가슴속에 열혈熱血이 비등하여 큰 소리로 부르짖음이로다.

　대저 우리 대한 동포가 금일今日과 같은 참담한 경우에 이르렀음은 어떠한 원인이 있는가. 이를 깨달아 알아내고자 할진대 과거 역사에 문의할 것이며, 이제 우리 왕조 수백년 역사책을 훑어보면 당쟁이 사실史實의 일대 근본임은 일목요연할지라. 그러한즉 과거 당쟁이 어찌 금일 우리 동포로 하여금 이 경우에 이르게 한 일대 원인이 아니리오.

　과거 당쟁이 음험하고 참혹하여 시체를 뒤집어 묻고 뼈를 잘라내는 참극을 연출함이 한두번이 아니나, 이 당쟁은 실로 우리 한민족의 하나의 소소한 부분에 불과하였으니, 이 소소한 부분의 당쟁도 금일 우리 동포에게 작지 않은 해독을 끼쳤도다.

　금일 우리 대한 동포가 어떠한 참담한 경우에 처하였는가. 밖으로 강한 이웃나라가 호시탐탐하고 안으로 민지民智의 발달이 막히어 우리 수천만

5　고려 말부터 조선 숙종 때까지의 야사를 뽑아 연대순으로 엮은 책.

6　'정위'라는 신화 속의 새가 나무와 돌을 물어다가 동해 바다를 메우려고 했으나 뜻을 이루지 못했다는 고사가 있다. '일교'는 촌교(寸膠), 즉 한 치의 아교. 물고기의 부레로 만든 아교는 탁한 물을 맑게 만드는 데 쓰였다. 『포박자(抱朴子)』 외편(外篇)「가둔(嘉遁)」에 "한 치의 아교로는 황하의 탁한 물을 다스릴 수 없다"고 했다.

단군 후예가 애처로운 지경에 점차 빠지는도다.

인민은 국가의 일대 원소原素이거늘, 한국 인민은 2대심二大心이 결핍하니 단합심과 독립심이요, 2대심이 특별히 많으니 고식심姑息心[7]과 의뢰심이라. 한 말로 평판하면 한인韓人은 대개 자기의 관棺을 자기가 덮고자 하는 자라. 한인이 정신을 차려 분발하여 이 큰 병을 스스로 다스리지 아니하면 한국이 소멸치 아니치 못하리로다.

위는 한 외국인이 우리 한인을 매도한 언사라. 이 몇 마디는 우리들의 귀에 거슬릴 뿐 아니라 우리들의 살갗을 깎는 듯하도다. 그러나 우리 한인이 반성하고 부끄러워하여 그 병이 없으면 이 말이 망언이고 그 병이 있으면 이 말이 약석藥石[8]이라. 실로 우리 한인에게는 유익무해한 언사로다. 나의 친애하는 동포시여, 각자 반성하사 만일 그 병이 있으시거든 불민한 내가 위에서 번역해놓은 의도가 헛된 일이 되게 하지 마시기를 감히 바라나이다.

독립은 국가의 생명이어늘 우리나라는 생명을 잃어버렸도다. 오호라, 이 현상에 대하여 방성대곡할 수도 있고 합연무지溘然無知[9]함도 예사다. 그러나 우리들이 어찌 비관의 구덩이에 빠져들어 팔짱을 끼고 하늘만 의지하리오. 하물며 하늘이 스스로 돕는 사람을 돕는 것은 일대 진리라. 우리들이 이 비운否運(액운)을 만회할 방책이 있으며, 방책은 어디에 있는가. 이는 지혜로운 자를 기다리지 않고도 알 수 있으리로다. 곧 우리 종족 수천만이 단합 협력하여 우리 국가를 위하여 활동함이니, 우리 종족 수천만 개개인이 국사國事에 대하여는 희생됨을 사양하지 아니하고 우리 국가를 독립 번

---

7   우선 당장에는 탈이 없고 편안하게 지내고 싶어 하는 마음.
8   약재와 돌침. 교훈이 될 만한 일을 비유하는 말이다.
9   갑자기 죽어서 아무것도 모르는 상태가 됨. 자결함을 말한다.

창케 할 의무가 있음을 염두에 잊지 아니하면 어떤 일인들 이루지 못하리오. 개인의 정신이 미치는 바에 금석金石도 꿰뚫을 수 있거늘 몇천만 생명, 한 단체의 정신이 이르는 바에는 그 공효功效가 과연 어떠할까.

우리들이 우리나라 현 상황에 대하여 희망하고 신뢰하는 것은 위와 같거늘, 금일 우리 한반도에 하나의 열熱이 성하여 그 형세는 큰 파도가 산과 언덕을 덮치는 것과 다름없고, 그 해악은 성홍열의 수억배로다. 이 열이 무슨 열인가. 지방열地方熱이 이것이다. 이 열이 치성하니 각 지방에 간격이 생기고 간격이 생기니 단합은 고사하고 서로 남처럼 보지 아니하는지. 심하게는 서로 적대시하지 아니할는지.

위와 같이 금일 분당은 실로 지난날의 당쟁과 다른 점이 있어 우리 한민족의 가장 큰 부분을 포함한지라. 반도 민족의 대부분이 문호를 각기 세우고 당쟁의 참상을 연출하면 그때 반도 일은 가히 미루어 알지라. 우리들이 희망하고 신뢰함은 일개 헛된 그림자를 포착함에 불과하리로다. 오호라, 우리들이 실로 방성대곡할 일은 우리나라 현 상황에 있지 않고 여기에 있으며, 합연무지코자 할 일도 우리나라 현 상황에 있지 않고 여기에 있다 하노라. 아아, 우리 몇천만 동포여.

이제 이 열이 출현한 원인을 탐구하건대, 혹은 남을 하토우맹下土愚氓[10]으로 하대下待하는 누습陋習(고루한 관습)이 그대로 남아 지난날의 세력을 유지코자 하고, 혹 외겁심畏怯心(겁)이 많은 자는 남의 신진新進 기염氣焰을 기피하고 시기하며 그에게 욕을 당할 것이 머지 않았다 하여 귀태鬼胎(나쁜 마음)를 품음이요, 혹은 과거 수백년 남의 능욕을 받고 혹은 과거 수백년 정권에 참여치 못해 유감이 골수에 젖어서 크게 설치雪恥(설욕)를 하고자 함이라. 아아, 그 원인을 설파하자면 실로 소소한 일에 불과하도다.

돌이켜 생각할지어다, 우리 동포여. 너희들이 모두 다 단군 자손이라. 단

군의 혼령이 하늘에 있어서 너희들이 하는 일을 내려다보시면 골육끼리 서로 다툼이 방휼지쟁蚌鷸之爭[11]과 같아서 대대로 전해오는 가업까지 어부의 손에 들어가게 되니, 너희들 중 누군들 못난 자손이 아니라 하시리오.

거듭 생각할지어다, 우리 동포여. 너희들이 모두 만물 중 가장 귀하다고 자칭하는 인류라. 단군 고택故宅에 화염이 곧 치솟는데 불을 꺼서 위급을 구할 생각은 조금도 없고 아이들 장난과 같은 일로 서로 간에 힐난하여 불 속 고려장高麗葬을 앉아 기다리니, 희희낙락하며 먹이를 주고받는 당상堂上(대청 위)의 제비는 불꽃이 장차 이르나 알지 못하거니와,[12] 알고도 달게 받고자 하는 너희들은, 냉정한 눈으로 방관하는 자가 제비나 참새에도 비교하지 못할 민족이라고 침 뱉고 욕하리라.

혹은 각 지방 사람들이 서로 발언하되 타 지방 사람이 없어도 국가를 중흥하리라 하나, 이는 우매하고 무지한 반낭飯囊(밥주머니)들의 어리석은 논리요, 상식 있는 자의 혀끝에서 나온 언론은 아니로다. 내가 기탄없이 이를 단언함은 그 어리석음을 폭로하여 남음이 없을 것이다. 천근의 쇳덩이는 개인이 죽을힘을 다해도 한번 들기 어려우나 뭇사람이 힘을 합하면 한개 조그만 돌과 같이 가지고 놀 수 있을지니, 이의 당연함은 우리들이 날마다 목격하는 사실로 증명키 어렵지 않도다.

단합할지어다, 우리 동포여, 단합할지어다. 애국으로 공동 목적을 삼고 서로 배제하지 말고 서로 부조扶助할지어다. 금일에도 시기가 이미 늦었으니 맹렬히 반성하여 청사靑史를 더럽게 하지 말지어다. 그 자손들로 하여금 형극荊棘의 동타銅駝[13]를 가리키면서 비통케 하지 말지어다.

---

11 도요새가 조개와 다투다가 다 같이 어부에게 잡히고 말았다는 뜻으로, 대립하는 두 세력이 다투다가 결국은 구경하는 다른 사람에게 득을 주는 싸움을 비유적으로 이르는 말.

12 화가 닥쳐오는 것도 모르고 안일하게 지낸다는 뜻의 '연작처당(燕雀處堂)'이라는 고사성어가 있다.

13 '형극의 동타'는 『진서(晉書)』「색정전(索靖傳)」에 나오는 고사성어로서, 궁궐 문앞에 세워놓은 구리로 된 낙타가 나라가 망하매 가시밭에 방치되어 있다는 뜻.

사랑[14]

깊이 고요한 언제든지 잊지 못할 저른(짧은) 노래같이 어린 때는 지나갔네, 지금 와서 그 곡조를 잡으려 하여도 잡을 길이 바이 없네, 다만 근심 많은 이 생애 한 모롱이(모퉁이)에서 때때로 그 곡조가 끊쳤다 났다 할 뿐일세. 이것을 듣고 정에 못 이겨 소리 지르기를 몇 번 하였느뇨? 어린 때야말로 나와 행복이 한몸이 되었었네, 내가 몸이면 행복은 그 몸 살리는 혼백이었에라.

그 어린 때가 지나가서 이내 몸을 비추이던 봄날 빛이 사라지고 이내 속에 감추었던 행복은 빼앗겼네, 다른 사람 사이에서 다른 사람으로 자라나는 이내 몸은 여기저기 있는 소년들이 생기가 팔팔 나서 자유천지에 희희낙락히 지내는 것을 보더라도 낯에 나타내는 것은 다만 경멸 두 자, "나는 저놈들과 달라" 아아, 이러한 말로 제가 저를 위로하였네.

얼른 하여 청년 되어 사람들이 낫살 먹어 겨우 알 만한 일을 거지반 다 알았으나, 배 주리고 헐벗는 일, 한푼 없이 가난한 일, 창자를 끊는 듯한 고생, 몸을 버려 의義를 이룰 마음, 또 창피한 곤욕을 참는 불쌍한 일들 — 다 알지 않으면 좋을 일뿐이었네, 청춘의 피는 마귀 같다, 이 세상의 고락이 나뉘는 자취를 보고 부질없이 마음을 요동하기도 하였으나 나는 한 소리에 이 약한 마음을 물리치고 한줄 곧은길로 나서서 동지 여러 사람과 같이 즐겨 세상의 웃음바탕이 되었네.

---

14 『소년』 1910년 8월호. 폴란드의 애국 시인 니모옙스끼(Andrzej Niemojewski, 1864~1921)의 시를 번역 소개한 작품으로, 청년 시절 홍명희의 애국사상과 남달리 탁월한 언어감각을 엿볼 수 있다. 서두에 다음과 같은 해설이 붙어 있다. "이 산문시는 폴란드 문사 안졔이 니모옙스끼 씨가 고국 산하를 바라보고 강개한 회포를 이기지 못하여 지은 것이라. (…) 나는 이것을 애독한 지 수년이 되었으나 지금도 읽으면 심장이 자진마치질하듯 뛰노는 것은 더하면 더하지 덜하지는 아니하니 무슨 일인지? 제군 중에 이 산문시를 (대의라도) 나의 중역(重譯)에서 얻어 아시는 분이 계시면 나의 뜻은 달하였다 하리라."

좀도적놈처럼 발자취 소리 없이 몰래 와서 사람에게 달려드는 것은 나이라는 것이라 어느 틈에 나도 중년이 되었네, 중년의 노성老成한 마음이 되어서는 제가 제 지식이 천박하던 일을 웃고 내가 내 낯에 침 뱉어 이 몸을 백가지 천가지나 되는 의무란 멍에에다 매어버렸네, 이렇게 되어서는 무슨 일이든지 결정되어 의심할 여지가 없어지고 그 대신 앞길에 희망 없고 닳고 닳은 이내 마음 냉담할 때 한껏 냉담치도 못하고 열중할 때 한껏 열중치도 못하네, 기억은 찬 재 되고 과거를 생각하는 마음조차 없어지고 다만 당장 천근 같은 짐을 두 어깨에 짊어져서 뼈가 휘려 할 뿐이나 무엇인지 귀에 와서 지껄이는 말이 "너는 장정이다 참아라" 하는구나, 아아 이것이 나를 장려하는 소리냐? 나를 조소하는 소리냐?

잠 아니 오는 하룻밤을 꼭 새우고 오늘 식전에는 신기가 좋지 못하구나, 거울 보고 머리에 빗질하니 빗살에 감긴 흰 털 ― 아아 벌써, 백발이 나, 아직, 한창때에 ― 지금부터 이래서는 늙고 보면 어찌 될까? 누구 위하여 이러한 고생? 조급한 마음에 몸을 조조燥燥히[15] 굴며 얻은 것이 이 젊은 몸에 이 흰 털이로구나, 왜 왜 이리도 바삐 노인이 되려느냐?

눈을 들어 동산 보고 들을 바라보면 아아, 다, 그러나, 이것 때문이라고 나는 이것이 사랑스러워 못 견디겠네, 그리하고 본즉 오래오래 잊어버린 것같이 되었던 옛날 곡조 ― 생각나고 잊지 못할 춘풍春風 같은 행복이 가득히 찬 곡조가 가늘게 마음속에 들리는구나.

이 소리야말로 가버린 몇십년 전 어린 때의 도로 울리는 소리로구나.

그러나 어린 때에는 이같이 국토를 사랑치 아니하였네, 무슨 연고?

지금 사랑스러운 것은 어렸을 적 그것과는 다르다, 지금 것은 행복 소리가 아니다. 말아도 마지못할 운명으로, 마음이 화석같이 되지 아니한 사람이면 누구든지 지르지 않고 못 배겨 지르는 소리라. 만일에 사랑스럽다는

---

15   마음이 편안하지 못하고 조마조마하게.

이 소리가 곧 사형선고가 되어 머리가 몸에서 내려져서 혼백이 영永히 떠나간대도 누가 이 소리를 아니 지르랴?

술회述懷[16]

가을 바람 기러기를 보내오니
끼룩끼룩 남쪽을 향해 날아오네

처량한 신세로 감옥 안에서
아침 내내 좋은 벗을 생각했네

편지 하나 갑자기 앞에 떨어져
얼른 보고 다시 또 천천히 읽었네

초초한 몇 줄 사연이지만
심향心香이 스미어 사람을 살찌게 하네[17]

탐욕스런 이가 보물을 낚아채듯
쓰다듬고 쓰다듬다 어느덧 시간이 갔네

---

16 『삼천리』 1934년 5월호와 7월호에 상·하로 나뉘어 연재된 한시다. 하편에 "이 장시는 1930년에 현저동 101번지에서 한월(寒月)을 바라보고 있을 때 위당 정인보 씨에게 보낸 것으로, 상반(上半)은 전호(前號)에, 하반은 금(今)에 연재하는 바이노라"라고 적혀 있다. 현저동 101번지는 서대문형무소를 가리킨다. 여기에서는 한시 전체를 번역하여 싣는다.

17 심향은 불공을 드릴 때 피우는 향불처럼 진실하고 정성스러운 마음을 말한다.『대학(大學)』에 "덕은 몸을 윤택하게 하나니, 마음이 넓어지매 몸도 살찌게 된다(德潤身, 心廣體胖)"고 했다.

겉모습은 번민으로 진흙 인형처럼 꼼짝 않고 앉았으나
마음은 뛰놀아 사두마차가 치달리는 듯

그리운 생각 얼마나 많으리오만
옛일을 생각하니 희미하구나

아리강阿里江[18]에 두터운 얼음 합치자
짐을 이고 지며 흰옷 입고 강을 건넜지

삼三× 우리 어르신들
유랑하는 ×를 달게 견디셨네[19]

천지가 하루아침에 급변하여
산하는 만고의 슬픔이 되었네

온나라에 깨끗한 곳 없으니
제 땅에서 편히 사는 것도 흠이 되네

변경에서 그대를 만났더니
허겁지겁 노모를 수행하였네

아들은 어머니의 비호를 편안히 여기나

---

18   신채호의 『조선상고사』에 의하면, 우리 고어에 오리(鴨)를 '아리'라고 하므로 '아리강'은 이
      두(吏讀)로 표기한 압록강의 옛이름이라고 한다.
19   × 표시는 원문대로임. 판독 불가 표시인 것으로 보인다.

어머니는 아들의 외롭고 허약함을 가엾이 여겼네

황야에 겨울 추위 극에 달하여
늙으신 몸 지탱하기 힘들까 걱정이었지

낙토를 구하지는 않는다 해도
거처는 적합한 곳을 택해야 하리

동쪽으로 돌아가시는 모친을 전송한 뒤
나와 함께 손 잡고 남하하였네

중원에 갑자기 전란이 일어나
남쪽지방에 모두 군대 깃발 휘날리니

어디에 새처럼 편히 깃들 둥지 있으리
의지할 나뭇가지 하나 없네

몸을 뒤척임은 격동하는 정세를 비관해서요
고개를 돌림은 부모님을 그리워해서였네

부모님 엄명 내려 귀국일자 재촉하자
그대는 어찌하여 눈물로 턱을 적시었나

은하수의 별들처럼 떨어져 지내더니[20]

---

20   견우성과 직녀성을 말한다.

젊은 아내는 병사하고 말았지요

생사존망에는 한계가 있는 법이요
인간사에는 어긋나는 일이 많도다

밝은 태양 황포강黃浦江[21]을 비추일 때
검은 갓옷 입고 귀국하는 그대를 송별하였네

강가와 배 위에서
떠나는 이와 머무는 이 둘 다 서글퍼했지

세월은 흘러가 멈추지 않으니
한번 이별 후 몇 해가 지났던가

내 돌아와 고국 땅을 밟았을 때
세상은 급히 호전되는 조짐 있었지

인심은 귀추를 알고
양심이 백성을 움직였어라

만세 소리 하늘을 뒤흔들어
해와 별도 캄캄 빛을 잃었지[22]

---

21 중국 상하이(上海)를 거쳐 양쯔강(揚子江)과 합류하는 강. 19세기 중엽 상하이의 개항과 더
불어 국제무역의 교통로가 되었다.
22 1919년 3·1만세운동의 발발을 가리킨다.

민중은 모두 두려움을 모르고
화를 당할 것도 사양하지 않으니

내 비록 부처는 아닐지라도
감옥에 갈 것을 주저하지 않았노라

오랜 뒤에 그대와 만나
그대가 모친 여읜 것을 위로하고

그대의 덕과 학업 진보함을 기뻐했나니
탁월하여 이미 상대가 없었네

성명은 하늘을 찌를 듯하고
문장은 세간에서 알아주었네

수레에 앉아 가지는 못할지라도
고사리 캐어 먹기를 항상 원했네[23]

서로의 간담 막힘이 없으니
우리 우정 어찌 어그러지리

온 가족이 멀리 떠날 계획 세우니
양가의 어르신들 아랫사람 뜻을 들어주셨네

---

23   은(殷)나라 고죽군(孤竹君)의 두 아들인 백이(伯夷)와 숙제(叔齊)는 주나라 무왕이 은나라
      를 치자 주나라 곡식을 먹는 것을 수치스럽게 여기고 수양산(首陽山)에 들어가서 고사리를
      캐 먹다가 굶어 죽었다고 한다.

물정에 어두워 계획을 이루지 못하고
이럭저럭하는 사이 갈수록 힘이 빠졌네

수성壽星이 누차 빛을 잃었으니²⁴
하늘 향해 통곡하며 홀로 남겨짐에 슬퍼 울었네

그대와 나의 운명은 서로 같으니
처세 역시 서로 의지하였지

장님처럼 암중모색하니²⁵ 낭패하기 일쑤라
세상사람들 웃음거리 되기 알맞았네

천지가 어느 날에 바로잡히랴만
백면서생도 사내대장부라

예로부터 곤궁 견디며 절조 지키는 선비는
바르게 처신하느라 노심초사하였네

책은 팔더라도 절조는 팔지 않았으니
구구한 내 고충을 하늘이 굽어보시리

---

24   '수성'은 남극노인성(南極老人星)으로, 장수를 상징한다. 여기에서는 양가의 어르신들이 연
      로하여 다 돌아가셨다는 뜻이다.
25   원문의 '척식(摘埴)'은 척식색도(摘埴索途)의 준말로, 장님이 지팡이로 땅을 두드려 길을
      찾듯이 암중모색함을 뜻한다.

먹고 사느라 각자 바쁜 데다가
일이 많다 보니 본마음에서 멀어지네

서로를 돌아보니 청춘이 아니어라
아아 어떤 사람이던가

우리 어찌 땅강아지 개미처럼
하필이면 구멍 파고 숨으랴

새들이 메우기를 그치지 않는다면
바닷물 마를 날도 기대할 수 있듯이[26]

매몰埋沒되어 잊혀도 후손에게 혜택이 미치리니[27]
허명을 역사에 남겨 무엇하리오

오늘 밤에 그대가 꿈에 나타나
넋이라도 이런 말씀 들려준다면

이 몸 비록 감옥에 갇혀 있어도
든든히 나를 붙잡아주는 셈이라오

---

26 정위(精衛)라는 신화 속의 새가 나무와 돌을 물어다가 동해 바다를 메우려고 했다는 '정위
     전해(精衛塡海)'의 고사를 인용한 것이다.
27 '매몰'은 땅에 파묻히듯이 재능을 발휘하지 못하고 마는 불우한 삶을 가리킨다. 또한 원문의
     '유후곤(裕後昆)'은 『서경』 「중훼지고(仲虺之誥)」에 왕의 은택이 "후손에게 넉넉히 전해지
     게 하소서(垂裕後昆)"라고 한 구절을 활용한 표현이다.

눈물 섞인 노래[28]

독립 만세!
독립 만세!
천둥인 듯
산천이 다 울린다
지동인 듯
땅덩이가 흔들린다
이것이 꿈인가?
생시라도 꿈만 같다

아이도 뛰며 만세
어른도 뛰며 만세
개 짖는 소리 닭 우는 소리까지
만세 만세
산천도 빛이 나고
초목도 빛이 나고
해까지도 새 빛이 난 듯
유난히 명랑하다

이러한 큰 경사
생 외에 처음이라
마음 속속들이
기쁨이 가득한데

---

28 『해방기념시집』(중앙문화협회 1945)에 실려 있다. 이 책은 해방의 감격을 노래한 여러 문
인·지식인들의 시를 모아 간행한 시집이다.

눈에서는
눈물이 쏟아진다
억제하려 하니
더욱더욱 쏟아진다

천대 학대 속에
마음과 몸이 함께 늙어
조만한 슬픈 일엔
한 방울 안 나도록
눈물이 말랐더니
눈물에 보가 있어
오랫동안 막혔다가
갑자기 터졌는가?

우리들 적敵의 손에 잡혀갈 때
깨끗한 몸 더럽히지 않으시려
멀리멀리 가신 님[29]이
이젠 다시 오시려나
어느 곳에 가계실지
이날을 아시는지
소식이나 통할 길이 있으면
이다지 애닯으랴

어제까지 두 손목에

---

29 여기에서 '님'은 독립운동가 일반을 가리킨다고 볼 수도 있지만, 특히 경술국치 때 순국한 부친 홍범식의 존재를 시적으로 표현한 것이라 생각된다.

매여 있던 쇠사슬이
가뭇없이 없어졌다
요술인 듯 신기하다
오래 묶여 야윈 손목
가볍게 높이 치어들고
우리님 하늘 위에 계시거든
쇠사슬 없어진 것 굽어보소서

님께 받은 귀한 피가
핏줄 속에 흐르므로
이 피를 더럽힐까
남에 없이(남달리) 조심되고
남에 없이 근심되어
염통 한 조각이나마
적에게 빼앗기지 않으려고
구구히 애를 썼사외다

국민 의무國民義務 다하라고
분부하신 님의 말씀
해와 같고 달과 같이
내 앞길을 비쳐준다
아름다운 님의 이름
더 거룩히는 못 할지라도
님을 찾아가 보입는 날
꾸중이나 듣지 않고저

2장
진보적 민족주의

신간회新幹會의 사명[1]

　한편에는 계급운동의 방향이 정치적으로 약진하여 새 정당이 셋넷씩 나타났고 한편에는 국민정부의 성세聲勢가 국제적으로 등양騰揚되어 새 소식이 나날로 들리니, 우리의 동서 이웃에서 생긴 또는 생기는 중대한 정치적 변동이 어찌 우리에게 영향을 끼치지 아니하랴. 목하 우리 민중의 정치적 의식도 이로써 더욱 급격히 각성되기 시작하니, 우리들의 정치적 의식은 곧 민족적 운동의 전제가 될 것이다. 장차 일어날, 일어나지 않고 마지아니할 우리의 민족적 운동은 어떠한 목표를 세우고 나가게 될 것일까. 대개 세우지 아니하면 아니 될 목표는 오직 하나일 것이나, 바르게 그 목표로 나가고 아니 나가는 것은 우리들의 노력 여하로 결정될 것이다.

1　『현대평론』 창간호, 1927년 1월호. 신간회 창립대회를 앞두고 발표한 글이다. 신간회는 민족주의운동과 사회주의운동의 대립을 막고 항일투쟁에서 민족단일전선을 펼 목적으로 1927년 2월 15일에 결성한 단체. 1931년 5월까지 햇수로 5년간 존속했으며, 식민지 시기에 가장 규모가 큰 민족해방운동 단체였다.

제국주의 아래 압박을 당하는 민중은 ×××××를 배척하는 것이 당연 이상 당연한 일이지만 ××××× 유혹에 방임하면 배척은커녕 도리어 구가謳歌도 하게 된다 하고,[2] 사회에서 선각자로 자처하는 소위 지식계급 인물 중에 개인적 비열한 심계로 민족적 정당한 진로를 방해할 자도 없기 쉽지 않으니, 만일 불초한 인물이 부당하게 민중을 지도한다 하면 운동이 당치도 않은 길로 나갈는지 모를 일이라 우리의 민족적 운동으로 (하여금) 그 길을 그르치지 않고 나가게 하는 것은 곧 우리들이 당연히 노력할 일이다.

　우리의 민족적 운동이 바른 길로 바르게 나가도 구경究竟 성공은 많이 국제적 과정에 관계가 있으므로 우리의 노력만이 조건 될 것은 아니겠으나, 국제적 과정이 아무리 우리에게 유리하더라도 우리의 노력이 아니면 성공은 가망이 없고, 또 설혹 노력 없는 성공이 있다 하여도 그것이 우리에게 탐탁치 못할 것은 정한 일이다. 그러므로 우리들은 우리의 경우가 허락하는 대로 과학적 조직 ── 일시적이 아니요 계속적인, 또는 개인적이 아니요 단체적인 ── 행동으로 노력하여야 할 것이니, 새로 발기된 신간회의 사명이 여기 있을 것이다.

　나는 신간회 발기인의 한 사람이라 신간회가 일시라도 속히 장성하여 그 사명을 다하게 되기를 깊이 바라는 까닭에 신간회의 장래를 위하여 미리 다소 고찰을 더하여 우리들이 서로 면려勉勵할 바를 밝혀두고자 한다. 대체 신간회의 나갈 길은 민족운동만으로 보면 가장 왼편 길이나, 사회주의운동까지 겹치어 생각하면 중간 길이 될 것이다. 중간 길이라고 반드시 평탄한 길이란 법이 없을 뿐 아니라 이 중간 길은 도리어 험할 것이 사실이요, 또 이 길의 첫머리는 갈래가 많을 것도 같다. 곧 구체적으로 말하면 구경 성공 실현 불가능을 구실 삼거나 소위 계급적 진행을 표방하는 기회주의자들까지도 처음에는 겉으로 신간회와 유사한 단체를 조직하여 신간

2　×.표시는 일제의 검열로 인해 복자(覆字) 처리된 부분. 원문은 각각 '식민지 지배' '자치제 시행'이었던 것으로 추측된다.

회의 길을 민중 앞에 혼란케 할 시기가 없지 않을 것 같다. 그러나 기회주의자들의 길은 얼마 가지 않아서 앞이 막힐 것이요, 신간회의 길은 앞이 막히지 않을 것이니, 조금이라도 앞을 내다보는 사람이면 갈래 잡기에는 그다지 힘이 들지 아니할 것이다.

우리의 길이 비록 앞이 막히지 아니할 길이라도 이미 험한 길인 바에, 신간회로써 능히 목적지까지 도달케 함에는 나는 오직 회원 될 사람—특히 회원의 전위분자前衛分子[3] 될 사람의 철 같은 확신과 불 같은 열성이 있기를 믿는다. 신간회가 앞으로 나가면 나갈수록 밖에서 오는 분열 정책이 회유와 압박으로 내부의 통일을 방해하여 그 전진력을 모손耗損시키는 까닭에 더구나 험한 길에 갖은 곤란을 당하게 될 것이니, 이 갖은 곤란을 극복함에는 회유·압박·십자포화 아래에서 의연히 앞으로 나갈 용사들이 나타나야 할 것이다. 이 용사들은 곧 철 같은 확신으로 굳세게 노력을 할 사람들이니, 나는 우리 민족 중에서 이러한 종류의 용사들이 많이 나타날 것을 굳게 믿는 동시에 신간회의 장래를 위하여 서로서로 면려하려고 한다.

진정한 국사國事를 위해 소아小我를 버리자![4]

시내 관훈정 195번지 모씨 댁에 유숙 중인 벽초 홍명희 씨는 왕방往訪한 기자에게 다음과 같이 이야기하였다.

중경重慶 임시정부 주석 김구金九 선생을 비롯하여 요인들이 역사적 환

---

3   사회운동에 앞장서서 적극적으로 활동하는 사람.
4   『신조선보』 1945년 11월 26일자. 해방 직후 대한민국임시정부 요인들이 환국했을 때 「김구 주석에 보내는 하사(賀辭, 축사)」라는 특집란에 실린 글이다. "벽초 홍명희씨 담(談)"이라 적혀 있다.

국환國을 하였다 하니 참으로 기쁜 일이다. 그분들이 다년 해외에서 조선 독립을 위하야 분골쇄신 참으로 진췌盡瘁[5]적 노력을 하시고 금일 원로遠路(먼 길) 무사히 금의환국을 하신 데 대하여 만강의 사의와 경의를 표하는 바이다.

회고하건대 8월 15일 해방 이후 국내에 대소군당大小群黨이 족출簇出(속출) 상호 대립하여 민족통일전선을 갖추지 못한 것은 유구한 역사를 가진 문화민족으로서 참으로 부끄러운 일이다. 이는 각자가 소아를 취하고 대아大我를 망각한 점에서 오류를 범한 줄 안다. 진정한 국사를 위한다면 어째서 통합이 안 되겠느냐? 수십 성상星霜을 오직 국사를 위하여 헌신해온 위대한 지도자들이 이번에 오셨으니까 우리들 3천만은 한데 뭉쳐서 틈이 벌어지지 않도록 절대 노력해야 할 것이다. 그렇게 해야만 조선의 완전한 독립이 빨리 완성될 것이다.

또 한가지 이야기하고 싶은 것은 이번에 오신 분들이 다년간 해외에 계신 관계상 국내 사정을 잘 모르므로 혹 일당일파의 의견에 편중되지나 않나 하고 특히 염려들을 하는 모양이나, 그분들이 절대로 그렇게 편협한 태도를 취하지 않을 줄 믿으며, 또 그렇게 되어서는 민족분열의 원인이 될 것이다.

정치인의 자기비판[6]

과거를 돌아볼 때 우리 정치인들에게 자기비판이 부족한 것을 통감한다. 독선적 경향이 너무나 많다. 정치란 산 물건이고 부절不絶히 움직이는 물건인지라 머릿속에서 만들어진 이론만 가지고 정치를 해나갈 수는 없

---

5   몸이 여위도록 마음과 힘을 다하여 애씀.
6   『자유신문』 1946년 8월 15일자.

다. 정치인들이 현실의 동태를 똑바로 인식하여 그 이론을 보족補足하며 수정하는 것은 결코 그들의 변절도 무정견無定見도 아니고 도리어 반드시 실행하지 않으면 안 되는 의무요 책임인 것이다.

더구나 우리 정치인들이 국제 사정에 소매素昧[7]하고 정치적 경험이 없는 까닭에 작년 8·15 이래 많은 과오를 범하게 된 것이 어느 점으로는 불가피하였던 만큼, 솔직한 자기비판을 한다면 민중이 지지를 아끼지 않았을 것이요 완전독립의 길도 빨리 올 수 있었다. 자기의 고집을 못 버리고 독선에 흘러버린 까닭에 마침내 자기를 지지하는 자는 그 어떠한 자라도 두호斗護(두둔)하여주고 상대편은 그 어떠한 작은 과오라도 용서치 아니하여, 마침내 우리의 국가 건설에 있어 철두철미하게 관철되어야 할 혁명 원칙이 손상된 바 작다고 할 수 없다.

맑은 샘의 힘이 점차로 줄어가고 흐린 물결이 거칠어가도 모두 책責을 외부의 세력에 돌리고 민중의 무지한 탓이라 하면 현상現狀을 타통打通(타개)할 길이 없다. 우리 힘으로 일정日政(일제 통치)을 구축驅逐하지 못한 대신 우리 힘으로 완전독립만은 기필코 수행하자는 열성이 우리에게는 적다. 정치인의 애국적 성심誠心이 없어서 그리 됨이 아니고, 그들의 자기비판이 부족하여 세부득이 외력外力 의존에 치우쳐버린 것이다.

선결 문제는 정치인들이 철저한 자기비판을 하는 것이다. 지공무사至公無私[8]하게 나아가면 민중도 따라나갈 것이고 민족통일도 완전독립도 쉽게 달성될 것은 틀림없다.

---

7   견문이 좁고 사리에 어두움.
8   지극히 공정하여 사사로움이 없음.

나의 정치노선[9]

오늘날 우리 민족의 처지를 보아라. 우리가 과연 해방된 민족이냐? 36년 간 일본의 노예로 갖은 고생 다 하던 우리가 지긋지긋한 노예 지위를 아주 벗어난 것이 틀림없는 사실이니, 우리는 과연 해방된 민족이 아니냐? 노예 지위를 벗어났으면 모든 자유를 회복하여야 할 우리가 마땅히 가질 자유 권리를 아직 갖지 못한 것이 또한 명백한 사실이니, 우리는 실상 해방 안 된 민족이 아니냐? 전에 우리는 알기를 또는 믿기를 민족으로 해방이 곧 국가로 독립이요, 국가로 독립이 곧 민족으로 해방이라 하여 해방과 독립 이 개념상 두가지가 아니요 한가지더니, 8·15 이후에 한가지가 아닌 것을 체험하게 되어 전의 개념이 변하지 않을 수 없었다.

그러므로 해방이란 말이 그동안 귀에 젖고 입에 익었건만 우리는 — 우 리의 대다수 민중은 아직도 이 말의 정확한 개념을 가지지 못하였다. 아니 전에 가졌던 정확한 개념이 도리어 모호해졌다고 말해도 좋을 것이다. 국 제 지식이 결핍한 우리 대다수 민중은 8·15 해방을 곧 독립으로 알고 기뻐 날뛰다가, 그 잘못 안 것을 깨달은 뒤에는 해방이 곧 독립은 아니나마 독립 의 선문先聞임은 틀림없으려니 믿고 희망을 가득 품었었는데, 1년 남짓 지 나는 동안에 기쁨이 사라진 건 고사하고 희망조차 엷어져서 자칫하면 자 포자기로 흐르게 되었다.

형제자매를 타국인과 같이 가르는 38선 설정에 기가 막히고, 우리의 정 치적 노선을 혼란시키는 정당들 싸움에 정신이 빠지고, 바라는 독립은 안 오고 바라지 않는 신탁信託(신탁통치)[10]이 온다는 데에 마음이 격하고, 미소

---

9   『서울신문』 1946년 12월 17·18·19일자. 당시 홍명희를 중심으로 창당 준비 중이던 민주통일 당의 취지를 간접적으로 밝힌 글로, 홍명희의 정치적 견해가 잘 드러나 있다.

10   2차대전 후 유엔의 위임을 받은 나라가 정치적 혼란이 우려되는 지역을 잠정적으로 위임받 아 통치하던 통치 형태. 1945년 12월 '모스끄바 삼국 외상회의'에서는 한반도에 민주주의적 임시정부를 수립하고 최장 5개년의 신탁통치를 실시할 것을 결의했다. 그러자 국내에서는

2장 진보적 민족주의 **53**

공위美蘇共委(미소공동위원회)[11]의 임정臨政(임시정부) 수립 회담이 되다 마다 하는 데 심정이 상하고, 필수물품 가격이 한정없이 나날이 고등高騰하여 파산에 직면한 생활 위협에 공포를 느끼니, 자포자기도 오히려 과한 일이 아니다. 그러나 우리가 우리 역사 있은 뒤 처음으로 민주국가 건설할 좋은 기회를 눈앞에 두고 자포자기가 될 말이냐! 좋은 기회가 눈앞에 어디 있느냐? 그것을 알려면 역사 통행의 자취를 한번 정시할 필요가 있다.

우리 역사는 군국주의 일본의 패점覇占시기가 8·15 해방으로 끝나고 일본을 타도한 미·소 양국의 군사점령시기가 시작하여 방금 진행 중이다. 미국은 카이로에서 중·영中英 2국과 함께 우리의 독립을 공약하였고 소蘇연방은 포츠담에서 그 공약을 확인하였으니, 미·소가 다같이 우리에게 대하여 다른 의도를 가질 리 없다. 우리 민족이 일치 분투만 하면 미·소의 군사점령시기가 단시일에 끝이 나고 새로운 민주국가가 어렵지 않게 세상에 나오게 될 것이다.

자기의 일을 자기가 하지 않거나 또는 하지 못하고 남이 해주면 낭패가 많을 것은 정한 일이다. 우리의 해방도 우리 손으로 하게 되었더면 미·소 군사점령시기가 우리 역사에 나타날 리가 없으니 지금과 같이 해방인지 아닌지를 질정質定 못 하도록 개념이 모호하게 될 까닭도 없었을 것이다. 지나간 해방은 오히려 우리 힘에 벅찼거니와 앞으로 독립은 우리 힘에 넉넉하니 우리 손으로 해야 한다. 만일 우리가 하지 않고 남만 믿다가는 천벌이 무섭다. 천벌이 어떠하랴? 국가라고 된다는 것이 부속국이나 괴뢰국이 될지 모른다. 완전독립 민주국가를 건설하는 것이 오늘날 우리에게 부과된 역사적 사명이니, 우리는 사명을 완수하여 누累를 자손에게 끼치지 않

신탁통치 반대운동이 광범하게 일어났으며, 이를 계기로 좌우익의 대립이 극심해졌다.

11 모스끄바 삼국 외상회의의 결정에 따라 한국의 임시정부 수립을 원조할 목적으로 미·소 점령군에 의해 1946년에 설치되었던 공동위원회. 여러 차례 회의가 열렸으나 양측의 대립이 극심해져갔고, 1947년 10월 미국이 한국 문제를 유엔에 상정함으로써 해체되고 말았다.

도록 하여야 한다.

　미국이나 소련이나 다 같이 지금 우리 국토를 영토 만들려는 야심은 만만萬萬(전혀) 없을 줄 아나, 다 각기 장래 우리 국가를 자自세력권에 넣고 싶은 의욕은 반드시 없으리라고 말할 수 없다. 미국은 태평양 문명권에 대한 경쟁자가 나타날 때 우리 민족이 한떼로 봉족奉足[12]을 들지 않을까 의려疑慮하는 것 같고, 소연방은 우랄산 이동以東 시설이 폭격을 받게 될 때 우리 국토가 유력한 기지가 되지 않을까 의려하는 모양이니, 이 의려가 그 의욕을 자아낼 수 있다. 우리에 대한 미·소의 의려란 곧 양국 간 서로 의심하는 것이니, 우리가 양국 의심들에 끼이게 된 것은 확실히 불행이다. 신탁 문제도 여기서 난 것이요, 임정臨政 연타延拖(지연)도 여기서 온 것이다.

　저즘께 미·소 양국의 대립이 극도로 심해졌을 때 3차대전 설說이 세계에 전파되어서 전세계 인류는 전투 작희作戱(장난)에 가위가 눌려졌다. 2차대전이 끝난 지 불과 기일幾日(며칠)에 또다시 3차대전이 오리라고는 상식으로 믿지 못하나 전면적 전쟁이 없다고 국부적 충돌까지 없으란 법이 없는데, 우리 국토가 일개 발화점 될 가능성을 띠고 있으므로 우리는 더욱이 경악을 금치 못했었다. 그 뒤 미·소의 대립이 적이(상당히) 완화되며 전운이 개일 듯 바로 사라진 것은 우리에도 행복이요 전세계 인류에도 행복이다.

　미·소 양국의 평화적 협력은 우리에게 이利가 있고 해害는 없으나 양국의 무력 충돌은——더욱이 우리 국토에서 양국의 충돌은 우리에게 돌아올 것이 죽음인데, 오직 죽음뿐인데, 우리 국가 건설에 미·소 충돌을 전제 삼으려는 사람들이 있다. 그 사람들은 일개의 세력을 믿어 일국一國을 축출하려고 □□(판독 불가)도 생각하고 또 남북의 형제자매를 전장에서 서로 보게 하려고 악심도 먹는다. 전민족의 멸망 위기가 그 사이에 잠재한 것을 그 사람들이 모른다면 가련하고 안다면 괘씸하다. 지금 우리가 남에서 미

12　일을 꾸려나가는 사람을 곁에서 거들어 도와줌. 조선시대에 평민이나 천민이 출역할 경우 동원되지 않은 장정을 보내 집안일을 도와주던 데서 유래하는 말이다.

군정과 협력하고 북에서 소군정과 협력하는 것은 하릴없는 일이다. 그러나 이 협력은 속담에 이르는바 "내 일 바빠 한댁 방아"[13]와 같은 의미로 하릴없단 말이지 우리 일을 집어치우고 미·소의 방아만 찧어주려는 것은 노예적 근성이요 망국적 심성이다.

우리는 모름지기 반성하여 이런 근성과 이런 심성이 있거든 빨리 깨끗이 버려야 한다. 세상에서 떠드는 친일파 민족반역자 문제도 이런 점에서 생각할 것이니, 과거를 징벌하는 법률적 처단은 관후를 힘쓸지언정 장래를 경계하는 도덕적 규탄은 추상열일秋霜烈日과 같이 엄혹하여야 한다. 전일에 친일파란 지목을 받던 인물과 같은 범주의 친미파·친소파가 생겨서 미·소 세력의 등을 기대고 날뛴다면 이것은 우리 치욕의 연장이요, 우환의 시초다. 더구나 친미 곧 반소요 친소 곧 반미의 경향으로 파당을 지어 서로 알력을 일삼으면 우리 역사적 사명은 완수하지 못하게 된다.

대체 우리의 민족 문제는 세계적 계급 문제의 일부분이다. 그러므로 전일前日에 있어 일본 제국주의를 타도하고 민족의 생존권과 자기결정권을 획득하려고 민족주의자와 공산주의자가 동일 전선에서 공동투쟁하던 것은 당연한 일일 뿐 아니라 필요한 일이었다. 지금에 와서 일제는 이미 타도되었으나 민족의 생존권과 자기결정권은 아직도 확보되지 못하였으니, 확보되도록까지 공동투쟁이 여전히 필요하다. 그럼에도 불구하고 공동투쟁의 목표가 없어졌다고 곧 대립투쟁으로 변할 형세가 보이니 이것이 무슨 까닭이냐? 국가 건설에 대하여 계급적 정치이념이 서로 충돌한 까닭이냐? 설사 그렇다고 하더라도 우리의 정치적 역량을 분산 소모하여 국가 건설을 방해하는 것이 불가한 일이거든, 하물며 그렇지도 않고 다만 전부터 가진 반감이나 새로 생긴 악감이나 또는 사소한 목전 이해로 대립투쟁을 야

---

13 큰댁의 방아를 빌려서 자기 집의 쌀을 찧어야겠으니 할 수 없이 큰댁 방아 찧는 일을 먼저 거들어주어야 한다는 뜻으로, 내 일을 하기 위해 부득이 다른 사람의 일부터 해줌을 비유적으로 이르는 말.

기하는 것이야 이 어찌 진정한 애국자들의 할 일이랴!

우리의 역사적 사명을 완수하려면 안으로는 전민족의 일치 분투가 필요하니 우리는 정치적 역량을 통일하도록, 적어도 서로가 알력하지 않도록 힘써야 하고, 밖으로는 미·소 양국의 평화적 협력이 필요하니 우리는 양국의 의려가 풀리도록 적어도 반미나 반소의 태도를 갖지 않도록 힘써야 한다. 이것이 우리가 오늘날 마땅히 취할 가장 정당한 정치적 노선이다. 천근淺近한 비유로 말하면, 목적지는 이미 정하였건만 목적지로 나갈 길을 몰라서 방황하는 민중에게 길라잡이 소임하는 정당들이 이리 끌고 저리 끌고 하여 노선의 혼란을 일으키니 민중이 정당에 염증을 내는 것이 괴이할 것이 없다.

민중의 염증을 밝히 알면서 우리 동지가 새로 한 정당을 발기하는 것은 우리들이 가장 정당하다고 믿는 노선으로 삼천만 형제자매와 같이 일로매진一路邁進하여 속히 목적지에 도달하고자 함이다. 그러므로 우리들은 어느 개인의 정치적 지반을 구축하려는 것도 아니요, 또 어느 계급의 정치적 이념을 실현하려는 것도 아니다. 전민족이 일치 분투할 역사적 사명의 근저에는 전민족적 의욕이 있건만 민지가 발달되지 못한 탓으로 그 의욕을 성공적으로 움직일 줄을 알지 못하니, 이것을 성공적으로 인도하려 함이 우리 동지의 결심이요 또 신념이다.

통일이냐 분열이냐[14]

1

우리는 지금 통일이냐 분열이냐 하는 민족적 일대 위기에 도달한 것입니다. 우리에게는 통일 없는 독립이 있을 수 없고 분열된 독립이 또한 성립할 수 없는 것이언만, 이것이 독립이요 이것이 독립의 길이라고 길라잡이 소임을 자처하는 편이 있습니다. 아니 이것을 우리에게 강요하려는 공기가 작금昨今 정세로는 매우 농후해졌습니다. 미국 대표는 국제연합(유엔) 소총회 석상에서 이것을 강렬히 주장하고 있습니다. 우리를 일본 제국주의의 철쇄로부터 해방시켜준 미국이거늘 조선 독립 문제에 대한 그 본의를 우리는 의심코자 하지 아니합니다. 의심하지 않을 뿐 아니라 그 절대한 원조를 기대하는 바이며 영구히 우방일 것을 또한 확신하는 바입니다.

그러나 미국엔 미국으로서의 대對세계정책이 있습니다. 오늘의 그 세계정책은 소련에 대항하는 데 그 중점이 놓여 있습니다. 이 현상은 더 길게 말할 필요조차 없는 것이어니와 전세계의 미·소 접촉점마다의 대립은 모두 이 한마디로 설명되는 것입니다. 그런데 미국의 대세계정책은 소련의 대세계정책이 그렇듯이 우리의 민족적 이해利害와 반드시 일치되는 것은 아닌 것입니다. 우리의 독립 문제에서 파생한 남북 조선의 단독 조처(단독정부 수립 추진) 문제는 그 가장 적실한 예인 것입니다. 미국의 입장으로서는 우리 강토의 남북을 분열시키더라도 소련에 대항하면 그 외교적 목적을 달성할 성산成算이 있을지 몰라도, 우리의 입장으로서는 소련에 대항하는 것보다 통일된 독립국가를 가지는 것이 더 크고도 절실한 문제인 것입니다. 이와 똑같은 말은 소련의 비협력적 태도에 대하여서도 말할 수 있는 것입니다. 미·소 어느 나라를 막론하고 자기들의 세계정책과 우리 문제는 반드시 이해가 일치되는 것이 아님이 분명한 일입니다.

민족의 총의는 통일정부 수립에 있거늘 국내 일부에서는 외국 정책을 그대로 맹종하려 하니 해방 조선의 일대 불상사가 아닐 수 없습니다. 원래

---

14   『개벽』 1948년 3월호. 미소공동위원회가 결렬되자 미국은 한반도 문제를 유엔에 이관함으로써 남한 단독정부 수립을 위한 수순을 밟아나갔다. 이 글은 그에 대립하여 단독정부 반대론을 피력한 논설로, 민족통일정부 수립을 주장하던 민주독립당 대표 홍명희의 소신을 잘 보여주고 있다.

우리 민족을 오늘과 같은 극렬적 분열로 인도한 것은 미·소 두 나라요 국토를 분단한 것도 물론 이 두 나라가 저지른 일일 뿐이고, 우리 민족 자체로 말하면 사상적 대립이 있다 한들 오늘과 같은 상태로 발전하지는 않았을 것이 분명한 일이며, 더구나 국토의 분단과 같은 것은 생각조차 할 수 없는 일입니다. 우리 민족이 열렬히 바라고 있는 것은 다만 통일된 독립일 뿐입니다. 그러므로 진정한 민족적 총의는 통일정부 수립에 있는 것입니다.

그런데 단독 조처에 대하여는 한가지 실로 중대한 환상을 가지는 사람들이 있음을 우리는 가장 섭섭히 생각하는 바입니다. 이것이 곧 독립이라고 생각하는 사람이야 단 한 사람인들 있을 수 없는 일이지만, 적어도 이것이 독립으로 나아가는 길이 되지나 않을까 의문을 붙이는 사람이 없지 아니한 듯합니다. 그러나 이런 방향으로 우리 문제를 인도하는 것은 미국의 대소對蘇 외교정책은 될지언정 우리의 독립을 실현시키는 방향은 확실히 아닌 것입니다.

2

남부만의 단독 조처가 미국의 대소 강경외교정책 선線에서 빚어지는 것임이 틀림이 없거늘, 그 정부는 벌써 우리의 입장이 아니고 딴 나라의 필요에서 딴 나라의 정책을 수행하지 않으면 안 될 것이 자명한 일이며, 이런 정부에 자주권이 없을 것도 또한 명백한 것입니다. 여기에 외국 군대가 주둔하고 외국 세력이 정책을 좌우하면 이 정부가 대체 무엇이 될 것입니까? 그러나 비참한 사태는 여기에 그치는 것이 아니고 북부에도 똑같은 필요에서 똑같은 정권이 설 것이니, 이렇게 되는 날 미·소 국경은 바로 우리 38선이 되는 것입니다. 우리 강토 안에는 두 나라가 서는 것이요, 이 두 나라는 가장 긴장된 공기에 싸여 부절히 충돌할 것이니 이것이 어찌 독립하는 길이겠습니까? 다만 중국의 현상現狀과 희랍希臘(그리스)의 불평을 우리

에게 옮겨놓는 데 불과한 것입니다.[15]

그렇거늘 남부만의 단정單政(단독정부)에 대하여 작은 기대라도 가진다고 하면 그것은 완전히 자기기만에 지나지 못하는 것이요, 민중을 우롱하는 이외의 아무것도 아닐 것입니다. 여기에 약간의 기대라도 가진다면 그것은 오직 환상일 따름입니다. 그런데 이런 환상을 북돋우는 데는 다른 한가지 환상이 또 달려 있다는 것을 우리는 경홀輕忽히 볼 수 없습니다. 그 환상이 무엇이냐. 이른바 민생 문제의 해결이 그것입니다. 이런 정권의 수립으로 명색 자치정부의 관료는 생길지 몰라도 민생 문제의 해결이란 바랄 수 없습니다. 나의 보는 바로는 이 민생 문제 해결이란 원래 어려운 문제 중에도 가장 어려운 문제로서 이것은 정치 문제의 해결이 없이는 절대로 해결될 수 없는 것입니다.

미국의 원조를 말하는 사람이 있습니다. 미국의 원조에는 기대를 가져 마땅할 것입니다. 그러나 우리는 남의 원조를 받기 위하여는 그 원조를 받을 만한 준비와 계획이 있어야 합니다. 즉 산업 건설에 대한 충분한 계획이 서야 할 것입니다. 북조선을 제외하고 대체 어떻게 산업 건설을 할 수 있겠습니까? 어떻게 그것을 계획인들 할 수 있겠습니까? 충분한 계획이 없는 데 대한 원조는 일시의 구조가 되는 것이 10 중 10일 것입니다. 후진국가로서 우리가 남을 따라가려면 실로 비상한 계획과 결의를 가지지 않으면 안 될 것이어늘 하물며 남에게서 단순히 구조를 받는다는 것은 독립국가로 발전할 산업국가의 바른 출발이 될 수는 없는 것입니다.

우리는 어떤 점에서라도 단선單選(단독선거)에 의한 단정에 동의할 수는 없는 것입니다. 그것은 확실히 독립을 막는 길이며 독립국가로서의 발전

---

15 당시 중국과 그리스에 내전이 벌어지고 있었듯이 한반도에도 남북 간에 내전이 일어나리라고 경고한 말이다. 중국에서는 국민당의 국민혁명군과 공산당의 인민해방군 간에, 그리스에서는 정부군과 그리스민주군(공산당) 간에 내전이 벌어졌다. 중국의 국공내전은 중국공산당의 승리로 끝나 1949년 10월 중화인민공화국이 수립되었고, 그리스 내전은 1949년 10월 그리스정부군의 승리로 끝났다.

의 토대를 뒤집어놓는 것이기 때문입니다. 대체에 있어 단선에 의한 단정을 주장하는 사람은 미·소 전쟁에서 독립을 주워보려는 것인데, 우리 민족의 운명을 개척하는 방법에 있어 이보다 더 위험한 것은 없는 것입니다. 우리 부자·형제 간의 살육전이 먼저 일어난다는 사실도 억울한 일이거니와, 미·소 전쟁의 결과에서 오는 소득이 대체 무엇이겠는가를 생각한다면 실로 그 결과로 오는 우리 운명을 다시 생각지 않을 수 없습니다. 세계 정세의 진전을 돌아 살필 때, 가능하다면 우리는 최후의 순간에 이르기까지 있는바 성력誠力을 다하여 평화 유지에 기여해야 할 것입니다. 가능하다면 세계 문제의 평화적 해결에 전력을 다해야 할 것입니다. 여기서만 우리의 완전 자주 통일독립이 가능하기 때문입니다.

3

우리는 한결같이 해방 2개년여를 두고 미·소 협조에서 우리 독립이 실현되기를 고대하고 있었던 것이 사실입니다. 그러나 우리의 기대와는 반대로 미·소는 대립 일로로 달음질치고 있습니다. 미소공위가 연 2차 실패하고 난 뒤 국제연합으로서도 우리 독립 문제를 해결 지을 수 없음이 오늘의 결과로 드러난 것입니다.

그러면 우리는 이 단계에서 과연 어느 길을 취하여 독립의 목적을 달할 것인가? 우리는 점령 양대국에 향하여 세계 공약인 조선 독립의 실현을 요구하는 길로 나아갈 수밖에 다른 도리는 없는 것입니다. 양국의 이해 충돌로 말미암아 우리 민족이 희생될 수는 없는 것입니다. 우리는 민족자결 원칙에 의하여 우리 독립을 보장시키는 수밖에 이제 다른 방법은 없는 것입니다. 우리에게 만일 미·소 전쟁의 전초전을 맡을 만한 용기가 있다고 하면, 그 용기는 응당 민족자결 원칙을 보장시키는 운동으로 발전되지 않으면 무의미한 것이 되고 말 것입니다.

생각건대 이 민족자결 원칙이란 오늘에 와서 비로소 우리에게 요청되는 것이 아니라 자초自初부터 한 민족의 해방을 위하여는 이것이 절대 필수조건이었던 것입니다. 우리는 전민족이 한데 뭉쳐서 이 원칙의 확실한 보장을 요구해야 할 것이었습니다. 우리가 이 원칙을 보장시키기 위하여 얼마나 힘을 합할 수 있느냐 하는 것은 오로지 우리 민족적 역량에 달린 일이거니와, 우리는 무슨 방법으로나 금후 이런 방향에서 강력한 민족통일운동을 함께 전개하지 않으면 안 될 것입니다.

지금에 와서 생각할 때 한 민족의 해방이란 결코 용이한 것이 아님을 더욱 절실히 느끼는 바이거니와, 쉽게 독립을 해보려고 한다든지 거족적인 일대 노력이 없이 어떻게 남의 등에 업혀서 투기적인 방법으로 독립을 낚아보려고 하는 생각은 이제부터 완전히 청산해야 할 것입니다. 우리에겐 오직 분투 노력이 필요할 뿐이요, 그 결과에서만 목적하는 진정한 독립이 와질 것이라는 것을 깊이 생각지 않으면 안 될 것입니다. 독립하는 길은 민족자결 원칙을 보장시키는 데 있고 이것을 보장시키는 것은 거족적인 일치한 노력 즉 민족통일에 의한 거대한 힘이 아니면 능치 못할 것입니다.

민족통일을 말하면 곧 북부 조선을 말하는 사람이 있습니다. 과연 그러합니다. 그러나 북부 조선이라고 추수주의자追隨主義者[16]만 있는 것은 아닐 것입니다. 남이라 북이라 할 것 없이 이 추수주의자들이 진실로 조선의 입장으로 돌아오고 진정한 민족적 양심으로 돌아올 때 우리의 힘은 배가될 것입니다. 민족의 힘은 커질 것입니다. 그러나 일부에 추수주의자가 있다고 민족 문제를 포기할 수도 없는 것이요, 비관할 필요도 없는 것입니다.

일부에서 쉬운 방법으로 독립을 건져보려고 하거나 또 이 기회 저 기회에서 재빠르게 이것을 이용하려고 하는 추수주의 때문에 민족적인 피해를 당하고 있는 것이 사실이건만, 그러나 이 나라 민중은 결코 추수주의에 휩

---

16   아무런 비판 없이 맹목적으로 남의 뒤만 따르는 사람.

쏠리지도 아니하고 기회를 잡으려고 애쓰지도 아니하고 다만 묵묵히 우리 문제는 우리 손에서 풀어져야 한다는 가장 기본적인 신념에 살고 있는 것입니다. 그들은 일시의 세력에 휘둘리기는 하지만 예나 지금이나 어느 길이 과연 독립하는 길인지를 확실히 알고 있는 것입니다. 우리는 이런 민중들과 함께 꾸준히 언제까지나 확실한 독립운동을 전개시킬 것뿐입니다. 이 길이 내가 보는 바로는 가장 확실한 것이요 또한 가장 속速한 길이라고 믿는 바입니다. 미·소 양국은 당연히 민족자결 원칙에 의하여, 즉 우리 문제를 우리 손으로 풀도록 그 기회를 부여해야 할 것임을 거듭 강조하는 바이며, 동포 제위와 함께 진정한 독립운동으로 일로 매진할 것을 맹서하는 바입니다.

3장
과학과 계몽

혼인제도[1]

◇ 혼인은 두 성[二姓]의 합(合)함이요, 백복百福(만복)의 근원이라 한다. 달리 간단히 말하면 남녀가 공동생활을 목적 삼고 결합하는 것이 결혼이다.

◇ 혼인의 형식은 여러 가지가 있으나, 대개로 구별하면 일처다부제와 일부다처제와 일부일처제라 할 것이다.[2]

◇ 일처다부제polyandry는 인도 어느 지방과 서장西藏(티베트) 지방 같은 데서 유행하는 습관이니, 전자는 보통 타인의 집합이요 후자는 대개 형제의 관계라 한다.

---

1   이하 3장에 실린 글들은 홍명희의 『학창산화(學窓散話)』(조선도서주식회사 1926)에서 뽑은 것이다. 『학창산화』는 홍명희가 『동아일보』 주필 겸 편집국장으로 재직하던 1924~25년 '학예란'과 '학창산화'라는 고정란에 연재한 칼럼들을 모은 책이다. 다양한 분야에 걸쳐 동서고금의 이색적인 지식을 소개한 이 칼럼들을 통해 홍명희의 남다른 박식과 진보적 사고방식을 엿볼 수 있다.

2   원문은 "일부다부제(一婦多夫制)와 일부다부제(一夫多婦制)와 및 일부일부제(一夫一婦制)라 할 것이다"로 되어 있으나, 여기에서는 혼란을 피하기 위해 각각 일처다부제, 일부다처제, 일부일처제로 용어를 바꾸었다.

◇ 일부다처제polygamy는 동양에 보통 있는 관습이나 중국 같은 나라에서 특히 심한 예를 볼 수 있고, 서양에서도 기독교의 일파 몰몬종mormon宗(모르몬교)은 신조信條로 이를 실행한다.

◇ 일부일처제monogamy는 가장 개명한 민족 간에 행하는 제도라 한다. 서양에서는 희랍·로마 때에 시작한 기초가 기독교 전파 후에 더욱 견고하게 되었다. 그러나 현금現今(지금) 구미인歐美人(유럽과 미국인)의 소위 일부일처제는 표면을 장식함에 그치고 내면에 일부다처제와 일처다부제를 실행하나 다름이 없는 것은 세인世人(세상 사람)이 모두 인정하는 바이다.

◇ 혼인의 최대 목적은 번식이요 최대 요소는 애모愛慕라 할 것이다. 지위와 재산 같은 것이 그 목적이 되고 정욕과 편의 같은 것이 그 요소가 될 때가 많이 있다. 이런 것을 상세히 말하려면 이〔齒牙〕가 실 것이라 고만두는 것이 상책이요, 혼인제도의 역사적 발달이나 대개 소개하려 한다.

◇ 스펜서[3] 같은 학자는 인류가 아직 사회를 형성하지 못한 원시시대에 있어서 한 부락 내 남녀가 기회 있는 대로 서로 성욕을 만족케 하여 하등 규율이 없었다고 주장하였다.

◇ 다윈[4]부터 이러한 난혼亂婚 상태의 일반적 존재를 의심하기 시작하여 점차로 이 가설을 부인하게 되었다. 특별한 경우에는 이 난혼 상태도 존재하였을 것이요, 가족 발달상 혈족혼血族婚도 실행되었을 것이요, 몇 명의 형제가 몇 명의 여자를 공유하고 몇 명의 자매가 몇 명의 남자를 공유하는 우혼偶婚 상태는 일반적으로 있었으리라고 한다.

◇ 태고의 혼인제도가 어떠한 것인지 일정할 수 없다 하나, 아무리 원시인류라도 그 자녀를 보호양육하기 위해 일정한 기간은 혼인관계를 지속하

---

3   허버트 스펜서(Herbert Spencer, 1820~1903). 영국의 철학자·사회학자. 다윈의 진화론에 입각하여 사회유기체설을 주창하고 사회의 발전을 진화론적으로 설명했다.

4   찰스 다윈(Charles Robert Darwin, 1809~82). 영국의 생물학자.『종(種)의 기원』에서 생물의 진화를 주장하고, 자연 선택에 의해 새로운 종이 기원한다는 자연선택설을 발표했다.

여 가족제를 형성했을 것이 생물진화의 법칙으로 보든지 경제학상 원리로 보든지 사실에 가까우리라고 한다.

◇ 여자 가장家長 시대가 지나서 남자가 횡포하기 시작한 뒤에 약탈혼인이 생기고, 순박 인심이 교사狡詐해지기 시작하여 평화 수단으로 무력의 공효功效를 대신할 때 약탈혼인이 구매購買혼인으로 변하였다.

◇ 약탈혼인은 한 부락 남자가 다른 부락 여자를 무력으로 탈취하여 혼인하는 것이니, 그 원인은 물론 여러 가지가 있다. 후세 혼인의식에 그 유풍이 전하였으니 다른 나라 풍습은 말할 것이 없고 우리나라의 홰싸움 같은 것도 이것이라 할 것이다.

◇ 구매혼인은 여자를 타족他族에서 구하기 위해 상당한 가액價額을 주는 것이니, 이 형식은 세계에 널리 유행하던 것이요 현금 중국 하류계급에서 실행하는 것이다. 우리나라에서 선인先人의 예禮라고 칭하고 납폐納幣[5]하는 것이 기실은 구매혼인의 여습餘習이라 하나, 이것은 사실인지 아닌지 알지 못할 일이다.

매음賣淫 기원

어떤 사람이 말하되 도시에 매음 있음이 궁전에 측厠(변소)이 있음과 같다 하니, 이것은 매음의 추함을 말하는 외에 그 없지 못할 것임을 보인 것이다. 매음의 존재가 측과 같이 필요하다 함은 알지 못할 일이나, 그러나 매음이 소위 문명의 진보를 따라 점차 발달함은 숨기지 못할 일이다. 이제 그 기원을 소구溯究하건대 매음은 공음供淫에서 비롯하고 공음은 야인野人(미개인)의 순박함에서 난 것이다. 그 의의 있는 바를 좇아 분류하면 접빈

---

5   혼인할 때 정혼이 이루어진 증거로 신랑 집에서 신부 집으로 예물을 보냄.

적接賓的 공음과 신교적信教的 공음과 축제적 공음이 있다 할지니, 대개 접빈은 예를 두터이 함이요, 신교는 믿음을 굳게 함이요, 또 축제는 기쁨을 크게 함이다.

◇ 접빈은 귀빈이 집에 오면 주인이 그 처나 딸을 손님에게 제공하여 위로하게 함이니 손님이 이를 사양함은 예禮가 허락지 않는 바이다. 이 풍습이 현존한 것은 예例로 남양南洋[6]과 일본 지방을 들 것이니, 일본은 궁벽한 시골에 간혹 있을 뿐이나 남양에는 널리 행하는 바이라 남양 토족土族 따이약인人[7]을 방문한 자가 여러 여자를 좌우에 두는 일이 드물지 아니하다.

◇ 신교는 사원에 있는 무녀가 정재淨財[8]를 보시하는 자에게 일시 몸을 맡기는 일이니 이는 곧 창녀의 기원이다. 이 풍습이 세계 광명光明과 같이 고대 동방에서 비롯하여 희랍과 로마에 전하였다 하며, 현금 남부 인도에 성행하는 지방이 있다 한다. 신교는 이외에 두 종류가 있으니 하나는 사원에 성현을 참배하는 청신녀淸信女가 승려나 청신남淸信男에게 음사淫事를 바치는 것이요,[9] 하나는 신도 된 자가 승려에게 그 처나 딸을 바치는 것이다. 전자는 멀리 아프리카와 가까이 중국, 일본에 예가 있다 하고, 후자는 남양 토족의 회회교도回回敎徒(이슬람교도)와 무어Moor인[10] 간에 현행하고 일본 불교도에도 이를 누습陋習이라 하여 배척지 않는 지방이 있다 한다.

◇ 축제는 축제일이라 하여 일정한 기간에는 모든 남녀가 뒤섞여 가무歌舞로 철야하되 타인의 처나 딸과 자유로 성교를 맺고 자기의 처나 딸은 타인에게 제공함이니, 이는 원시시대 난교亂交의 여습이라 한다. 전례를

---

6   태평양의 적도를 경계로 하여 그 남북에 걸쳐 있는 지역을 통틀어 이르는 말.
7   미상.
8   신불(神佛)을 섬기거나 남을 도와주기 위하여 깨끗하게 쓰는 재물.
9   청신녀, 청신남은 속세에 있으면서 불교를 믿는 여자와 남자를 뜻함. 음사는 음란하고 방탕한 짓. 주로 남녀 사이의 관계를 이른다.
10   무어인은 광의로 이슬람교도를 뜻하는 경우도 있지만, 여기에서는 협의로, 모로코, 알제리, 튀니지 등 북아프리카의 이슬람교도를 가리키는 것으로 보인다.

세계에 구하면 한두 지방에 그치지 아니하나 가까이 일본으로 말하면 분용盆踊[11]이라 이르는 것이 이 풍습의 전래한 것이요, 분용 이외에도 일본에 이 같은 제례가 많으니 그 극단으로 심한 것은 우치현제宇治縣祭와 같은 것이다. 오월 오일 밤에 거행하는 이 우치현제에서는 나체 남자들이 신여神輿[12]를 메고 밤새도록 돌아다니며, 전 정내町內 인가는 일체 소등하고 타인의 숙박을 거절치 아니함으로 남교야합濫交野合(난교)이 성盛히 행하는데, 도발하면 호응하는 것이 법이며 요구하면 야합하는 것이 예例라 한다. 현대에는 물론 경찰의 단속이 있으므로 옛날같이 음탕방종한 일은 없다 한다.

◇ 매음이라 하면 여자에 한한 일같이 생각하는 사람이 없지 아니하나 남자에도 있는 일이니, 사원에 무녀와 같은 무남巫男이 있는 것은 고대의 증거가 있을 뿐 아니라 현대 아프리카에서 예를 볼 수 있다. 이것이 일종의 직업이 되어 사회 내면에 숨겨져 있는 것은 일본의 소위 음간다옥陰間茶屋[13] 같은 것이 일례라 할 것이요, 중국에는 남북 지방에 현행現行하는 일이 있다.

◇ 매음의 존재가 필요한 이유가 있다 하면 빈자貧者의 성욕을 만족케 함이 그 이유의 큰 것일지나, 현세에는 이도 유산자有産者의 농단壟斷(독차지)하는 바 되어 장기長期 매음, 소위 첩을 둠이 거의 유산자의 특권임은 물론이요 일시적 매음자도 다수가 유산자이니, 이에서 매음은 존재 이유가 불확실한 추한 행위가 될 뿐이다.

11 　본오도리. 일본에서 음력 7월 15일 밤에 남녀들이 모여서 추는 윤무(輪舞).
12 　미꼬시. 일본에서 제례 때 신위(神位)를 모시고 메는 가마.
13 　카게마짜야. 일본 에도시대에 음간(陰間, 남창)을 두고 손님을 받던 집.

접순接脣의 유래

구순口脣(입과 입술)에 구순(을) 접接하는 것을 접순接脣(키스)이라 할 것이나, 수족과 안면에 구순을 접하는 것도 보통 접순이라 칭한다. 대개 접순은 구미에 성행하는 일종 관습이니 그 의의를 세 종류로 크게 나눌 수 있다. 첫째는 전래 예법의 표현이니 왕공王公(왕과 귀족) 귀부인 수족에 구순을 접함과 같은 것이요, 둘째는 보통 애정의 표현이니 자녀, 우인友人의 안면에 구순을 접함과 같은 것이요, 셋째는 성적 애정의 표현이니 탐남열녀貪男悅女(음남 음녀)가 구순을 서로 접하는 것이다. 그러나 그 의의와 표현 형식이 뒤얽히고 복잡하여 자세히 나누려면 성가실 지경이다.

◇ 이태리伊太利(이딸리아) 석학 롬브로소[14]가 어느 잡지에 「접순의 유래」라는 것을 발표한 것이 있다. 그 연구를 소개하면 대강 아래와 같다.

접순은 미개족이나 반개인半開人【일본도 여기 포함시켰다】사이에는 발달하지 못한 것이라 뉴질랜드인이나 에스키모인 같은 야만족은 접순이 무엇인지를 알지 못한다. 어느 야만족은 후각으로 남녀 간 애정을 표현하여 현금 구미인이 "내 입 좀 맞추구려" 하고 눈웃음칠 만한 경우에 "나를 맡아보시오" 하고 고개를 든다고 한다.

◇ 대체 접순이란 관습이 야만시대에 부모가 자녀를 포양哺養함에서 발생한 것은 사실이니, 현금도 그러한 관습이 세계 각처에 남아 있을 뿐 아니라 피지(Fiji) 섬[15] 토인 같은 데서 현저한 예를 볼 수 있다. 피지섬 토인은 아직도 기명器皿(그릇)을 쓸 줄 모르는 까닭에 목이 마를 때는 하천에 가서 죽통竹筒으로 물을 마신다. 이 토인의 영아嬰兒는 모친의 입으로 물어다 먹

---

14 체사레 롬브로소(Cesare Lombroso, 1836~1909). 이딸리아의 정신과 교수이자 범죄학자. 범죄인류학의 창시자로 범죄를 인류학적으로 고찰하고 형법학에 실증주의를 도입했다. 저서에 『범죄인론』 『천재와 광기』가 있다.

15 피지는 태평양 남부 320여개의 섬으로 이루어진 나라다. 1970년에 독립했으므로 『학창산화』 집필 당시에는 영국령이었다.

이는 물이 아니면 갈사渴死(목말라 죽음)를 면치 못하리라 한다.

◇ 접순이 본래는 이렇게 자녀 포양에 필요한 행동이던 것인데, 발달하여 보통 애정을 표현하게 되고 더 일층 발달하여 성적 애정을 표현하게 되었다. 구주歐洲(유럽)에서도 고대 희랍에는 접순이 성적 애정을 표현하기까지 발달하지 못하였으니, 호메로스[16] 시 같은 데도 서로 애정을 가진 남녀가 한두 사람이 아니요 그 애정을 표현하는 행동이 한두 건이 아니건만 접순했다는 것은 하나도 없다. 또 중국 고대 시편에도 이런 것은 볼 수 없다. 롬브로소는 이에서 서로 열애하는 남녀가 접순으로 애정을 표현하게 된 것이 문명 정도가 진보한 뒤의 일이라고 결론을 내리었다.

◇ 불란서佛蘭西(프랑스) 유명한 조각가 로댕[17]의 유명한 작품 「접순」이 일본에 와서 관헌에게 진열 금지를 당하여 일본 미술가들이 분개했을 뿐 아니라, 구미인이 조소嘲笑함을 마지아니하여 미국 어느 잡지에는 이 조소를 기괴한 만화로 발표한 것까지 있다. 이 작품 진열의 가부는 말할 것이 없고, 대체로 말하면 동양에서는 접순으로 성적 애정을 표현하지 않는 것이 아니나 공공연히 표현함을 꺼리는 것이 통상 관습이다. 그러므로 구미인이 방사放肆(방자)히 접순하는 것을 미개인의 야만적인 풍습으로 보는 것이 사실이다. 구미인이 문명 발달의 일종 표징表徵으로 여기는 것을 동양인의 대부분은 야만 관습을 버리지 못하였다 하여 접순에 대해 정반대의 판단을 내리니, 관습의 차이가 문명과 야만의 구별이 되지 못하는 것을 이에서 알 수 있다.

---

16 호메로스(Homeros, 생몰년 미상). 고대 그리스의 시인. 유럽 문학 최고(最古)의 서사시 『일리아드』와 『오디세이』의 작자로 알려져 있다. 원문에는 호메로스의 영어 이름인 '호머'(Homer)로 적혀 있다.

17 프랑수아 로댕(François Auguste René Rodin, 1840~1917). 프랑스의 조각가. 사실적 기법으로 인간의 감정과 내면에 깃든 생명의 약동을 표현했다. 대표작으로 「생각하는 사람」「키스」 등이 있다.

국제어

◇ 인류가 여러 가지 언어를 가지게 된 것은 인류의 일대 불행이다. 언어가 각기 다르므로 다 같은 인류라는 따뜻한 감정이 가로막혀 인류는 받지 않아도 좋을 재해를 받은 것이 적지 아니하다. 만일 인류가 상부상조하는 정신으로 인문人文(인류의 문화) 발전에 노력했더라면 현금 세계 문명의 경계선은 수백년 전에 통과하였을 것이 분명한 일이다. 인문이 이렇게 일찍이 발전하지 못한 것은 복잡한 원인이 있으나 인류 언어가 구구區區히 같지 않음이 그중에 가장 큰 것이며, 현금 인도나 중국이 방대한 국토와 유족한 천부天富를 가지고도 국가로 약한 것은 복잡한 원인이 있으나 국민 언어가 구구히 같지 않음이 그중에 가장 큰 것이다. 그러므로 한 국민은 물론이요 전세계 인류에 공통한 언어가 필요하다. 대개 이 필요가 생기기는 바벨탑이 미처 준공하기 전 일이라 할 것이다.

◇ 2천여년 전 선지자 스바냐[18]는 공통어의 실현을 예언하였다 하고, 또 2천여년 전 대학자 아리스토텔레스[19]는 공통어의 가능을 주장하였다 한다. 1650년경 토마스 어쿠하트[20]가 일종 구체안을 발표한 후 지금까지 270여년간에 약 200종 국제어가 발생하였다. 그러나 초기 국제어는 대개 공통기법共通記法[21]이요 공통언어가 아니니, 부표符標와 같이 실용적이지

---

18 원문은 '쎄파늬아'(Cefaniah)로 되어 있으나 스바냐(Zephaniah)를 일컬은 것으로 추측된다. 스바냐는 유대 왕족 출신으로 기원전 7세기 후반에 활동한 선지자. 구약 성경의 「스바냐서」는 그의 예언에 기초를 둔 것이다.

19 아리스토텔레스(Aristoteles, B.C. 384~B.C. 322). 고대 그리스의 철학자. 고대 서양 학문의 체계를 세웠고, 중세 스콜라 철학을 비롯하여 후세의 학문에 큰 영향을 주었다. 원문에는 아리스토텔레스의 영어 이름인 '아리스토틀'(Aristotle)로 적혀 있다.

20 토머스 어쿠하트(Sir Thomas Urquhart, 1611~60). 스코틀랜드의 작가·번역가. 1653년 국제어에 대한 구상을 담은 저서 『로고판디텍션(*Logopandecteision*)』을 출판했다.

21 '공통기법' 다음 괄호 속에 'Pazigrafis'(단행본에는 'Pazigratis')라는 단어가 적혀 있으나, 미상이다.

않은 것이 성공할 리 없으므로 수다한 고안이 모두 실패하게 된 것이다. 이 중에 재미있는 것으로는 숫자어와 음부어音符語라 할 것이다. 숫자어는 숫자와 문자를 혼용하거나 또는 숫자와 수학상 부호만 이용하여 언어와 유사하게 만든 것이니, 예를 들어 말하면 "내가 너를 사랑한다"는 말이 티메리오Timerio[22]라는 숫자어로는 1-80-17이 된다고 한다. 음부어는 도, 레, 미, 파, 솔, 라, 시, 7종의 음부를 이용하여 언어와 유사하게 만든 것이니, 예를 들어 말하면 "나는 사랑하지 않는다"는 말이 쏠레쏠Solresol[23]이라는 음부어로는 도레, 도, 밀라시Dore do milasi가 된다고 한다.

◇ 1880년 독일인 마르틴 슐라이어가 창제한 볼라퓌크Volapük[24]는 국제어로 일시 세력이 있었으나 그 언어 조직이 불완전하고 창제자 인격이 불원만함으로 일시에 몰락하였으니, 'vol'은 영어의 'world'를 줄인 것이요 'pük'는 영어의 'speak'을 줄인 것이라 한다.[25] 에스페란토Esperanto가 처음 발생하였을 때 볼라퓌크의 실패한 여파를 받아서 세인의 조소가 심하였다. 에스페란토가 적이 세력을 얻은 뒤에 프랑스인 보프롱, 꾸뛰라 등이 이도Ido[26]라는 것으로 에스페란토를 개량한다고 자칭했다. 그러나 이도의 개량은 개악이 분명하므로 일시 속았던 사람도 나중에는 이를 돌보지 않

---

22 숫자를 기반으로 만들어진 언어. 1921년 독일의 건축가 티머(Tiemer)가 제안한 것으로, 모든 개념을 숫자로 표현하는 방식의 언어다.

23 프랑스의 음악가 프랑수아 쉬드르(François Sudre, 1787~1862)가 만든 인공어. 1827년에 작업을 시작하여 『세계공통음악어』라는 제목의 책으로 펴냈다. 소리의 음계 차이를 언어로 한다는 발상에 의거하여 만든 언어다.

24 1880년 독일의 가톨릭 사제 요한 마르틴 슐라이어(Martin Schleyer, 1831~1912)가 만든 인공어. 국제 공용어를 목적으로 하는 인공어 중 최초로 대중적인 지지를 받은 언어로서, 에스페란토의 선배 격이다.

25 원문은 'voi, puk'으로 되어 있으나, vol, pük의 오식이다.

26 에스페란토의 개선안에서 출발하여 만든 국제어. 1907년 프랑스인 루이 드 보프롱(Louis de Beaufront, 1855~1935)이 만들었으며, 루이 꾸뛰라(Louis Couturat, 1868~1914)가 발전시켰다. 이름은 에스페란토로 '자식'을 뜻하는 낱말 'ido'에서 유래했으며, 에스페란토와 비슷한 점이 많다.

게 되었다.

에스페란토 발생 이전에 100여 종 국제어가 있었고 에스페란토 발생 이후에도 근 100종 국제어가 생겼으나 모두 성적은 볼 것이 없다. 에스페란토는 전에 볼라퓌크의 해독을 받고 후에 이도의 타격을 입었으나 오늘날은 국제어란 말을 에스페란토가 홀로 가지게 되어 인류 대불행의 한 원인을 제거할 희망이 생겼으니, 이는 언어 자체가 우월하고 창조자 인격이 숭고한 까닭이다. 에스페란토는 세인이 아는 바와 같이 자멘호프[27] 박사가 창조하여 1887년에 처음 발표한 것이다.

법률

◇ 법률은 무엇인가. 인류가 사회생활을 경영함에 반드시 준수치 아니치 못할 행위의 법칙이니, 국권國權으로 승인하고 또는 유지하는 것이다. 법률의 이론을 강구하거나 혹은 법률에 관한 지식을 조직적으로 통괄하는 학문을 법률학이라 한다. 연구하는 범위로 일반 법률학이니 특별 법률학이니 구별하고, 연구하는 정도로 법리학法理學이니 성법학成法學이니 구별하고, 연구하는 방법으로 자연법학이니 역사법학이니 또는 비교법학이니 구별하고, 시대로 구별하여 고대법학이니 현대법학이니 하는 명칭이 생기고, 지방으로 구별하여 영英법학이니 불佛법학이니 하는 종류가 나뉜다.

◇ 국법國法을 계승한 계통을 법계法系라 칭한다. 을·병 2국이 갑국법을 계승하였다 하면 갑국법을 모법母法이라 하고, 을·병 2국법을 자법子法이라 하고, 또 을·병 2국법을 서로 자매법이라 한다. 현존한 세계 법계가 자

---

27 라자루스 루드비크 자멘호프(Lazarus Ludwig Zamenhof, 1859~1917). 폴란드의 의사이자 언어학자. 국제어 에스페란토를 창안하고 1905년에 제1회 에스페란토 만국대회를 열어 보급에 힘썼다.

못 수다數多하나 그중에 중요한 것은 인도법계, 중화법계, 로마법계, 회회법계回回法系(이슬람법계), 영국법계, 독일법계, 슬라브법계 등이다. 세계의 법전으로 가장 오래기는 바빌로니아 왕 함무라비Hammurabi 법전이니, 이 법전은 서기 전 2천년경에 편찬한 것이라 한다. 가장 유명하기는 동로마 황제 유스티니아누스Justinianus 법전 전집이니, 이 법전은 당시 재상 트리보니아누스Tribonianus 위원장 아래 학식으로 유수한 위원 16인이 있어서 편찬한 것인데 후세 제국諸國 법제의 기초가 된 것이라 한다. 유스티니아누스 법전 편찬 이후에 유명하기는 나폴레옹 법전Code Napoléon이니 이 법전은 근세 문명 제국의 모범이 된 것이라 한다.

◇ 중국의 형명학刑名學[28]은 구류학파九流學派의 하나이니, 이회李悝가 주장한 후 신불해申不害, 상앙商鞅, 한비韓非 등이 소술紹述(계승)한 것이다. 이회는 위魏 문후文侯의 신하이니 여러 나라 형서刑書를 수집하여 『법경法經』 6편을 저작하였고, 이회 전에 형명학자라 칭할 만한 관중管仲이 있었으나 그 저서 『관자管子』는 후인의 위작이라 한다. 진국秦國이 상앙의 법술法術로 말미암아 부강하게 되어 마침내 6국을 통일하였으나, 법률의 번가煩苛(번거롭고 가혹함)함이 인민의 폐막弊瘼(고질적인 폐단)이 되었다. 그러므로 한漢 고조高祖가 이를 일변一變하여 간이한 법률로써 민심을 수습하였으니, "살인한 자는 사형에 처하며 남에게 상해를 입힌 자와 도둑질한 자는 그에 상응하는 처벌을 한다(殺人者死, 傷人及盜抵罪)"가 이르는바 약법約法 3장이다. 기자箕子 8조교八條敎[29] 중에서 남아 전한다 칭하는 살인·상인傷人·도적에 대한 3조는 이 한 고조의 약법과 흡사한 것이니, 우리나라 옛 법률의 조문인가 한다. 우리나라에서 전일에 사용하던 법률이 대체 계통으로 보아서 중화법계이던 것은 물론 엄폐치 못할 사실이다.

◇ 어느 지방을 물론하고 상고上古에는 신의神意(신의 뜻)로써 법률을 삼

---

28 법으로 나라를 다스려야 한다는 학문.
29 기자가 고조선의 왕이 되면서 만들었다고 전하는 여덟가지 법령.

앗었고, 인도 어느 지방에는 지금까지 작미嚼米[30] 결과로써 벌을 정하는 관습이 있다 하니 이것도 신의재판의 일종이다. 제정일치 시대가 지나서 신의의 모호함을 알게 된 뒤에 군주 이하 유권력자有權力者의 의지가 곧 법률이 되었었다. 그러나 한두 개인의 의지로써 규칙을 삼아 민중을 지배함은 위험한 일이라 현금은 입법기관이 있어서 민중의 대표자가 이를 제정하는 것이 보통이다. 대개 법률은 필요한 것이요 권위 있는 것이나, 그 권위는 민중이 인정함으로써 유지하는 것이다. 자구字句 해석에 능하다 하여 양양자득揚揚自得(의기양양)하는 자가 있으나 이것은 도필리刀筆吏[31]의 본색이라 하여 식자의 웃는 바이다.

신新맬서스주의

◇ 미국 부인 마거릿 생어[32]가 산아제한을 선전하러 일본까지 왔다가 국정國情(나라 사정)이 다르므로 변변히 강연도 못 하고 돌아간 것은 우리 기억에 새로운 바이니 생어가 선전하는 산아제한이 곧 신맬서스주의의 요지라 할 것이다.

◇ 신맬서스주의에(에서) 중요한 주장은 둘이라고 볼 수 있으니, 하나는 생리적으로 또 경제적으로 장애 없는 정도에 아무쪼록 조혼하자 함이요, 다른 하나는 곧 피임 방법을 통행通行하자 함이다. 조혼으로는 화류병 만연과 범죄적 행위와 및 도덕적 타락을 제지하고, 피임으로는 인구의 격증

---

30 당사자들에게 쌀을 씹게 하고 토해낸 쌀을 살펴 보아 시비를 판단하는 법.
31 문서를 맡는 하급관리를 낮추어 이르는 말. '도필리'란 죽간(竹簡)에 잘못 기록된 글자를 칼로 긁어 고치던 데서 유래한다.
32 마거릿 생어(Margaret Sanger, 1879~1966). 미국의 여성 사회운동가. 산아제한의 제창자. 1921년 미국 산아제한연맹을 결성하고 기관지 『부인의 반역』을 간행했다.

을 억제하여 인류의 빈궁을 구제하려 함이다. 맬서스[33]가 인구는 제한이 없으면 기하급수로 증가하고 생활 자료는 산술급수로 증가한다 함을 시인하고 피임으로 이를 제한하려 함이니, 신맬서스주의라는 이름이 이에서 생기게 된 것이다.

◇ 조혼과 만혼의 이해利害는 고래古來로 말이 많으나, 생리적·경제적 조건이 허락하면 아무쪼록 조혼함이 가하다 함은 학계와 실생활에서 거의 다 시인하는 바이니 이 주의의 이 주장은 다시 비판할 것이 없다. 오직 피임 주장에 이르러서는 학계에도 말이 있거니와 실생활에서 그 국정을 따라 용납지 않는 일이 많이 있으니, 일본에서 생어의 선전 강연을 금지한 것도 한 전례라 할 터이다.

◇ 현재의 주의자들은 대개 자녀 2인을 표준으로 하고 산아제한을 실행하니 이 표준의 가부는 별개 문제요, 과학적 피임 방법으로 자녀를 양육하고 교훈할 만한 정도에 제한하자 함은 상당한 주장이다. 그러나 이 주장에 대하여는 반反자연이라고 반대하고 부도덕이라고 악평하는 사람이 적지 아니하다.

◇ 피임을 반자연이라 함은 근리近理한 말이나, 인위적이라는 의미에서 반자연 행위라 하면 문명의 가치가 일시 몰락할 것이니 반증을 들 것이 없고, 그렇지 않으면 양육 교훈 등 능력에 상당하도록 생산한다 함이 도리어 자연적 행위라 할 것이다. 또 피임을 부도덕이라 함은 이유 대기로 의론이 다를 것이니 자녀를 생산하여 만족히 양육하고 교훈하지 못함이 도리어 부도덕적 행위라고 할 수 있다. 바이런[34]은 카인Cain의 입을 빌려 자녀 생산은 살인과 같은 죄악이다, 죽을 자식을 낳는 것이 자식을 죽이는 것이나

---

33 토머스 로버트 맬서스(Thomas Robert Malthus, 1766~1834). 영국의 고전경제학을 대표하는 경제학자. 1798년 『인구론』을 발표하여 인구의 자연 증가를 억제해야 한다고 주장했다.

34 조지 고든 바이런(George Gordon Byron, 1788~1824). 영국의 시인. 낭만파를 대표하는 시인으로, 대표작으로 『돈 주안』 『카인』 등이 있다.

다름이 무엇이냐고까지 말하였다. 시인의 기특奇特(기발)한 말을 실생활에 적용할 것은 아니로되, 대는 이유를 따라서 저의 도덕적이라는 것이 이의 부도덕적이 될 수 있음은 알 것이다.

◇ 이 신맬서스주의가 실행되면 사회의 모든 폐해가 근절되고 인류의 모든 행복이 증진되어 이 세상이 파라다이스paradise가 되겠느냐. 현재 사회제도와 현재 경제조직 아래서는 빈궁선貧窮線이 소멸하기를 바랄 수는 없는 일이니 신맬서스주의자의 이상이 한갓 이상에 그치고 말 것이나, 사회제도가 개혁되고 경제조직이 일변한 뒤라도 인류의 큰 문제가 유전학에 있는 이상 이 신맬서스주의와 같은 것은 비교적 그 존재 가치를 오래 유지할 것이다.

차별

◇ 동물과 식물의 차별이 엄절嚴截(엄격)하냐? 그러하다. 척추동물과 현화식물顯花植物[35] 사이에 어찌 엄절한 차별이 없다 하랴. 그러나 단세포동물과 단세포식물은 이것이 동물이요 저것이 식물이라는 그 차별이 엄절치 못할 뿐 아니라, 거의 구별이 없다고 할 만하다. 그러한즉 동물계와 식물계가 각기 생물계의 일부분으로 그 분기分岐된 경계가 불분명하다. 생물계와 무생물계도 동물계·식물계의 관계와 별로 다름이 없다 할 것이다. 지구가 생물이라고 하는 사람이 있어서 말하되 조슬蚤蝨(벼룩과 이)로 하여금 조아爪牙(발톱과 어금니)를 연구하라 하면 무생물이라 할 것이 아니냐, 인류가 지구를 무생물이라 함은 이와 같으리라고 말하니, 이것은 비록 희언戲言에 불과하나 생물·무생물의 한계가 모호함을 알리기는 넉넉하다.

---

35   생식 기관인 꽃이 있고 열매를 맺으며, 씨로 번식하는 고등 식물(＝종자식물).

◇ 신神과 수獸(짐승)의 차별은 어떠한가? 신을 상상상上 존재로 보든지 신을 존엄적 존재로 보든지 수와 비교함은 부당하다고 말할 만하다. 그러나 역사적으로 변화한 신의 속성을 모아가지고 보면 신에 수적獸的 분자가 혼합된 것을 발견할 수 있다. 신의 원형이 생식기라 하면 이 혼합은 도리어 당연한 일이라 할 것이다. 희랍·로마의 군신群神은 우리 인류의 형제라 말할 것이 없고, 인도교印度教(힌두교)의 습파濕婆 오마비烏摩妃[36]와 불교의 환희천歡喜天[37]은 원형이 아직도 진보되지 못한 것이라 말할 것이 없고, 신의 선민選民으로 자처하는 유대인猶太人이 신봉하는 전지전능하고 유일무이한 신도 그 질투와 분노는 우리 인류나 다름이 없었으니 이 질투와 분노는 수적 분자의 발작으로 볼 것이다. 이와 반대로 금수禽獸에 신적 분자가 많이 있으니, 이것은 생물학 지식이 조금만 있으면 수긍할 것이라 예도 들 필요가 없다. 신에 수적 분자가 있고 수에 신적 분자가 있다 하면 서로 비교하는 것이 부당한 듯한 신과 수의 차별 경계가 엄절치 못하지 않은가.

◇ 인류의 남녀차별은 어떠한가? 보통은 남녀의 차별이 엄절한 줄로 생각한다. 그러나 상당한 학식이 있는 사람은 그렇게 생각지 아니하여, 인류와 여러 생물을 모두 양성 혼합체로 보려고 한다. 양성 생식기를 일신一身에 구비한 와우蝸牛(달팽이)를 모든 생물의 대표로 보려고 한다. 이것은 희언이나, 양성차별은 절대적 조건으로 발생하는 것이 아니요 우발적 사건이라고 한다. 대개 남녀의 차별은 생식기의 차이뿐 아니라 신체를 조직한 세포에 있을 것이다. 그러나 그 세포 중에 있는 성性은 단일한 것이 아니요 음양 양성이 혼합한 것이라, 그 분량에 따라서 남녀차별에 여러 계급이 생긴다. 오토 바이닝거[38] 말이 형태학상으로 관찰하여 남녀를 차별하려면

---

36   습파는 힌두교의 3대 주신의 하나인 시바(Shiva)로 불교에서는 대자재천(大自在天)이라 한다. 오마비는 시바의 아내로 설산(雪山, 히말라야산맥)의 여신인 우마(Uma)이다.

37   불교의 수호신. 구천팔백의 귀왕들을 거느리고 삼천 세계와 삼보를 수호하며, 부부를 화합하게 하고 자식을 점지하는 능력을 가졌다고 한다.

38   오토 바이닝거(Otto Weininger, 1880~1903). 오스트리아의 사상가. 철학적 심리학의 견지

남녀 중간에 몇 종의 차별이 있을 것이라 하고, 에드워드 카펜터[39] 말이 양성은 본래 습관과 감정으로 완전히 동떨어진 2개 단체가 아니요 한 단체인 인류의 양극兩極을 대표하는 것이라 양극 극단 대표자는 심한 차이가 있으나 그 중간 영역에 있는 다수 남녀는 감정과 기질이 혹사酷似하다고 하였다.

◇ 내분비 호르몬을 이용하여 음양 기질을 자유로 변환할 수 있는 것은 과학적 실험으로 증명하는 일이요, 변태성욕학상의 남성탈화脫化니 여성탈화니 하는 문제도 잠재된 제2성을 인식지 않고는 용이하게 해석하지 못할 것이다. 그러므로 남녀차별도 구경 절대적이 아니라고 말할 것이니, 이로써 남녀가 근본적 지위에서 평등인 것도 알 수 있다.

미신

◇ 미신은 이성理性이 허락지 않는 신념과 행사行事(활동)를 이름이니, 현대사상의 정도程度(수준)가 용납하지 않는 선대先代 신념의 타력惰力(타성의 힘)이거나, 혹은 부정한 무리가 무엇에 이利함이 있고자 하여 인민을 기망하는 술책이다. 정화수로 두신痘神(천연두 신)의 노여움을 풀어서 병의 경과를 순順하게 한다 하고, 천하태평에 세침細針을 박아서 안질을 고친다 한다. 이와 같이 소위 예방으로 질병을 치료한다 함은 전자의 예라 할 것이다. 중국의 황건적黃巾賊이니 백련교白蓮敎[40]니 칭하던 무리가 혹은 국가를

에서 주로 여성 문제를 다룬 『성(性)과 성격』을 발표했다.

39 에드워드 카펜터(Edward Carpenter, 1844~1929). 영국의 시인·사상가. 사회주의를 신봉하고 스스로 농사를 지으면서 시를 쓰고 사회 문제를 논하는 등 여러 분야의 저술에 힘썼다. 「사랑의 성년기」 「중간 성」 등의 논문을 발표했다.

40 황건적은 중국 후한 말에 장각(張角)을 우두머리로 하여 허베이(河北)에서 일어났던 유적(流賊). 백련교는 중국 남송 초기에 자조자원(慈照子元)이 제창한 비밀 결사 종교.

요란케 하고 혹은 민심을 홀리게 하였다. 이와 같이 소위 좌도左道(사교邪敎)가 세간에 자행함은 후자의 예라 할 것이다.

◇ 소위 질병 예방 같은 것은 거의 세계에 없는 곳이 없고, 의학의 세력 발전을 방해함이 적지 아니하다. 그로 인연하여 생기지 않아도 좋을 불행이 많이 생기나 이것은 해가 오히려 적다 할 것이요, 좌도가 성공하여 그 세력 범위가 확대하면 세운世運(시운)에 관계를 가지므로 역사적 파란까지 일으키니 이것은 해가 크다. 서양사상 십자군[41] 사건도 엄격하게 말하면 미신 부분이 적지 아니하다 할 것이다. 그전 우리나라에도 이러한 전례가 없지 아니하였으나 최근에 와서 그 심한 정도가 과한 데 이르렀으니 시대의 퇴영인가 또는 인심의 타락인가.

◇ 중종조中宗朝에 개성의 송악대왕松嶽大王이 일국 남녀를 도로에 분주奔走케 한 일이 있었다. 그러나 이것의 해는 근년 채동지蔡同知[42] 같은 것에 조금 지날 뿐이다. 송천희宋千喜란 재상이 영남관찰(경상감사)로 있을 때 무당 하나가 불제자佛弟子라 자칭하고 도내 인심을 소란케 하니, 송관찰사는 성질이 강의剛毅하므로 그 무당을 잡아서 처형하여 일경一境이 숙연한 일이 있었다. 그러나 이것의 해는 근년 백천공白天空[43] 같은 것과 유사할 뿐이다. 도당을 규합하여 교명敎名을 세우고 "훔치훔치"와 같은 주문을 외는 종류[44]가 일국에 횡행함은 근세에 처음 있는 현상이라 할 것이다.

◇ 대체 미신은 의심에 배태되고 무지에 번식하는 것이다. 의심생귀疑

41 　중세 유럽에서 기독교도가 팔레스타인과 예루살렘을 이슬람교도로부터 다시 찾기 위해 일으킨 원정 또는 그 원정대.

42 　전래 설화에 등장하는 인물이나, '근년 채동지'라고 한 것으로 보아 여기에서는 20세기 초 인천 개항장에 떠돌며 채동지라 불리던 인물을 가리킨 것으로 보인다. 채동지의 침은 만병 통치약으로, 아이들이 아플 때 음식에 그의 침을 묻혀 먹이면 병이 나았다고 전한다.

43 　유·불·선(儒佛仙) 3도를 합일하여 진리를 추구한다는 대원불교회를 조직한 인물이다.

44 　조선 고종 때 증산 강일순(姜一淳)이 세운 증산교(甑山敎)를 가리킨다. "훔치훔치"는 증산도의 수행주문인 태을주(太乙呪)로, 생명 기운의 주재신인 태을천 상원군을 부르는 주문이라 한다.

心生鬼라 의심이 있으면 없는 귀신도 생기니, 배중궁영杯中弓影이 뱀이 되며[45] 족하가자足下茄子가 토명귀討命鬼가 되는 것이다.[46] 송나라 장수 석보石普가 술이 취하여 국 맛이 좋지 않다고 주부廚夫(요리사)를 참斬하라 하였더니, 그 부인이 가련히 여기어 보 모르게 석방하고 참하였다고 보고하게 한 일이 있었다. 그 후 보가 병중에 그 주부가 자기를 죽이려 한다고 말하며 자주 혼절하니, 부인이 죽이지 않았다고 말하나 보는 곧이듣지 아니하고 연해 나를 살리라고 소리를 지르므로 그 부인이 할 수 없이 그 주부를 찾아왔다. 그리하여 보는 주부를 한번 보고 병이 나았다 한다. 이와 같이 의심만 풀리면 사라지는 미신이 적지 않고 무지하면 유리有理(이치에 맞음)를 묻지 못하니, 흙, 나무, 쇠, 돌, 새, 짐승, 곤충, 물고기가 모두 영靈을 가지게 되는 것이다.

어느 서생이 여행하는 길에 어느 사원에 들어가니 마침 승려는 눈에 보이지 아니하는데 좌우로 배회하다가 우연히 벽상에 비파琵琶를 그리고 나갔었다. 그 후 그 서생이 다시 그 사원 부근에 이르니 오고 가고 남녀노소가 도로에 가득 찼으므로, 괴이하여 물은즉 사원 벽의 비파가 영물이라 기도하는 사람이 이렇게 다수라고 하였다. 그 서생은 어이없어 그 사원에 가서 연월일시를 말하여가며 자기가 그린 것을 설명하였더니, 영험 있던 비파가 그날로부터 영험이 없어지게 되었다 한다. 무지를 깨우치면 번식하지 못하는 미신이 많이 있다. 대개 미신·정신正信(올바른 신앙) 구별에 모호한 점이 있고 미신의 전제를 타파함에 소극적 논법을 쓰게 됨이 미신 존재에 유리한 조건이 된다.

---

45 술잔에 비친 활 그림자를 뱀으로 착각하고 뱀을 삼켰다 생각하여 병이 났으나, 훗날 착각임을 깨닫고 병이 나았다는 고사가 있다. '배궁사영(杯弓蛇影)'이라고도 한다.

46 '족하가자'는 발밑의 가지, '토명귀'는 목숨을 요구하는 악귀. 발밑의 가지를 악귀로 착각했다는 뜻이라 짐작된다.

4장
차별 비판과 평등사상

『임꺽정』「봉단편」'반정'장[1]

이교리가 원과 수인사하고 조정 소식을 대강 들은 연후에 그동안의 소경력을 대강대강 이야기하니, 원도 놀라고 책방도 놀라고 통인도 놀라고 이야기 듣던 사람으로 놀라지 아니하는 사람이 없었다. 원이 우선 의관을 바꿀 일이 급하다고 자기의 입을 의복과 자기의 여벌 관망冠網을 내어다가 이교리를 주었다. 이교리가 다시 세수하고 관망을 바꾸어 쓰고 의복을 갈아입고 나니 신수 좋은 관원이라, 옆에 있던 사람들은 아까 보던 폐포파립弊袍破笠[2] 속에 저러한 인물이 감추어 있었던가 자기의 눈을 의심하지 아니

---

[1]　홍명희 『임꺽정』 4판, 사계절 2008, 1권 148~53면. 『임꺽정』은 「봉단편」「피장편」「양반편」「의형제편」「화적편」으로 나뉘어 있는데, 그중 「봉단편」의 일부다. 연산군 때 도망하여 함흥에서 백정의 사위가 된 홍문관 교리 이장곤이 중종반정 후 함흥 원을 찾아가 자신의 신분을 밝히고 나서 극진한 대접을 받으며 대화를 나누는 장면이다. 홍명희는 소설에서 자신의 사상을 직접적으로 드러내기를 즐기는 작가가 아니지만, 『임꺽정』에는 이와 같이 등장인물의 발언을 통해 봉건적인 신분차별에 대한 작가의 강렬한 비판의식을 엿볼 수 있는 대목이 몇 군데 있다.

[2]　해진 옷과 부서진 갓이란 뜻으로, 초라한 차림새를 비유적으로 이르는 말.

할 이 없었다. 이교리가 처음 도망하던 때 벌써 삭탈관직을 당하였을 것은 미리 짐작하고 있었지만, 원에게 사실을 들어 알고는 자기가 교리 칭호를 가지는 것이 외람한 일이라고 말하여 원은 이급제라고 부르고 통인 등속은 이급제 나리라고 부르게 되었다. 이급제가 지금 원과 같이 앉아서 담화하는 중이다. 원이 자기가 들은 대로 반정反正 이후 서울 소식을 자세히 이야기하는데

"주상전하께옵서는 진성대군晋城大君으로 잠저潛邸에 계실 때부터 성덕이 드러나신 터이지만, 우선 폐주廢主 연산군을 처치하옵신 것만 보더라도 요순의 자품資稟이 백왕百王에 탁월하옵신 것을 알겠습니다. 정국공신靖國功臣[3]들 중에 그중에도 더욱이 폐주에게 총애를 받다가 반정 당일에 반연[4]으로 돌아붙은 공신들이 폐주에게 사약賜藥하자고 주장했더라는데 위에서 말씀이 의義로는 군신이요, 정情으로는 형제라, 그리할 수 없다고 하옵셔서 교동喬桐에 안치하게 되었답디다. 서울 안에 그 많던 기생들을 더러는 공신에게 나눠주시고 나머지는 모두 고향으로 내려쫓으셨답디다. 선성先聖 위패를 다시 성균관에 봉안하시고 또 언문 금법과 삼년상 금법 같은 부당한 금법을 모두 폐지하셨답디다. 무오년과 갑자년에 화를 당한 사람들은 대개 다 신원伸冤이 되었다는데, 노형도 지금 무사히 생존한 것을 위에서 아시게 되면 특별한 은전이 계실 것이오."

이급제가 원의 이야기를 듣고만 있다가 말 틈을 타서 알던 친구의 일을 묻기 시작한다.

"정희량 정한림이 살았나요, 죽었나요?"

물으니 원은

"정한림 일이야 괴상하지요."

하고

---

3   조선시대에 연산군을 내쫓고 중종을 추대한 공신들에게 내린 훈호(勳號).

4   반연(反燕)은 연산군에 반대하는 세력을 가리킨다.

"죽기는 풍덕서 강에 빠져 죽었다는데 시체를 못 찾은 까닭인지 죽지 않고 살아 있다는 소문이 낭자하지요. 죽지 않았으면 노형같이 나올는지 모르지요."

하고 허허 웃는다. 이급제는 속으로 생각하기를

'정희량이 죽지 않았을 터이지. 친구에게 피신할 것을 가르쳐준 사람이 자기가 얼뜨게 죽었을 리 없지.'

하고 자기가 거제 바다에서 자살하려던 광경과 '북방길'이란 정한림이 적어준 것을 믿고 북도로 도망할 때 도중에서 고생하던 경상景狀이 꿈같이 생각이 나서 말이 없이 앉았다.

"무얼 그렇게 생각하시오?"

하는 원의 말에 비로소 생각을 그치고 적이 웃으면서

"아니오."

하고

"권달수 권교리는 어찌 되었나요?"

물으니

"응, 권교리? 죽었지요. 참혹히 맞아 죽었지요. 박수찬 같은 아까운 젊은 친구도 참혹히 맞아 죽었으니까."

하고 원은 박은이와 서로 친하여서 풍월까지 같이 지어본 일이 있다고 말을 한다.

"그러면 이행이도 아시겠구려."

"이응교 말씀이오? 좌상안면座上顔面은 있지요."

"그 사람은 어찌 되었나요?"

"이응교는 운수 좋은 사람이라 지금 살았지요. 처음에 충주로 귀양 갔다가 박수찬 옥사에 연루로 잡혀 올라가서 죽을 뻔하고 살았지요. 그 뒤에 관노로 박혀 함안咸安 가서 있다가 또다시 잡혀 올라가서 노형이 가셨던 거제로 귀양을 가셨지요. 근일 소식은 못 들었지만 그동안 벌써 풀렸겠지요.

그 사람의 팔자가 기구하다면 기구하지만 구경 말하자면 운수 좋은 사람이지요."

잠깐 수작이 동안이 그치었다가 이급제가 갑자기 생각나는 듯이

"그 유명한 김처선이 증직贈職[5]되었답디까?"

물으니 원은

"아아, 내시 김지사 말씀이지? 증직되었단 말 못 들었소."

대답한다. 이와 같이 두 사람의 묻고 대답하는 이야기는 그쳤다 이어졌다 끝이 없이 나가고 밤은 들어 퇴등 때가 지났다.

그날 밤 이급제의 사처는 책실冊室의 방으로 정하였었다. 이급제가 원에게 잘 자라고 인사하고 일어설 때, 원이 내아에 들어가려고 같이 일어서며

"오늘 곤하시지 않겠소?"

물으니 이급제는 머리를 흔들며

"곤하다니요. 곤할 까닭이 있어야지요. 그렇지만 영감이 너무 오래 앉아 계시게 되면 미안하여서 일어섭니다."

하고 이야기를 더 하면 좋을 듯한 의사를 보이었다. 그리한즉 원이

"내가 조금 있다 사첫방[6]으로 가리다."

하고 등불을 켜들고 있는 통인과 책방을 시켜서 이급제를 사처로 인도하게 하였다.

원이 이급제의 사처에 와서 좌정한 후에 내아에서 주안상이 나왔다. 두 사람은 상을 앞에 놓고 앉고 상머리에는 그날 밤 이급제에게 수청 들 기생이 앉았다. 이급제가 오래간만에 기생이 부어주는 술을 마시며 백정의 집에서 사위 노릇하는 동안에 받은 박대와 천대를 자세히 이야기하고 나중에

"내가 고리백정의 식구가 되어서 갖은 천대를 받고 지내는 동안에 천대

---

5   죽은 뒤에 품계와 벼슬을 높여줌.
6   손님이 묵는 방.

받는 사람의 억울한 것을 잘 알았소이다. 이렇게 말하면 어폐가 있을지 모르나 천대하는 사람이 사람으로는 천대받는 사람보다 나으란 법이 없습디다. 백정에도 초초치 아니한 인물이 있다 뿐이겠소? 영감도 이것만은 알아 두시오. 천인도 사람입니다. 도연명陶淵明이 종을 사서 아들에게 보내며 이것도 사람의 아들이니 잘 대접하라고 했다더니 천인도 사람의 아들이니까 우리가 잘 대접할 것입니다."

하고 옆에 있는 기생을 돌아보며 술을 쳐라 하니, 원이 술 치는 기생을 보고

"너는 사람의 아들이 아니지만 사람의 딸이니까 오늘 밤에 이급제 나으리께 잘 대접을 받아라."

하고 한바탕 웃고 나서

"여보, 백정에 인물이 있다니 그 인물을 무엇하오?"

하고 이급제를 돌아보니 이급제는 거나한 술기운에

"할 것이 없으면 도적질이라도 하지요. 백정의 집에 기걸한 인물이 난다면 대적 노릇을 할밖에 수 없을 것이오. 내가 억울한 설움을 당할 때에 참말 백정으로 태어났다고 하고 억울한 것을 풀자고 하면 무슨 짓을 하게 될까 생각해본 일이 여러 번 있었소이다."

이급제의 말이 여기 미쳤을 때, 영창문 밖에서 고양이가 '야옹야옹' 소리를 하니 기생이 일어서 영창문을 열치고

"이 괴, 이 괴."

하고 쫓는다. 이급제가 다시 말을 이어

"괴가 쥐를 잡지요. 그렇지만 큰 쥐가 괴를 잡는 데도 있답디다. 사람도 쥐에게 물리는 일이 있지 않소? '이 괴' 한마디면 괴가 무서워 피하는 사람을 쥐가 무니 쥐라구 우습게만 볼 것이 아닙니다."

『임꺽정』 「의형제편」 '이봉학이' 장[7]

봉학이가 그제야 뜰 위 뜰 아래에 우뚝우뚝 섰는 관속들을 내다보고 다 물려 내보낸 뒤에

"곤하시거든 좀 누우시려우?"

하고 꺽정이더러 물었다.

"곤하긴 무어 곤하겠나?"

"아까 보니 술이 꽤 취하신 것 같습디다."

"임꺽정이가 사십 평생에 처음 원님 기신 동헌에 들어오느라고 좀 취한 체했네."

"그럼 우리 내아에 들어가서 이야기하다가 저녁을 먹읍시다."

"아무러나 하세."

봉학이가 꺽정이를 데리고 내아로 들어왔다.

계향이가 봉학이의 큰기침소리를 듣고 방에서 마루로 쫓아 나오다가 패랭이 쓴 사람과 같이 들어오는 것을 보고 속으로 해괴하게 생각하면서 마루 한구석에 비켜섰다. 봉학이가 꺽정이를 방으로 인도하고 계향이를 돌아보며

"양주 장사가 오셨으니 들어와 보입게."

하고 말하였다. 양주 장사 임꺽정이가 백정의 자식인 줄은 계향이가 전에 들어 알건마는, 패랭이 쓴 것을 눈으로 볼 때 장사는 놀라웁지 않고 백정은 창피하여 마루에서 한동안 주저하고 있다가

"얼른 들어오게."

---

7   홍명희 『임꺽정』, 앞의 책 5권 473~84면. 「의형제편」 '이봉학이' 장의 일부다. 소년 시절 갖바치에게 글을 배우며 임꺽정·박유복과 의형제를 맺은 이봉학은 을묘왜변에서 공을 세우고 왜적을 퇴치한 공로로 출세하여 제주 정의현감이 된다. 임꺽정은 처남 황천왕동이 배돌석을 돕다가 제주도로 귀양 가게 되자 귀양길을 따라간다. 이 대목은 임꺽정이 관아로 이봉학을 찾아가 대화를 나누는 장면이다.

봉학이의 재촉을 받고 방에 들어와서

"어서 보입게."

또다시 봉학이의 재촉을 받고 절 한번 하였다. 계향이는 꺽정이에게 인사를 마치고 곧 도로 마루로 나가고 봉학이는 꺽정이에게 유복이의 이야기를 다시 묻기 시작하였다.

"유복이가 장가를 숫색시에게 들었소?"

"남의 마누라를 첫날밤에 가로채었다네."

"남의 기집을 가로채구 무사했소?"

"마누라 뺏긴 자가 귀신이여."

"귀신이라니, 기집 뺏긴 사내를 죽였단 말이오?"

"참말 귀신이여."

"참말 귀신이라니, 무슨 소린지 모르겠소."

"유복이가 장가를 희한하게 들었네. 내 이야기할게 들어보게."

꺽정이가 유복이의 장가든 것을 이야기하느라고 유복이의 소경력을 거의 다 이야기하게 되었는데, 강령 가서 부모의 원수 갚은 것을 이야기한 다음에 맹산 가서 앉은뱅이 병을 앓는 동안 표창질 익힌 것을 이야기하고, 또 덕물산 장군당 새 마누라 가로챈 것을 이야기하다가 최영 장군의 귀신이 영검해서 산 사람 마누라 얻는 것을 이야기하여, 이야기가 올라가고 내려가고 또 가로새어 가리산 지리산이 될 때가 많았으나 봉학이는 갈피를 찾아 물어가며 재미나게 들었다. 그동안에 날이 벌써 어두워서 관비 하나가 방에 들어와서 촛불을 켜놓고

"저녁 진지를 어떻게 하라십니까?"

하고 물으니 봉학이는 상을 곧 들이라고 분부하였다. 봉학이가 꺽정이와 같이 저녁을 먹어가며 유복이가 장군당 마누라를 빼가지고 맹산으로 도망하는 길에 청석골 도적 오가의 집에 가서 같이 사는 이야기를 마저 들었다.

"유복이가 지금 도적질을 하는구려."

"도적두 이만저만한 도적이 아니라 댓가지 도적이라구 유명짜한 도적이라네."

"댓가지 도적이란 건 무슨 별명이오?"

"인명을 상하지 않으려구 댓가지루 만든 표창을 쓰는 까닭에 생긴 별명이여."

"형님이 가까이 있으면서 유복이를 도적놈 노릇하게 내버려둔단 말이오."

"내버려두지 않으면 어떻게 하나?"

"어떻게 하나가 무어요? 그 자식을 붙들어다가 농사를 시키든지 장사를 시키든지 하지 못한단 말이오."

"농사나 장사 시키려구 적굴에서 데려 내왔다가 포교 손에 잡혀 보내면 도적질두 못 해먹구 죽지 않나."

"내가 서울 가선 어떻게 해서든지 사람을 바로잡아주어야겠소."

꺽정이는 대답이 없었다.

저녁상을 물린 뒤에 봉학이가 꺽정이를 데리고 다시 동헌으로 나왔다. 봉학이가 천왕동이의 귀양 온 곡절을 물어서 꺽정이가 배돌석이의 살인한 이야기를 시작할 때 통인 하나가 방에 들어와서

"내아에서 듭시라구 여쭙니다."

하고 아뢰니 봉학이가

"왜?"

하고 통인을 바라보았다.

"안으서[8] 님께서 잠깐 뵈입겠다구 하신답니다."

"글쎄 무슨 일이 있다느냐?"

---

8   예전에 종이나 머슴 같은 사람들이 양반의 아내를 높여 이르던 말.

"그건 알지 못하옵니다."

"다시 들어가서 알아보아라."

통인이 염석문簾蓆門 밖에서 관비를 불러서 물어보고 다시 와서

"안으서 님께서 무슨 일은 말씀 안 합시구 잠깐 내아에 듭시라구만 여쭈라십니다."

하고 아뢰었다.

봉학이가 속으로 밤참할 것을 의논하려고 부르나 생각하며 꺽정이를 보고

"잠깐 들어가보구 나오리다."

하고 곧 일어서 내아로 들어왔다.

봉학이가 내아 층계 위에 올라설 때 계향이가 마루 끝에 나와서 맞았다.

"왜 부른 거야?"

"잠깐 방으로 들어가세요."

"할 말이 있거든 여기서 하게."

"조용히 할 말씀이 있세요."

"조용히 할 말이 무어야?"

하고 봉학이가 마루로 올라왔다. 봉학이와 계향이가 방에 들어와서 단둘이 마주 앉은 뒤 봉학이가 다시

"조용히 할 말이 무어야?"

하고 물으니 계향이는

"무에 그렇게 급하세요."

하고 상글상글 웃었다.

"재미나는 이야기를 듣다 말구 들어왔어."

"무슨 이야기가 그렇게 재미나셔요?"

"이야기를 같이 듣구 싶은가?"

"아니요. 그런데 오늘 밤에 동헌에서 손님하고 같이 주무실랍니까?"

"그래. 그건 왜 묻나?"

하고 봉학이가 물끄러미 계향이의 얼굴을 바라보다가 계향이의 손을 잡아당기며 귓속말로

"손님만 동헌에서 재우구 나는 들어와 자까?"

하고 웃었다.

"점잖지 않게."

하고 계향이가 얼른 손을 빼어가지고 따로 앉아서

"정淨한 사처 하나를 치우고 손님을 나가 주무시게 하면 어떠까요?"

하고 물으니 봉학이는

"왜 그래?"

하고 괴상히 여기는 기색을 보이었다.

"글쎄 말이에요."

"글쎄 말이라니, 그렇게 해야 좋을 일이 있나?"

"내 소견엔 그렇게 했으면 좋을 것 같애요."

"어째서?"

"패랭이 쓴 손님을 동헌에서 재우면 뒤에 말썽이 없을까요?"

"말썽이 무슨 말썽이야."

"관가 동헌은 사삿집과 달라서 지금 오신 손님 같은 이를 재울 데가 못 되지 않아요?"

"별 우스운 소리를 다 하네."

"목사가 알면 탈이 있을까 보아 걱정이에요."

"목사가 지금 나하구 무슨 상관이 있어서 걱정인가?"

"관속이나 백성들의 입도 무섭지요."

"아따, 쓸데없는 걱정 되우 하네."

하고 봉학이가 증을 내니

"소견이 옳지 않거든 옳지 않다고 말씀하시면 고만이지 화까지 내실 거

무어 있세요?"

하고 계향이도 새촘하였다. 봉학이가 잠깐 동안 말이 없이 앉았다가

"내가 백정의 아들을 보구 형님 형님 하는 것이 맘에 창피한가?"

하고 계향이의 대답을 기다리지 않고 곧 뒤를 이어서

"사람이 그래선 못쓰네."

하고 타이르듯 말하였다.

"내야 창피할 것이 무에요."

"자네가 아잇적부터 언니 동생 하구 지내던 동무가 있다구 하세. 그 동무가 시집을 잘 가서 숙부인이나 정부인을 바친 뒤에 자네가 찾아갔는데 자네를 기생이라구 소대疏待하면 자네 맘에 어떻겠나. 괘씸할 테지. 아무리 염량炎涼⁹을 보는 세상이라두 사람이 그 동무 같아서야 쓰겠나. 더구나 사내대장부가."

"네, 잘 알았세요."

"잘 알았거든 밤참으로 술상이나 잘 차려 내보내게."

하고 봉학이는 일어섰다.

봉학이가 동헌에 나온 뒤에 중간 그친 꺽정이의 이야기를 다시 듣기 시작하였다. 돌석이가 양반의 집 비부 노릇하다가 양반의 행랑 출입하는 버릇을 가르치려고 양반 이마와 계집 눈자위에 자자刺字해준 이야기를 듣고 봉학이는 한동안 허리를 잡고 웃고 나서

"돌석이가 황주서 살인한 이야기나 마저 들읍시다."

하고 꺽정이의 이야기를 재촉하였다. 호랑이 잡고 경천역말서 역졸 노릇하고 계집 사단으로 살인하고 봉산 와서 잡혀 갇힌 돌석이 이야기와, 사위 취재 보이고 득배得配(배필을 얻음) 잘하고 장교 다니고, 유복이와 돌석이를 빼어놓고 그 언걸¹⁰로 귀양 온 천왕동이 이야기가 뒤범벅이 되어서 이

---

9   더위와 서늘함을 뜻하는 말로, 세력의 성함과 쇠함을 비유적으로 표현한 것이다.

10   다른 사람 때문에 당하는 피해나 고통.

야기를 잘 알아듣는 봉학이로도 연해 재차 묻지 않으면 돌석이 이야긴지 천왕동이 이야긴지를 알 수 없을 때가 많았다.

　밤이 든 뒤에 진안주 마른안주가 늘어놓인 술상이 밤참으로 나와서 봉학이는 꺽정이와 같이 술을 먹기 시작하였다.

　"내가 형님과 술을 같이 먹는 것이 삼년 만이구려."

　"삼년 동안이 맘에는 삼십년이나 된 것 같애."

　"내가 서울 가면 자연 형님을 만날 테지만 여기서 미리 만나기는 참말 뜻밖이오."

　"내가 집에서 떠나기 전에 자네 벼슬이 갈릴 줄을 알았드면 여기를 안 왔을는지 모를 걸세."

　"모르구 오기를 잘했소. 제주 세 골루 다니며 구경이나 하구 나갈 때 같이 갑시다."

　"그건 봐가며 작정하세."

　"한라산은 한번 올라가봐야지요."

　"한라산은 전에 선생님 뫼시구 왔을 때 올라가보았네."

　"참말, 제주가 이번이 초행이 아니구려."

　"자네가 여기서 떠나기 전에 천왕동이의 귀양이나 풀리게 주선해주게."

　"여기서는 도리가 없으니까 서울 가서나 주선해봅시다."

　"제주목사에게 청해서 될 수 없나?"

　"내가 한번 제주 가서 목사께 청하구 판관에게 부탁하면 귀양살이는 좀 편하게 살 수 있을 게요."

　"천왕동이는 자네가 힘쓰면 풀리게 될 줄 알구 나하구 같이 오는 것을 퍽 좋아했는데, 그거 안됐네."

　"죄명이 중하지 않으니까 내가 서울 가서 주선하면 곧 풀리게 할 도리가 있을 듯하우."

　"자네두 알다시피 천왕동이가 성미는 바상바상한 위인이 갓 정든 아내를 떨어져서 지금 하루를 일년같이 보내네."

"내가 수이 한번 제주를 가서 천왕동이를 보구 말두 이르구 또 천왕동이 일을 부탁두 하리다."

"수이라구 할 거 없이 내일 가세."

"내일은 좀 어렵구, 모레쯤 가지요."

"자네 힘으루 곧 풀어주지 못할 줄을 짐작 못 한 건 아니지만 혹시를 바랐드니 틀렸네그려."

"술잔 식소. 어서 술이나 잡수시우."

"천왕동이만 떼놓구 갈 일을 생각하니까 술맛이 다 없어지네."

"형님이 꽤 심약해졌소그려."

"속을 썩이며 한세상을 약약하게[11] 지내려니 맘이 한편으룬 약해지구 한편으룬 독해지데."

"약해지면 약해지구 독해지면 독해지지, 어떻게 한꺼번에 약해지구 독해지구 한단 말이오?"

"글쎄, 내 맘이라두 나는 모르겠네."

"자, 술 잡수시우. 나두 오늘 밤엔 오래간만에 한번 취투룩 먹어보겠소."

"그동안엔 원님 노릇하느라구 술을 조심했나?"

"조심은 둘째 치구 대관절 대작할 사람이 없으니까 취투룩 먹어지지 않습디다."

"그럼 자, 먹세."

둘이 권커니 잣거니 먹느라고 술을 네댓번이나 더 내왔다. 술기운이 팔구분八九分 오른 뒤에 꺽정이가 봉학이의 얼굴을 들여다보면서

"자네는 대체 이 세상을 어떻다구 생각하나?"

하고 물었다.

---

11   싫증이 나서 귀찮고 괴로움.

"어떻다니, 무슨 말이오?"

"좋은 세상이냐 망한 세상이냐 묻는 말이야."

"글쎄, 좋은 세상이라군 할 수 없겠지."

"내가 다른 건 모르네만 이 세상이 망한 세상인 것은 남버덤 잘 아네. 여보게, 내 말 듣게. 임금이 영의정감으루까지 치던 우리 선생님이 중놈 노릇을 하구, 진실하기가 짝이 없는 우리 유복이가 도둑놈 노릇을 하는 것이 모두 다 세상을 못 만난 탓이지 무엇인가. 자네는 그렇게 생각 않나?"

하고 꺽정이가 흰자 많은 눈으로 봉학이를 바라보았다. 꺽정이의 입에서 말이 부프게[12] 나올 때 눈동자 위로 흰자가 많이 나오는 것은 아잇적부터 있던 버릇이라 봉학이가 꺽정이를 보고 웃으면서

"형님, 눈 괴상하게 뜨는 버릇이 그저 남았구려. 동소문 안에서 같이 지낼 때 내가 곧잘 형님 눈을 흉내내었더니 형님이 나를 가르쳤다구 우리 외할머니가 형님을 야단친 일까지 있지 않소. 형님, 생각나우?"

하고 이야기를 달리 돌리려고 하였다. 그러나 꺽정이는 가볍게

"그랬든가."

한마디로 봉학이 말을 막고 자기가 하고 싶은 말을 계속하였다.

"자네는 나더러 유복이를 도둑놈 노릇 하게 내버려두었다구 책망하지만 양반의 세상에서 성명 없는 상놈들이 기 좀 펴구 살아보려면 도둑놈 노릇밖에 할 게 무엇 있나. 그전에 심좌랑沈佐郞이 우리보구 반석평潘碩枰이란 사람의 이야기를 많이 했었지. 남의 집 종의 자식으루 재상까지 되었을 젠 여간 좋은 성수星數를 타고난 사람이 아닐 겔세. 예전부터 오늘날까지 수없는 종의 자식에 잘난 사람이야 반석평이 하나뿐이겠나. 우선 우리 알기에두 홍주洪州 서기徐起 같은 사람은 효행 있구 행검行檢 있구 글두 잘한다데. 그 사람이 나이 우리버덤 두어살 아래니까 앞으루 어떻게 될는지 모

---

12   성질이나 말씨가 매우 급하고 거칢.

르지만, 제나 내나 그대루 썩었지 별조 있겠나. 그 사람이 양반집 종의 자식이 아니구 양반의 자식이었으면 벌써 대사성이니 부제학이니 들날렸을 것일세. 내 생각을 똑바루 말하면 유복이 같은 도둑놈은 도둑놈이 아니구 양반들이 정작 도둑놈인 줄 아네. 나라의 벼슬두 도둑질하구 백성의 재물두 도둑질하구, 그것이 정작 도둑놈이지 무엇인가."

꺽정이의 말을 잠자코 듣고 있던 봉학이는 꺽정이의 말이 끝난 뒤에 긴 한숨을 한번 내쉬고

"형님, 그런 속상한 이야기는 고만두구 다른 이야기나 합시다."

하고 말하였다.

『임꺽정』「화적편」'소굴'장[13]

소흥이는 십년 기생 노릇에 이에 신물 날 때가 많아서 평생 의탁할 만한 사람을 은근히 물색하던 중에 임선달을 만났는데, 근지根地(자라온 환경과 경력) 분명치 않은 것이 흠이라면 흠일까 다른 것은 하나도 마음에 흡족지 않은 것이 없어서 차차 보아가며 몰래 모아놓은 사천私錢(개인이 사사로이 가진 돈)으로 기둥서방에게 몸값을 치러주고 임선달을 따라가서 그 집 사람으로 골을 누이려고 마음먹고 있는 까닭에 꺽정이의 얼굴을 보기만 하면 언제든지 입이 함박만큼 벌어졌다. 문간에서 꺽정이의 기침소리가 나자마자 소흥이가 방에서 쫓아 나와서 진정에서 나오는 웃음으로 맞아들이고 다른 오입쟁이를 받지 아니하려고 일각문을 초저녁부터 닫아걸게 하

---

13   홍명희『임꺽정』, 앞의 책 8권 172~81면.「화적편」'소굴'장의 일부다. 청석골 화적패의 대장이 된 후 서울에서 양반 행세를 하며 기생 소흥의 집에 드나들던 임꺽정이 소흥에게 자신의 정체를 밝히고, 백정으로 태어나 신분차별을 겪으며 살아오는 동안 울분에 찬 내심을 토로하는 장면이다.

였다.

방에는 불을 켜지 아니하고 마루 끝에 사방등을 달아서 불빛이 방 안을 은은하게 비추었다. 꺽정이는 방에 들어서며 바로 의관을 벗어서 소흥이를 주고 아랫간 방문 앞에 퍼더버리고 앉고 소흥이는 의관을 받아서 옷걸이에 갖다 걸고 꺽정이 옆에 와서 얌전하게 앉았다.

"오늘 어디 놀이 갔었나?"

"연못골 어선전魚宣傳 댁에 사랑놀음 갔었세요."

"어선전이란 자네 좋아하는 사람인가?"

"나는 지금 좋아하는 사람이 없세요."

"정말인가?"

"내 속을 속임 없이 말하면 지금 잊자 잊자 해도 못 잊는 양반이 꼭 한 분 있지요."

"그게 누군가?"

"그건 말씀 안 할 테요."

"누군지 좀 알세그려."

"알아서 무어 하시게?"

"내가 그 사람보구 건乾강짜(별 이유 없이 부리는 강짜)라두 좀 해야겠네."

"진강짜는 안 하시구 건강짜만 하신다면 진짜 그 양반은 아직 숨겨두고 그 양반의 가짜 한 분 대드리지요. 자, 저기 기십니다."

소흥이가 뒷벽에 있는 꺽정이의 그림자를 가리키니

"사람을 놀리지 말게."

꺽정이는 그림자 가리키는 소흥이의 손을 잡아서 품 안으로 끌어왔다.

"진정인가?"

소흥이는 대답이 없었다.

"자네 같은 일등 명기가 좋아하는 사람이 하나뿐일 리가 있나."

"그게 사내 양반 말씀입니다. 사내의 정이란 건 들물(밀물)과 같아서 여러 갈래로 흐르지만 여편네 정은 폭포같이 외곬로 쏟칩니다."

"사내두 사내 나름이구 여편네두 여편네 나름이겠지."

"그야 그렇지요. 그렇지만 여편네는 대개 정으루 살구 정으루 죽습니다."

"자네가 사내가 아니라 사내의 웅심 깊은 정을 몰라서 사내 정을 타박하네."

"정이 불이면 불길이 솟아야 하고 정이 물이면 물결이 일어야 하지 그저 웅심 깊어 무슨 맛입니까?"

"정 논란 고만하고 다른 이야기하세."

"무슨 좋은 이야기가 있거든 하십시오."

"자네 오늘 놀음 갔던 이야기나 좀 하게."

"술 치고 소리하고 웃고 지껄이고 그러고 하루해 보냈지요."

"어씨 집에 오늘 무슨 잔치든가?"

"아니요. 어선전이 친구 양반 대여섯 분 청해가지고 술들 자셨세요. 그 친구 양반 중에 새로 외임外任해 가는 분이 있어서 주장 그 양반 대접인갑다."

"선전의 친구면 어디 변지 수령이겠군."

"황해도 봉산이라지요? 예전 세월에는 호반들이 못 가던 자리라고 말들 합디다."

"응, 그래? 새루 봉산군수 된 윤지숙일세그려."

"윤씨랍디다. 선다님도 그 윤씨를 아십니까?"

"나는 면분은 없구 말만 들었네. 언제쯤 도임한다고 말하든가?"

"그동안 숙배肅拜[14], 서경署經[15] 다 마치고 골에서 신연하인이 오기만 기다리는데 일간 오면 오는 대로 곧 떠난다고 합디다. 다른 양반들이 모래재로 작별을 나간다니까 나더러도 부디 같이 나오라고 말하든구먼요."

---

14 서울을 떠나 임지(任地)로 가는 관원이 임금에게 작별을 아뢰던 일.
15 고을 원이 부임할 때 높은 벼슬아치들에게 고별하던 일.

"봉산군수 작별하러 나갈 텐가?"

"그건 무어 하러 나가요? 선다님이 어디 외임을 해 가신다면 작별은 고사하고 배행이라도 가지만."

"말만 들어두 고마웨."

"참말 선다님, 저 황해도 대적 임꺽정이 이야기를 더러 들으셨세요?"

꺽정이가 속으로 깜짝 놀랐으나 겉으로는 시침을 떼고 한참 만에

"그건 왜 묻나?"

하고 되물었다.

"꺽정이 오늘 귀가 가려웠을걸요? 어선전 사랑에서 종일 꺽정이 얘기로 판을 짰었세요."

꺽정이가 낮에 귀는 가렵지 않았지만 지금 낯은 간지러웠다. 소흥이에게 듣고 온 이야기를 물어보고 싶은 마음은 바이없지 아니하나, 필시 좋은 소리들 했을 리가 만무하여 묻지 않고 잠자코 있었다. 소흥이가 꺽정이의 눈치를 보면서

"요새 한서방 친환親患은 좀 어떤가요?"

다른 말을 꺼내는데 꺽정이는 소흥이 묻는 대로

"그저 한 모양이라네."

한마디 대답하고 바로

"윤봉산이 사람이 어떻든가?"

하고 물어서 먼저 말끝을 다시 자아내었다.

"사람이 배때 벗고[16] 건방지고 흰소리 잘하고 그럽디다."

"자네가 사람을 너무 몹시 깎네. 조정에서 특별히 봉산군수를 시켜 보낼 제는 사람이 출중할 테지, 그럴 리가 있나?"

"봉산군수를 시켜주면 꺽정이를 잡아 바친다고 장담하고 얻어 했는지

---

16 천한 사람이 말씨나 하는 짓이 거만하고 반지빠르다.

도 모르지요."

"장담한다구 군수를 시켜주면 군수 못 할 사람이 없겠네."

"그 양반 장담이 하도 굉장하니까 그랬을는지도 모르겠단 말이에요."

"대체 장담을 무어라구 하든가?"

"꺽정이를 꼭 잡는단 장담이지요. 꺽정이 같은 대적은 일개 군수의 힘으로 잡기가 어렵다고 다른 양반들이 말하니까 그 양반이 팔을 뽐내면서 내가 백정놈의 자식을 잡아서 조정에 바치고 그 공으로 옥관자를 붙이게 될 테니 두고 보라고 흰목을 씁디다. 꺽정이가 백정의 자식이라나요? 그래서 그 양반은 꺽정이 말을 꼭 백정놈의 자식이라고 말합디다."

꺽정이는 백정의 자식으로 아잇적부터 창피를 보고 설움을 받은 것이 뼈에 맺힌 까닭에 천참만륙할 도둑놈이란 말은 오히려 웃고 들을 수가 있어도 백정놈의 자식이란 말은 듣기만 하면 언제든지 온몸의 피가 일시에 끓어올랐다. 꺽정이가 소흥이의 수상히 여길 것도 생각지 못하고 눈을 딱 부릅뜨고 입을 꽉 다물고 씨근씨근 가쁜 숨을 쉬다가 한참 만에 후유 하고 숨을 길게 내쉬고 눈을 스르르 감았다.

'윤지숙이란 놈을 그대루 가만둘 수 없다. 어떻게 할까. 그놈의 집을 알아가지구 찾아가서 주먹으루 때려 죽일까, 도임하러 가는 것을 청석골루 잡아다가 곤장으로 쳐 죽일까.'

"선다님!"

소흥이 부르는 소리에 꺽정이가 눈을 떠서 소흥이를 물끄러미 보았다.

"신기가 좋지 않으세요?"

"술 생각이 나니 술 좀 받아오라게."

"안주가 없지 술은 있세요."

"미리 받아다 놨나? 그럼 가져오라게."

소흥이가 조석해주는 여편네를 불러서 술상을 차려 들이라고 일렀다. 안주도 미리 다 장만해둔 것이라 얼마 아니 있다가 술상이 들어왔다. 소흥이가 술을 잔에 치려고 하는데 꺽정이가 홀짝홀짝 먹기 갑갑하다고 큰 양푼에 가뜩 부어달라고 하여 양푼을 들고 들이켰다.

"안주나 좀 집으시고 쉬엄쉬엄 잡수세요."

꺽정이가 바닥 드러난 양푼을 놓고 마른안주 한두 쪽 입에 넣으며

"술 또 있나? 있거든 마저 주게."

술을 토색討索(억지로 달라고 함)하여 잠시 동안에 두 양푼 술을 먹고 바로 술상을 물리었다.

"술도 맛없이 잡수시오."

"홧술은 취하는 것이 맛이야."

"참말 왜 화가 나셨세요? 내가 무슨 말씀을 잘못했어요?"

"아닌 게 아니라 자네 하는 말이 비위에 거슬렸어."

"일개 천기로 양반님네를 헐뜯어 말하는 것이 괘씸해서 화가 나셨나요?"

꺽정이가 대답이 없었다. 소흥이는 빼또라져서 말을 않고 꺽정이는 속이 있어서 말을 아니하여 한동안 두 사람은 서로 소 닭 보듯 하였다. 마루에 있던 여편네가 뜰아랫방으로 내려간 뒤 꺽정이가 소흥이 앞으로 바짝 가까이 다가앉으면서

"소흥이."

정중하게 먼저 이름을 불러놓고 그다음에

"자네 임꺽정이가 누군지 아나?"

건정으로 물어보고 끝으로

"여기 있으니 한번 다시 보게."

나직이 말하고 자기 얼굴을 앞으로 내밀었다.

소흥이는 너무 놀라서 도리어 놀라운지 만지 한 모양이었다. 마음에 섬뜩하고 실쭉하던지 슬며시 꺽정이 옆에서 따로 떨어져 나앉았다.

"나는 함흥 고리백정의 손자구 양주 쇠백정의 아들일세. 사십 평생에 멸시두 많이 받구 천대두 많이 받았네. 만일 나를 불학무식하다구 멸시한다

든지 상인해물傷人害物[17]한다구 천대한다면 글공부 안 한 것이 내 잘못이구 악한 일 한 것이 내 잘못이니까 이왕 받은 것보다 십배, 백배 더 받드래두 누굴 한恨가하겠나.[18] 그 대신 내 잘못만 고치면 멸시 천대를 안 받게 되겠지만 백정의 자식이라구 멸시 천대하는 건 죽어 모르기 전 안 받을 수 없을 것인데, 이것이 자식 점지하는 삼신할머니의 잘못이거나 그렇지 않으면 가문 하적瑕摘(옥의 티를 찾아냄)하는 세상 사람의 잘못이니까 내가 삼신할머니를 탓하구 세상 사람을 미워할밖에. 세상 사람이 임금이 다 나보다 잘났다면 나를 멸시 천대하드래두 당연한 일루 여기구 받겠네. 그렇지만 내가 사십 평생에 임금으루 쳐다보이는 사람은 몇을 못 봤네. 내 속을 털어놓구 말하면 세상 사람이 모두 내 눈에 깔보이는데 깔보이는 사람들에게 멸시 천대를 받으니 어째 분하지 않겠나. 내가 도둑놈이 되구 싶어 된 것은 아니지만, 도둑놈 된 것을 조금두 뉘우치지 않네. 세상 사람에게 만분의 일이라두 분풀이를 할 수 있구 또 세상 사람이 범접 못할 내 세상이 따루 있네. 도둑놈이라니 말이지만 참말 도둑놈들은 나라에서 녹을 먹여 기르네. 사모紗帽 쓴 도둑놈이 시골 가면 골골이 다 있구 서울 오면 조정에 득실득실 많이 있네. 윤원형이니 이량이니 모두 흉악한 날도둑놈이지 무언가. 보우 같은 까까중이까지 사모 쓴 도둑놈 틈에 끼어서 착실히 한몫을 보니 장관이지. 이런 말을 다 하자면 한이 없으니까 고만두겠네. 자네가 지금 내 본색을 안 바에는 인제 고만 자네하구 작별인데, 이 세상에서 다시 만날는지 모르는 마지막 작별에 말없이 일어서기가 섭섭해서 내 속에 있는 말을 대강 했네. 그러구 내 종적을 자네가 헌사(수다를 부림)할 리는 만무하지만 혹시 한두 사람에게라두 말한 것이 드러나면 오입쟁이 임선달 대신 도둑놈 괴수 임꺽정이가 자네를 보러 오는지 모르니 그리 알구 조심하게."

　꺽정이가 말을 점잖게 하느라고 한참씩 생각해가며 띄엄띄엄 말하여 막

17　　마음이 음흉하여 사람을 해치고 물건에 손해를 끼침.
18　　원통한 일에 대하여 하소연이나 항거를 함.

된 말 상스러운 말을 한마디도 아니 섞고 긴말을 다 한 뒤에 슬며시 일어나서 의관을 다시 차리었다.

"나는 가네."

꺽정이가 소홍이를 굽어보며 말할 때 이때까지 그린 듯이 앉아 있던 소홍이가 별안간 꺽정이의 옷자락을 붙잡았다.

"왜 붙드나, 할 말이 있나?"

"네."

"무슨 말인가?"

"나하구 같이 가세요."

"어디를 같이 가?"

"어디든지 선다님 가시는 데 나도 가겠세요."

"내 사정이 자네하구 같이 갈 수 없는걸."

"그럼 나를 죽이고 가세요."

"무슨 까닭에 죽이라구 지다위(떼를 씀)하나?"

"선다님이 죽인다면 나는 웃고 죽겠세요."

"내가 사람 죽이기에 이골이 났어두 웃구 죽는 사람은 못 죽이겠네."

"나를 내버리고는 못 가실 테니 나는 몰라요."

"자네가 나를 따라가면 막이 도둑놈의 첩노릇을 하게 될 테니 자네 전정을 망치지 않나."

"물어미[19] 노릇이라도 하겠세요."

꺽정이가 한참 우두머니 서 있다가 펄썩 소홍이 앞에 주저앉아서 두 손을 잡고 얼굴을 들여다보며

"자네 정을 내가 저버리지 않음세."

하고 말하였다.

---

19   물 긷는 일을 맡아 하는 여자 하인.

근우회槿友會에 희망[20]

◇ 오스트레일리아 북방에 사는 어느 식인종은 주린 창자를 채울 것이 없으면 저희 아내를 통으로 구워서 뜯어 먹는 일이 있다고 합디다. 소위 문명한 민족들의 사회에서도 여자가 간접으로 남자의 식료품이 되는 일이 종종 있습디다. 일종 자리제구諸具[21]로 알거나 그렇지 아니하면 일종 장난감으로 여기는 것은 식료품으로 치는 것보다 무엇 나을 것 있습니까.

◇ 답지 않게 삼강三綱을 세웠던 동양 몇 나라는 고사하고 여존남비女尊男卑라고 동양 사람이 흉보듯 변變보듯 말하는 구미 여러 나라에도 여자의 지위가 아무래도 남자만 못한 듯합디다. 요 근래 새로 발견되었다는 몽고(몽골) 지방 여자국은 사실 있다면 예외의 예외 사실이라고 할 것입니다.

◇ 상식으로 말하는 사람들은 남자 혼자만이 사람이 아니고 여자도 사람이다 말합디다. 그러나 과학자의 말은 남녀를 합하여서만 사람이란 뜻이 완전하게 된다 합디다. 남자가 여자에게 첩노릇이나 종노릇 한다는 여자국도 불완전한 인류사회라고 하겠지만, 여자가 직접·간접 식료품이나 자리제구 또는 장난감 노릇하는 사회도 완전한 인류사회는 아니겠지요. 완전한 합리적 인류사회에서는 여자가 남자와 같이 정치적·문화적으로 활동할 균일한 기회를 가질 것입니다. 그렇다고 남자가 아이 배게 되리라는 것은 물론 아닙니다.

◇ 우리 조선은 지금 세계 선진국에 비하여 후진이라 모든 것이 남에게 뒤진 중에 여성운동 같은 것은 더욱이 뒤진 것의 하나입니다. 지금 우리 조선에는 끄룹스까야가 구즈나 울스턴크래프트와 함께 활동하게 된 판입니

---

20 『동아일보』 1927년 5월 29일자. '일인일화(一人一話)'란에 실렸으며, '홍명희씨 담(談)'이라 적혀 있다. 근우회는 식민지 시기 여성의 지위 향상과 항일민족운동을 위해 결성한 단체로, 신간회의 자매단체였다. 1927년 5월 27일 창립하여 활발하게 활동하다가, 1931년 신간회와 함께 해소되었다.

21 잠자리에 필요한 여러 가지 기물.

다.[22] 여권 선언의 구즈나 여권 주장의 울스턴크래프트가 *끄룹스까야*와 함께 여성운동의 전위분자가 될 것이 현재 조선의 사정입니다. 이 여성운동의 전위분자가 가질 이론은 딴 것 없을 것입니다. 간단히 말하면, 우리 민족운동의 이론이 세계 무산계급운동의 일부분인 것과 같이, 우리 여성운동의 이론이 조선 민족운동의 일부분이 될 것입니다. 여러 가지 의미로 우리는 새로 탄생한 근우회에 대하여 많은 바람을 가지게 됩니다.

청춘을 어찌 보낼까[23]

우리 조선 청년의 생활 내용은 남에 없이 고담枯淡하고 공소空疏하다.[24] 그 원인은 '일부 소학一部小學', '양반 조신操身',[25] 사람에 따라 가지가지 원인遠因·근인近因이 있을 것이나, 일반적으로는 장자長者(윗사람)의 간섭·유린이 심한 것을 최대 근인이라 할 것이다. 간섭·유린이 청년들에게 고통이 될 것은 정한 일이라, 청년들이 고통을 면할 수단으로 '후레자식 구락부俱樂部(클럽)' 같은 것을 모으면 어떠할까. 이것이 일종 묘안이 아닐까?

이상은 23~24년 전에 실없는 생각을 적은 것이요,

---

22   나데즈다 꼰스딴띠노브나 끄룹스까야(Nadezhda Konstantinovna Krupskaya, 1869~1939)는 레닌의 부인이자 러시아의 사회주의 여성운동가. 올랭쁘 드 구즈(Olympe de Gouges, 1748~93)는 프랑스 혁명기에『여성과 여성 시민의 권리 선언』(1791)을 쓴 프랑스의 여성운동가. 울스턴크래프트(Mary Wollstonecraft, 1759~97)는 프랑스 혁명의 영향을 받아『여성의 권리 옹호』(1792)를 쓴 영국의 여성운동가. 원문에는 '크라프트'로 되어 있는데, 이는 울스턴크래프트의 성을 잘못 안 것이다.

23   『별건곤』 1929년 6월호.

24   '고담하고 공소하다'는 무미건조하고 공허하다는 뜻.

25   '일부 소학'이란 '한권의『소학』'을, '조신'은 몸가짐을 조심함을 이르는 말로, 양반은『소학』의 가르침을 따르고 몸가짐을 조심해야 한다는 뜻이다.

같은 현재 생활에 3종 구별이 있다. 미래의 희망으로 생활 내용을 삼는 것, 현재의 경영으로 생활 내용을 삼는 것, 과거의 기억으로 생활 내용을 삼는 것. 사람의 일생을 청년·중년·노년의 3기로 개별槪別하고 3종 구별을 배치하면 청년은 미래, 중년은 현재, 노년은 과거다.

이것은 보편적 사실이나 특수한 예외가 있다. 청년으로서 득성得姓[26] 후 몇십 대의 관품 존비官品尊卑나 서로 비교하고 명조名祖의 자랑이나 서로 교환하는 중에 어느덧 중년이 된다면 이 청년은 미래보다 많이 과거로 생활 내용을 삼은 자요, 노인으로서『토정비결土亭秘訣』로 1년의 앞을 믿고 사주 팔자四柱八字로 일생의 앞을 믿고 그리하고『정감록鄭鑑錄』[27]으로 해도진인海島眞人의 소식을 손꼽아 기다린다면 이 노인은 과거보다 많이 미래로 생활 내용을 삼는 자이다. 노인이 이와 같은 미래로 생활하는 것도 좋지 못하지만 청년이 그와 같은 과거로 생활하는 것은 좋지 못한 정도의 일이 아니다. 망국의 현상이다.

이상은 14~15년 전에 일기쪽으로 적은 것이다.

개벽사 청오青吾(차상찬車相瓚) 형이 '청춘을 어찌 보낼까?' 문제로 나의 의견을 물으매 나는 대답하고 싶지 않은 점이 있어서 고만두겠다고 거절하였더니, 청오의 말이, 대답하기 곤란할 것은 미리 짐작 못 하지 아니하나 잡지 간행에 문제되지 않을 정도로 적어 대답하라고 우기는데, 내가 우김성이 부족하여 마침내 처음 거절을 교소繳消[28]치 아니치 못하였다. 지금 옛 붓장난과 묵은 일기쪽을 옮겨 적는 것은 과거의 미숙한 것을 공표하고자

---

26 성씨를 얻음. 처음 성씨를 얻은 조상을 득성조(祖)라고 한다.
27 조선시대 이래 민간에 널리 유포되어온 예언서. 정씨(鄭氏) 성의 진인(眞人)이 해도(海島)에 출현하여 이씨 왕조가 멸망하고 새 세상이 올 것이라고 예언했다.
28 청나라 법률 용어로, 반환 말소한다는 뜻.

함이 아니라 현재의 개연慨然(몹시 분함)한 마음이 나의 청춘시기를 회고케 하여 붓이 잠깐 이에 미친 것이다.

청춘을 인생의 가장 좋은 시기라 함이 항용 듣는 말이다. 그러나 같은 봄철이라도 광경이 땅을 따라 서로 다르지 아니한가.『부활』[29] 첫머리에 "시가지에도 봄이 온다"고 적은 것을 생각한다. 시가의 봄이 벌써 산야의 봄과 다르거니, 사막은 어떠하며 빙원氷原은 어떠할까? 사막이나 빙원에도 봄의 흔적이 아주 없지는 않겠지만 백화난만한 화원과야 비교할 수가 있겠는가. 인생의 가장 좋은 시기라 함은 화원 같은 경우를 두고 하는 말이지 사막 같은 생애에야 당치 않은 말이 아니냐?

지금 '소야곡小夜曲'이란 화제畵題로 소녀 앉은 창 아래에 수금竪琴(하프) 들고 섰는 청년을 그린다고 하라. 그 정경이 보기 싫지 않을 것이나, 만일 그 청년이 자기 나라의 옷으로 양복을 입은 사람이 아니요 주의周衣(두루마기) 자락을 날리는 사람이라면 부랑자로 보일 것이고, 또 '앵화櫻花(벚꽃)'라는 소품 제목으로 앵화 사이에서 젊은 남녀가 달콤하게 속살거리는 것을 그린다고 하라. 처소부터 강호천江戶川[30]이 아닌 창경원이요, 그 남녀가 산앵화 혼을 가진 사람이 아니요 큰 고통 작은 고통을 짊어지고 나가는 사람이라면 파락호[31]로 보일 것이다.

나는 우리 청년 남녀 간에 삼각, 사각 내지 다각의 연애 소문이 나는 것을 들을 때 애석한 맘이 없지 아니하고, 더욱이 장래 유위有爲한(큰일을 할 만한) 청년 남녀가 연애에 매두몰신埋頭沒身(몰두)한다는 말을 들을 때는 송구한 맘을 금치 못한다. 그 청년 남녀의 연애의 힘이 능히 사막 같은 경우를 화원花園으로 변하게 할 것이 아닐 바에야 당사자들에게 한갓 괴로움을 더할 뿐일 것이다. 나는 심하게 생각하여 '우리 경우에서 정조 매매 행위는

---

29   똘스또이가 만년에 쓴 장편소설.
30   에도가와. 일본 칸또오 지바현에 있는 강. 토오꾜오만(東京灣)으로 흘러들어간다.
31   재산이나 세력이 있는 집안의 자손으로서 집안의 재산을 탕진하는 난봉꾼을 이르는 말.

고사하고 화和(화간)이니 강强(강간)이니 하는 불법 행위도 용이히 용인할
수 있으나 많은 시간과 많은 심력을 허비하는 연애만은 용인하기 어렵지
아니할까?' 생각하는 때도 없지 아니하다. 그러나 사막에도 봄 흔적이 없
지 아니한 것과 같이 우리 청년 남녀에게도 연애가 없지 아니하다면 그 연
애는 반드시 그 사람의 모든 활동력을 증장增長하여야 한다. 만일에 활동
력을 모손耗損할 뿐이라 하면 그 연애는 저주를 면치 못할 연애요, 그 사람
은 증오를 면치 못할 사람이다.

　나는 중년의 사람이라 생각이 완고한가? 나도 사막같이 오직 적막한 과
거의 청춘시기를 회고할 때 일종 담박한 애수가 없지 아니하다. 이 애수를
느끼는 까닭에 청년 남녀의 일은 아무쪼록 관후하게 생각하려는 사람이라
무의식적으로 나오는 생각은 모르되 의식적으로는 완고한 생각을 가지지
아니한다. 또 일변으로 생각하면 우리는 경우의 탓으로 중년·청년의 구별
이 남과 같지 아니하여 청년이 벌써 중년·노년의 생각을 가지게 되는 것이
사실이다.

　전날 폴란드의 어느 청년시인이 '우리네는 어린아이 적부터 알지 않아
도 좋은 일까지 알게 되었다. 지금 젊으나젊은 나이에 빗살에 뜯기어 나오
는 흰 털이 무슨 일이냐. 눈을 들어 산하를 바라보니 나의 흰 털은 너의 까
닭인가' 하는 뜻으로 지은 시가 있다.[32] 이 시나 적어 청오의 물음에 대답
하려 하였더니, 20여년 전에 나의 졸拙한 중역重譯이 『소년』 지상에 발표된
것이 있었건만 원문이나 역문이 지금 나의 손에 없어서 전편 대의大意도
완전히 말하지 못하고 그친다.

32　폴란드 시인 안제이 니모옙스끼의 산문시 「사랑」을 말한다. 홍명희는 『소년』 1910년 8월호
에 이 시를 번역 소개한 바 있다. 본서 1장에 이 글이 실려 있다(36~38면 참조).

청년 학도에게[33]

청년 학도 여러분! 나는 여러분에게 하고 싶은 말이 많다. 너무 많아서 도리어 무슨 말을 적을까 자저趑趄(주저)한다.

여러분! 여러분은 선배에 인물이 없는 것을 한탄한다지? 나도 나이 값으로 여러분에게 선배 칭호를 받아 마땅한 사람이라 말하기 좀 부끄러우나 사실로 우리 중에 인물이 없다. 여러분이 어느 방면을 향하든지 무서울 만한 눌릴 만한 권위가 앞에 없다. 후진後進의 장애도 될 수 있는 권위가 없는 것은 여러분의 자유 발전에 혹 좋을지도 모르나, 인생 행로에 적당한 지도자가 없으면 서운하고 허전허전할 것이다. 목전 일로 말하더라도 건국 사업에 참예參預(참여) 않고는 생의 의의를 말할 수 없는 이때에 여러분이 건국 일꾼이 되려고 애쓰는 것은 당연한 일이지만, 여러분은 너무 단순하고 정직한 까닭에 사람에게 속기도 하였을 것이요 너무 초조하고 경솔한 까닭에 일의 낭패도 보았을 것이니, 이것이 다 적당한 지도자가 없는 탓이다.

여러분이 선배에 인물 없다고 한탄하는 것은 백번 천번 마땅하다. 그러나 나는 우리 중에 인물 없는 것을 한탄하지 않고 이론 없는 것을 한탄한다. 이론의 궁핍이 지금 우리 궁핍 중의 가장 큰 것이니, 한탄 아니 할 수 없다. 지금도 그렇지만 장래는 더욱이 이론이 없으면 서지 못할 것이다. 실제 정치 방면에도 이론 없는 정치가는 없어질 것이다. 이론이란 과학적 이론을 가리켜 말하는 것이니 이것은 천생 총명에서 솟아나올 것이 아니요 학문 연구에서 모아 얻을 것이다. 여러분은 지금 신분이 학도이니 신분을 돌아보아 더욱이 학문 연구에 힘을 들이라!

여러분! 나는 우리 세대에 낙망하는 반면에 다음 세대에 두터운 희망을

---

33   『경향신문』 1947년 1월 5일자. '학생 신년 특집'에 실린 글이다.

부친다. 다음 세대란 곧 여러분의 세대다. 내 말을 한번 바꾸어 말하면 여러분은 곧 우리의 희망이다. 여러분은 정녕코 우리보다 나을 것이요, 또 반드시 우리보다 나아야 한다. 우리들이 보통 생각하기를 세상은 상고로부터 내려올수록 점점 말세가 되어왔고 자손은 대대로 부조父祖만 못하여 온다고 하나, 사실이 그렇다면 지금 우리들은 상고 선조에 비하여 주유侏儒나 초요僬僥가 다 되었을 것이다.[34] 이건 대체로 그릇된 생각이다. 여러분은 부조보다 나을 것을 자기自期하라!

여러분! 오늘날 우리 사회 각 방면을 두루 살펴보면 퇴폐적·망국적 사태만 눈에 뜨이고 청신활발淸新活潑한 건국 기상은 눈을 씻고 보아도 잘 보이지 아니하니 이것이 무슨 까닭이냐? 일제 여독餘毒과 봉건 유폐遺弊[35]가 중중첩첩한 까닭에 청신활발한 기상이 좀처럼 드러나지 못하는 것 아니냐? 일제 여독은 하루바삐 확청廓淸하여야 하고 봉건 유폐는 하루바삐 탕척蕩滌하여야 한다.[36] 이 두가지가 다 민주국가 건설의 기초 공작이니 여러분은 이 공작의 일꾼으로 나서라!

일제 여독 중의 일부분인 민족반역자에 대하여도 여러분은 엄정할 대로 한껏 엄정하여 좋고 가혹할 대로 한껏 가혹하여 좋다. 그 사람의 재능이나 학문을 물을 것이 없고 정지情地(처지)나 심적心跡(심정)을 살필 것이 없다. 용서란 여러분의 할 일이 아니다. 여러분은 개인의 사심으로 배척하지 않고 민족의 공분으로 성토하면 그만이다. 민족반역자 문제는 오히려 큰 문제가 아니요, 일제 여독의 정작 큰 문제는 문화 방면에 있다. 이것을 확청하자면 많은 시일의 꾸준한 노력이 필요할 것이다.

봉건 유폐로 말하면 우리 의식층에 아직 완강한 근거를 가지고 있다. 원

---

34   '주유'와 '초요'는 중국 고대 문헌에 나오는 난쟁이 종족 이름.
35   '여독'은 뒤에까지 남아 있는 해로운 요소를 말하고, '유폐'는 예전부터 내려오는 폐단을 가리킨다.
36   '확청하다'는 지저분하고 더러운 물건이나 폐단 따위를 없애서 깨끗하게 하는 것, '탕척하다'는 더러운 것을 없애고 깨끗하게 하는 것이다.

래 동양의 봉건이란 장생불사한 점으로 일종의 괴물이라 자본주의, 사회주의 등이 서양에서 수입되지 않았던들 탕척할 수단이 거의 없었다. 일본은 자본주의의 힘으로, 중국은 자본주의의 힘보다 사회주의의 힘으로 근절까진 몰라도 태반 탕척한 모양이나, 우리는 여러 주의가 다 일제 폭력에 눌려서 발달되지 못했었고 또 일제가 저의 편의를 좇아 탕척은커녕 도리어 조장까지도 한 까닭에 탕척을 이제부터 시작할 판이다. 그러므로 이것을 탕척하자면 일제 여독보다 더 많은 시일의 더 꾸준한 노력이 필요할 것이다.

일제 여독과 봉건 유폐를 적으로 치고 여러분이 지금 곧 봉화를 들고 깃발을 날리고 진군을 시작하여도 최후적 성공은 여러분 세대에 가서 거두게 될는지 모른다. 여러분! 여러분은 확청대와 탕척대를 편성하야 총공격 진군을 개시하라! 여러분의 총공격 기세만으로도 능히 오늘날 사회에 청신활발한 건국 기상을 드러낼 것이다. 청년 학도 여러분! 나는 여러분이 이 기초 공작으로 건국 사업에 참여하는 것을 가장 적당하다고 믿으므로 하고 싶은 말이 많은 중에 특히 골라 적어서 여러분에게 부치며, 여러분이 학문 연구의 여력餘力을 여기 집중하기 바란다.

5장
조선학운동과 진보적 역사관

양반兩班[1]

1

양반이라는 칭호는 동서 양반【문무관文武官을 동서 양반이라고 한 것은 중국『오대사五代史』에 있다】에서 나온 것이니, 정포은鄭圃隱(정몽주)[2]의 서 간에 "참양반이라 이른 것은 동서 양반의 정직正職에 참여한 까닭이다"라 한 것이 양반 칭호의 출처를 밝힌 말이다.[3] "충과 효를 겸전하니 양兩이요,

---

1   칼럼 '양아잡록(養痾雜錄)'의 일부로,『조선일보』1936년 2월 20일, 22일, 23일자에 실렸다. '양아잡록'은 요양 중에 쓴 잡다한 기록이라는 뜻.

2   정몽주(鄭夢周, 1337~92). 고려 말기의 충신·유학자. 호는 포은. 유학을 진흥하여 성리학의 기초를 닦았으며, 끝까지 고려왕조에 대한 지조를 지켰다.

3   홍명희는 '양아잡록' 마지막회「노인」말미에 '정오(正誤)'라는 소제목 아래 다음과 같이 덧 붙였다. "정포은의 서간에는 '최단(崔鄲)의 딸은 그 어머니 일족 또한 참양반입니다. 제가 삼촌 이경지(李敬之) 판서에게서 들었습니다'란 말이 있을 뿐이고, '정포은이 참양반이라 이른 것은 동서 양반의 정직에 참여한 까닭이다'라고 한 것은 후인의 말인 것을 포은의 말로 적은 것이 착오이기에 정정한다. 양반이란 말이 적힌 고문헌으로『고려사』에 신우(辛禑, 우

외관과 바탕이 조화를 이루니 반斑"이라 양반이라고 칭했다는 말이 있으나, 이 따위 견강부회는 일소一笑에 붙여도 좋다. 대개 양반은 처음에 관직 있는 사람의 통칭으로 예전 중국의 사대부士大夫란 말과 같았던 것이, 나중에 관직 유무에 상관없는 계급의 명칭으로 지금 일본의 사족士族이란 말과 비슷하게 된 것이다.

양반계급의 뿌리는 멀리 경주에까지 뻗치었을 것이나, 송도松都에서 싹이 트고 한양에서 자라서 꽃이 피었다.[4] 한양 500여년 역사를 잘 알려면 양반 연구를 잘할 필요가 있다. 양반이 이제 와서는 자랑거리도 아니고 욕거리도 아니고 오직 연구거리다. 나에게 한가한 날이 많으면 양반을 한번 과학적 방법으로 연구하여보고 싶은 맘이 없지 아니하다.

내가 일찍이 양반계급의 역사를 4기로 나누어본 일이 있으니, 고려조 말부터 선조 때 동서 당론이 나기까지 약 200년간을 제1기 또는 전기로 잡고, 선조 때부터 영조 때 인위적 혼돈 개벽이 생기고 또 어필御筆 탕평비蕩平碑[5]가 서기까지 160~170년간을 제2기 또는 중기로 잡고, 영조 때부터 갑오경장까지 150~160년간을 제3기 또는 후기로 잡고, 갑오경장 이후를 제4기 또는 말기로 잡았다.

제1기에는 다른 계급과의 구별도 비교적 엄격지 않고 자기 계급 내의 인원도 아직 많지 않아서 안으로 번식하는 외에 밖으로 포용까지 하였다. 이것은 발달시기라 할 것이다. 제2기에는 양반 수효는 연하여 많아지고 관직 수효는 늘어도 한이 있어서 정권 쟁탈이 시작되어 서로 배제하고 서로

왕)가 '여러 도의 양반과 백성의 적(籍)을 만들어 군대로 삼아 무사하면 농사에 힘쓰고 유사시에는 징발하게 하였다'란 것이 있고, 동월(董越) 「조선부(朝鮮賦)」 주에 '선대에 일찍이 문무관을 겸한 자를 일러 양반이라 한다. 오직 글 읽기만 허용되며 기술을 익히지 않는다'란 것이 있으므로 정오 끝에 붙여 적어둔다." 홍명희가 인용한 정몽주의 서간은『포은집』에 수록된 「답둔촌서(答遁村書)」(4)이며, 후인의 말은 성대중(成大中)의 『청성잡기(靑城雜記)』 권4 「성언(醒言)」에 있다.

4   여기에서 경주는 신라시대, 송도는 고려시대, 한양은 조선시대를 뜻한다.
5   1742년 영조가 탕평책을 표방하고자 친필 글씨를 새겨 성균관에 세운 비.

살육하였다. 이것은 당쟁시기라 할 것이다. 제3기에는 산야山野에 물러난 자는 당론에 마음을 썩이고 조정에 나선 자는 벼슬욕에 눈이 어두워서 사풍士風과 관기官紀가 다 같이 타락하였다. 이것은 퇴패頹敗시기라 할 것이다. 제4기는 곧 말기니, 구문화의 붕괴와 외세력의 압박이 서로 뒤얽힌 중에 선진 국가의 사회제도가 수입되어서 양반계급은 시체가 되고 말았다.

양반의 못난 자손들이 아직도 노론·소론이니 남인·북인이니 당색을 가른다 하니, 양반은 없어졌어도 당색은 남아 있는가. 가죽이 없는데 털이 어디에 붙을 수 있으리오. 과거의 양반은 훌륭한 연구 대상이 되지만 현재의 못난 자손들은 한갓 소설 제재밖에 될 것이 없다. 그러나 조선식 돈끼호떼는 심사 비열하고 의지 박약한 무리라, 세르반떼스 같은 수완 있는 작가가 소설화하여도 뒷세상에 전할 만한 작품이 될 성싶지 아니하다.[6]

2

양반에 대하여 되지 않게 적은 것을 집의 아이[7]가 보고 양반계급 역사를 4기로 나눈 것이 일후의 참고 자료가 되겠으니 그 근거를 명확히 적어달라고 청하기에 그리하마 허락하였다. 지금 머릿속에 미완성 책으로 있는 『양반계급 사적연구』를 저서로 발표하기 전에는 단편적임을 면키 어려우므로 그 근거됨 직한 사실史實을 약간 선택하여 문답식으로 간략히 적는다.

문 양반계급 발달 초기에 다른 계급과의 구별이 엄격지 않은 실례가 어

---

6   돈 끼호떼는 스페인의 문호 세르반떼스(Miguel de Cervantes, 1547~1616)의 장편소설 『돈
     끼호떼(Don Quixote)』의 주인공. 중세 기사도의 시대가 지난 지 한참 뒤에 시대착오적인 과
     대망상에 빠진 돈 끼호떼는 부하 싼초 빤사를 데리고 기사 수업에 나서서 연달아 익살스러
     운 일을 저지르며 모험을 한다.
7   당시 『조선일보』 학예부장으로 재직 중이던 홍명희의 장남 홍기문(洪起文, 1903~92)을 가
     리키는 것으로 보인다.

떤 것인가?

답 그런 실례는 상고詳考하면 허다할 것이나 우선 생각나는 대로 적어 보면, 중종 때 석평碩枰이 천인의 아들로 벼슬이 재상에 올랐고, 명종 때 강문우姜文佑가 천인으로 속량하며 곧 등과登科하였고, 또 선조 때 서기徐起가 노비로서 벼슬아치들과 교유하고 나중에 많은 선비의 스승이 되었다.[8] 이런 것이 모두 후세에는 없는 예다. 금은 뇌물로 과환科宦(과거 급제와 벼슬자리)을 도둑질하고 족보 협잡으로 양반의 칭호를 얻고자 도모한 자는 후세에 많으나, 이것은 예외로 칠 것이다. 그리고 한미한 가문이나 빈천한 처지에서 유명한 인물이 일약 출세하여 비로소 양반계급에 참여하게 된 성姓이 많은데, 각 성의 그런 인물이 선조 이후에도 더러 있지만 대개는 선조 이전 또는 선조 때에 많이 있었다.

문 선조 이전에도 정권 쟁탈로 사화士禍라는 것이 나지 않았는가?

답 선조 이전의 사화와 선조 이후의 당쟁은 성질이 판이하다. 무오사화·갑자사화·기묘사화·을사사화는 사화라 칭하여 좋지만, 그 이후의 사화란 것은 당화黨禍라 칭함이 옳을 것이다. 상세한 비교 설명은 고만두고 한마디로 말하면 사화는 일시적 좌절 단련이니 계급 성장 중 현상이고, 당화는 반영구적 분열 알력이니 계급 성장 후 현상이다.

문 선조 때 양반 수효가 갑자기 증가하여 당쟁이 발생하게 되었는가? 또 선조 이후 역대 당쟁의 뿌리를 모두 정권 쟁탈로 돌리는 것이 잘못된 견해가 아닐까?

---

8   반석평(?~1540)은 조선 중종 때의 문신으로 문과 급제 후 좌찬성에 이르렀으며 온건하고 청렴한 관리로 이름이 높았다. 강문우(생몰년 미상)는 과거에 급제하여 교서관 교리를 지냈으며 화담(花潭) 서경덕(徐敬德)의 제자로 문장에 능했다. 서기(1523~91)는 조선 중기의 학자로 학문과 강학에 전념하여 제자백가의 사상은 물론 기술의 이론까지 통달했다. 충청도 공주 충현서원(忠賢書院)의 별사(別祠)에 배향되었다.

답 벼슬자리는 한이 있고 벼슬하려는 사람은 무수하면 개중에 알력이 아니 생길 수 없다. 이것이 선조 이전부터 필연적인 형세로 내려오다가 선조 때 당론黨論으로 터진 것이다. 당론을 일시 감정 문제로 발생한 것같이 보는 사람은 피상적으로 본 자들이다. 인조 때 최지천崔遲川(최명길) 상소 중에9 "낭천郎薦 제도가 생기자 양전兩銓이 직권을 잃었습니다. (…) 이조와 병조의 낭관郎官은 낭청郎廳이 직접 천거하고 있어, 당하관 청요직淸要職에 임명되는 것은 모두 낭관들 손에 달려 있습니다. 이처럼 전랑銓郎의 권한이 지나치게 중하여 매번 낭관을 천거할 때가 되면 연소한 명사들이 서로 추천하고 서로 배척하여 반드시 쟁취해야 할 자리로 여기고 있으니, 그것이 바로 당론의 뿌리입니다"10라는 어구가 있다.

숙종 때 김북헌金北軒(김춘택) 「노산취필蘆山醉筆」 중에11 "근래 노론과 소론이 진출하거나 물러남은 임금이 이로써 붕당 타파의 계책을 삼고자 뜻하신 것이라 생각된다. 하지만 진출하거나 물러날 즈음에 시비가 구구하여 남아나는 자가 거의 없고, 다투는 대상은 오직 전랑의 자리이다. 그 자리를 얻고 난 후에 사익을 따르고 공론을 멸시하는 점에서는 피차 다를 바가 없다. 내가 보기에 붕당은 더욱 타파할 수 없고 그 폐단은 더욱 고질이 될 것이다"라는 구절이 있다. 벼슬을 내는 벼슬자리인 전관銓官이란 것이

---

9   최명길(崔鳴吉, 1586~1647). 호는 지천. 조선 중기의 문신. 병자호란 때 화평(和平)을 주장하고 항서(降書)를 써서 청나라에 항복했다. 성리학과 문장에 뛰어났다. 홍명희가 인용한 최명길의 상소는 『인조실록』 15년(1637) 5월 15일 기사에 보인다.

10   '낭천 제도'는 이조와 병조의 낭관 즉 전랑이 후임자를 직접 천거할 수 있는 전랑자대제(銓郎自代制)를 말한다. '양전'은 각각 문관과 무관의 임명권을 쥔 이조와 병조의 전관(銓官)으로, 이조판서와 병조판서를 가리킨다. '낭관'과 '낭청'은 동의어로, 당하관인 정랑(正郎, 정5품)과 좌랑(佐郎, 정6품)을 말한다.

11   김춘택(金春澤, 1670~1717). 호는 북헌. 조선 중기의 문인. 김만중(金萬重)의 종손으로 김만중의 국문소설 『구운몽』과 『사씨남정기』를 한문으로 번역했다. 숙종 때 당쟁에서 서인-노론을 대표하는 인물로 활약했으며, 그로 인해 여러 차례 투옥, 유배되었다. 『노산취필』은 김춘택이 지은 우리 역사에 대한 논평집으로 임진왜란·병자호란 같은 민족의 수난사와, 사색 당파와 잦은 옥사에 관한 이야기가 대부분을 차지하고 있다.

당쟁의 중요 목표가 된 것을 보면, 그 뿌리가 정권 쟁탈에 있는 것은 감출 수 없는 사실이라 할 것이다.

3

문 어찌하여 영조 탕평정치 이후를 양반계급 퇴패기로 잡았는가?

답 탕평 이후에 다소 기골 있고 염치 차리는 소위 준론자峻論者(강경파)들은 산야로 물러가고, 영예와 녹봉祿俸을 탐하여 우물쭈물하고 순종하는 탕평론자가 조정에 들어섰다. 이 결과로 양반 중에서 과환을 구하지 않는 자가 과환 구하는 자를 우습게 보는 현상이 생기고, 소위 청족淸族이니 환족宦族이니[12] 하여 청족은 가장 좋은 양반인 체하였다. 그러나 선조의 음덕으로 기용되기를 기대하고 누워 있는 시례가詩禮家[13] 자손과 은일隱逸[14]로 초빙되기를 분수 넘게 바라고 꿇어앉는 성리설 학자들이 차차로 많아졌다.

조정암趙靜菴(조광조)[15]이 뛰어난 행실로 천거되어 6품직에 제수되었을 때 불쾌히 여겨 말하되, 지금은 옛과 달라서 과거 절차를 밟는 것이 마땅하니 헛된 명예로 출세하는 것을 내가 심히 부끄러이 여긴다고 하고 그해에 곧 알성과謁聖科[16]에 응시하여 등과登科하였었다. 정암의 입신이 얼마나 광명정대하며, 치국평천하治國平天下로 학문의 최대 목적을 삼는다는 양반의 입신하는 것이 당연히 이러할 것이니, 은일이나 남행南行[17]은 좋게 여기되 문과 — 무과는 거론할 것도 없고 — 는 좋지 않게 여기던 것이 양반계급

---

12 '청족'은 대대로 절개와 의리를 숭상하여온 집안, '환족'은 대대로 벼슬을 지내온 집안을 말한다.

13 유교적 교양과 예법을 자손들에게 전수해온 집안.

14 숨어 있는 빼어난 선비.

15 조광조(趙光祖, 1482~1519). 호는 정암. 조선 중종 때의 문신·성리학자. 사림파의 영수로서 개혁을 추진하다가 훈구파가 일으킨 기묘사화 때 처형되었다.

16 조선시대에 임금이 문묘에 참배한 뒤 실시하던 비정기적인 과거 시험.

17 과거를 거치지 않고 조상의 공덕에 의하여 맡은 벼슬. 또는 그런 벼슬아치.

의 퇴패 현상이 아니고 무엇이랴.

시골에는 제멋대로 하는 토호가 많이 생기고 조정에는 전횡하는 세도世
道가 대대로 생긴 것도 이 시기거니와, 각지에 민란이 많이 난 것이 이 시
기다. 순조 이후로 민란이 자주 났는데 철종 임술년(1862)에는 특히 심하여
경상도·전라도에는 민란 안 난 고을이 드물도록 많이 났고, 함경도 함흥,
경기도 광주, 충청도 회덕·공주 등지에서도 민란이 나서 전국이 소란하였
다. 이것이 갑오동학란의 선구다. 대체 민란이란 백성이 살 수 없어 일으킨
폭동이니, 이것이 양반계급의 지배를 전복할 힘은 없는 것이로되 그 지배
에 대하여 한 조종弔鐘인 것만은 틀림이 없다.

문 퇴패기에 실사구시實事求是하는 학자[18]가 많이 난 것은 무슨 까닭인가?
답 노론 중심으로 정국이 안정되며부터 남인은 길이 실세失勢되어서 불
평만만하였다. 학문이나 저술이나 천주교 신봉이나 다 같이 불평에서 나
온 것이 아니랴. 득세한 양반보다 실세한 양반에 그런 학자가 많이 나고 실
세한 양반 중에도 다른 당파보다 남인에 그런 학자가 많이 난 것을 보면,
불평이 중요한 원인이 되었다고 보아서 좋을 것이다. 양반계급의 자기반
성도 이 시기 일이라 말마디를 허비하고 싶으나 고만두고, 양반계급 지배
시대의 희한한 문자나 하나 적고 끝을 막겠다.

우리나라는 본디 명분을 중히 여겨 양반의 무리는 비록 곤궁하여 굶어
죽는 한이 있더라도 팔짱을 끼고 편히 앉아서 지내며 쟁기를 잡지 않는다.
간혹 성실하게 일하고 부지런히 실업에 종사하여 몸소 천한 일 하는 것을
달갑게 여기는 자가 있으면 모두들 나무라고 조소하여 노예처럼 대하니, 놀
고 먹는 백성이 많고 생업에 종사하는 자는 적었다. 재정이 어찌 궁핍하지

---

18   조선 후기의 실학자(實學者)를 뜻한다.

않겠으며 백성이 어찌 가난하지 않겠는가. 마땅히 법조문을 엄히 세워, 사농공상士農工商에 관계없이 놀고 먹는 자는 관官이 항상 형벌을 가하여 세상에서 큰 치욕을 받게 해야 한다. 재주와 학식이 있으면 농민과 상인의 자식이 조정에 앉더라도 외람되지 않으며, 재주와 학식이 없으면 정승판서의 자식이 종이 되더라도 원망할 것이 없다. 상하가 힘을 다해 함께 직책을 수행하게 하고, 근면함과 태만함을 살펴 상벌을 분명하게 시행해야 한다.

이것은 홍담헌洪湛軒(홍대용) 「임하경륜林下經綸」[19]의 한 구절이다.

적서嫡庶[20]

적자嫡子란 정처正妻 소생 장자長子(맏아들)니 장자 1인 이외는 다 서자庶子다. 서자의 원래 뜻은 중자衆子[21]와 같건만, 우리 조선에서 오로지 첩의 소생만을 서자라고 칭하여 서자 해석이 기해예론己亥禮論【효종 승하 후 자의대비慈懿大妃 복제服制에 대하여 서인 일파는 1년설을 주장하고 남인 일파는 3년설을 주장한 것】에 시빗거리가 되기까지 하였다. 처의 소생과 첩의 소생을 적서로 구분하고 서庶를 천대하되 세계에 유례가 없도록 참혹히 하여, 서는 계급적 권리를 누리지 못하고 심하면 혈통적 윤기倫紀(윤리 기강)까지 펴지 못하였다. 골육 간에 귀천이 현격함이 반상班常(양반과 상민)의 계급 다름이나 진배없었다. '모이자귀母以子貴'란 말은 있으되 '자이모

---

19   홍대용(洪大容, 1731~83). 호는 담헌. 조선 영조 때의 실학자. 북학파의 대표적 인물로, 천문과 율력에 뛰어나 혼천의를 만들고 지구의 자전설을 제창했다. 「임하경륜」은 홍대용의 『담헌서』에 실려 있는 글로서, 경국제민(經國濟民)을 위한 각종의 독창적인 개혁안이 제시되어 있다.

20   『조선일보』 1936년 2월 21일자. '양아잡록'의 일부다.

21   맏아들 이외의 모든 아들.

천자이모천天子以母賤'이란 말은 없는데,[22] 한갓 모계가 천하다고 이렇게 천대할 법이 있을까.

서가 천대받게 된 원인을 캐어보면 모계 천한 것보다 사환仕宦(벼슬) 막힌 것이 중대하였다. 대저 양반이란 사환에서 발생 성장하고 사환으로 부패 타락한 계급이라, 차라리 골육을 버릴지언정 사환은 차마 버리지 못하였던 것이다. 적서 간 자녀가 통히 없어야 양자를 허하는 것이 국법인데, 그 국법을 치지불고置之不顧[23]하는 자가 허다하였다. 그러므로 영조 때 "적자가 없는 자는 서자로써 이어받게 하기를 법전에 따라 시행하라"는 신칙申飭까지 있었건만, 끝끝내 서자를 두고 양자하는 것이 풍속이 되었다. 이것만 보더라도 양반이 사환을 골육보다 더 소중히 여긴 것을 알 수 있다.

태종 때 우승지 서선徐選[24]의 청으로 "서얼庶孽[25] 자손은 현직顯職에 서용敍用하지 말라"는 전교가 내려서 현직이 막히고, 성종 때 강희맹姜希孟·안위安瑋 등이 편찬한 『경국대전經國大典』[26]에 "서얼 자손은 문·무과와 생원·진사과를 보는 것을 허용하지 말라"란 명문明文이 박혀서 현직 외에 대과·소과까지 막히었다. 『경국대전』 반포 당시에는 '서얼 자손'이란 자여손子與孫(아들과 손자)뿐이요 증손 이하는 빠진 줄로 해석하던 것을, 그 뒤에 강희맹이 『경국대전』을 주해할 때 자자손손子子孫孫이란 말을 첨가하였다.[27] 명종 때 각 성씨의 서족庶族들이 상소하여 원정冤情(억울함)을 사뢴 결

---

22   '모이자귀'란 어머니는 자식이 귀하게 됨에 따라 귀하게 된다는 뜻. 『춘추』에 나오는 말이다. '자이모천'이란 자식은 어머니가 천함에 따라 천하게 된다는 뜻.

23   내버려두고 돌아보지 아니함.

24   서선(1367~1433). 조선 전기의 문신. 태종 때 한성부윤, 형조판서 등을 역임했다.

25   서자(庶子)와 얼자(孽子)를 아울러 이르는 말. 서자는 양반과 양민 여성 사이에서 낳은 아들을, 얼자는 양반과 천민 여성 사이에서 낳은 아들을 일컫는다.

26   강희맹(1424~83)은 조선 전기의 문신·학자로 『경국대전』 『동국여지승람』 등의 편찬에 참여했다. 안위(1491~1563)는 조선 명종 때의 문신으로 『경국대전주해』 편찬에 참여했다. 『경국대전』은 조선시대에 통치의 기준이 된 최고의 법전으로, 세조 때 편찬을 시작하여 성종 때 완성했으며 그 후 여러 차례 보완했다.

27   『경국대전주해』는 『경국대전』 가운데 어려운 조항을 뽑아 풀이한 책으로 명종 때 완성되었

과 양첩良妾(양민 신분의 첩)의 손 이하에는 과거를 허하였으나 그나마 잠시 시행한 후 곧 폐지하게 되었다. 중종·선조·인조·숙종·영조·정조·순조(익종 대리 시) 여러 조정에서 서류소통庶類疏通²⁸을 힘써서 사환 길이 다소 열리었었으나, 견고한 관습이 좀처럼 깨어지지 아니하였다.

영조는 서류소통에 특별히 힘쓴 군주라 "고을 수령의 임명은 문벌에 구애받지 말라" "청현직淸顯職²⁹에 서류 임용을 허용하라" "성균관에서는 유생들을 연령 순서에 따라 예우하고, 향교에서도 이를 준수하여 실행하라"는 정녕한 하교가 누누이 내리었다. 영조 승하 시에 각 성씨 서족의 집에서 부인과 어린아이들까지 눈물을 흘리며 울었다 하고, 영조의 기일에 대구의 서족 선비들이 해마다 달성산 중에 들어가서 통곡하여 그곳에 읍궁대泣弓臺란 명칭이 생기었다 한다. 억울하므로 감격이 더욱 깊었던 것이다.

적서에 관하여 적을 만한 것이 허다하나 모두 할애(아끼는 것을 잘라버림)하고, 서의 속용 명칭이나 끝에 붙이겠다. 좌족左族이란 사도邪道를 좌도左道, 강직降職을 좌천左遷이라 하는 것과 같이 우측을 높이고 좌측을 낮추는 데에서 나온 말이다. 일명一名이란 영조 때 증광과增廣科에 "허통일명許通一名"³⁰한 이후 생긴 말이라 한다. 초림椒林이란 호초胡椒(후추)의 맛으로 서얼의 '얼' 음을 비유한 은어라 한다. '한 다리 짧다'는 건 모계를 비유한 말이고, '넉점박이'란 서庶 자 밑에 넉점을 가지고 만든 말이다.

다. 강희맹은 『경국대전』의 편찬자였고 안위는 『경국대전주해』의 편찬자였으므로, "강희맹·안위 등이 편찬한 『경국대전』" "강희맹이 『경국대전』을 주해할 때"라고 한 것은 홍명희의 착오다.

28 서얼의 과거 응시와 관직 진출 기회를 확대하는 조치로, 서얼소통, 서얼허통이라고도 한다.

29 학식과 문벌을 갖춘 사람만 임용되는 명예로운 관직인 청직(淸職)과, 벼슬이 높은 관직인 현직(顯職)을 합하여 부르는 말.

30 서얼 한 사람에게 과거 응시를 허용함.

노인[31]

"보수적 국민은 노인을 대단히 존중한다.""동양 제국은 대개 보수적 사상이 강하므로 급격히 진보하는 오늘날 자칫하면 퇴화하려는 경향이 있다. 쓸데없이 고대만 존중하고 현대사회에서도 노인에게만 주의를 많이 하는 것이 일대 이유다."

고도평삼랑高島平三郞[32] 저 『아동심리학』 서론 중에서 이런 말을 본 것같이 기억한다.

노인을 대단히 존중하는 것이 동양의 공통 관습이라 할지라도 전날 우리 조선은 특히 심하여 노인 외에 사람이 없다 할 만큼 노인의 세상이었다. 소년도 사람이고 청년도 사람이건만 소년은 '노인의 노리개'에 불과하고 청년은 '노인의 지팡이'에 불과하였다. 소년에게 노인의 지각이 들어서 조숙하게 되고 청년에게 노인의 기질과 습관이 옮아서 조로하게 되므로, 천진스러운 소년과 활발스러운 청년은 보기 어렵고 나이 많지 않은 엄엄奄奄한[33] 노인은 흔히 볼 수 있었다. 쉬흔(쉰)에 쉬지근하고 마흔에 매지근하다고 여력방강膂力方彊하여 경영사방經營四方[34]할 나이에 벌써 노인으로 자처하는 사람도 없지 아니하였다.

중국에도 연령 40 내외 노인의 예가 예로부터 있었다. 맹자孟子는 생년이 주周 열왕烈王 4년(기원전 372)이라 하고 양혜왕梁惠王에게 가 본 것이 주 현왕顯王 33년(기원전 336)이라 하니, 불과 37세밖에 안 된 젊은 사람이 '수叟(노인장)'라고 노인 대접을 받은 모양이다. 도연명陶淵明[35]은 동진東晋 애

---

31 『조선일보』 1936년 2월 26일자. '양아잡록'의 일부다.

32 다까시마 헤이자부로오(1865~1946). 일본의 교육자, 심리학자. 아동 심리에 기초한 교육을 제창했다.

33 숨이 넘어갈 것처럼 허약하다는 뜻.

34 체력이 한창 강하여 천하 사방을 경영할 수 있음. 『시경(詩經)』「북산(北山)」에 나오는 시구로, 원문에는 '旅力方剛'으로 되어 있다.

제애제哀帝 흥녕興寧 3년(365) 생으로 동진 안제安帝 의희義熙 원년(405) 41세에 「귀거래사歸去來辭」를 지었다는데, "육신을 우주에 잠시 맡긴 채 또 얼마나 살리오(寓形宇內復幾時)"가 노인의 말투이다. 한퇴지韓退之[36]는 당 대종代宗 대력大曆 3년(768)에 나고 그 조카 십이랑十二郎(한노성韓老成)은 당 덕종德宗 정원貞元 19년(803)에 죽었다 하니 이때 퇴지의 나이 36세인데, 「제십이랑문祭十二郎文」 중에 "나는 금년부터 검푸른 머리가 혹 변해서 희어지고, 흔들리던 이가 혹 빠져 달아났다. 모발과 혈기가 날로 쇠퇴하고, 의지와 기운은 날로 쇠미하니 얼마 안 있으면 너를 따라 죽게 되지 않겠느냐"란 문구가 있다. '혹或' 두 자가 조금 자제하지 않는 건 아니로되, 대체가 일박서산日薄西山[37]한 노인의 글이다. 이런 것을 자깝스럽다[38] 할까 망측스럽다 할까.

근년에 우리 조선 사람 사회에서 환갑 노인은 노인 값에 못 간다고 말들한다. 조로가 없어진 편으로 보든지 또는 수명이 느는 편으로 보든지 좋은 현상이다. 오십을 '애艾'라 하고, 육십을 '기耆'라 하고, 칠십을 '노老'라 하고, 팔구십을 '모耄'라 하고,[39] 백세를 '기期'라 하니, 한자의 원래 뜻으로 보더라도 70 이후에 비로소 노인이라고 함이 마땅하다.

---

35 도연명(365~427). 이름은 잠(潛). 연명은 자(字)다. 중국 동진의 시인. 「귀거래사」를 비롯하여 자연을 노래한 시를 많이 남겼다.

36 한퇴지(768~824). 본명은 한유(韓愈). 퇴지는 자. 중국 당나라의 저명한 문인이자 사상가다.

37 해가 서산에 가까워진다는 뜻으로, 죽을 때가 다 되었음을 비유적으로 이르는 말.

38 어린아이가 마치 어른처럼 행동하거나, 젊은 사람이 지나치게 늙은이의 흉내를 내어 깜찍한 데가 있다.

39 원문에는 "팔구십을 '기(耆)'라 하고"로 되어 있으나, 이는 오식이므로 바로잡았다.

이조 정치제도와 양반사상의 전모[40]

1

500년간 조선의 역사는 곧 양반계급의 역사인지라 먼저 양반계급의 특질을 과학적으로 구명치 않고서는 그 역사를 이해하기 어렵다. 역사적 사실을 사실 그대로 알려고 하는 데 있어서도 그것은 필요하거니와 그 역사의 시종始終을 체계 있게 파악하려는 데 있어서는 더욱이 필요하리라고 생각한다. 그러나 나는 그러한 견해만을 가지고 있을 뿐이요 아직 그러한 연구를 해본 일은 없다. 위선 상식적으로 양반에 대한 몇 가지를 들어 보이기에 그치겠다.

본래 양반이란 말은 고려 때 생긴 것으로서 애초에는 문무文武의 양반을 가리키던 말이니, 『고려사』에서 쓰고 있는 양반은 대개가 그러한 의미로 해석된다. 설사 그중에는 한 계급의 칭호로 썼다고 하더라도 오늘날 우리로서는 그것을 분간해낼 길이 없다. 그러므로 나는 둔촌遁村에게 보낸 포은圃隱(정몽주)의 "최단崔鄲의 딸은 그 어머니 일족 또한 참양반입니다. 제가 삼촌 이경지李敬之 판서에게서 들었습니다"라는 짧은 편지를 계급적 칭호로서의 양반이 기록되어 있는 가장 오래된 문헌이라고 본다.[41] 이 편지는 최씨 딸의 모족母族의 지벌地閥(지체와 문벌)을 조사해달라는 둔촌의 부탁에 대답한 것인 듯한데, 어머니의 일족이 참양반이라는 그 말뜻으로 보아서 문무 양반의 의미가 아니요 양반계급의 의미임이 분명하다.

물론 신라의 골품骨品 내지 두품頭品 제도[42]가 고려에까지 어느 정도로

---

40 『조선일보』 1938년 1월 3일, 5일자. 홍명희의 구술을 기자가 받아 적은 글이다.

41 정몽주의 『포은집』에 수록된 「답둔촌서」(4)를 인용한 것이다. 둔촌은 정몽주와 절친하게 교유한 이집(李集, 1327~87)의 호다. 이경지는 정몽주의 외삼촌인데, 경지는 자이며 이름은 미상이다.

42 신라 때 혈통에 따라 나눈 신분제도를 말한다. 왕족은 성골(聖骨)과 진골(眞骨)로, 귀족은

잔존해 있다가 양반계급이 발생하매 함께 거기 합류된 것만은 사실이다. 그것은 지금까지도 삼한三韓의 고족古族[43]들이 좋은 양반으로 일컬어지는 것만 보아서도 알 수가 있는 일이다. 그러나 양반이란 신라의 골품 내지 두품 제도와는 전연 다른 계급제도다. 양반은 고려 말부터 발생되기 시작하여 한양조漢陽朝(조선시대) 이후 완성된 것이다.

양반의 사상이라면 누구나 그 곧 유자儒者의 사상이라고 여기고, 또 얼른 본다면 그 곧 유자의 사상임이 틀림없으되, 양반사상의 핵심은 유자의 교훈보다 관벌주의官閥主義[44]에 놓여 있다는 것을 주의해야 한다. 유자의 교훈이 양반의 관벌주의를 구성해주었다고도 보지 못할 것은 아니겠지마는 양반의 지도정신은 유자의 관벌주의적 경향을 더 일층 확충하였다고 볼 것이다. 이미 설명한 바와 같이 양반이란 그 말부터도 관원의 총칭으로부터 나온 것일 뿐이 아니라, 양반정치의 부산물인 근세의 당쟁도 그들이 표면상 떠드는 모든 대의명분을 떠나 실상 이조·병조 양전兩銓의 쟁탈에다가 중요한 목표를 두었다. 그것은 단순한 나의 추측만이 아니요, 일찍이 북헌 김춘택도 『노산취필』에 스스로 폭로하여놓은 바다.

그러므로 양반의 사상과 유자의 사상을 세밀히 분석해볼 때에는 자연히 일종의 차이를 가지게 되는 것이니, 인의예지仁義禮智를 유자나 양반이나 다 함께 숭상하는 중에도 그 치중하는 곳이 다르다. 유자더러 어느 곳에 치중하랴고 묻는다면 그것은 인仁이라고 보겠지만, 양반은 인보다 예禮와 의義에 치중하고 있었다. 수신제가修身齊家에 있어서는 예절이요 조정에 나아가서는 의리가 양반들의 상투어다. 그들의 상투어로 미루어서도 예절과 의리가 얼마나 중시되었던지 알 수 있다.

물론 인을 떠난 예와 의는 유자의 사상으로서 비판하더라도 허례虛禮와

육두품·오두품·사두품으로, 평민은 삼두품·이두품·일두품으로 나누었다.

43 삼한갑족(三韓甲族)과 같은 말로, 예로부터 대대로 문벌이 높은 집안을 가리킨다.
44 고위 관직을 집안 대대로 누리려는 것.

허의虛義로 돌아가기 쉽다. 양반의 예절과 의리도 많은 경우에 있어 형식에 흐르고 말았다. 그러나 양반사상의 핵심이 관벌주의에 놓여 있다는 것을 인식할 때 그것은 도리어 필연한 형세다. 즉 의리는 그들의 목표를 세우기 위해, 또 그와 같이 예절은 그들의 위의威儀를 보호하기 위해 필요한 이외 아무것도 아닌 까닭이다. 만일 무사武士정신을 한 말로 표현한다면 '충忠'이 되는 것같이 양반사상을 한 말로 표현한다면 예의다. 양반계급도 충효를 높게 보지 않는 것은 아니로되 그보다도 예의가 제일의적이리라고 본다.

2

양반계급의 특징을 꼽으라면 대개 네가지쯤 칠 수가 있다. 첫째는 소양素養, 둘째는 범절凡節, 셋째는 행세行世, 넷째는 지조志操니, 다시 그 네가지를 세분하여 설명하여보겠다.

(1) 소양: 양반은 지식을 농단壟斷(독차지)하여 가지고 있던 계급인즉 학문을 중요하게 볼 것은 사실이니, 일반 한문 지식 이외 독특한 학문을 요구하게 된다. 양반 전체의 계보를 연구하는 보학譜學을 위시하여, 내외 관직의 소임을 연구하는 관방官榜[45]과, 관례화된 의례儀禮와 행사를 연구하는 고사古事[46] 등이 곧 그러한 학문이다.

(2) 범절: 윤기倫紀를 항상 내세우는 양반들에게 있어서는 봉선목족奉先睦族[47]도 중요한 요소가 안 될 수 없다. 봉선적 목족에 성의를 표시하는 것을 범절이라고 한다.

(3) 행세: 애경상문哀慶相問[48]으로부터 보통 교제에 이르기까지 털끝만

---

45   관리의 직무 규율인 관방(官方)을 가리키는 듯하다.

46   고사(故事)와 같은 말. 예전부터 전해오는 규칙이나 정례(定例), 전고(典故).

47   조상을 받들고 친족끼리 화목하게 지냄.

큼이라도 남의 자의訾疑(비방과 의심)를 받지 않는 것도 양반 인격의 중요한 요소다. 그와 같이 자의를 받지 않는 것을 행세라고 한다.

(4) 지조: 첫째, 그들은 빈한을 견디고 재화를 천히 아는 것이 한가지의 지조니, 양반이 땅을 사고 돈을 만지는 것은 후세에 이르러 타락한 행동이다. 둘째, 곤고困苦를 감심甘心하여[49] 비열함을 피하는 것이 또 한가지의 지조니, 관벌주의와는 모순됨에도 불구하고 권문세가權門勢家에 출입하는 것을 탐탁하게 여기지 않는다. 셋째, 자중자애自重自愛[50]하여 경조부박輕佻浮薄(경박함)을 경계하는 것이 또 한가지의 지조니, 일거수일투족이라도 정중한 태도를 가져야 한다. 넷째, 대의를 위해 목숨을 던질지언정 몸을 더럽히지 않는 것이 지조 중에도 가장 높은 지조니, 조선에서는 절사節死와 순사殉死[51]를 가장 높이 여겨왔다.

그러나 그 특징을 장점으로 보려면 장점으로 보겠지마는 다시 한번 돌이키어 단점으로 보려면 단점으로 못 볼 것도 아니니, 그러한 특징으로 말미암아 양반정치는 진취적이 아니라 퇴영적이요, 행동적이 아니라 형식적이며, 이용후생적李用厚生的이 아니라 번문욕례적繁文縟禮的이다.[52] 그러한 계급으로서는 한번 기울어진 이상 다시 재흥再興할 기력을 가질 수는 없는 것으로, 반드시 외래의 힘이 아니라고 하더라도 이미 자체의 붕괴를 수습치 못하기에 이르렀었다.

그러나 그 이외에도 양반정치의 가장 큰 결함이 두가지가 있으니, 하나는 사대주의事大主義요, 또 하나는 숭문천무崇文賤武[53]의 정신이다. 이 두

---

48 애경사에 서로 조문하거나 축하함.

49 '곤고를 감심한다'는 것은 딱한 형편을 기꺼이 받아들인다는 뜻이다.

50 말이나 행동, 몸가짐 따위를 삼가 신중하게 함. 원문은 '자중자대(自重自大)'라 되어 있으나 오식이므로 바로잡았다.

51 '절사'는 절개를 지켜 죽음을, '순사'는 나라를 위해 목숨을 바침을 뜻한다.

52 '이용후생'은 기구를 편리하게 쓰고 생활을 나아지게 한다는 뜻이고, '번문욕례'는 번거롭고 까다로운 규칙과 예절을 가리킨다.

53 문(文)을 숭상하고 무(武)를 천시함.

가지에 대해 좀더 그 발전 경로를 이야기하고 싶으나 다음 기회로 미루어 둔다.

홍벽초洪碧初·현기당玄幾堂 대담[54]
— 사회: 이원조李源朝

숙종·영조 이후 신학파의 정체

이원조[55] 그런데 영정英正(영조와 정조) 간의 실사구시학實事求是學(실학)이란 것이 그 이름부터도 말이 있는 모양이나 그야 어떻든 간에 학풍이 일변한 것만은 사실이니까, 그것이 그때 학문적 정황으로 보아서 단순히 청조 고증학考證學의 영향으로 볼 것인가, 그렇지 않으면 자기 내부적 필연성으로 그러한 학풍이 일어난 것인가, 어떻게 보십니까?

홍명희 이름은 실학實學이라니 또 아주 박학樸學이라니 하기도 했지마는 하여간 거기 대해서 나는 이렇게 생각해. 첫째 성리학이란 것이 첫째도 주자朱子 둘째도 주자 하니까 겉으로 드러내놓고 반대하지는 못해도 거기 대한 약간의 반감과, 둘째는 정치권 외에 떨어진 사람들, 그러니까 그 학파에 색목色目으로 보면 남인이 많지. 그래서 일어난 학풍이야.

현상윤[56] 나도 확실히 그렇게 압니다. 이론유학에 대한 반감이지요. 사

---

54 『조광』 1941년 8월호. 좌담 서두의 '동경 유학과 교우' 부분은 생략했음.

55 이원조(1909~55). 호는 여천(黎泉). 문학평론가. 식민지 시기 부르주아문학을 비판하고 프로문학을 옹호하는 평론을 다수 발표했다. 해방 직후 조선문학가동맹 서기장을 지냈고 그후 월북했다.

56 현상윤(玄相允, 1893~?). 호는 기당(幾堂). 20세기 초 사학자·교육가. 와세다대학을 졸업하고 중앙고등보통학교 교장을 지냈다. 해방 후 고려대학교 초대 총장에 취임했으며, 한국전쟁 때 납북되었다. 저서로『조선유학사』가 있다.

128

실 이론유학이란 직접 인민에게 무슨 상관이 있습니까. 그러니까 경제학이지요.

이원조 그러나 청조 고증학이란 고경심정古經審定[57]을 목적으로 한 것이지만 우리 실학이란 강역疆域(영토)·치제治制(정치제도)·병혁兵革(국방)·경륜經綸(국가운영) 이런 방면으로 집중되었으니까 청조 고증학과는 근본적으로 성격이 다르지 않습니까.

홍명희 물론 다르지. 그러나 청조 고증학도 송학宋學[58]에 대해서 불신과 반대이니까.

현상윤 그렇지요. 목적론적으로는 다르지요.

이원조 그러면 실학의 시초는 잠곡潛谷[59]이나 소재疎齋[60]로 잡을 수 있을까요.

현상윤 아니지요. 반계磻溪[61]가 있는데, 반계는 인조조고 소재는 숙종조이니까.

홍명희 그렇지. 그다음에 성호星湖[62]가 있고.

현상윤 성호는 반계한테서 직접 영향은 받지 않은 것 같아.

이원조 그러나 영정 간의 이 학파는 거의 전부가 성호와 관계 있지 않습니까. 그리고 일설로는 이 실학이 세종 문화의 복귀운동이라고도 보는데어떨까요.

---

57 유학 경전에 대해 문헌적 가치와 진위를 판별하는 것.

58 중국 송나라 때 성행한 유교 학파들. 여기에서는 특히 성리학을 가리킨다.

59 김육(金堉, 1580~1658). 호는 잠곡. 조선 중기의 문신·학자. 영의정을 지냈으며, 효종 때 대동법을 실시하게 했고 실학자 유형원에게 큰 영향을 끼쳤다.

60 이이명(李頤命, 1658~1722). 호는 소재. 조선 중기의 문신·학자. 좌의정을 지냈으며, 성리학에 정통했다.

61 유형원(柳馨遠, 1622~73). 호는 반계. 조선 효종 때의 학자. 벼슬에 뜻이 없어 오로지 학문 연구에만 전념했다. 중농사상을 기본으로 한 토지개혁론을 주장했다. 저서로 『반계수록』 등이 있다.

62 이익(李瀷, 1681~1763). 호는 성호. 조선 영조 때의 학자. 벼슬길에 나가지 않고 저술과 후진 양성에 전력했다. 저서로 『성호사설』 등이 있다.

홍명희 그렇게도 볼 수 있지.

현상윤 하여간 이론유학에 대한 반동이야.

홍명희 그런데 하나 우스운 것이 있지. 시계는 실상 스위스 사람이 러시아 사람보다 한 100년 먼저 발명했건만 러시아 사람이 시계를 발명했다고 떠들듯이, 김석문金錫文[63]의 삼환부공설三丸浮空說[64]이 있다지만 담헌湛軒(홍대용) 지전설地轉說[65]도 '소전위일일小轉爲一日 대전위일년大轉爲一年'[66]이라고서 서양 사람이 지구 둥근 것만 알고 도는 줄은 몰랐다고 우습게 여기면서 지전설은 우리가 처음 발명한 것처럼 굴었지만, 그건 우리가 몰라 그렇지 코페르니쿠스[67] 지동설에 비하면 얼마나 뒤떨어져. 우스운 일이지. 그러나 뒤졌건 어쨌건 우리는 우리대로 발견한 것이니까 가치는 인정해야지.

이원조 그러니까 그때 교통이라든지 여러 가지 관계로 보아서 실학이 방법론으로는 다소간 청조 고증학의 영향을 받은 것만은 사실이겠지요.

홍명희 그렇겠지. 그런데 이런 게 하나 있어요. 조선사상계의 지배자란 것은 유림이란 것인데 유림의 소굴이라고 할까, 하여간 그 의거하는 것이 처음에는 향교鄕校라고 친다면 향교는 적어도 고려 말까지 올라갈 수 있고, 그다음에 서원書院이란 것, 이것은 주세붕周世鵬[68]이 풍기豊基에다가 소수서원紹修書院 지은 것이 처음이라고 하니 그렇다면 중종조부터인데, 이렇게 해서 향교나 서원을 중심으로 해서 성립된 유림이란 것이 조선의 사

---

63 김석문(1658~1735). 호는 대곡(大谷). 조선 후기의 학자. 역학에 조예가 깊어 『역학도해(易學圖解)』를 저술했다. 조선에서 최초로 지전설을 주장하여 홍대용의 지전설에 영향을 주었다.

64 해·달·지구의 삼대 구체가 허공에 떠 있다는 학설.

65 홍대용은 「의산문답(醫山問答)」에서 지구자전설을 주장했다.

66 지구가 소회전(자전)하면 1일이 되고 대회전(공전)하면 1년이 된다는 뜻. 단, 「의산문답」에서는 지구의 공전을 언급하지 않았다.

67 니콜라우스 코페르니쿠스(Nicolaus Copernicus, 1473~1543). 폴란드의 천문학자. 지구가 자전하면서 태양의 주위를 돈다는 지동설을 제창했다. 저서로 『천체의 회전에 관하여』가 있다.

68 주세붕(1495~1554). 조선 중기의 문신·학자. 풍기 군수 때 우리나라 최초의 서원인 백운동서원(후에 소수서원으로 개칭)을 세웠다.

상계를 지배해왔거든. 그러니까 항상 무슨 새로운 사상이 나올 때마다 신구가 충돌하는 것은 어디나 있는 일이지만 조선처럼 유림이 뿌리박혀서 말하자면 구세력으로 내려온 곳도 드물게야. 우선 보지, 언젠가『동아일보』에서「가명인두상假名人頭上에 가일봉加一棒」[69]이란 글을 실었다가 영남서 들고나서 필경은 필자가 밀려났지. 아니 여기 기당도 언젠가 퇴계退溪(이황)를 잘못 말했다고 영남서 말썽이 생겼다더구만. 하여간 그러니까 실학도 그렇게 일어났건만 조선사상계를 지배하지 못한 것만은 사실이야.

현상윤 글쎄 말이오. 내가 졸업논문에「조선유학사」라는 것을 썼는데, 나는 이렇게 봅니다. 조선유학을 네 단계로 본다면, 첫째를 문장유학文章儒學. 점필재佔畢齋(김종직)를 중심으로 해서 그 문인들의 문장 숭상하던 때. 다음으로 실천유학. 정암靜菴(조광조)의 영기발발英氣勃勃(재기왕성)해서 자기네 학문을 직접 사군택민事君澤民[70]하는 실천 수단으로 옮기려던 때. 그 다음에 퇴계 중심으로 일어난 이론유학. 그다음은 순전히 당쟁유학이지마는. 이렇게 본다면 조선사상사에 있어서 정암과 퇴계는 양대 대립된 존재로서 그 두 시대에 사풍士風(선비의 기풍)이 전연 다른 것이 있습니다. 정암 때는 정암부터 그렇지만, 모두 젊지 않습니까. 그러나 그네들은 그 공부를 가지고 직접 사군택민하는 데 실천을 하려 했지만, 퇴계 이후부터는 심心·성性·정情 대론對論(토론)만 했지 어디 직접 정치에 공헌한 것이 무엇인가요.

홍명희 그야 퇴계로 말하면 그 중씨仲氏(온계溫溪)[71] 때문에 화가禍家(재앙을 만난 집안)에 있었고 또 자기 소질을 돌아보아 득위행공得位行公[72]하는 것보다 학문에 대한 열망이 더했겠지만, 하여간 조선유학에 있어 제일 깊은

69　'가명인의 머리에 한차례 몽둥이질을 가함'이라는 뜻.
70　임금을 섬기고 백성들에게 혜택을 베풂.
71　이해(李瀣, 1496~1550). 호는 온계. 퇴계 이황의 형이다. 조선 전기의 문신으로 예조참판을 역임했다. 명종 즉위 후 모함을 받아 귀양 가는 도중에 병사했다.
72　벼슬을 얻어 공무를 집행함.

학자인 것만은 사실이야.

현상윤 그야 퇴계는 글자 그대로 물러만 가서 겸양이라든지 독선기신獨善其身[73]하는 것은 좋지만, 정암 때에 비해서 사풍이 변했다는 것은 조선사상사에서 중대한 일입니다.

홍명희 독선기신은 어디 유자의 실천이 아닌가?

현상윤 그다음에 말년에 와서 유교가 어째서 그렇게 타락했을까, 매우 유감된 일이오. 그처럼 유교를 숭상하고 참 우문지치右文之治[74]를 했는데도 말년에 와서 그렇게 타락한 것은 여간 유감의 일이 아니지요.

당쟁의 근본 원인

이원조 그야 고려조의 불교는 안 그렇습니까. 그런데 아까 당쟁 말씀이 났으니 말씀입니다마는 이 당쟁의 근본적 원인은 무엇일까요?

홍명희 나는 그렇게 보는데, 그저 벼슬자리는 적고 벼슬할 양반 수효는 많고 그래서 벼슬자리 쌈이야.

현상윤 나는 그렇게 안 봅니다. 유학 자체가 되기를, 유학을 숭상하는 데서는 당쟁이 없을 수가 없어요. 왜 그러냐 하면, 유학이란 것이 수기정심修己正心[75]하는 개인 공부로는 좋으나 사회를 다스린다든지 이런 데는 재미가 적어도, 첫째 『주역周易』에서 음양陰陽을 갈라놓고 음은 소인小人이요 양은 군자君子라고 봅니다. 그러니까 군자란 말을 듣는 사람은 좋지만 소인이란 말을 듣는 사람은 여간 굴욕이 아니거든요. 그러니까 청류淸流·탁류濁流가 생기고 이래서 모든 사람이 그저 군자와 소인으로 대별이 딱 되

---

73 『맹자』에 옛사람들은 "곤궁하면 제 한 몸이라도 선(善)을 행하고, 영달하면 천하 사람들까지 모두 선을 행하도록 했다(窮則獨善其身, 達則兼善天下)"고 했다.
74 무예보다 학문을 우대하는 정치.
75 수양하고 마음을 바로잡는다는 뜻.

어서 서로 시기하고 공격하니까, 옛날 상소 같은 것을 보시오. 그저 만날 '친군자 원소인親君子遠小人'[76]이지. 그러므로 유학을 숭상하는 데서는 언제나 당쟁이 없을 수 없어요. 보시오. 한漢나라가 그렇지요, 당唐이 그렇지요, 송宋·명明 어느 것 할 것 없이 유학을 중심사상으로 한 데서는 당쟁이 없는 데가 없어요.

이원조 그야 어느 나라 정치사든지 오서독스orthodox(정통)와 리액션 reaction(반동)이란 것은 다 있지 않습니까?

현상윤 그래도 예수교에서는 사람의 장점과 단점을 분간하지마는 유학은 덮어놓고 군자와 소인을 갈라가지고 그저 '친군자 원소인'이니 당쟁이 안 생기겠습니까, 어때요?【벽초를 보며】

홍명희 일리는 있으나 지나支那(중국) 사상에서 한·당唐이 어디 다 유학만 했나?

현상윤 그래도 당나라 한퇴지 같은 이야.

홍명희 글쎄, 하여간 당쟁의 핵심은 벼슬자리 적고 양반이 다수한 것이 핵심이야. 내 그 확증으로는 북헌이란 이가 그 다 당쟁의 효장驍將인데 그가 그랬어. 당쟁은 그저 이조·병조 양전兩銓 쟁탈이 핵심이라고. 그러니 양반이 확립되기 전에는 양반 이외에도 인물 본위로 채용도 했지만 그것이 확립되고 나서는 전부 배제했거든. 그러니까 기묘사화나 을사사화 같은 것은 인제 한 말이 맞겠지만, 동서 분당은 세력다툼이야.

현상윤 그야 그렇지.

홍명희 그러니까 겉으로는 대의명분을 내세우지만 속으로는 세력쌈인데 한쪽은 다 옳고 한쪽은 다 나쁜가. 서로 옳고 그른 것이 다 있는데, 그까짓 거 뭐 얘깃거리도 안 되지만 당쟁에 대해서 선입견은 못쓸 게야.

---

76   군자를 가까이하고 소인을 멀리한다는 의미.

담배가 들어온 경로

이원조 조선에 담배는 언제부터 시작됐습니까?

현상윤 연산燕山 무오戊午라지?[77]

홍명희 연산 무오에 금지부득禁之不得[78]이라고 했으니 그전에 있었겠지.

이원조 계곡谿谷(장유張維)이 금연을 못 해서 청음淸陰(김상헌金尙憲)이 계곡을 징치해야 금연이 되겠다고 상소를 했다지요.

홍명희 선원仙源(김상용金尙容, 장유의 장인)이 볼기를 때렸단 말도 있고. 농암農巖(김창협金昌協)도 정관재靜觀齋(이단상李端相, 김창협의 장인)한테 종아리를 맞았다는데, 한번 처가엘 가니 죽을 내왔는데 농암은 마침 무엇을 먹고 갔던 때라 잘 안 먹었더니마는 선비 자식이 죽이라고 안 먹어서 뭣에 쓰느냐고 때려서 애매하게 맞았다는 게지.

현상윤 지촌芝村(이희조李喜朝)은 농암과 남매가 서로 바뀌었습디다그려.[79]

홍명희 그런데 오늘 저녁 얘기만 하더라도 난 이런 생각이 나요. 인제 우리 사상사 중에 어느 때는 선배가 없는 것이 좋았단 말이야. 우선 걸그치는 것이 없으니까. 그러나 요즈음 와서는 자기반성의 기회가 돌아오면서 민속이니 민요니 이러한 지나간 민간문화의 채굴이 버썩 흥왕해지면서 도리어 선배 없는 것이 허전도 하고 섭섭도 한 모양이지. 그러니까 알고는 싶은데 알 길은 없어서, 마치 유전국남柳田國男[80]이란 사람의 말함같이 눈의

---

77 조선에 담배가 처음 전래된 시기는 선조 임진왜란 때라는 설과 광해군 때라는 두가지 설이 있다. 여기에서 연산 무오년(1498)이라 한 것은 광해 무오년(1618)의 착오인 것으로 보인다.

78 금했으나 성공하지 못했다는 뜻.

79 이희조와 김창협이 각각 상대방의 누이와 결혼했다는 의미인 듯한데, 이는 현상윤의 착오다. 김창협의 처는 이희조의 누이였지만, 이희조의 처는 김창협의 사촌인 김창열(金昌說)의 누이였다.

80 야나기따 쿠니오(1875~1962). 20세기 초반 일본의 대표적인 민속학자.

채집과 귀의 채집을 하는 데는 나잇살이나 먹은 사람들이 좀더 아니까 우리 같은 사람도 여기 와서 저녁이라도 얻어먹게 되는데, 지금 남아 있는 것은 그래도 알 수 있지마는 제도라는 것은 자꾸 변하는 것이니 알 수가 없거든.

그러니까 우리가 제법 무엇을 하나 완성한다거나 수립한다는 것은 역량 부족이니까 그저 해석이나 완성은 후인에게 맡기고 그 밑절미로 수집하고 채집해서 남겨두었으면 좋겠어. 가령 정치제도 변천이라든지, 경제, 풍속, 하다못해 의복, 음식이라도 우리 손으로 채집할 수 있는 것은 하는 것이 필요한데, 누가 한 5만원쯤 내면 한 사람에게 500원씩 주고 채집하고 연구시켜 팸플릿 한권씩 만들어내도 100가지는 채집할 수 있고, 그것을 팔아보지, 설마 반이야 안 나갈라고.

현상윤 그러면 자유탐색이나 자유연구에 어떨꼬?

홍명희 그야 그 사람의 전문이나 취미에 따라 맡기지마는, 조건으로서 다른 것은 불비不備하더라도 증거만은 꼭꼭 확실하게 대도록 하고.

현상윤 의견은 퍽 좋은 의견입니다.

6장
리얼리즘과 중도적 문학관

신흥문예의 운동[1]

1

근년에 이르러 신흥문예라는 명제를 빈빈히頻頻히(자주) 듣게 되었다. 그리고 문단에는 이 새로운 명제에 합당하는 — 작품까지는 갖지 못하였으나 — 적어도 한개의 새로운 기운이 움직이게 되었다. 그리하여 지금 그 신흥 기운은 구체적으로 문단에 있어서 조직적인 운동을 일으키고자 하는 경향이 농후한 것을 부정치 못하는 것이 사실이다. 그러면 재래의 문예에 대하여 일어난 이른바 신흥문예라는 것은 어떠한 내용을 가진 것을 가리켜 말하는 것인가.

---

1   『문예운동』 1926년 1월호. 카프(KAPF, 조선프롤레타리아예술동맹)의 기관지에 해당하는 『문예운동』 창간호 맨 앞에 실린 평론이다. 홍명희는 카프 맹원이 아니었지만, 당시 카프 문인들에 의해 자기 파에 속하는 선배 문인으로 간주되었고 그 자신도 카프의 노선에 어느 정도 공감하고 있었음을 짐작할 수 있다.

문예사文藝史상에 있어서 고대의 궁정문학이, 또는 종교문학이 문예부흥으로 인하여 쇠멸하고 새로이 개인주의적 문학이 그와 대체되었을 때 그것을 가리켜 신흥문예라고 이름하였던 것을 우리들은 알고 있다. 알고 있을 뿐만이 아니라 그것을 신흥문예라고 이름한 것은 지당하다고까지 생각하고 있다. 문예상에 있어서 이 사실史實을 지금 조금 더 부연하여 말할 것 같으면, 고대의 문학적 온갖 작품은 거개 일국의 왕족이 아니면 비실재적인 신 ─ 즉 신화神化한 인격을 제재로 한 작품에 불외不外하였다. 그러나 개인정신의 폭발인 근 100년에 걸친 문예부흥의 기운이 이 궁정문학 또는 종교문학을 파쇄破碎하였다 할 것이다. 문예작품 중에 일개의 농부를, 혹은 일개의 상인을 제재로 한 창작이 나타나기는 실로 근대의 자연주의 문학이 발흥한 이후의 사실이니, 이러한 의미에 있어서 근대의 자연주의 문학은 중세기의 종교문학에 대하여 한개의 신흥문학이었던 것이다.

그러나 자연주의 문학은 비참한 생활 속에서 신음하는 농부를 그린다 해도 그것은 다만 비참한 상태 그 물건을 그림에 더 지나지 못하였다. 조금 나아가서 거기에서 작자의 태도를 본다 해도 그것은 그 비참한 상태에 향한 연민 혹은 동정에 더 지나지 못하였다. 극도의 압제하에서, 불합리한 제도하에서 횡포한 착취를 당하는 계급을 그린다 해도 그 계급에 대한 동정 ─ 우월감으로부터 오는 동정 ─ 에서 더 지나지 못하는 것이 사실이었다. 이것을 개칭概稱하여 유산계급문학이라 한다. 오늘에 있어서 유산계급문학이 세계문단의 주인 격으로 있는 이상에, 새로이 일어나게 된 신흥문예라는 것은 실로 이 유산계급문학에 대항하여 일어난 문예가 아니면 안될 것이다. 그리고 이것은 문예상의 단 한개의 견지를 가지고서 말함에 불과한 것이다.

2

태고에 있어서, 우리들이 상상할 수 없는 태고에 있어서도 어떤 지대의 종족들에게 예술이라는 것이 있었다는 것은 메타피직metaphysics(형이상학)의 가정이 아니라 유적으로써 증명할 수 있는 것이니, 그 시대 그 종족들이 가졌던 예술은 직접 그들의 생활이었던 것을 우리는 알 수 있다. 한 조각 도기의 파편에 남아 있는 도안 혹은 모양이 직접 그들의 생활 그것이었으며, 가장 원시적인 악기의 파편도 그들에게 있어서는 생활과 분리할 수 없는 생활의 필요품이었다. 즉 그들은 생활을 위하여 초목·조수鳥獸의 모양을 그리고, 생활의 환희를 배가하기 위하여 춤을 추고 악기를 울리었던 것이다. 예술의 기원이 실용본능에 인因하였든지 유희본능에 인하였든지 그것은 오히려 논의상의 중심점이 아니고, 다만 그 양자를 공인하고서 얻는 결론, 즉 원시예술은 그 기원은 어디에 있든 간에 생활에서 떠나지 아니하였었다는 것만이 이 소론小論의 출발점인 것이다.

그러나 생활에서 떠나지 아니하였던 원시예술은 예술 자체의 발전에 반伴(동반)하여 생활에서 분리되어가지고 따로 독립해버렸으니 이것이 이른바 '예술을 위한 예술' 그 물건이다. 생활이라 함은 실재를 가리켜 말함이요 비실재적인 몽환경夢幻境을 가리켜 말함이 아니니, 종교에 있어서 신과 같음은 전설 속에 있는 히로인heroine[2]과 다름이 없다. 그리하여 실재를 떠난 생활이 없고 생활을 떠난 인생이 없으며, 인생을 떠난 예술이라는 것은 존재할 이유가 없는 것이다. 그것은 실재를 떠난 예술이라는 것이 있을 수가 없는 까닭이다. 예술을 위한 예술이라 함은 일개의 패러독스에 불과하다.

금일의 문학의 대부분은 왕고往古의 그것과 같은, 생활에서 떨어내어놓

2 　원문은 '히로인'(여성 영웅)으로 되어 있으나, 히어로(hero, 영웅)를 뜻하는 것으로 보인다.

고 볼 수 없는 그러한 것이 못 되었다. 이미 금일의 문학은 생활을 배반한 지 오래다. 시험 삼아서 일개 창작가의 창작과 그의 생활을 비교하여보라. 우리들은 그의 생활과 문학 사이에서 하등의 일치점을 발견하지 못하는 것이 사실이다.

이러한 의미에서 새로이 일어나게 된 신흥문예 그것은 이 생활에서 분리된 문학에 대항하여 서게 되는, 생활과 디렉트direct한 관계를 가진 문학이어야만 할 것이다. 생활을 떠난 문예는 생활의 문예는 아닌 까닭이며, 그리고 인생은 실재하는 생활의 권외圈外에 있는 것이 아닌 까닭이다. 이것도 역시 한개 견지見地이다.

3

문학은 어느 때든지 그 시대의 시대사조를 중심으로 하고 형성되는 것이 사실이니, 문예를 가지고 시대의 반향이라고 말하는 연고가 이곳에 있다. 이것은 석기시대의 신화문학에서 보는 것도 좋겠으며, 중세시대의 종교문학에서 보는 것도 좋겠으며, 그리고 또한 산업혁명 이후로 금일까지의 자본주의 사회의 문학에서 그 실증을 찾아보는 것도 가可하겠다.

석기시대의 인민들은 태양을 숭배하였으며 심하면 사갈蛇蝎(뱀과 전갈)까지도 숭배하였다. 그 시대의 인민의 사상이라고 이름 지을 만한 모체인 감정 그것은 신화 속에 궤배跪拜(무릎 꿇고 절함)하였으니, 그 시대의 문예가 그것을 핵심으로 하고 탄생되었던 것이다. 중세시대의 인민이 헤브라이즘Hebraism[3]에 갇혀서 법왕法王(교황)의 위광威光 아래 굴복했을 때 그들의 감정 내지 사상이 종교적 아닌 것이 없었으니, 그 시대의 문예가 그것을 핵심으로 하고 출발했던 것이 사실이다. 그리하여 산업혁명을 받은 후 세

---

3   고대 히브리인의 사상·문화 및 그 전통. 일반적으로 유대교와 기독교의 전통을 통틀어 이르
      는 말로, 헬레니즘과 함께 서양 사상·문화의 2대 원류다.

계가 자본주의 문명의 도가니 속에 들게 되자 그곳에 처한 인민의 사상이 기계문명의 구가謳歌요, 맘모니즘mammonism(배금주의)이요, 부르주아 예찬이었으니, 이 시대의 문예가 이것을 중심사상으로 하고 생산된 것이 사실이다.

그러나 한개의 중심사상이 영겁 무궁하게 그 위치를 보지保持하리라고 누가 감히 보증하겠는가. 세계를 들어서 새로운 계급의 발흥은 바야흐로 대홍수를 일으키게 되었다. 금일의 시대사조는 사회 변혁, 계급 타파, 대항, 해방 등의 사상이니, 이 시대의 문예가 이것을 중심사상으로 하고 새로이 출발할 것은 당연한 일이다. 사회 변혁, 계급 타파의 사상은 한 입으로 말하면 경제사상의 발현이니, 이것을 중심사상으로 한 문예가 맑스·엥겔스로부터 계통받은 사회주의 경제사상을 다분히 가질 것은 물론이다. 그리고 이것은 구 계급보다도 신흥계급에서만 볼 수 있는 현상이라 함이 가하겠다.

4

좋다! 그러면 이른바 신흥문학은 유산계급문학에 대항한 문학일 것이며, 생활을 떠난 문예에 대항한 생활의 문학일 것이며, 구 계급에 대항한 신흥계급의 사회 변혁의 문학일 것이다. 그러면 프롤레타리아 문예는 즉 신흥문예의 별명이 아닌가.

그리하여 지금 이 신흥문예는 조선의 문예계에 있어서 새로운 기운을 진작하고 있다. 그리고 역사적 필연을 가진 신흥계급이 계급전戰에 있어서 반드시 이길 것이나 마찬가지로, 문단 세력에 있어서도 신흥문예가 그 주조主潮를 잡을 것은 멀지 않은 장래일 것이라 한다. 그리하여 이 신흥문예운동이 구체적으로 문단 위에 현현顯現할 때 거기에는 온갖 종류의 장애와 압박이 있을 것은 각오해야만 한다. 그리고 더구나 그것이 절대적으로 모방적·퇴폐적이어서는 안 될 것도 물론이다. 창작으로, 논전으로 부딪는 곳에 불똥이 일게 되지 않으면 안 될 것이다. 그리고 한개의 공통되는 의미에 있어서 그것이 프롤레타리아 제1선 운동과도 악수할 성질의 것임을 기억하여야 할 것이라 한다.

조선의 신흥문예운동은 과연 어떻게 될 것인가. 나는 지금 그 전도前途에 대하여 이 이상의 말을 하지 않고자 하는 바이다.

『임꺽정전林巨正傳』에 대하여[4]

신문사에서 선전하여 주는 모양으로 알렉상드르 뒤마의 『암굴왕岩窟王』[5]같이 나의 소설이 파란곡절이 많고 또 기발하여 만인의 흥미를 끌 수 있는 것인지? 내가 생각할 때 『조선일보』의 이러한 선전이 도리어 몸 괴롭기도 합니다마는, 좌우간 내가 임꺽정이라는 인물에 대하여 흥미를 느껴 온 지는 이미 오래였습니다.

임꺽정이란 옛날 봉건사회에서 가장 학대받던 백정계급의 한 인물이 아니었습니까. 그가 가슴에 차 넘치는 계급적 ○○의 불길을 품고 그때 사회에 대하여 ○○를 든 것만 하여도 얼마나 장한 쾌거였습니까.[6] 더구나 그는 싸우는 방법을 잘 알았습니다. 그것은 자기 혼자 진두에 나선 것이 아니

---

4   『삼천리』 1929년 6월호. 홍명희의 『임꺽정』은 1928년부터 1940년까지 10여년에 걸쳐 연재되었다. 연재 초기에는 제목이 『임꺽정전』이었으며, 이 글이 발표될 당시에는 「피장편」의 말미 부분이 연재되고 있었다.

5   알렉상드르 뒤마(Alexandre Dumas, 1802~70). 프랑스의 소설가·극작가. 분방한 상상력과 교묘한 사건 전개로 인기를 끈 낭만주의 시대의 작가였다. 대표작으로 『몬떼크리스또 백작』 『삼총사』 등이 있다. 『몬떼크리스또 백작』은 20세기 초에 『암굴왕』이라는 제목으로 일역되어 일본과 조선에 널리 알려졌다.

6   ○○는 일제의 검열로 인해 복자(覆字) 처리된 부분. 원문은 각각 '증오' '반기'였던 것으로 추측된다.

고 저와 같은 처지에 있는 백정의 단합을 먼저 꾀하였던 것입니다.

원래 특수 민중이란 저희들끼리 단결할 가능성이 많은 것이외다. 백정도 그러하거니와 체장사라거나 독립협회 때 활약하던 보부상이라거나 모두 보면 저희들끼리 손을 맞잡고 의식적으로 외계에 대하여 대항하여오는 것입니다. 이 필연적 심리를 잘 이용하여 백정들의 단합을 꾀한 뒤 자기가 앞장서서 통쾌하게 의적義賊 모양으로 활약한 것이 임꺽정이었습니다. 그러이러한 인물은 현대에 재현시켜도 능히 용납할 사람이 아니었으리까.

다만 그분의 사적史蹟이 그렇게 소상하게 남아 있지 아니하여 상상으로 스토리를 이어나가야 될 경우가 많습니다마는, 역사적 사실인 바에는 그 연대에 치중하여 거의 연대순에 가깝게 사건 전개에 지금까지 노력하여왔습니다. 그래서 위선 120회까지는 임꺽정을 싸고도는 그때 사회의 분위기를 전하기에 소비하였는데, 이제부터는 정말 임꺽정이 나타나게 됩니다. 그래서 7형제가 도적질하러 가는 장면이 가장 긴장하게 되어질 줄 압니다.

물론 이 소설을 구상하고 표현할 때에는 광범한 각층의 인물을 독자로 하는 신문소설이니만치 용어 등에도 격별格別히 주의하여 대중이 읽도록 쓰느라고 하였으나, 얼마나 성공하였을는지 스스로 의심하고 있습니다. 아마 이 소설은 400회 가까이 가야 하고 싶은 말을 다 하고 끝을 맺을 것 같습니다.

『임꺽정전』을 쓰면서[7]

그동안 감옥 등지로 돌아다니느라고 처음에 생각하였던 『임꺽정전』의

---

7   『삼천리』 1933년 9월호. 『임꺽정』은 1929년 12월 홍명희가 신간회 민중대회 사건으로 투옥되어 연재가 중단되었다가, 출옥 후인 1932년 12월부터 연재가 재개되었다. 이 글의 발표 당시에는 『임꺽정전』이라는 제목으로 「의형제편」이 연재되고 있었다.

플롯을 거개擧皆 잊어버렸기에 이번『조선일보』에 속편을 쓸 때에는 또다시 구상을 하느라고 애썼습니다.

『임꺽정전』은 생각건대 여러 번 중단되어서 독자 제씨諸氏에게 미안하였습니다. 처음에는 내가 옥에 가느라고, 그다음에는 신문사가 휴간이 되느라고. 그러나 이제부터는 또다시 그러한 중단이 되는 일이 없이 끝까지 마쳐질 줄 아옵니다. 지금까지 쓴 것이 160여회인바 앞으로 약 반년 즉 180회가량만 더 쓰면 다 될 줄 아옵니다.

나는『임꺽정전』을 6편에 나누었습니다. 이것은 가령 첫편은 그의 유년 시대, 그다음은 그때의 사회의 분위기를 전하기에, 이러한 뜻으로 계선界線을 그은 것인바, 지금 쓰는 것이 제4편으로 이제부터야 정말 활동의 본무대에 들어섰다 할 수 있어서, 임꺽정의 7형제가 도적하러 가는 대목에 이르렀습니다.

임꺽정은 400년 전 사람, 양주에서 났지요. 그때 시절에 화적火賊이 가장 성하기는 황해도였는데, 그렇지만 임꺽정이 도적질 잘하고 돈 잘 쓰는 의적義賊이란 말이 팔도에 퍼지자, 각처에서 기운 있고 도적질 잘하는 놈들이 저마다 "내가 임꺽정이노라" 하고 나서서 한동안은 충청도, 지리산과 강원도 어디와, 또 전라도 등 다섯곳에서 한꺼번에 임꺽정이 다섯이 났다고 합니다. 말하자면 서소승鼠小僧[8]과 같이 인기 있던 사람이었지요.

그때 시절에 사람이 잘나면 화적질밖에 실상 하잘 것이 없었지요. 더구나 천민이라고 남이 모두 손가락질하는 백정계급에 속한 자이리요. 백정을 벼슬을 줍니까, 백정을 돈 모으게 합니까. 아무 바라볼 것이 없게 되니까, 체력이나 지략이 남에게 뛰어난 자면 도적놈밖에 될 것이 없었지요. 이시애李施愛[9]나 홍경래洪景來[10]와도 임꺽정은 이러한 의미에서 공통되는 어

---

8   네즈미꼬조오 지로끼찌(鼠小僧次郎吉, 1797~1832). 일본 에도(江戸)시대의 유명한 괴도. 후세에 의적으로 전설화되었으며, 카부끼(歌舞伎), 소설, 영화 등의 소재가 되었다.

9   이시애(?~1467). 조선 세조 때의 무신. 1467년 북방민의 등용을 억제하고 지방관을 중앙에

떤 점을 가지고 있다 할 것입니다.

임꺽정의 사기史紀는 극히 단편 단편으로 떨어져 있는 것밖에 없어서 대개는 나의 복안腹案으로 사건을 꾸미어가지고 나갑니다. 다만 나는 이 소설을 처음 쓰기 시작할 때에 한가지 결심한 것이 있지요. 그것은 조선문학이라 하면 예전 것은 거지반 지나支那문학의 영향을 많이 받아서 사건이나 담기어진 정조情調들이 우리와 유리된 점이 많았고, 그리고 최근의 문학은 또 구미歐美문학의 영향을 많이 받아서 양취洋臭가 있는 터인데『임꺽정』만은 사건이나 인물이나 묘사로나 정조로나 모두 남에게서는 옷 한벌 빌려 입지 않고 순 조선 거로 만들려고 하였습니다. '조선 정조에 일관된 작품', 이것이 나의 목표였습니다.

대大 똘스또이의 인물과 작품[11]

1

러시아 작가로 세계에 알려진 백작 똘스또이가 하나가 아니다. 레프 니꼴라예비치 똘스또이보다 전에 알렉세이 꼰스딴찌노비치 똘스또이가 있었고 후에 알렉세이 니꼴라예비치 똘스또이가 있다.[12] 레프를 전후前後의

서 파견하자 이에 불만을 품어 함흥을 점거하고 반란을 일으켰으나 실패했다.

10 홍경래(1771~1812). 조선 순조 때의 민란 지도자. 1811년 평안도 가산군에서 지방차별과 조정의 부패에 항거하여 농민항쟁을 일으켰으나 이듬해 관군에게 패하여 죽었다.

11 『조선일보』1935년 11월 23일~12월 4일자.

12 레프 니꼴라예비치 똘스또이(Lev Nikolaevich Tolstoy, 1828~1910). 러시아의 소설가이자 사상가. 도스또옙스끼와 함께 19세기 러시아 문학을 대표하는 문호로 손꼽힌다. 대표작으로『전쟁과 평화』『안나 까레니나』『부활』등이 있다. 알렉세이 꼰스딴찌노비치 똘스또이(Aleksey Konstantinovich Tolstoy, 1817~75). 러시아의 시인·소설가·극작가. 대표작으로『세레브랴니공(公)』『차르 뾰트르 이바노비치』등이 있다. 알렉세이 니꼴라예비치 똘스또이

알렉세이와 혼동할 사람은 없겠지만 구별하는 것이 더 좋을 것 같아서, 세계적 대예술가, 대종교가라는 '대大'자를 레프에 붙여 대 똘스또이라고 한다.

대 똘스또이가 80여세 쇠약한[13] 노인으로 집을 버리고 도망하여 어느 수도원에 있는 누이 마리아를 마지막 보려고 가는 길에 갑자기 병이 나서 아스따뽀보란 조그만 촌 정거장에 눕게 되었다. 이 소식이 세상에 알려지자 구호하러 오는 사람에, 문병하러 오는 사람에, 통신자료 얻으러 오는 사람에, 러시아 사람과 다른 나라 사람이 물밀듯 들이밀려서 아스따뽀보 정거장의 복잡한 것이 공전절후空前絶後(전무후무)하다고 하였다. 전화·전신선을 새로 더 가설하였다는 한 일만 미루어서도 그 복잡한 광경을 대개 상상할 수가 있었다. 대 똘스또이는 역장실에 누워서 "이 세상에는 구원의 손이 뻗치기를 기다리는 사람이 허다한데 왜 이렇게 많이 내 옆에들 와서 있느냐?"는 말을 최후로 남기고 마침내 이 세상을 떠났다고 각국 신문에서 호외로 부음을 전하였다. 동경東京 각 신문 지면에 두옹杜翁(똘스또이)이란 대소 활자가 연일 나열되던 것이 생각하면 어제 일만 같은데 그동안 벌써 25년 세월이 흘러갔구나.

25년 동안에 이 세상은 많이 변하였다. 온 세상이 다 변하는 중에 러시아는 특별히 사회와 국가가 근본으로부터 변하여서 모든 사물이 새 테이블 위에서 새 평가를 받게 된 까닭에 가치가 전도된 것이 많다. 예를 들어 말하면 전에 특대받던 종교가들이 지금 멸시를 받게 되었고, 전에 러시아의 자랑이던 세계적 작가들이 반동자反動者 낙인을 받고 러시아에서 쫓겨나서 지금 생사 존몰存沒을 모르게 된 사람이 여럿이다. 그런데 대 똘스또이는 새 평가에도 위대한 것을 잃지 않아서 야스나야 뽈랴나 주택이 러시아의 국보로 편입되었다 하고 미망인 소피아가 소비에뜨 정부에서 연금을

(Aleksey Nikolaevich Tolstoy, 1883~1945). 러시아의 소설가·극작가. 볼셰비끼 혁명 이후 소비에뜨 정권을 지지했다. 대표작으로 『뾰트르 1세』 『고난의 길』 등이 있다.

13   원문의 인쇄가 분명치 않으나, '羸(리, 쇠약한)'로 보인다.

받았다고 한다.

레프 똘스또이가 이렇게 위대하던가. 그 위대한 것을 다시금 생각할 때도 없지 아니하다. 대 똘스또이 생시에 그 저서와 각국 번역과 그에 관한 출판물이 넉넉히 작은 도서관이 될 만하다 하였고, 그의 원고의 귀한 것이 4절 16면 1매에 요금이 보통 1,200~1,300루블이었고 아메리카합중국 어느 신문에서는 1어語 5전으로 요금을 계산하기까지 하였다. 이러한 원고 요금은 당唐나라 황보식皇甫湜이란 사람이 배도裴度의 대작代作으로 어느 절 비문碑文 하나를 짓고 글자 한 자에 비단 한필씩 청구하여 받은 예외 일을 젖혀놓고는 세계에 다시 없는 일일 것이다.

지금 소비에뜨 러시아 문단의 지도자인 막심 고리끼[14]가 제정시대 당국자에게 체포를 당하였을 때 이딸리아에서 외교 문제를 삼았었는데, 그때 말들이 고리끼니까 일이 더 크지 않았지 만일 레프 똘스또이를 체포하면 이딸리아 외의 다른 나라들이 외교 문제를 일으킬 것은 고사하고 러시아 국내에 반란이 나리라고 하였었다. 레프 똘스또이의 위대한 것을 말하자 하여도 가지가지 많겠지만 생각나는 대로 이만하고 그치겠다.

2

똘스또이 일생을 통하여 그의 심적 생활에는 2개 독립한 조류가 흘렀었다. 그것은 날카로운 관조력과 명상력이다. 그가 한번 눈을 뜨면 자연이나 인생이나 생生이나 사死나 조금도 흐린 구석 없이 그 투철한 리얼리즘 앞에 드러나고, 한번 그가 눈을 감기만 하면 천백개 꿈이 일시에 떠올랐다. 요컨대 그의 심중에는 2개의 인격이 평행으로 존재하였다. 두 인격이 서로 범하

---

14 막심 고리끼(Maksim Gor'kii, 1868~1936). 러시아의 작가. 어린 시절의 비참한 체험을 바탕으로 노동자 계급의 현실을 담은 작품을 발표하여 프롤레타리아 문학에 크게 공헌했다. 대표작으로 장편소설 『어머니』 등이 있다.

지 않고 완전히 발달하여갈 수 있도록 그의 성격은 위대하였다.

이것은 로맹 롤랑[15]의 말이라 한다. 똘스또이 심중에 2개 인격이 있는 것을 간파한 것은 투철한 안식眼識이나, 2개 인격이 평행으로 존재하여 서로 범하지 않고 완전히 발달하였다고 논단한 것은 논법이 모호한 것 같다. 똘스또이가 50 이후에는 예술가란 칭호부터 듣기 싫어하고 창작도 전과 같이 힘쓰지 아니하였다. 노년까지도 별로 감쇠하지 아니한 그의 예술적 천품으로 만일 창작에 전심하였더면 『전쟁과 평화』나 『안나 까레니나』에 등대할 만한 대작이 더 나왔을지 모를 것인데, 『부활』 이외에 큰 작품이 나오지 못한 것은 종교가적 인격이 예술가적 인격을 압도한 까닭이 아닐까.

그러면 종교가로는 대성大成이 되었는가. 똘스또이가 예수교를 신앙하되 동정녀 수태, 기적, 부활, 승천 같은 것을 모두 상식으로 해석하고, 사후의 영혼도 믿지 아니하였다. 종교 신앙에도 취사선택하는 버릇을 가지게 된 것은 예술가적 인격이 종교가적 인격을 견제한 까닭이 아닐까. 똘스또이가 세계의 대문호인 동시에 19세기의 예언자라고 하니 2개 인격이 완전히 발달되었다고 말할 수 있을 듯하나, 그렇다고 2개 인격이 서로 범하지 않았다고는 말하기가 어려울 줄 안다.

똘스또이는 탁월한 예술적 천품과 예민한 종교적 양심을 함께 타고난 인물인데, 그의 전반생은 천품이 예술가로 내몰았고 후반생은 양심이 종교가를 만들었다. 각성기라고 하는 52세를 전·후반생의 분기점으로 볼 수 있다. 그러나 실상은 예술가적 인격과 종교가적 인격이 똘스또이 일생을 통하여 상극이 되어서 내외 생활에 많은 모순이 나타나고 또 많은 모순을 만들어내었다. 보통 사람 같으면 보지 못하거나 작게 볼 모순을 똘스또이

15 　로맹 롤랑(Romain Rolland, 1866~1944). 프랑스의 작가. 사회악을 규탄하고 인간성을 옹호하는 작품을 주로 썼다. 대표작으로 대하소설 『장 크리스또프』가 있으며, 『똘스또이의 생애』(1911)를 집필했다.

는 탁월한 천품으로 능히 보고 또 뚜렷이 크게 보고, 보통 사람 같으면 자기를 기만하거나 자포자기할 것인데 똘스또이는 예민한 양심으로 모순을 극복하려고 노력하고 분투하였다. 80 노령까지 노력 분투하는 데 그의 성격의 위대한 것이 드러났다고 할 것이다.

3

똘스또이가 예술가로 예술의 가치를 무시하고 또 반항정신이 풍부한 사람으로 무저항주의를 주창한 것도 그의 모순의 일례이나, 이러한 모순보다도 계급과 재산에 대한 사상과 실생활의 모순이 똘스또이 일생에 번뇌·고민의 종자가 되었다. 그가 35, 6세경에 페뜨란 사람의 집에서 문단 선배요 또 자기의 후원자인 뚜르게네프[16]와 만나서 담화하는 중에 뚜르게네프가 딸이 자선심이 많아서 노동자의 의복을 지어준다고 딸자랑하는 것을 그는 비단옷 입은 계집아이가 노동자 누더기옷을 꿰매는 데 위선이 들어 있다고 면박하다가 뺨을 맞고 싸움을 하게 되었는데, 그 당장 싸움은 주인 페뜨가 말리고 나중 결투는 대수對手 뚜르게네프가 피하여서 다행히 두 문호文豪가 하나도 상하지 아니하였었다.

똘스또이가 귀족 지주로 농부들과 같이 풀도 깎고 밭도 매고 할 때 어찌 자기비판이 없었을 것이랴. 메레즈꼽스끼가 『사람과 예술가로 똘스또이와 도스또옙스끼』란 저서 중에 도스또옙스끼[17]는 돈을 좋아하건만 재산이 모이지 아니하였고 똘스또이는 돈을 싫어하면서 재산을 모았다고 사마라현에 있는 똘스또이 마장馬場의 말 필 수까지 열거하여가며 의연히 기평譏

16　이반 세르게예비치 뚜르게네프(Ivan Sergeevich Turgenev, 1818~83). 러시아의 소설가. 대표작으로『첫사랑』『아버지와 아들』등이 있다

17　표도르 미하일로비치 도스또옙스끼(Fyodor Mikhailovich Dostoevsky, 1821~81). 러시아의 소설가. 대표작으로『죄와 벌』『까라마조프가의 형제들』등이 있다.

評하였다. 똘스또이가 문단 후배에게 기평을 받을 뿐 아니라 시정 악소惡少(악동)에게 위선자란 후욕詬辱(모욕)까지 들을 때 어찌 자기반성이 없었을 것이랴.

그는 53세 이후에 저작권을 포기하고 사유재산이 죄악이라 하여 전부 재산을 포기하려 하였으나 이에 대해서는 그의 부인 소피아가 대大반대라, 구차한 방법으로 재산의 권리를 처자에게 물려주고 자기는 처자에게 기식寄食하는 셈을 잡았었다. 그러나 구차한 방법에 파탄이 많아서 재산에 대한 부부 충돌이 그치지 아니하여 소피아 부인은 연못물에 빠져 자살하려 한 일까지 있었고 똘스또이는 만 82세에 집을 도망하여 나와서 객사까지 하게 되었다.

대체 똘스또이가 종교가로 안심입명安心立命을 하지 못할 인물인 것은 사소한 일로도 짐작할 것이 있으니, 그가 인생에 대하여 회의가 심할 때 돌발적 자살을 예방하느라고 끄나풀·주머니칼도 실내에 두지 않았다 하고, 그가 생년월일이 1828년 8월 28일(러시아 구력)이라고 28이란 수에 몹시 애착하여 작품의 탈고나 출판을 28일로 정한 것은 차치하고 최후로 집을 도망하여 나가는 날까지 28일을 선택하였다. 이러한 인물의 성과를 불교도 더러 말하라면 한껏하여 나한과羅漢果[18]나 얻으면 얻었지 일초직입여래지一超直入如來地[19]는 가망可望 밖이라 할 것이다.

똘스또이의 교의敎義가 인도 정치운동에 왕청된(차이가 엄청난) 영향을 끼친 것만 보더라도 종교가 똘스또이가 세계적인 것은 부인할 수 없으나, 똘스또이에 대한 새 평가는 예술가에 있고 종교가에 있지 아니한 모양이다.

---

18 소승불교의 수행자가 오를 수 있는 가장 높은 수행의 경지인 아라한(阿羅漢, 나한)이 될 수 있는 과보(果報).

19 단번에 초월하여 곧바로 석가여래의 경지에 도달하는 것.

4

야스나야 뽈랴나는 똘스또이 어머니가 친정에서 가지고 온 농장이니, 똘스또이가 여기서 나고 여기서 신가정을 만들고 또 여기서 죽기 전까지 내처 살았다. 똘스또이의 위대한 것을 생각하면 "야스나야 뽈랴나야, 너는 러시아 중에서 작은 땅이 아니다" 말할 만하다. 크리미아 전쟁 끝난 뒤에 똘스또이가 뻬쩨르부르끄 신사 숙녀 틈에서 세월을 보내지 않고 야스나야 뽈랴나에 와서 농민을 위하여 일하게 된 것이 무슨 까닭인가 설명하는 데 그의 천성에 평민적 경향 있는 것만 가지고 설명이 될 수 있을까.

똘스또이 집안이 러시아 귀족 중 굴지의 명문이라 하여도 세력 없는 모스끄바 귀족이라 뻬쩨르부르끄 귀족사회에서 그가 예기한 대우를 받지 못하여 불만을 느낀 것도 한가지 설명 자료가 됨 직하고, 그보다도 아니 무엇보다도 제일 필요한 설명 자료는 농노農奴를 해방한 60년대 전후 러시아 사회적 경향이니, 똘스또이는 농민에 대한 죄과를 회개한 귀족 지주의 한 사람으로 "농민 중으로, 농민 중으로" 떠들던 70년대 이상주의적 운동에 먼저 투신한 것이다. 똘스또이 내적 생활에 대파란이 일어난 각성기 정신상태를 설명하는 데도 그때가 소위 반동시대니 환멸시대니 하는 80년대인 것을 기억하는 것이 필요할 줄로 생각한다.

시대와 환경을 떼어놓고 인물을 말하는 것은 철없는 일이라, 지금 내가 똘스또이의 인물을 그 시대 그 환경을 통하여 보고 구체적으로 말하고 싶은 욕심은 많으나 역량도 미치지 못하고 여가조차 없어서 똘스또이에 관한 서적에서 떨어진 위룽튀룽한 기억만 가지고 똘스또이란 인물의 영자影子, 그나마 한 조각을 말하고 능사能事 필한 것으로 친다.

예술가 똘스또이를 문학사적 계통으로 보면 뿌시낀[20]·고골[21]의 영향을

20 알렉산드르 세르게예비치 뿌시낀(Aleksandr Sergeevich Pushkin, 1799~1837). 러시아의 시인·소설가. 러시아 근대 문학의 시조로 불린다. 대표작으로 『예브게니 오네긴』 『대위의 딸』

받은 작가이나, 고골은 러시아 사회를 소극적 태도로 관찰하였고, 똘스또이는 뿌시낀과 같이 적극적 태도를 가졌으되 뿌시낀도 멀리 따르지 못하도록 러시아 국민 이상理想에 가장 가까이 접촉하였다 한다. 19세기 러시아 3대 작가란 뚜르게네프·똘스또이·도스또옙스끼를 치는 것인데, 뚜르게네프는 똘스또이를 자기 제배儕輩(동년배) 이상으로 쳐서 러시아 전국의 가장 위대한 작가라고 칭도稱道하였었다.

주옥 같은 문장으로 자연을 묘사하고 여성을 묘사하는 데는 뚜르게네프가 제일이었고, 작자가 작중인물과 같이 고민하고 분개하고 저주하는 것은 도스또옙스끼의 독천장獨擅場(독무대)이었다. 똘스또이는 해블록 엘리스의 말과 같이 여하한 사건이든지 똑같이 보고 여하한 물건이든지 놓치지 아니하였다. 어떤 사물이고 다 동일한 냉정과 안이安易(평이함)와 간결로써 묘사하였다. 똘스또이가 러시아 정신의 표현도 되고, 러시아 양심의 대표자도 되고, 또 무슨 거울이란 평을 받도록 민중운동의 기록원도 되었다.[22] 똘스또이 후계자로 지목을 받던 사실주의 대가 꾸쁘린[23]이 100년 이내 러시아 사회에는 똘스또이 작품 중에 섭취되지 않은 신사물新事物을 찾기 어려우리라고까지 말한 것을 보면, 똘스또이의 예술가로 활동한 자취가 얼마나 널리 박힌 것을 짐작할 수가 있다.

등이 있다.

21 니꼴라이 바실리예비치 고골(Nikolai Vasilievich Gogol', 1809~52). 러시아의 작가. 주로 하급 관리의 비참한 생활이나 몰락한 지주계급의 생활을 사실적으로 그렸다. 대표작으로 희곡 「검찰관」, 소설 「외투」「죽은 넋」 등이 있다.

22 러시아 혁명의 지도자 레닌은 반(半)농노제 상태로 남아 있던 러시아 농촌을 생생하게 그린 점에서 똘스또이를 "러시아 혁명의 거울"이라고 예찬했다.

23 알렉산드르 이바노비치 꾸쁘린(Aleksandr Ivanovich Kuprin, 1870~1938). 러시아의 소설가. 다채로운 직업 경험을 바탕으로 인간의 비참한 삶을 사실적으로 묘사했다. 대표작으로 『결투』『마굴(魔窟)』 등이 있다.

5

똘스또이의 작품은 소설·희곡·논문·소화小話 등등이 있어서 양으로도 어느 대가에 비하든지 지지 아니할 만하다. 영국 디포의 작품 300여종에 오직 『로빈슨 크루소』가 아이들 손에 잡혀서 전하는 것을 보면 작품의 양이란 족히 들어 말할 것이 못 되지만, 똘스또이의 작품으로 말하면 소설 이외에도 세계문학의 귀중한 유산 될 것이 많이 있으니 양이 많은 것이 더욱 좋다 하겠다. 소설 이외에 희곡으로 『산송장』 『어둠의 힘』 같은 좋은 작품이 있고 논문으로 종교·예술·인생·성욕 등에 대한 볼만한 작품이 있으나 그의 작품의 대두리²⁴는 소설인데, 소설에는 『전쟁과 평화』 『안나 까레니나』 2대 작품 외에 『크로이체르 소나타』 『부활』 등 장편이 있다.

「까자끄」 「나의 유년시대」 「나의 소년시대」 「세바스또뿔」 같은 초기 작품은 익명으로 세상에 발표하였었는데, 뚜르게네프 같은 구안자具眼者가 그의 무명씨 작품에서 대예술가의 소질을 발견하고 떠들어서 「세바스또뿔」 작자가 세바스또뿔 포대에 있는 포병 사관 똘스또이인 줄 세상이 다 알게 되었었다. 똘스또이가 세바스또뿔 포위 중에 들어 있을 때 포루砲壘에 나서면 용감하게 전쟁하고 식탁에 앉으면 유쾌하게 담소하고 그리하고 밤저녁 같은 때 틈틈이 창작의 붓을 잡았다고 한다.

똘스또이가 34세에 18세 된 소피아와 결혼하여 수염이 창대 같은 남편과 얼굴이 달덩이 같은 아내가 재미있게 가정생활을 하는 중에 2대 작품이 세상에 나오게 되었다. 『전쟁과 평화』는 세계문학 중 최대 장편이니, 똘스또이가 6년간 고심하여 구성한 작품이다. 똘스또이의 고심도 고심이려니와 소피아 부인의 숨은 노력이 굉장하다. 그 원고를 소피아 부인이 정서하였는데, 일껏 정서하여놓으면 똘스또이가 남이 잘 알아보지 못하도록

---

24   기본 또는 핵심이 되는 것.

새까맣게 고쳐서 다시 정서하고 또다시 정서하여 세계에 다시 없는 장편소설을 첫머리서부터 끝까지 정서한 것이 무릇 7차라 하니, 이러한 충실한 내조자는 세상에 드물 줄 안다.

소피아 부인은 남편의 종교사상을 잘 이해하여주지 않았을 뿐이지 양처의 모범이 될 만하고 또 남편의 훈도를 받아서 문학적 견식이 상당하였다. 안드레예프에 대한 공개장 같은 것을 보더라도 그 견식이 똘스또이 부인으로 부끄럽지 아니한 것을 알 수 있다. 똘스또이 창작 중의 제일 열작劣作이 그 자녀라고 말한 사람이 있는 것같이, 여러 자녀들 중에는 셋째딸 알렉산드라와 둘째 아들 일리야가[25] 그 아버지를 좋아하였을 뿐이고 그 나머지는 모두 그 아버지를 장하게 알지 아니하였다 한다. 소피아 부인 칭찬 끝에 말이 바깥으로 흘렀다.

『전쟁과 평화』가 나온 뒤 10년 만에 『안나 까레니나』가 나왔는데[26] 이때가 똘스또이의 문학적 생활이 거의 절정에 달한 시기다. 십자훈장을 세바스또뽈 전쟁에서는 못 얻고 세계문단에서 얻었다고 치기稚氣 있는 자랑까지 하던 똘스또이가 후년에 와서는 그런 작품 내놓은 것을 부끄럽게 여기어서 할 수만 있으면 모두 불질러 없이하고 싶다고까지 하였다. 교분이 오래 끊기었다가 다시 이어진 뚜르게네프가 빠리에서 죽을 때 똘스또이에게 유서를 보내서 아까운 천품을 썩히지 말고 러시아 국민과 세계 인류를 위하여 문학적 활동을 계속하라고 간절히 권하는 것을 똘스또이는 다만 일소一笑에 붙이게 되었었다.

---

25 원문은 "셋째딸 알렉산드로브나(?)와 끝에 아들 일리야가"로 되어 있으나, 수정했다. 똘스또이와 소피아 부인 사이에서는 9남 4녀가 태어났는데, 일리야는 막내아들이 아니라 둘째아들이다. 알렉산드라는 넷째딸인데 셋째딸 바르바라가 태어나자마자 죽었으므로 셋째딸로 간주하기도 한다.

26 원문은 "二年(2년) 만에"로 되어 있으나 오식인 듯하다. 똘스또이는 『전쟁과 평화』를 1868년에, 『안나 까레니나』를 1878년에 간행했으므로 10년 만에 나온 셈이다.

6

똘스또이의 사상이 전환된 뒤로 예술적 천품은 거의 두고 썩히다시피 하였으나 그 놀라운 천품이 아주 썩기는커녕 좀처럼 줄지도 아니하여 70 이후에 『부활』 같은 유명한 작품을 지었다. 『부활』은 연극으로 활동사진으로 널리 선전되어서 여주인공의 이름 까쮸샤가 거리 아이들 노래에까지 오르게 되었다. 널리 선전된 작품인 것만큼 혹시 알아두어서 상식 보탬될 사람이 있을까 같잖은 노파심으로 말마디나 허비하려 한다.

똘스또이가 그의 친구 꼬니란 법관에게 법정 경험담으로 까쮸샤의 타락한 경로와 근사한 사건을 이야기 듣고 흥미를 느끼어서 소설을 쓰기 시작하게 되었고, 소설이 완편完篇되더라도 세상에 발표할 생각은 그의 염두에 없었는데 두호보르Dukhobor[27]란 종교운동 단체가 반동시대 대표적 반동 정치가 뽀베드노스체프 손에 국외 방축放逐을 당하여 전 단체가 캐나다로 이주할 때 여비를 장만하여주려고 그가 소설을 완편하여 세상에 발표하게 되었다. 발표하는 데는 저작권 포기가 문제되어서 소설이 끝나기까지 선심善心으로 전재轉載하지 말라는 공개 편지를 같이 발표하기로 하고 어느 잡지사에 내맡겨서 게재하게 하였다. 그 잡지사에서 처음 한번 게재하는 대가로 몇만 금액을 제공하였다던가.

『부활』은 똘스또이의 종교와 교훈의 결정結晶이라 예술적 성경이란 평도 있고 19세기 대大설교란 평도 있다. 대개 종교거나 교훈이거나 또는 다른 무엇이거나 발표하는 형식만 예술에서 빌려 가면 곧 예술이 되는가. 그렇지 못하다. 이런 종류의 작품은 작중인물이란 것이 모두 괴뢰로 객관적 실재성이 없고 작중사건이란 것이 모두 조작으로 자연적 발전성이 없다. 루소의 소설 『에밀』을 보라. 페스탈로치의 소설 『주정꾼의 아내』를 보라.

---

27 러시아정교회의 한 분파에 속하는 신앙 집단. 무정부주의적·무교회적 성격을 띠고 군사제도와 전쟁을 거부하는 평화주의를 추구했으므로 제정 러시아 당국의 탄압을 받았다.

소설로 읽을 재미가 있나 없나. 『에밀』은 오히려도 낫지만 『주정꾼의 아내』는 한번 끝까지 내려 읽기도 상당한 노력이다.

그런데 『부활』은 어떠한가. 손에 들면 놓기 싫은 사람이 많으리라. 인물 묘사에 편심偏心이 보이지 않고, 심리 해부에 수단이 능란하고, 사회제도의 결점, 특별히 재판제도, 감옥제도의 결점에 대한 철저한 비판이 정세精細한 묘사 뒤에 숨겨져서 인물 활동이 자연스럽고 사건 발전에 억지가 없다. 주인공 네흘류도프만은 작자의 분신으로 30여세 완강한 육체에 70 노인 각성한 정신을 주입하여 만들어놓은 까닭에 로맹 롤랑이 충분한 객관적 실재성이 없다고 비평하였다 한다. 로맹 롤랑이 아니라도 그렇게 비평할 사람이 많을 것이다. 주인공 가진 흠 외에 흠을 찾자면 편말에 붙은 종교적 결론이 화사첨족畵蛇添足(사족)과 같이 당치않은 군더더기다. 『부활』은 이런 흠을 가지고도 세계문학 중 보옥寶玉 같은 작품이다. 『전쟁과 평화』나 『안나 까레니나』에서보다 『부활』에서 똘스또이의 예술적 천품이 놀라운 것을 알았다는 사람이 있으면 이 사람은 가히 더불어 소설을 말할 만하다.

감옥 생활에 체험이 많은 크로뽀뜨낀이 아메리카합중국 감옥을 두번째 구경하였을 때 제도의 개선된 점이 많아서 나중 알아본즉 『부활』의 영향이더라고. 이것은 이 소설의 공효功效의 일단이라 끝으로 붙이어 말하여 둔다.

7

지금으로부터 약 30년 전에 프랑스 어느 신문사에서 독자들에게 당대 세계적 위인 열 사람을 투표시켰는데 그때 수위首位에 오른 사람이 러시아의 똘스또이였다.

세계적 위인이라고 떠드는 똘스또이건만 당시 동경에 가 있는 조선인

유학생 몇백명 중에는 똘스또이의 이름을 아는 사람도 몇 사람이 못 되었다. 똘스또이의 작품을 단 한권이라도 본 사람은 드물기가 새벽 하늘의 별과 같아서, 나의 아는 범위로는 3, 4인에 불과하였다. 나는 덕부노화德富蘆花[28]의 『순례기행』으로 똘스또이란 인물이 러시아 시골 야스나야 뽈랴나에 있는 줄을 알고, 『19세기 예언자』【작자 씨명은 잊었다】란 책에서 칼라일, 러스킨과 같이 똘스또이가 신복음新福音을 창도唱道하는 사람인 줄을 알고 그 문학적 작품이란 것이 모두 예수교 냄새가 나려니 지레짐작하였다.

그의 작품 번역된 것으로 「이반 못난이」, 「나의 유년시대」인가 「나의 소년시대」, 「두 노인」 「납촉蠟燭」 「사랑 있는 곳에 신이 있다」 「사람은 얼마나 넓은 토지가 필요한가」 (같은) 시시한 작품을 얻어 보고, 『인도주의』는 내가 무슨 맘으로 사서 보는데 보다가 말다가 하여 지지하게 끝을 내고, 『나의 종교』는 남의 책을 빌려 보는데 책 임자의 권勸으로 보았다. 그 책 임자는 나의 동창생으로 전학하여 춘원春園(이광수)의 동창생이 된 사람이다.[29] 이 사람은 예수교를 믿던 사람이요 나는 예수교를 공연히 싫어하던 때라, 이 사람과 이야기하다가 말이 예수교에 미치면 장곡천성야長谷川誠也의 반기독교론이나 가등홍지加藤弘智의 『우리 국체國體와 기독교』[30] 같은 것을 방망이 삼아서 공격하느라고 알지도 못하는 포이에르바하, 슈트라우스까

---

28 토꾸또미 로까(1868~1927). 일본의 소설가. 똘스또이를 숭앙한 기독교 신자로 반전 평화주의 작가였다. 1906년 예루살렘을 순례한 뒤 야스나야 뽈랴나로 가 똘스또이를 방문하고 귀국한 후 당시의 견문을 담은 『순례기행』(1906)을 간행했다.

29 야마자끼 토시오(山崎俊夫, 1891~1979)를 가리킨다. 야마자끼는 1907년 봄부터 1908년 봄까지 토오꾜오 다이세이(大成)중학교에서 홍명희와 동창이었고, 메이지(明治)학원으로 전학한 후 1910년 봄까지 이광수와 동창이었다. 1913년에 등단하여 한때 작가로 활동했다. 하따노 세쯔꼬, 「일본 잡지 『문장세계』에 게재된 홍명희의 일본어 단편 「유서」」, 『근대서지』 13호, 2016년 상반기, 215~25면 참조.

30 하세가와 세이야(長谷川誠也)는 하세가와 덴게이(長谷川天溪)의 본명이다. 하세가와의 반기독교론은 「반기독교 정신」이라는 논문을 가리키는 듯하다. 『우리 국체와 기독교』의 저자는 히라이와 노부야수(平岩愃保)인데, 홍명희는 이를 카또오 고우찌(加藤弘智)의 『국체신론(國體新論)』과 혼동한 것 같다. 하따노 세쯔꼬, 앞의 글 222면 참조.

지 떠메고 교리를 반대도 하고, 기독基督(예수)을 안드레란 그리스 소년의 아들이라고 성자聖子를 헐어 말하기도 하였다.

이 사람이 나를 주主의 길로 휘어넣을 의사가 있었던지 강도양천鋼島梁川(츠나시마 료센)의 『병간록病間錄』『회광록回光錄』 같은 것을 가지고 와서 빌려주며 읽어보라고 지성으로 권하여 권에 못 이겨서 읽고, 반대할 거리를 찾느라고 읽었다. 『나의 참회』도 이때 읽은 듯하나 기억이 분명치 못하다. 똘스또이가 그때 나에게는 글 짓는 복음사로 눈에 비치는 데다가 순순諄諄히 후생을 훈도하는 태도가 비위에 받지 아니하여 철없이 생각하기를, 서양 사람은 예수를 신앙하는 까닭에 저의 멋대로 세계적 위인을 만들어 떠들고 일본 사람은 서양을 숭배하는 까닭에 덩달아서 세계적 위인으로 받아 소개하거니 하였다.

그러나 그의 대작을 하나도 본 것이 없어서 속으로는 미안한 맘이 없지 못하였다. 그리하다가 내전노암內田魯庵(우치다 로안)의 번역으로 『부활』이 나오게 되어서 첫권은 빨리 사 보고 둘째권은 기다려 사서 보았다. 『부활』을 본 뒤에 똘스또이에 대한 생각이 조금 달라지는 듯 『안나 까레니나』와 『전쟁과 평화』를 얼른 보고 싶은 맘이 났다. 이중역二重譯이거나 삼중역이거나 번역이 나오기만 턱이 떨어지도록 바라고 있는 신세에 바라다 못하여 『안나 까레니나』의 영역英譯을 사가지고 영화사전英和辭典(영일사전)과 대가리 쌈하느라고 골머리를 앓아보기도 하고, 내외출판협회 사람더러 『전쟁과 평화』 같은 작품을 번역하라고 청하여보기도 하였다.

8

똘스또이가 처음에 거처 모르게 도망하고 나중에 조그만 촌 정거장에서 죽게 되자, 동경 각 신문·잡지에 똘스또이에 관한 기사가 많이 나고 조선광문회朝鮮光文會의 『소년』 잡지까지 추도호를 냈었다. 똘스또이 사전·사후에 나는 그의 작품의 일본역이 있는 줄 안 것은 거진 다 구하여 보았다. 『간이성서』까지 똘스또이의 작품이라고 사서 보았으니 다른 작품은 말할 것도 없다. 똘스또이 유고 중에서 발표된『하지 무라뜨』[31]도 일본역이 나오기가 무섭게 사다가 한참에 다 내려 보았다. 작품으로는 대단치 않으나 망하여가는 코카서스 민족의 자취를 뒤에 전하여주려고 한 용심用心(마음 씀)이 무던하다 할 것이다. 일본 작가들에도 이만한 용심을 가진 사람이 있었으면 대만 번족蕃族(고산족) 목단사牧丹社(모란사)의 흘단紇丹[32]이 같은 사람이 벌써 한 소설의 주인공이 되었을지 모른다.

똘스또이에 대한 나의 생각이 처음과는 대단히 달라져서 복음사로만 여기지는 않게 되었으나, 예술가로 종교가 된 것을 무슨 변절이나 한 것처럼 생각하여 맘에 마땅치 못하였다. 문예를 좋아하는 청년으로 그의『예술은 무엇이냐』를 내려볼 때 그런 생각이 더욱 깊었다. 그러면 똘스또이의 작품을 왜 사고 보고 하였느냐. 러시아 문학을 연구하여볼 맘이 있어서 러시아 작가의 작품으로 일본 번역된 것을 모두 사서 모으는 중에 똘스또이도 사서 모으게 된 것이다. 내가 귀국한 뒤 러시아 말을 배운답시고 거의 1년 세월을 낭비한 것도 문학을 연구할 맘이었고, 해삼위(블라지보스또끄) 원동遠東신문사 특파원과 서로 알게 된 것을 연줄 삼아서 그리 가려고 경영한 것도 문학을 연구할 맘이었다.

---

31   러시아의 깝까스(코카서스) 전쟁 시기 북깝까스의 체첸 일대에서 용맹을 떨친 아바르인 전사 하지 무라뜨의 삶을 그린 장편소설. 똘스또이가 말년에 오랫동안 집필하여 사망 후 유작으로 출간되었다.

32   모란사는 대만 원주민 부족 중 하나로 이른바 모란사 사건의 희생자다. 청과 일본 양국에 조공을 바치고 있던 류우뀨우(琉球, 오끼나와)국 사람들이 1871년 대만으로 표류하여 그중 대다수가 대만 원주민에 의해 살해당하자, 1874년 일본은 이를 구실로 군대를 파병하여 석문(石門)에서 모란사와 격전을 벌였다. 이때 원주민들은 용감하게 싸우다가 대거 살해되었는데, 이를 모란사 사건이라고 부른다. 이 사건은 류우뀨우에 대한 청나라의 종주권을 부인하고 류우뀨우국을 일본의 속국으로 인정하는 결과를 낳았다. 흘단(紇丹)은 미상이나, 석문 전투 때 활약하다가 전사한 모란사의 용사 이름이 아닌가 한다.

동경서 러시아 작품의 번역된 것을 모을 때 신문·잡지에 게재된 일이 있다는 말만 듣고 구하여 보지 못한 단편 작품도 더러 있었지만 명치明治 43, 4년(1910~11)경까지 활자로 박여진 러시아 작품의 일본역은 나만큼 알뜰히 모아 가진 사람이 드물었으리라고 생각한다. 러시아 작가 이외에는 프랑스 작가 중 모빠상[33]의 것을 일일이 모았을 뿐이고, 앵글로색슨 문학작품은 간혹 보기만 하였지 모을 맘을 먹은 일이 없었다. 이것은 당시 일본문단의 대세가 부지중 나를 좌우한 것이다.

본지 만지 한 『안나 까레니나』는 17, 8년 전에 한번 잘 보았고 보기를 원하던 『전쟁과 평화』는 12, 3년 전에야 비로소 보게 되었는데 그나마 다른 사정으로 흥미 없이 보고 말았다.

이번 11월 20일(러시아 구력 11월 7일) 똘스또이 사후 25주년 기념에 여러 신문 기념호를 놓고 보니 25년 전 일이 어제런 듯 생각나며 작게 생사취산生死聚散[34]과 크게 흥망성쇠에 느낌이 많았다. 느낌으로 맘이 산란한 중에 든든한 것은 25년간 우리 조선 사람의 진보한 자취가 뚜렷한 것이다. 추도호 서명한 글들 중에 그 사람의 조예를 엿볼 만한 내용 충실한 글이 여러 편 있었다. 든든한 맘 외에 또 한가지 욕심으로 바라는 맘은 우리 조선에도 얼른 똘스또이 같은 인물이 나서 조선 사람의 생활과 이상을 작품으로 표현하여주었으면 하는 것이다. 과학은 만인의 길이라 천품이 그다지 문제되지 않으나 예술은 과학과 달라서 첫째 천품에 달렸으므로 나는 장래 나올 사람에게 바라는 맘이 두텁다.

---

33   기 드 모빠상(Guy de Maupassant, 1850~93). 프랑스의 소설가. 플로베르와 졸라에게 배운 자연주의 작가다. 대표작으로 『여자의 일생』과 단편소설 「목걸이」 등이 있다.

34   삶과 죽음, 만남과 헤어짐.

문학청년들의 갈 길[35]

나는 지금 조선의 현상으로 보아서 다른 문화면이 응고되어 있으니 생동하는 맥으로 발달할 것은 오직 문학밖에 없다고 생각합니다. 과거의 문학사를 보아도 문학 이외의 다른 문화적 활동으로 정치적 불안정이나 변동의 시기는 문학의 모태가 될 수 없으나, 이런 변혁의 리듬을 듣기 전이나 안정한 후에는 문학 활동이 활발하여지는 것을 봅니다. 그러면 지금의 조선문학가로서 기성작가는 이미 시험이 끝난 것이고, 미래만이 아니라 현재에도 내가 청년문학가에 기대하는 것은 큰 것입니다. 이 현실을 꿰뚫고 빛날 만한 혼이 하루바삐 나기를 고대하고 있지요.

그런데 이 문학이라는 것은 과학과 달라서, 과학 방면의 학문이나 기술은 누구나 어느 정도까지 연마하는 중에 대가도 될 수 있다고 생각합니다. 그러나 문학은 가까운 일본 내지內地문학을 보아도 (대작가가) 반드시 높은 학부學府를 나온 이가 아닙니다. 이러한 것은 즉 문학 그것이 다른 과학보다 소질 여하에 (달려) 있기 때문입니다. 위대한 혼, 위대한 천재일 때 그는 학적 교양보다 자기 속에 전개되는 세계와 현실 생활에서 예민한 피부로 흡수하고 생활로 세워나가는 것을 봅니다. 고리끼를 보아도 그는 변변히 공부도 못 하였으나 그 늙을 줄 모르는 순진한 혼은 위대한 문학자로서 넉넉하였습니다. 나도 조선에서 이러한 천재를 바라고 있습니다.

조선의 문학청년은 과거의 전통이 형식으로 제약하여 자유스런 지반에 장해될 것이 없으니 도리어 좋은 경우에 있다고 생각합니다. 혹 언어에 불편을 느끼는 것도 있으나 그 외에는 넓은 천지가 불모지 그대로 신인을 기다리고 있습니다. 나는 형식으로서 사건을 중심으로 한 역사소설들을 보나 그것은 사건 흥미에 맞추려는 데 불과하고, 독특한 혼에서 흘러나오는

---

35   『조광』 1937년 1월호.

독특한 내용과 형식이 있어야겠다고 생각합니다. 일시 관심 되던 프로문학도 이러한 산 혼에서 우러나오는 문학이 아니면 문학적으로 실패할 것은 정한 일입니다.

우리는 외부의 사상적 척도 그것보다 먼저 순진하게 참되고 죽지 않는 정열로 번민하고 생산하는 문학에서 다시 출발하는 데 이 앞에 올 조선문학의 살 길이 있다고 생각합니다. 이러한 의미에서 나는 현대 청년문학가에게 한없는 희망과 기대를 가집니다.

벽초 홍명희 선생을 둘러싼 문학 담의談議[36]
── 출석자: 이태준李泰俊·이원조李源朝·김남천金南天

작가와 기질 문제

이원조 대체 지금 문학사적 견지로 보면 최근 조선문학을 3기로 나눌 수 있고 초창기부터 금일까지 활약하신 분, 다시 말하면 우리 문학을 창조하신 분이 세 분 계신데 그 세 분 중에서 금일까지 문학을 지켜오신 분으로는 벽초 선생 한 분이 남아계실 뿐입니다.[37] 그리고 벽초 선생에서부터

---

36 『대조(大潮)』 1946년 1월호. 해방 직후 조선문학가동맹 결성을 추진하던 핵심 인물들이 홍명희를 중앙집행위원장으로 추대하면서 문단의 당면 문제들에 대해 폭넓게 논한 좌담으로, 문학 전반에 대한 홍명희의 견해가 잘 드러나 있다. 조선문학가동맹은 좌파 문인들이 주도하기는 했지만, '민족문학의 건설'이라는 기치를 내걸고 좌·우익 문인들을 망라하여 결성한 당시 최대의 문인단체였다. 여기에서는 분량 관계로 홍명희의 발언과 무관한 부분을 군데군데 생략했다.

37 이원조가 말한 '우리 문학을 창조하신 세 분'은 홍명희와 최남선, 이광수를 가리킨다. 이 세 사람은 일본 유학 시절 벗이었는데, 귀국 후인 1910년 최남선이 발행하던 『소년』지에 나란히 글을 발표하면서 '조선 삼재(三才, 세 천재)'라는 칭호를 얻었다. 그런데 그중 최남선과 이광수가 일제 말 친일 활동을 했기 때문에 "금일까지 문학을 지켜오신 분으로는 벽초 선생 한 분이 남아계실 뿐"이라고 한 것이다.

30대의 저희들에게 이르기까지의 중간 기간은 비어 있다고도 볼 수 있습니다. 물론 김동인金東仁 씨나 박종화朴鍾和 씨 같은 분이 현재까지 꾸준히 작품 활동을 해오시지만 그 몇 분을 빼놓으면 공허한 감이 없지 않습니다. 지금 우리들 3, 40대의 사람들이 가령 앞으로 조선문학사를 쓴다면 이광수李光洙 같은 이는 어떻게 되겠습니까?

벽초 조선문학사에서 최남선崔南善·이광수 두 사람을 무시할 수는 없을 테지.

김남천[38] 역사적인 사실이니까!

이태준[39] 문학 업적으로야 무시할 수 없겠지요. 그러나 그들의 작품과 사람과의 관계를 어떻게 취급하느냐가 문제일 것입니다.

벽초 작가와 작품과의 거리 문제는 앞으로 많이 토의되어야 할 문제인 줄로 아오.

이태준 선생님께 술을 따르면서 생각나는 분이 만해萬海(한용운) 선생이십니다.

벽초 만해가 생존해계셨더라면 좋았을 텐데.

이원조 만해 선생께서 벽초 선생을 흥보시던 얘기를 선생님께 공개하겠습니다. 만해 선생께서 『조선일보』에 연재소설을 쓰시던 땐데 하루는 소설 관계로 만해 선생을 찾아갔더니, 그 선생 말씀이 벽초가 『임꺽정』을 쓰다가 중단했다가 하는 것은 정력이 부족한 탓이라고 하시더군요【일동 웃음】

벽초 그 점은 만해가 옳게 보았어. 사실로 정력이 부족한 탓이었으니까.

---

38 김남천(金南天, 1911~?). 본명은 효식(孝植). 소설가·문학평론가. 카프 작가로 활동했으며, 비판적 리얼리즘 소설을 주로 썼다. 해방 후 이원조에 뒤이어 조선문학가동맹 서기장을 지냈고 그 후 월북했다. 대표작으로 단편집 『소년행』, 장편소설 『대하(大河)』 등이 있다.

39 이태준(李泰俊, 1904~?). 호는 상허(尙虛). 소설가. 단편소설 기법에 뛰어난 순수문학 계열의 작가였으나, 해방 직후 조선문학가동맹에 가담하여 부위원장이 되었고 그 후 월북했다. 대표작으로 「복덕방」 「해방전후」 등이 있다.

정력이 부족하다고 지적한 것을 부인할 배짱은 없는걸.

이태준 제가 생각하기에는 정력이 부족한 탓이라고는 볼 수 없습니다. 글을 거칠게 쓰지 않으려고 애쓰셨기 때문과, 또 소설 내용에 있어서 인물과 인물과의 관계를 정밀하게 검토해 쓰시려니까 자연 붓이 더디게 되는 게지, 그걸 정력 부족으로 볼 수 없을 줄 압니다.

벽초 아니 그렇지 않아. 글짓는 사람으로서는 퇴고가 필요하겠지만 나 같은 사람은 아무렇게나 써도 좋을 글자 한 자에도 공연히 신경질이어서 시간만 허비하거든. 일종의 병적이라고 할 수 있겠지.

『임꺽정』과 조선 정서

이원조 『임꺽정』을 읽고 있으면 『삼국지三國志』나 『수호지水滸志』 같은 중국소설을 읽는 감이 없지 않습니다. 더구나 구주歐洲문학의 영향을 많이 받아온 저희들에게는.

벽초 그 점은 작자로서도 동감이야.

이태준 어디 묘사가 있느냐는 점.

벽초 여천黎泉(이원조)이 『임꺽정』을 중국소설 같다 했는데 우리는 중국과, 그리고 일본을 거쳐 구주문학에 많은 영향을 받아온 것은 사실이겠지. 나는 『임꺽정』을 쓸 때 될 수 있는 대로 조선적인 정조를 잃지 않으려고 노력했소. 그래서 경치 같은 것 한 대목 쓰는 데도 고대의 조선 정취를 나타내려고 로맨틱하게 그리려고 했지. 또 한편으로 말하면 플로베르[40]같이 자연주의식 정밀한 묘사로 역사소설을 지을 역량이 없는 까닭이오.

이원조 그러나 실상 작품에 나타난 것은 반대 결과여서 어느 편이냐 하면 로맨틱하기보다 더 많이 리얼리스틱했던데요.

---

[40] 귀스따브 플로베르(Gustave Flaubert, 1821~80). 프랑스의 소설가. 객관적 창작 태도를 강조하여 자연주의 문학의 기반을 마련했다. 대표작으로 『보바리 부인』 『감정 교육』 등이 있다.

김남천 제가 전에 소설론을 전개하면서 그런 얘기를 한 일이 있지만, 가령 이광수와 벽초 선생 두 분을 놓고 보면 이광수는 아이디얼리스트지만 벽초 선생은 리얼리스트라고 한 적이 있었습니다.[41] 말하자면 이광수의 소설 방법은 주관적이고 이상주의적인 데 반하여 벽초 선생의 방법은 사실주의적 방법이라고······

이태준 그렇지. 벽초 선생께서 아까 경치를 낭만적으로 그리려고 했다 하셨는데 그렇다면 그것은 벽초 선생이 낭만적이기보다 조선 정서가 낭만적이요 애수적이었지, 작자인 벽초 선생 자신은 어디까지든지 리얼리스트지.

김남천 그래 이광수 같은 분은 관념주의자인 때문에 목전의 현실이 머릿속의 관념과 부합될 때에는 그래도 쓸 만한 작품을 만들 수 있지만, 그렇지 못한 경우에는 주관을 가지고 현실을 왜곡하고 재단하려 드니까 작품은 얼토당토않은 설교에 떨어지고 말게 되지.

벽초 작자와 작품과의 문제는 금후에도 충분히 토의해야 할 중대한 문제겠지. 이러나저러나 방응모方應謨 씨와 홍순필洪淳泌 씨가 자꾸만『임꺽정』을 끝내라 조르지만 임꺽정이가 독립 후인 오늘날도 내 뒤를 따라다닌대서야.【일동 웃음】슈베르트의 미완성 교향악처럼『임꺽정』도 그만하고 미완성인 대로 내버려두었으면 좋겠어.

이태준 『임꺽정』도『임꺽정』이지만 앞으로 단편을 쓰실 의사는 없으십니까?

---

41 V. 프리체의『예술사회학』에 의하면 넓은 의미의 아이디얼리즘(idealism, 이상주의)은 예술가의 관념이나 이상에 따라 현실을 왜곡하거나 미화해서 그리는 예술을, 리얼리즘(realism, 사실주의)은 현실을 있는 그대로 그리는 예술을 말한다. 김남천은 「체험적인 것과 관찰적인 것」(1940)에서 이광수와 홍명희에 대해 이러한 견해를 밝힌 바 있다.

소설적 역사와 역사소설

벽초 나는 전에 이런 생각을 한 일이 있소. 역사소설을 단편으로 써보면 어떨까. 즉 역사적 사실에서 테마를 잡아서 단편을 쓰되 시대 순서로 써 모으면 역사소설이라느니보다 소설 형식의 역사가 되려니, 일면으로는 민중적 역사도 되려니 생각했었소. 근세 500년 역사에서 예를 들어 말하면 선죽교善竹橋, 함흥차사咸興差使, 난이난難而難, 육신六臣[42] 등 재료는 얼마든지 있을 테지만, 그런 것을 하나하나 기록해가면 그것은 궁정宮廷 기록으로만 그칠 게 아니라 나아가서는 민중의 역사가 될 테지. 그래서 그런 것을 취재해서 단편을 써볼 생각이 있었소.

이태준 그 플랜은 버리지 마십시오.

이원조 역사문학은 그래야만 할 것입니다. 종래로는 역사문학이라면 무턱대고 영웅주의로 나가기가 일쑤였는데 그것은 잘못이라고 생각합니다. 그래서야 어디 역사의 전全면목을 나타낼 수 있습니까. 그 점은 역사문학의 금후의 과제가 아닐까 합니다.

벽초 이제부터의 역사문학을 지금까지의 역사문학과는 보는 방도가 달라야겠지.

이원조 특히 궁정비사宮廷祕史만을 써가지고 그것으로 역사문학연하는 것은 배격해야 할 것입니다.

---

42 '선죽교'는 1392년 고려 말의 충신 정몽주가 이성계 세력이 조선을 세우는 데 협조하지 않은 까닭에 살해당한 개성의 다리 이름이다. '함흥차사'에 대해서는 다음의 이야기가 전한다. 1398년 왕자의 난(亂)에 분노한 태조 이성계가 왕위를 정종에게 물려주고 함흥으로 가버린 뒤, 형제들을 죽이고 왕위를 차지한 태종 이방원은 왕위 계승의 정당성을 인정받기 위해 태조를 모셔 오려고 함흥으로 여러 번 차사(差使)를 보냈으나, 이성계는 그 차사들을 죽이거나 잡아 가두어 돌려보내지 않았다고 한다. 이로부터 한번 가면 깜깜무소식인 사람을 가리켜 함흥차사라고 한다. '육신'은 세조가 단종으로부터 왕위를 빼앗자 단종의 복위를 꾀하다가 처형된 성삼문 등 6인의 신하와, 벼슬을 버리고 절개를 지킨 남효온 등 6인의 신하를 가리킨다. 전자를 사육신(死六臣), 후자를 생육신(生六臣)이라 일컫는다. '난이난'은 미상이다.

벽초 궁정비사는 민중과는 아무런 인연도 없는 것이니까, 그런 것은 배격해도 좋겠지.

이원조 그런 역사문학은 민중이 벌써 요구치도 않을 것입니다.

벽초 요구는 않을지 모르나 팔리기야 잘 팔릴걸. 그런데 문학자로서 언제나 잊어서는 안 될 것은 문학자가 민중을 지도한다는 긍지를 가져야 할 것이오. 군중에게 영합한다든가 혹은 어떤 세력에 아부한다든가 해서는 진정한 문학작품이 나올 수 없을 게요.

이원조 문학이 정치를 도와나가는 것은 좋으나 그 때문에 문학의 독자성을 잃어서는 안 되리라 생각하는데……

벽초 문학이 독자성을 잃으면 벌써 문학이 아닐 테지.

작품『황진이』비판

벽초 여기『황진이』의 작자인 상허尙虛【이태준 씨】가 앉아 계시지만 황진이黃眞伊[43]는 만해【한용운 씨】와 내가 서로 쓰겠다고 다투다가 결국 상허한테로 넘어갔소. 만해가 썼다면 현학적 견지에서 썼을 테지만.

김남천 선생님은 무슨 생각에서 황진이를 쓰시려고 하셨습니까?

벽초 내가 황진이에게 흥미를 느낀 것은 만석중과 황진이와의 관계[44]가 아나똘 프랑스의『타이스』[45]와 비슷했기 때문이었는데, 그 관계를 그린 점

---

43 황진이(생몰년 미상). 조선시대의 명기. 자는 명월(明月). 서경덕·박연폭포와 더불어 송도 삼절(三絶)이라 불렸다. 한시와 시조에 뛰어났으며, 작품으로 한시 4수가 있고 시조 6수가 『청구영언』에 전한다.

44 황진이가 지족선사(知足禪師)를 유혹하여 파계시킨 일화를 말한다. 개성 지방에는 만석중 놀이라는 무언인형극이 전해오는데, 이는 지족선사가 재(齋)를 지내면서 공양물을 만석이나 거두고 황진이의 유혹에 넘어가 훼절했기 때문에 지족선사를 '만석(萬石)'이라 부르며 풍자한 연희라는 설도 있다.

45 아나똘 프랑스(Anatole France, 1844~1924). 프랑스의 소설가. 대표작으로『타이스』『붉은 백합』 등이 있다.『타이스』는 4세기 이집트를 배경으로 한 아나똘 프랑스의 장편소설로, 타

으로 상허의 것은 좀 불만이야.

이태준 실상은 제가 쓰려고 쓴 게 아니라 벽초 선생을 찾아가지고 써줍 사고 했는데 그때 아마 『임꺽정』 집필 중으로 못 쓰시겠다고 했고 사(조선 중앙일보사)에선 조르고 해서 내가 그야말로 작문을 한 겁니다.

이원조 벽초 선생께는 문학상 반역자적인 일면이 있다고 보았습니다. 임 꺽정의 반역적인 성격이 미화된 것 같은. 확실히 문학에 있어서 반역자를 추앙하였다고 보는데 그 유래된 점은⋯⋯

벽초 글쎄, 내게 반역적인 기질이 있는 게지.【일동 웃음】

김남천 그게 바로 리얼리스트의 다른 일면입니다. 그런데 만해 선생의 소설을 선생님은 어떻게 보십니까?

벽초 글쎄, 만해야 소설보다 시가 좋지.

김남천 『님의 침묵』이 그분의 가장 큰 업적이라고 보는데?

벽초 그래, 소설은 시만 못해. 그렇지만 만해 자신은 그렇게 알지 않던 걸.【일동 웃음】

이원조 상허의 『황진이』는 너무나 미화되었다고 보는데!

이태준 사실 만석중의 타락한 것은 역사적 자료도 없고 또 근거 없이 타 락할 이유도 없다고 생각하는데, 서화담徐花潭[46]을 유교 관계로 내세우기 위해서 만석중을 일부러 친 것이 아닌가 생각되더군.

고전문학과 계승 문제

이원조 일본의 『만엽집萬葉集』이나 『고사기古事記』[47]에 대등할 고전은 무

락한 무희 타이스의 영혼을 구원하려던 수도사 파프뉘스가 그녀를 구원하지만 자신은 오히 려 그녀의 육체적 매력에 이끌려 신앙을 잃고 타락하게 된다는 내용이다.

46   서경덕(徐敬德, 1489~1546). 호는 화담. 조선 중종 때의 유학자. 황진이가 당대의 대학자인 서경덕을 유혹하려 했으나 실패한 뒤 그를 흠모하여 사제관계를 맺었다고 전한다.

47   『만요슈』는 일본에서 가장 오래된 가집(歌集)으로 노래 4,536수가 수록되어 있으며, 한국의

엇입니까?

벽초 우리 고전은 대개 다 없어졌어. 『삼대목三代目』[48]이 남아 전했다면 『만엽집』만 못지않았을 테구 『유기留記』가 남아 전했다면 『고사기』만 못 지않았을 테지. 지금 우리가 좋은 고전을 갖지 못한 까닭에 학술적 저작에 도 영향이 적지 않아. 중국의 곽말약郭沫若[49]은 중국 고대사회사를 만드는 데 『시전』과 『주역』 같은 고전의 덕을 많이 보았고, 백남운白南雲[50] 씨는 우 리 고대사회사를 쓰는 데 곽말약보다 애는 더 많이 쓴 모양이나 효과로 보 면 곽보다 떨어져. 모건[51]의 카테고리를 가지고 쓰기는 둘이 다 마찬가지 지만 백씨는 고전 자료가 없기 때문에 애를 많이 썼어도 그만한 효과를 얻 지 못한 것이 아닐까. 그러나 없는 것은 없는 대로 지내는 수밖에 없지, 별 수 있나.

이원조 고전이 고전적 가치를 발휘하자면 새로운 문학의 원천이 되어야 만 할 것은 말할 것도 없을 줄 압니다. 그런데 담헌湛軒(홍대용) 연행록燕行 錄[52] 같은 것을 주석해보면 문장은 대단히 유창해서 읽기는 좋으나 현대인 에게는 조금도 어필하는 점이 없어요. 그래서 결국은 골동 취미에 떨어지 게 되고 맙니다. 일본의 조선글에 대한 정치적 강압이 심할 때에는 그 압력

이두와 같이 한자를 이용하여 만든 만요가나(萬葉假名)로 쓰여졌다. 『고지키』는 고대 일본 의 신화·전설 및 사적을 기술한 책이다.

48 신라 진성여왕 2년(888)에 왕명에 따라 위홍과 대구화상이 향가를 수집하여 엮은 우리나라 최초의 향가집. 오늘날은 전하지 않고 『삼국사기』의 「신라본기(新羅本紀)」에 책 이름만 전 한다.

49 귀모뤄(1892~1978). 중국의 시인·학자·정치가. 신문학운동에 참여했으며, 중화인민공화국 건국 후 과학원 원장, 부수상을 지냈다. 저서로 『중국고대사회연구』 등이 있다.

50 백남운(1894~1979). 학자·정치가. 식민지 시기 경제학자로 『조선사회경제사』를 집필했으 며, 해방 후 월북하여 북한에서 교육상, 과학원 원장 등 역임했다.

51 루이스 헨리 모건(Lewis Henry Morgan, 1818~81). 미국의 정치가·민속학자. 그의 저서 『고 대사회』는 맑스주의 역사학에 큰 영향을 주었다.

52 홍대용의 『을병(乙丙)연행록』을 가리킨다. 홍대용은 1764~65년 중국에 다녀온 뒤 한문 연 행인 『연기(燕記)』뿐만 아니라 국문 연행록인 『을병연행록』을 남겼다.

에 대한 반동으로 우리 문학을 지켜나갈 때에는 그런 것도 선전할 가치가 있었겠지만 오늘에 와서는 문학적 감흥을 주지 못하는 작품은 좀 생각할 문제가 아닐까 합니다.

벽초 연행록은 우리 국문으로 그런 기행문이 있었다는 점에 가치가 있지 않을까.

이원조 조천록朝天錄[53]은 종류로도 수백 종이 있다는데요? 연행록은 번역이 아니고 처음부터 우리글로 쓰여진 기행문이란 것이 특색이지요. 어쨌든 고전은 정당히 비판해서 살릴 것은 살려가야 할 겁니다.

벽초 장래 문교부에서 문화에 대한 대책이 있을 테지. 고대문화로서 보존할 것 보존하고 또 신문화 수입도 해야 하고.

이태준 그런 것을 국가기구로 해야 할 것입니다.

이원조 이를테면 아카데미……

한자 폐지 문제, 언어와 현학적인 언어학자, 횡서에 대한 토의

이태준 어휘 많기로는 조선말이 세계에서 으뜸이라는데 선생님 생각은 어떠십니까?

벽초 확실히 어휘야 많지. 그러나 심리 묘사 같은 것을 하자면 말의 부족을 절실히 느끼게 되던걸. 그것은 있는 말을 우리가 충분히 활용하지 못하는 죄도 많으니까 일후에는 잠자고 있는 말을 캐내는 것도 문학자의 임무겠지. 그리고 부족한 말은 한문의 힘을 많이 빌려 와야 할걸. 한자 폐지론이 벌써 논의되고 있다지만 한자를 폐지하자면 상당한 준비가 있어야 할걸. 그렇게 경경輕輕히(가볍게) 논의할 문제가 아니야. 나는 지금 당장 한자

---

53 연행록의 원래 이름. 명나라 때 중국에 가는 사신들은 천조(天朝), 즉 천자의 조정을 방문한다고 하여 그 기행문을 '조천록'이라 불렀으나, 청나라 때는 오랑캐가 중원의 주인이 되었다는 이유로 조천록 대신 연행록이라는 명칭을 사용했다.

를 없애자고는 하지 않지만 한자는 구경 폐지해야 할 줄로 믿는 사람이야.

이태준 폐지보다 한자 수효를 제한하면 어떻겠습니까?

벽초 아니, 제한이니 할 것 없이 아예 폐지해야 해. 폐지해도 좋을 만큼 준비만 하면 고만이거든.

이태준 우리가 일상 사용하는 한자 수라는 것이 불과 7~8백 자인데 그 것쯤이 중학생이나 전문학생에게 부치는 부담은 아닐 줄 생각하는데요.

벽초 처음 얼마 동안은 한문 술어 같은 것은 한글로 쓰고 나서 그 밑에 괄호를 치고 한자를 달다가 차츰 없애지. 가령 직접이니 간접이니 하는 술 어는 한자를 달지 않더라도 누구나 다 알아듯이 되잖우?

이태준 아직도 어떤 한글 선생님은 비행기를 '날틀', 학교를 '배움집', 품 사를 '품씨'라는 말을 쓰는데 그 점은 어떻겠습니까?

벽초 날틀이니 배움집이니 하는 것으로 우리말과 우리 민족정신을 고취 하려는 것은 그릇된 생각이겠어. 비행기라는 말과 학교라는 말이 있는데 왜 하필 새것을 지어내서 머리를 혼란케 하겠소. 그건 타기해야 할 사이비 애국자나 할 일이오. 그런 노력은 딴 데로 돌리는 게 좋겠지.

이원조 한글 횡서 문제에 대해서 선생님은 어떻게 생각하십니까?

벽초 횡서 문제에 대해서는 나는 전부터 지론이 횡서파요. 우리 한글을 몽골·여진 문자와 같이 종서도 하지 않고 아라비아【우에서 좌로】문자나 서양 알파벳【좌에서 우로】같이 횡서도 하지 않고 종횡 철자법을 겸용하여 자체字體 구성하게 된 것은 한자의 영향일 것이오. 한글도 구주 제국의 문 자처럼 간단할 수 있는 것을 번거롭게 한 셈이오.

이원조 횡서로 하자면 자체를 갈아야 하지 않습니까?

벽초 그렇지. 고쳐야겠지. 횡서 자체 시험안도 벌써 여러 가지 있지 않 소. 내가 본 것만도 상해에서 민필호閔泌鎬 군이 만든 것, 노령한교露領韓僑 (러시아의 한국 교포) 누구가 만들었다는 것, 본국 최현배崔鉉培 씨의 것이 여 러 가진데 다 일리가 있더군. 우리는 현재까지 내려온 그대로 쓰는 것이 편하기는 하나 먼 장래를 생각하면 고칠 것은 으레 고쳐야지. 한자 폐지 준비 위원회가 생겨서 한자 폐지 준비도 해야 하고 국문 정리 위원회가 생겨서 국문 정리에 대한 연구도 해야 하고.

계몽운동과 작가의 임무

김남천 선생님은 농민문학에 대해서 어떻게 생각하십니까?

벽초 금후에 있어서 조선 작가들의 중요한 임무는 대중을 계몽하는 계몽적 작품을 많이 써야 할 줄 아오. 대중을 계몽하자면 문학을 통하는 것이 가장 효과적인 첩경이니까. 시골 가서 가만히 농민대중의 생활을 살펴보니 그의 생활 내용은 미신과 인습 두가지뿐인 것 같습디다. 못 하나 박는데도 손을 가리고, 문 하나 다는데도 상문방傷門方[54]을 보고. 누가 앓으면 약국에 가기보다 먼저 무당집으로 가거나 경經쟁이[55]게로 가고. 어쨌든 농민의 일거일동이 미신과 인습 아닌 것이 없어. 그 미신과 인습을 타파하자면 과학사상을 보급시키는 것이 제일이고, 과학사상을 보급시키는 데는 문학작품을 매개로 하는 것이 제일일 게요. 정면으로 나서서 미신을 타파해라, 인습을 벗어나라 하고 군호君號만 부른 데서는 오히려 반감만 살는지 모르지. 작품으로 그들의 생활을 취급해가면서 생활을 통해서 개선하도록 해얄 게야.

김남천 그렇지요. 국민의 문화 수준을 높이자면 일반 대중의 지적 수준을 높여야니까 그런 의미에서 과학사상 보급은 대단히 긴급한 문제일 것입니다.

벽초 과학사상 보급에 초점을 둔 계몽운동을 전개해야겠지. 과학계에도

---

54   '상문'은 점술에서 말하는 팔문(八門)의 하나로, 흉한 문(門)이다. 따라서 상문방은 불길한 방위다.

55   재앙을 물리치기 위해 경을 읽어주는 것을 직업으로 하는 사람.

체육계의 손기정 같은 인물이 나면 좋기는 좋지만 우리는 한 사람의 위대한 인물이 나기를 기다리기보다 오히려 일반 대중에게 과학사상이 보급되기를 바라고 또 그러도록 노력해야겠지.

이원조 과학사상을 보급하자면 정치적으로는 봉건사상과 싸워야 할 겁니다.

벽초 조선 작가의 당면 과제는 봉건적 잔재를 제거하는 새로운 아동문학과 농민문학을 수립하는 것일 거요. 지식인을 상대로 한 지식인을 취급한 소설은 당분간 없어도 좋아. 일본의 하목수석夏目漱石의 『묘猫』[56] 같은 소설을 딴은 읽으면 재미는 있지만 소위 여유파 지식인의 유희 작품이지 별것 있소. 이런 작품은 없어도 좋단 말이야. 『묘』의 결점이 어디 있을까? 여천【이원조 씨를 바라보며】은 어떻게 생각하오?

이원조 대답할 길을 미리 열어주셔서.【일동 웃음】

벽초 현학벽이야.

김남천 하목의 『초침草枕』도 역시 현학적이지.

이태준 『초침』은 현학적이면서도 정취는 있지.

이원조 문학 본질로 보아 유머라는 것이 다분히 현학적이 아닐까요.

이태준 그렇지만 현학에 도취해서는 안 되겠지.

이원조 어쨌든 하목수석은 박학이야. 그런데 내가 조선 작가에게 바라고 싶은 것은 스케일이 커주었으면 하는 점이죠. 작가의 기질은 바꿀 수 없겠지만 애써 스케일을 크게 하려고 노력하도록 해서.

벽초 그렇게 억지로 스케일을 크게 할 필요가 있을까? 스케일은 작아도 좋으니 좋은 작품만 쓰면 좋겠지.

이원조 기질도 바꾸려면 바꿀 수 있을 테니 외국 작가들처럼 스케일 큰 작품이 나왔으면 하는데요.

---

56 나쓰메 소세끼(1867~1916)는 일본의 소설가·영문학자. 일본 근대 소설의 형식을 확립한 메이지시대의 대표적인 작가다. 『묘』는 그의 대표작인 『나는 고양이로소이다』를 가리킨다.

벽초 국민이 원체 커야 스케일도 클 텐데 소설을 억지로 꾸며서는 안 될걸.

이원조 소설의 아기자기한 흥미만 추구하지 말고 다소 서툴러도 좋고 거칠어도 좋으니 틀을 크게 잡아가지고.

벽초 사람도 덜된 사람이 커 보이는 법이야.【일동 웃음】

이태준 스케일 문제는 우리가 반성할 주요한 문제의 하나겠지요.

작품과 작자의 거리 문제

김남천 작가의 성실이라는 것도 문제되어야 할 줄 아는데.

이원조 중요한 과제지. 이제부터 앞으로는 성실한 문학자만이 성공할 것이오. 문학자는 항상 자기를 반성해가면서 자기의 세계관을 갖는 동시에 문학자로서의 모럴이 있어야 할 거야. 모럴 없는 작가에게서는 우리는 아무것도 기대할 수 없을 줄 압니다.

벽초 그것은 문학 부문뿐 아니라 생활 전부의 문제지.

이원조 특히 학문에 있어서는 피차에 경계해야 할 줄 압니다.

벽초 작자와 작품과의 거리가 멀어서야 참된 작품이 나올 수 없지. 그 거리가 가까워지자면 그 작가의 신시어리티sincerity에 달린 것이니까. 『8·15』57의 작자가 여기 앉아계시지만 『8·15』를 쓴다는 소식을 듣고 나는 너무 빠르지 않을까 하고 생각했소. 작가는 군중 속의 한 사람으로서 그 광경을 볼 게 아니라 언제나 관조적인 태도로 검토하고 비판해야 할 것인데, 상당한 시간이 경과해야만 검토하고 비판하도록 작자의 머리가 냉정해질 것 아니오. 『8·15』는 정녕코 실패하리라고 생각하는데.【일동 웃음】

---

57   김남천의 장편소설 『1945년 8·15』. 1945년 10월 15일부터 『자유신문』에 연재되다가 이듬해 6월 중단된 미완성작이다. 연인 사이인 김지원과 박문경이 해방 직후의 격동 속에서 진보적 신념을 지니고 새나라 건설을 위해 활약하는 내용이다.

김남천 요는 현실의 물결 속에 앉아서 작자가 그 물결에 휩쓸리지 않고 얼마나 냉정하고 비판적인 관찰을 할 수 있는가가 문제이겠지요.

이원조 작품과 작가와의 거리가 일치되지 않아서…… 사실은 있어도 작가가 그 사실 속에 뛰어들어서 행동하는 실천이 없기 때문에 공소하기가 쉽지. 과거의 프로문학에 있어서도 이론은 있었지만 프로문학을 창조할 만한 실천이 없었기 때문에 문학으로서는 실패였다는 것은 우리가 오늘날 재비판할 필요가 있을 줄 압니다.

벽초 작가는 행동적인 실천보다도 작품을 통해서 실천할 수도 있겠지.

이원조 그야 그렇겠지만 작품 이전의 실천이라고 할까. 어쨌든 세계관은 가졌지만 그 세계관에 부합하는 생활이 없었기 때문에 거기서 작가와 작품의 거리가 멀어지는 것이라고 생각합니다.

김남천 작가가 작품을 쓰는 데는 실천하지 않더라도 상상력과 체험을 살려서 쓰는 것인데 문제는 체험의 중량에 있겠지. 같은 사선死線을 넘으면서도 위대한 체험을 얻는 이도 있는 반면에 아무것도 정신적으로 습득하지 못하는 자도 많으니까.

벽초 체험 이전의 중요한 요소로 정신적인 준비도 있어야 하고.

시조는 비현대적인 형태

이태준 선생님은 시조 문제를 어떻게 생각하십니까? 시조는 일본에 있어서의 화가和歌[58]와 형태가 같다고 할 수 있고 일본서는 화가가 일반 국민에게 여간 보편되지 않았는데.

벽초 글쎄, 나는 시조를 그리 중하게 보지 않소. 근래에 와서 시조를 부흥시키기 시작한 사람이 최남선인데 그것이 일본의 화가 숭상하는 것을

---

58   와까. 한시에 대응하는 '일본의 노래(大和歌)'의 준말로서, 5·7·5·7·7의 31자로 된 정형시다.

본뜬 것이 아닐까. 시조가 과거에는 시상詩想을 표현하는 형식이었지만 그 형식이 현대에는 적합지 않소.

신인 양성과 출판기관의 임무

김남천 우리도 우리지만 앞으로는 신인에 대한 기대도 적지 않은데?

벽초 신인에의 기대는 지금 당장 욕심을 채울 수는 없는 일이니 그건 문화 보급과 아울러 생각할 문제겠지. 문화기관이 왕성해지고 문화가 보급되면 신인은 절로 쏟아져 나올 게니까. 신인에의 기대도 계몽운동을 통하는 수밖에 없을 거야.

김남천 파묻혀 있는 아까운 창조력과 재질이 계몽운동에 의하여 계발이 되어야 할 텐데.

이원조 하루바삐 농사짓는 사람들이 문학작품을 쓸 수 있는 날이 와야 할 터인데. 땅을 파는 사람들 중에도 문학적인 소질이 풍부한 사람이 많을 터이니 그 사람들을 살려내도록 해야지.

김남천 러시아 모양으로.

벽초 지금도 농군들과 접촉해보면 그네들은 문학이 어떤 것인지를 모르면서도 문학적인 표현이 풍부한 데는 놀랐는걸.

이원조 그 현상은 정치에도 나타났다고 봅니다.

벽초 농군들이 문학적인 표현을 하는 실례를 하나 들어본다면, 언젠가 시골서 농사꾼들이 가래질하는 구경을 하고 있었는데 그때 흙이 눈에 뛰어들어가니까 그들이 말하기를 "놀란 흙이 눈에 뛰어들었다"고 하거든. 그 얼마나 고급 표현이오? 그리고 빛깔을 말할 때에 분홍빛을 "웃는 듯한 분홍빛"이라고 하는 것 같은 것도 그렇고. "웃는 듯한 분홍빛"이라는 말을 듣고 나서 가만히 생각해보니깐 딴은 빛깔에서 웃는 빛깔은 분홍빛밖에 없거든. 그런 것은 한두가지 실례에 지나지 않지만 조선 농사꾼들의 대화

속에는 참말 문학적인 표현이 많더군요.

김남천 지금까지 이름이 알려지지 않은 사람으로 그동안 공부만 하고 있다가 이런 기회에 나올 신인은 없을까?

이태준 그런 사람은 없을 겁니다.

김남천 발표할 기회가 없어서 숨어 있다가……

이태준 그렇진 않을 거야. 아무리 발표기관이 없었다고 해도 실력 있는 사람은 어떻게든지 뚫고 나오니까.

이원조 그렇지. 실력만 있다면 발표기관은 문제 아니겠지.

이태준 신인을 양성하려면 출판기관을 통하는 수밖에 없으니까, 출판사업에 나선 분들은 그 점에도 적극적으로 노력해주셨으면 합니다.

담원시조를 읽고[59]

시조의 맛 있으면 아깃자깃 할 뿐이고
시조의 빛 있으면 아롱다롱 할 뿐인 듯
아득한 옛날 향기를 풍기는 건 좋아라

뼈마디 힘줄덩이 틈 있어도 좁으련만
포정庖丁의 칼날만은 회회恢恢하게 놀더라지[60]
갸륵다 그대의 솜씨 이에 비겨 위이리

---

59 홍명희 「담원시조를 읽고」, 정인보 『담원시조』, 을유문화사 1948, 7면.

60 '포정해우(庖丁解牛)'의 고사를 인용함. 『장자』에 의하면 요리의 명인인 포정은 소를 잡을 때 뼈마디나 힘줄덩이에 있는 미세한 틈에 정확히 칼날을 집어넣어 칼을 여유롭게 휘두를 수 있었다고 한다.

반문班門에 도채 장난 자랑으론 알지 마소[61]

그대의 재주 보고 시늉 한번 내었노라

법수法手에 틀림없는가 가르침을 받고저

---

[61] '반문농부(班門弄斧)'의 고사를 인용함. 자신이 시조를 짓는 것은 기계의 명인인 반수(班輸) 앞에서 그를 모방하여 도끼로 기계를 만들려고 한 짓이나 다름없다고 겸양의 뜻을 표한 것이다. 도채는 도끼를 말함.

정인보

정인보 초상. 연세대학교 기록관 소장.

길을 잃은 시대의 윤리와 실심실학

한학·국학·실학을 관통하는 민족주의

500년 전통의 조선왕조가 망해가던 무렵 태어나 나라는 망했어도 나라와 민족의 얼만은 살려내야 한다고 조선학 탐구를 선창하고 조선학운동에 앞장섰던 분, 그 뛰어난 학자가 위당爲堂 정인보鄭寅普(1893~1950)다. 그는 민족의 얼을 살려내고 조선학을 제대로 정립하여 민족적 자아실현을 이룩해야만 잃어버린 나라를 되찾을 희망이 있다고 여겼다. 나라가 망해 국권이 무너지자 민족의 윤리까지 사라지는 민족적 위기의식을 통절히 느낀 정인보는, 민족의 윤리는 민족의 본심 환기를 통해 회복할 수 있다고 믿고 당시의 지배적 학문 경향이던 일반 유학에서 벗어나 실학자들의 실심실학實心實學을 탐구하여 실학사상을 정립했다. 실학에 이미 공동체를 위한 실천과 실용을 추구하는 학문이라는 의미가 담겨 있지만, 공동체를 위해 고심하는 지식인의 도덕적 진정성을 강조할 때 우리는 실학을 실심실학이라고도 부른다.

정인보는 실심실학이야말로 당시 일반 유학이 지닌 고질적인 병폐를 치유할 수 있는 윤리적 학문이라고 믿었다. 유학의 오랜 고황膏肓(병근)이던 위위僞·허虛·사詐·사邪를 진眞·실實·성誠·정正으로 바로잡아 실심의 학문인 실학의 본의를 구명하는 데에 전력을 바쳤다. 특히 식민지 시대를 살았던 학자 특히 역사가로서 식민사관으로 왜곡된 조선의 역사를 바로잡고 그전의 모화사상에 빠진 역사가들의 오류도 시정하여 민족사의 올바른 진실을 찾아내는 데에 온 정성을 바쳤다.

민족사관의 역사학자였던 정인보는 민족의 주체성을 특별히 강조했다. 민족의 주체성이 제대로 확보될 때에만 잃어버린 나라를 다시 찾을 수 있다고 믿고 단군왕검 이래의 역사에서 민족적 역량으로 이룩된 자랑스러운 역사와 독자적인 민족문화를 발굴하여 민족의 긍지를 높이고 우수성을 고양하는 데에도 앞서가는 역할을 했다.

식민지 시기 독자 대중을 위해 국한문의 글에도 노력을 기울였지만, 당대의 대표적인 한학자이기도 했던 정인보는 순한문으로도 수많은 글을 저작했다. 실학의 본의本義를 구명하는 대다수의 글을 한문으로 저작했을 뿐만 아니라 조선의 학문전통을 이어받아 한학 문장가로서의 면모도 여지없이 보여주었다. 한말 계몽기로부터 시작하여 한학에 대한 평가가 점점 낮아지던 때였음에도 불구하고, 역사와 전통의 계승 속에서 민족의 얼과 정신을 발굴하고 이어가야 한다는 뜻을 가지고 한학 연구와 저작에 오히려 더 부지런했다. 그래서 진보적 학자들에게서 중세를 못 벗어난 시대착오적 학자라는 맹비난을 받으면서도 전통적 학문에 더욱 마음을 기울였다. 후배들 중에서 몇 사람이라도 반드시 전통을 이을 학자들이 나오기를 기대하면서 그들을 격려하고 응원했던 것도 모두 그런 뜻에서 나온 일이었다. 한문으로 된 찬란한 민족문화 유산의 가치를 너무도 잘 알고 있었고 그만큼 한문을 반드시 활용해야 한다는 사명감이 대단히 컸다는 점에서, 그의 한문에 대한 경도는 십분 이해할 수 있다.

한문학에 뛰어난 학자였던 정인보는 복고적이라는 비난에도 한학자로서는 독보적 지위를 얻었고, 그런 지위에서도 우리 민족 고유의 전통적인 문학에 큰 관심을 기울였다. 가사와 시조에 대한 깊이 있는 연구를 통해 민족의 아름다운 정서를 발굴해냄과 동시에, 자신이 직접 창작전통을 계승하여 손수 많은 시조 작품을 산출해냈다. 민족 고유의 고전 언어들을 제대로 활용하여 우리의 옛 정서를 아름답고 예스럽게 표현했다. 신학문만 진짜 학문이고 구학문은 버려야 할 폐습이라고 하대하던 시절, 한학자로서 우리의 고전문학인 시조를 그처럼 창작해낸 일은 민족문화에 대한 정인보의 애착과 정성을 알아보기에 충분하다.

나라를 잃은 시대에 민족의 얼이라도 살아 있기를 원했던 정인보는 조선학운동의 핵심인 국학자로, 역사학자로, 한학자로 살면서 조국의 해방과 독립을 위해 학술적으로 헌신했다. 실천적 학자로서 마침내 조국의 광복을 맞이한 뒤에는 정부 수립에도 기여했다. 그의 애국심은 나라의 도덕윤리를 정립하는 데 맞춰졌다. 그는 도덕윤리의 정립은 실학의 정립에서 찾아야 한다고 여겼고 종국적으로 조선학의 핵심인 실학연구의 대표자가 되었다.

이 책에서는 정인보의 생애와 사상을 알아보기 위해 그의 핵심 저술을 선별하여 정리했다. 실학의 정립은 도덕윤리를 정립하기 위함이었으니 그가 도덕윤리 정립에 주목하여 쓴 글들을 핵심으로 삼았다. 이제 정인보의 생애를 정리해보고 핵심 저술을 통해 학문과 사상을 확인해본다.

공동체를 위한 학문으로 일관한 삶

위당 정인보는 1893년 5월 6일 서울의 종현種峴(현 명동) 외가에서 태어났다. 동래정씨 명문가의 태생으로 집안에서 천자문을 배운 5세 이후로 가까운 집안 족형되는 학산學山 정인표鄭寅杓의 문하에서 한문의 기초를 배웠다. 정인표는 학자 관인으로 글도 잘했지만 인품이 훌륭하여 정인보의 부친이 그에게 글을 배우도록 했다고 한다. 머리도 뛰어났고 근면했던 정인보는 10세 무렵 한문의 기초를 거의 닦아 뜻하는 대로 모든 한문 서적들을 읽을 수 있었고 이로써 그의 학문은 넓고 깊게 쌓여갔다. 1903년 11세에는 서울을 떠나 집안이 양근으로 이사 가자 그곳에서 생활했다. 13세인 1903년 성씨부인과 결혼하고 15세인 1907년 진천으로 집안이 이사 가자 그곳에서 생활했다.

1910년은 정인보가 18세였는데 그해 7월 25일(음력) 조선은 끝내 망하고 말았다. 이른바 국치를 당한 해다. 그해 10월에 정인보는 평생의 스승 난곡蘭谷 이건방李建芳의 제자가 되었다. 이건방은 강화학파의 대표적 학자로서 선배 학자로는 다산茶山 정약용丁若鏞을 가장 높이 추앙했으니, 정인보에게는 새로운 학문의 방향이 정해지는 때였다. 강화학파는 그 핵심이 양명학이었기 때문에 정인보가 양명학 연구의 대가가 되는 길이 열린 셈이었고, 이는 스승의 제일 추앙자인 다산 정약용의 학문인 실학에 마음을 기울이는 계기도 되었다. 다시 말해 양명학과 다산학은 정인보 학문의 본령이라고 할 수 있는데, 이건방과의 만남에서 발단하여 그 두 분야의 학문이 정인보 학문의 핵심으로 자리 잡은 것이다. 이로부터 조선학이자 실심실학의 학문이 정립되는 계기가 되었으니, 참으로 뜻깊은 만남이었다.

나라가 망한 일은 역사의 큰 비극이었다. 애국심이 강했던 정인보는 학문에만 전념할 수 없었다. 1911년 19세의 정인보는 중국으로 들어가 독립운동에 대해 관심을 기울였다. 상해와 봉천 등지에서 노상익, 노상직 등을 만나 나라 일을 논의하다가 귀국했다. 다음 해에는 생모를 모시고 다시 중국에 들어갔다 귀국했다. 21세이던 1913년 정인보는 다시 상해로 들어가 독립운동단체인 동제사同濟社에 가담, 홍명희, 신채호, 문일평, 신규식, 박은식, 김규식 등과 함께 활동하면서 음력 2월에서 9월까지 7개월 동안 머물렀다. 그러나 뜻하지 않게 부인 성씨가 출산 과정에서 사망했다는 소식을 듣고 급거 귀국했고, 그해 11월 23일 두번째 부인 조씨에게 장가를 들었다. 이후 진천·목천 등지를 옮겨 다니면서 생활했다.

29세이던 1921년 이후 주로 서울에서 생활했고 홍명희와 함께 대둔산 일대에서 기거하며 한달 가까이 학문과 나라 독립에 대한 여러 의견을 나누었다. 30세가 되던 1922년 이후 정인보의 학문은 높은 수준에 이르러 큰 명성을 얻게 되었고, 문자를 받으려는 사람들을 위해 많은 글을 짓기에 이른다. 30대 초부터 정인보는 연희전문학교에 출강하기 시작하여 1937년까지 15년가량 국고國故, 족의族義, 실학實學으로 후생들을 훈도하고 국혼國魂, 절의節義로 사람들을 깨우쳐주는 일에 심혈을 기울였다. 32세의 5월부터는 『동아일보』 주필인 홍명희와의 인연으로 논설위원에 위촉되어 날카로운 필봉으로 민족정기를 선양하고 의인, 열사의 의기를 추앙하였으며 실학을 소개하는 글과 논설을 집필했다.

정인보의 중요한 저작은 대체로 『동아일보』에 연재했던 글이 많다. 순한문으로 된 『담원문록薝園文錄』의 글, 박은식과 이상재 등에 대한 추모의 글, 「양명학 연론」 「유일한 정법가 정다산 선생」 「오천년간 조선의 얼」 「조선고서해제」 등이 모두 『동아일보』 연재를 통해 완성된 글이었다. 35세 때부터는 불교전문학교와 이화여전에도 출강하면서 저술 작업에 전력을 기울였다. 1936년은 정약용 서세 100주년이 되는 해로 이를 계기로 실학연구와 조선학운동이 활성화되는데, 그 몇 해 전인 1932년 40세이던 정인보는 『동아일보』에 「유일한 정법가 정다산 선생」이라는 글을 발표하고 정약용의 전 저작을 『여유당전서與猶堂全書』라는 이름으로 간행하는 일에 중심적 역할을 하게 된다. 1935년에는 「정다산 선생 서거 백년을 기념하면서」를 『동아일보』에 게재하고 전서 간행에 박차를 가했다. 정인보는 안재홍과 함께 교정을 보면서 1934년 전서 간행 작업에 들어가 1938년에 76책으로 완간해냈다. 권수로 500권이 넘는 방대한 서적의 출판은 매우 힘든 일이었다. 조선학운동을 활성화하고 실학을 정립하려는 정인보를 비롯한 관계자들의 열성으로 마침내 거대한 사업이 완성된 것이다.

1939년 47세의 정인보는 「『여유당전서』 총서總敍」라는 글을 통해 다산 정약용의 학문과 사상, 곧 집대성된 실학의 진면목을 밝혀주는 작업을 해냈다. 45세 되던 1937년 무렵부터 정인보는 신병으로 외부 활동을 거의 하지 못하고 오직 글을 읽고 글을 쓰는 일에만 열중하여 수많은 저술을 집필했다. 『담원문록』의 많은 글들이 대체로 그 시절에 지었던 작품이다. 「난곡 이건방의 제문」 「단재와 사학」 등 무게감 있는 글들이 그 시절에 지은 것들이다.

이제 역사가 바뀌는 계절이 오고 있었다. 일제는 조선의 지식인들이, 조선의 백성들이 편안한 삶을 살 수 없도록 온갖 탄압을 지속했다. 창씨개명과 강제징발을 비롯하여 민족말살의 폭정이 계속되자 정인보는 끝내 서울 생활을 접고 전북 익산으로 은신했다. 1945년 3월의 일인데, 오래지 않아 8월 15일 광복을 맞자 서울로 돌아왔다. 당시 이름이 있는 명사들이 모두 변절하던 시절에 정인보는 끝내 완인完人으로 해방을 맞을 수 있었으니, 이는 투철한 민족주의자로서 자신을 단련시킨 결과이며 실학이라는 학문을 통해 얻은 도덕윤리의 내공의 덕분이라고 여겨진다. 1945년 53세에 맞은 민족해방은 새로운 역사가 전개되는 계기였다. 서울로 돌아온 정인보는 그해 11월 임시정부 요인들의 귀국에 맞춰 『동아일보』에 「봉영사奉迎辭」를 기고하여 조국 광복의 대업에 임시정부의 공로가 컸음을 찬양하며 "강산아, 나라는 다시 온다. 일월성신아, 우리 대한민국 임시정부의 앞길을 비추라"라는 감격적인 문장으로 끝을 맺었다.

1946년 54세의 정인보는 서재에서 나와 새로운 정부 수립에 헌신하기 시작했다. 그해 1월 남조선민주의원에 취임하고 전조선문필가협회장의 직을 맡았다. 9월에는 『조선사연구』를 서울신문사에서 간행하고 그 뒤에는 큰 유학자 하겸진의 서거에 부쳐 「하회봉 선생 상사」를 썼다. 10월에는 「세종대왕 어제 훈민정음 반포 오백주년 기념비문」을 저술했다. 그다음

해에는 국학자로서의 본분을 살려 국학대학장에 취임하고 다른 직임들은 사퇴했다. 1948년 56세의 정인보는 2월 『담원시조』(을유문화사)를 출간하고 8·15 정부 수립에 맞춰 감찰위원장에 추대되어 이도쇄신吏道刷新의 큰 책임을 맞게 되었다. 이후 국학, 역사, 시조에 국보급의 명성을 얻었다는 이유로 많은 국경일 노래의 가사를 지었다. 광복절 노래, 3·1절 노래, 제헌절 노래, 개천절 노래 등 자랑스러운 민족의 경축일 노래 가사가 바로 정인보의 작품이다.

그는 1950년 한국전쟁의 발발로 7월 31일 입원 중이던 한일병원에서 북한 군인에 의해 평양으로 끌려가던 중 불의의 사고로 마침내 운명하고 말았다. 그토록 바라던 광복을 맞았으나 뜻을 제대로 펴지 못하고 58세라는 아까운 나이에 숨을 거두고 말았으니 슬프기 그지없는 일이다. 나라의 국보를 잃은 그의 가족과 지인들, 그리고 국민들의 슬픔은 너무 컸다. 1955년에야 그의 흩어진 글들을 모아 『담원국학산고』(문교사)가 간행되고, 1967년에 『담원문록』(연세대 출판부), 1973년에 『담원시조』(을유문화사), 1983년에 『담원정인보전집』(연세대 출판부)이 출간되었다. 1990년 독립운동 유공자로 인정되어 독립장이 추서되었고 2006년 『담원문록』(태학사)이 따님 정양완 교수의 번역으로 간행되었다.

현실 돌파의 윤리와 윤리적 철학의 기반

1894년에 일어난 동학혁명은 한순간 처참하게 패배했다. 그 1년 전에 태어난 정인보는 망해가던 나라에서 유년 시절을 보내고 1905년 13세가 되던 해에는 을사늑약으로 국권 상실의 위기를 감지하면서 살았다. 기울어가던 나라는 18세이던 1910년 끝내 망하고 말았다. 정인보의 학문과 사상을 알아보는 데에는 그가 어떤 시대에 살았던가가 매우 중요한데, 정인보는 나라 없는 백성으로서 또한 학문 활동을 하는 학자로서 살았던 사람이다. 망한 나라의 학자. 그래서 그의 학문은 왜 나라가 망했는가에 대한 연구가 출발점이었다. 왜 망했는가가 밝혀져야만 그 원인을 바로잡아 나라를 되찾을 길이 열리기 때문이다. 그는 식민지라는 현실을 극복하기 위해서는 국민의식의 개혁과 학술상의 반정反正에 그 해법이 있다고 여기고 양명학과 실학에서 그 실마리를 찾았다.

「역사적 고황과 오인의 일대사」는 1928년 정인보가 강연한 내용을 문자로 옮긴 논설문이다. 이 글은 조선이라는 나라가 왜 망했는가를 가장 직핍하게 설명해주었고 이런 잘못을 제대로 고쳐야만 광복의 길이 열린다는 의미를 내포하는 글이다. 우리에게 역사적으로 고치기 어려운 고황, 큰 병근이 있다고 여기고 이를 뽑아내지 아니하고는 일절 학술이나 사업이나될 것이 없다고 말하면서 여섯가지의 병근을 예를 들어가며 자세히 설명했다. 그 여섯가지 중 첫째는 인습因習(답습), 둘째는 구차苟且(허술함), 셋째는 허식虛飾, 넷째는 당파黨派, 다섯째는 시기猜忌, 여섯째는 냉박冷薄(차가운 박대)이다. 그는 여섯가지 병근의 뿌리가 하나라면서, 이를 공公을 버리고 사적 이익만 꾀하려는 일념이라고 말했다.

그렇다면 사익 추구의 병근은 어디서 왔는가. 그는 "병이 발생한 원인은 송학宋學(주자학)의 수입에서 비롯되어 명철보신明哲保身의 한마디를 신성시한 것이 가장 중요한 원인이라 하겠다"라고 말했다. 그의 말에는 당시전통 학문의 주류였던 주자학에서 학문의 방향이 실학과 양명학으로 바뀌어야 한다는 뜻이 은연중에 담겨 있다.

정인보는 정약용을 설명할 때 자주 "학문상 발란撥亂으로 심지를 환성喚醒한다"고 언급했는데, 이는 잘못된 경전 해석을 바로잡아 올바른 해석을 할 때에만 병근을 치유할 수 있다는 해결책을 제시한 것으로 보인다.

「영원의 내홍」은 1924년 『동아일보』에 발표한 글이다. 이 글은 앞서 언급한 「역사적 고황과 오인의 일대사」에서 거론된 우리의 병근인 당파싸움에 대한 아픔을 토로한 정인보의 눈물겨운 호소문이다. "형제의 우애로 돌아가자"라는 부제가 말해주듯이 동족 간이나 형제끼리도 살육전을 벌이는 조선의 고질적인 당파싸움 때문에 나라가 망했다는 진단 아래, 어떻게 해야 당파싸움을 그치게 할 것인가에 대한 처방전을 제시했다. "수백년 내홍에 훈련된 우리 안광眼光은 마치 형사나 순사의 것과 같이 형제의 결점과 약점을 정탐하기에만 능란하여 언론이나 행동의 대부분이 형제를 서로 헐뜯고 형제의 사업을 파괴하기로 일을 삼는다." 그는 파벌싸움의 실상이 얼마나 잔인했는지를 소개해주면서 "조선이 살려 할진대 우선 영원한 내홍을 영원히 매장해버려야 할 것이다"라며 파벌싸움을 멈추자고 호소하고 있다.

「오천년간 조선의 얼」은 1935년 『동아일보』에 연재된 글이다. 이 글은 뒤에 서울신문사에서 간행한 『조선사연구』(1946)의 서론으로 출간되었다. 정인보의 독특한 '얼 사관'을 설명해주는 장문의 글이다. "학문이 '얼'이 아니면 헛것이 되고 (…) 역사가 얼이 아니면 말할 데가 없다. 무엇이나 그렇지 않은 것이 없다. 얼로서 참이라 얼이 아니면 거짓이요, 얼로서 실實이라 얼이 아니면 허虛다." 이처럼 그는 진가허실眞假虛實의 논리를 얼과 결부시켜 '얼은 바로 진이요 실'이라는 주장을 펴면서, 진의 얼을 지녀야 참다운 인간이요 진과 실을 지닌 민족이라야 참다운 민족이니 얼을 지켜야만 현실을 돌파할 수 있다고 강조했다.

정인보는 이 글의 결론에서, 빠져버린 얼을 다시 지녀서 우리의 현실을 타개하자고 말한다. "누구나 어릿어릿하는 사람을 보면 얼빠졌다고 한다. 멍하니 앉은 사람을 보면 얼 하나 없다고 한다. 이렇게 알기 쉬운 얼이다. 알기만 쉬운가. 누구나 다 있는 것이다. 누구나 다 있는 그 얼을 누구나 지니지 못하고 있으니 돌이켜 회복하는 것이 급선무가 되는 것이요, 누구나 다 지니지 못했으되 본디 누구나 다 있는 것이라 언제나 돌아보고 찾을 수 있는 것이다." 무엇보다 간절한 정인보의 외침이다.

「양명학 연론」은 1933년 9월 8일부터 12월 17일까지 무려 4개월여에 걸쳐 『동아일보』에 연재한 글이다. 송학 즉 주자학을 수입했기 때문에 우리가 고질적인 병근을 얻었다고 믿었던 정인보는 송학을 대체하는 학문으로서 양명학을 연구하여 「양명학 연론」이라는 대저를 완성하고 양명학자로서 우뚝 섰다. 그는 조선의 수백년간 역사가 '허虛와 가假'로서의 연출이었다고 여기면서 허에서 실實, 가에서 진眞을 추구한 양명학이라야 모든 병근을 치유할 수 있다고 믿었다.

「양명학 연론」 중 「논술의 연기」에서 정인보는 왜 이 글을 쓰게 되었는가를 밝히고, 이 글을 읽어서 실심實心 환성의 기회로 삼기를 바라는 마음으로 글을 쓴다고 설명했다. 두번째 글인 「양명학이란 무엇인가」에서는 양명학의 어원을 밝히며 명나라 학자 문성공文成公 왕수인王守仁의 호가 양명陽明이어서 왕수인이 이룩한 학문을 양명학이라고 부른다고 설명했다. 왕수인은 『대학문』 『논학제서』 『전습록』 등의 저서를 통해 자신의 학설을 주장했는데, 주자학의 바르지 못한 부분을 통렬히 비판한 내용이 그 핵심이다. 특히 양명학은 『대학』에 대한 주자의 학설인 『대학장구』의 문제점을 지적하여 '치양지致良知'의 학문 종지를 세운 학문으로서, 이 같은 양명학에 대해 정인보는 넓고 깊게 분석하고 해설하고자 했다.

「양명학 연론」의 전문을 수록할 길이 없어서 3~6항의 글은 생략하고 마지막 결론 부분인 7항의 '후기'를 수록했다. 정인보는 양명학의 내용을 간추려서 설명하면서, 기왕의 학술이 '허와 가'의 영역을 벗어나지 못했으니 양명학을 통해 '실과 진'으로 돌아와 실심實心의 학문을 이룩하자고 주장했다. "백 갈래 천 갈래 갈린 길들이 출발은 다 자기 마음에서 비롯하나니, 여기에 공부한 것이 없다면 백 갈래 천 갈래 갈림길이 다 '허와 가'일 뿐이니 어찌할 것인가. 그러므로 외람히 이 고언을 드려 기도하며 간절히 구걸하는 지극한 마음으로 사랑하고 공경하는 분들께 향하여 바치고자 하는 것이다." 그는 구걸하는 지극한 마음으로 양명학을 통해 세상을 구하고 나라를 되찾을 소망을 찾자고 호소했다.

윤리적 학술의 전통

정인보는 허에서 실을, 가에서 진을 찾아 진실한 학문의 윤리를 찾아낸 실학자를 연구하여 실학을 체계적으로 정립한 학자였다. 그는 애초에 "조선 근고의 학술사를 종계綜系하여 보면 반계가 일조요 성호가 이조요 다산이 삼조다"[1]라며 실학의 큰 맥을 정리했다. 「조선고서해제」는 앞의 세 실학자 이외의 수많은 실학자들을 연구하여 세상에 알리는 큰 업적을 이룩한 글이다. 이 글에서 그는 이면백, 정동유, 이의봉, 정상기, 김홍임, 유희, 정제두, 김정호, 홍대용, 이충익, 이중환, 신경준, 이광사, 홍길주, 이이명 같은 학자들의 귀중한 저서들을 세상에 알려주었다. 그중에서 이 책에서는 성호, 다산, 추사에 대한 연구 업적을 소개한다.

실학을 정립한 작업의 진면목은 실학자 성호 이익과 다산 정약용에 대한 연구에서 드러난다. 가히 그의 연구를 통해 조선 후기 실학사상의 전모가 세상에 알려졌다고 볼 수 있는데, 이는 정인보가 자신의 학문관·역사관을 스스로 밝혀주었다는 점에서도 큰 의미를 지닌다. 「『성호사설유선』서」에서 그는 성호 이익이 살던 시대의 학문 경향을 소개하면서, 그 시대가 국토와 민족을 무시하고 우리 자신의 독자성을 외면하던 시대라고 일갈한다. "선조들의 영토를 멸시해서 내버리고 족류(민족)를 누추하다며 무시하면서 오류를 답습하고 잘못을 이어받는 일이 오래되었다. (…) 우리의 독자성이 비록 누추하더라도 이것을 떠나서 우리는 더불어 존립할 것이 없게 된다. (…) 인민의 도덕이 이와 같이 붕괴되었는데도 나라를 잃지 않기를

---

[1] 정인보 「다산 선생의 생애와 업적」, 『담원국학산고』, 문교사 1955, 71면.

바라는가. 그때를 살았던 선비들은 이러한 기만적 학술에 모두 놀아난 나머지, 자신의 타고난 양심에 의해 이겨내고 노력하여 '의실구독依實求獨의 학문'에 종사한 경우가 매우 적었고, 백성들을 구제하려는 마음도 충분하지 못했다." 이런 시대적 분위기 때문에 꽃 피우지 못하던 '의실구독의 학문'이라는 것은, 우리 공동체가 가진 실체성 위에서 우리 공동체의 독자성을 추구하는 자주적이고 독립적인 학문을 뜻한다. 정인보는 자기 시대에 필요한 자주성과 독립성을 역사에 투영했던 것이다.

아울러 정인보는 이익의 역사학과 실학의 위대함을 정당하게 평가했다. "성호 선생에 이르게 되어 역사학에 근본을 두고 정체성을 찾아 회복을 추구하던 선열들을 앞장서서 드러내었다. 족류族類(민족)의 의리가 선명해졌고, 그 모범적 형식이 한번 제시되자 분분하던 갈래들이 모두 바르게 되었다. 이때부터 조선의 역사는 조선을 위주로 하게 되었다." 이익의 학문이 의실구독, 실체에 의거하여 독창성과 독자성을 추구하는 학문이라는 것을 명백히 밝혔으며, 실학이 의실구독의 학문임도 분명하게 지적했다. 성호학문에 대한 결론에서는 "그 귀착은 우리 인민들을 보좌하는 데에서 벗어나지 않았다"라고 말하며 실학의 근본 목표인 '백성 일용에 실익이 되는 학문'이 성호의 실학임을 밝혔다.

「『여유당전서』 총서」는 실학의 집대성자 다산 정약용의 인상을 선명하게 정리한 논문이다. 정약용은 유형원, 이익, 박지원 등 선배 실학자들의 학문과 사상을 이어받아 자신의 학문과 사상의 창의성을 결합하여 다산학을 이룩한 학자다. 이러한 사실을 밝힌 내용이 바로 정인보의 「『여유당전서』 총서」라는 글이다. 정인보는 정약용의 모든 저작을 인쇄로 간행한 뒤 그 책의 해설로서 이 글을 남겼다. "우리 선민先民들을 살펴보면 오래 전에 일어나 뭇 윤리를 펼쳐왔다. 비록 제도는 시대마다 달라졌어도 핵심은 백성들의 생계를 넉넉히 하는 것이었다"라는 문장에 정약용과 정인보의 학문과 사상의 핵심이 담겨 있다. 또한 '뭇 윤리〔群倫〕'와 '백성들의 생계를 넉넉히 함〔能厚民之生〕'이라는 두 구절에 그 두 사람의 뜻이 들어 있다. 다시 말해 우리나라, 우리 민족은 오래전부터 백성들이 넉넉하게 살아가게 해야 한다는 윤리를 갖고 있었으며, 제도는 시대마다 달라졌어도 '후민생厚民生'의 윤리는 살아 있었다는 것이다. 그러나 뒷세상에 오면서 그 '윤리'가 사라지고 끝내는 나라가 망하고 말았다는 것이 정인보의 진단이다.

정인보는 사라져가는 윤리를 회복해야만 나라를 살릴 수 있다고 믿으며, 그 윤리 회복을 위해 허가虛假의 학문에서 실진實眞의 학문으로 방향을 바꾼 학자들이 실학자들이고 그 학문이 실학이라고 주장했다. 그러나 유형원, 이익, 박지원 등의 실학사상은 나라 정책에 제대로 반영되지 못했다. 정약용이 나와 '후민생'을 더욱 간절하게 주장했지만 마찬가지로 이는 정책에 반영되지 못했다. 그래서 정인보는 다산의 학문과 사상의 전모를 밝히고 잃은 나라를 되찾기 위해서는 실학의 원리를 회복하여 실천에 옮겨야 한다면서, 실학을 정립하고 조선학운동을 열렬히 전개했다. 스승 이건방이 선배 학자로 정약용을 가장 존숭했듯이 정인보도 정약용의 학문을 가장 높이 평가하고 그에 대한 연구를 가장 깊고 넓게 펼쳤다.

정약용은 일찍이 『경세유표』를 지은 목적으로 '신아구방新我舊邦'을 표방했다. 이에 근거하여 정인보는 정약용의 학문과 사상의 핵심이 새로운 나라로 개혁하는 데 있다고 여기고 그 목표 달성을 위해 연구해낸 모든 학문을 소상하게 밝히는 일에 온 정성을 바쳤다. 정약용의 경학經學을 민중적 경학이라고 설명하고 경세학經世學은 실용지학이라고 말하여 학문의 본말本末을 갖춘 세상에 드문 학문으로 평가했다.

「『김추사전집』 서」는 실학자로서 서예에도 뛰어난 추사 김정희의 문집을 해제한 글이다. 정인보는 이 글에서 추사가 석천 신작, 다산 정약용, 아정 이덕무, 정유 박제가 등의 후배로서 이들의 학문을 이어받아 정현이나 허신을 능가하는 고증학자임을 밝혀주었다. 당시 세상에서는 김정희의 학문이 청나라의 옹방강·완원 등과 교유하면서 얻어진 학문이라고 말하는 사람도 있었지만, 일찍부터 가정과 사우로부터 전수받은 학문이 있었기에 그런 정도의 높은 학문을 이룰 수 있었다는 것이다.

식민지 지식인의 학술윤리

「단재와 사학」은 사학의 거벽巨擘인 단재 신채호의 인물과 학문에 대한 평론으로 1936년『동아일보』에 게재한 글이다. '매서운 혼'을 지녔던 독립운동가이자 사학자였던 신채호를 역사학자 정인보가 평했으니 의미 깊은 글이라고 하겠다. 정인보는 해박하고 독창적인 신채호의 역사학의 특징을 세가지로 설명했다. 첫째, 신채호는 고증하는 데 천재적 능력을 지녔다. 둘째, 얽히고설킨 과거사를 일목요연하게 정리해내는 일에 독보적이었다. 셋째, 문헌을 제대로 분석하는 능력이 뛰어났다. 단재의 진면목을 간명히 정리한 점이 주목된다.

「호암 문일평에게 보내는 편지」는 독립운동가요 역사학자였던 호암 문일평이 모 학자를 칭찬한 것에 대해 반박하며 보낸 편지다. 당시 젊은 학자들이 실증주의 사관에 경도되어 문헌에 의거하기만 하면 좋은 역사서라고 말하던 때에 대학자 문일평이 그에 대해 옹호하는 말을 하자 정인보가 반대 의사를 표한 것이다. 당시 일본학자들이 문헌에 있다는 것을 근거로 삼아 임나일본부의 실재를 주장했는데 이 또한 문헌에 있다는 이유로 조선학자들이 동조하며 따르자, 문헌의 진가眞假도 분별하지 않고 그냥 따르는 일은 있을 수 없다는 주장으로 일제 식민사관에 동조하던 젊은 학자들을 혹독하게 비판했다.

「순국선열추념문」은 1945년 12월 23일 서울운동장(구 경성운동장)에서 거행된 순국선열추념대회에서 낭독된 문장이다. 임시정부 주석 자격으로 백범 김구가 추념대회 총재를 맡았고, 당시 정인보는 백범의 명의로 추념문을 작성하고 낭독까지 했다. 통감부에서 총독부로 이어지는 일제의 억압에 맞서 생사를 넘나들며 해방을 추구하던 독립운동의 역사를 격정적 언어로 서술하고, 순국선열에 대한 존경과 앞날의 과제를 의미심장하게 짚어낸 명문이다. 실심실학의 지식인으로서 식민지 시기 내내 학술윤리를 지켜온 정인보가 아니었다면 쓸 수 없는 글이라 하겠다.

윤리적 문학의 전통과 실천

「정송강과 국문학」은 민족자아 윤리에 충실했던 송강 정철과 고산 윤선도의 한글 작품을 높게 평가한 글이다. 장가인 '가사'의 작가 정철, 단가인 '시조'의 작가 윤선도의 작품에 담긴 탁월한 문학성과 뛰어난 표현 기법에 극찬을 바쳤다. 주자학이 학문의 주류이고 존화양이 사상이 정신세계를 지배하던 조선왕조 시절, 우리 문학과 문화를 드높인 두 분의 작품을 높이 평가한 일은 민족주의자 정인보의 본 모습을 드러낸다.

「금산군수 홍공 사장」은 1910년 나라가 망했다는 소식을 듣고 현직 금산군수로 있던 홍범식이 목을 매 자결한 행적을 기록한 글이다. 그때 홍범식은 겨우 40세였고 정인보의 막역한 친구 홍명희의 부친이었다. 22세이던 때의 1914년 글이니 젊은 시절부터 뛰어났던 정인보의 문장력을 알게 해준다. 이 글에서 정인보는 "공은 천성이 인애仁愛하여 따뜻하고 유순함이 마치 아낙네 같았지만, 불의를 보면 용납하지 않고 의로움에 대해서는 사모하기를 독실히 했다"라고 말하며 불의한 일제를 용납하지 않고 의를 위해 죽음을 택한 홍범식의 윤리를 가르쳐준다.

「시조와 노랫말」에서는 정인보가 지은 한글 작품인 시조와 국경일 노래 가사를 소개했다. 이에 대해 1973년 을유문화사에서 간행한 『담원시조』의 서문으로 쓴 양주동 박사의 글에 담긴 내용을 여기에 인용한다. 그에 따르면 위당의 시조는 "섬세한 채 단단하고, 깊숙한 채 들날리며, 고아하되 사무치고, 정서적인 대로 사상적이니, 얼른 말하자면 살과 뼈가 있는 강유를 겸비한 작품"이다. 그러면서 양주동은 위당이 정情·재才·식識·혼魂 네가지를 모두 갖춘 작가라고 평한다. "그의 함축성 깊은 근고어近古語의 풍부한 채택에 의하여 우리말의 정치성精緻性과 입체성을 배우는 동시, 아울러 많은 고실故實, 전통, 일언으로 말하면 이른바 우리의 고유한 맛과 정조를 충분히 감득하게 할 것이다." 참으로 온당한 평가다.

윤리적 공동체의 밑그림

연희전문학교에서 동료 교수이자 막역했던 친구 백낙준은 위당을 가장 잘 알던 사람 중의 한명이다. 그는 『담원국학산고』 서문에서 "위당은 쇠퇴하여지는 국학을 진흥시키고 캄캄하여져가는 국사國史를 빛내어 진眞과 실實을 알게 하여 사람으로 그 본연에 돌아가게 하려 함이 그의 평생 노력이었다"라는 말을 남겼다. 편자는 백낙준의 말을 빌려 정인보의 사상을 간단하게 정리하고자 한다. 우리 민족, 우리 인간에게는 백성들의 생계를 넉넉하게 해주어야 할 윤리가 있다. 송학宋學의 영향으로 그 윤리가 살아나지 못하고 있으며 실학과 양명학에서 그 윤리를 찾을 수 있다고 믿은 정인보는 평생 동안 실학과 양명학을 연구하여 그 윤리의 실천으로 조국의 광복을 도모했던 학자다.

정인보는 자신이 꿈꾸던 광복을 살아생전에 보게 되었지만 곧이어 한국전쟁 통에 납북되다가 사망했다. 그 후 우리 공동체는 식민지와 전쟁의 고통을 딛고 경제발전과 민주화를 위해 달려왔고, 이제는 여러 분야에서 선진국 반열에 올랐다고 평해진다. 그러나 정인보가 추구한 공동체를 위한 윤리는 오히려 퇴보하고 있는 듯하다. 우리 모두가 공동체를 위한 윤리를 모색하기보다 각자도생의 경쟁에서 생존할 고민에 빠져 있다. 공동체를 위한 윤리를 외면할수록 각자도생의 경쟁은 치열해지고, 이런 곳에서 살아남기 위해서는 공동체를 위한 윤리를 생각할 겨를이 더더욱 없어진다. 이런 사회가 얼마나 더 지속될 수 있을 것인가. 윤리적 공동체를 다시 그려야 할 때가 되었다. 정인보의 사상을 다시 돌아보아야 할 때인 것이다.

1장
현실 돌파의 윤리

역사적 고황膏肓[1]과 오인吾人의 일대사一大事[2]
—우이동 하령회夏令會[3] 강연 필기

제1일

우리에게는 역사적으로 고치기 어려운 병근病根(기저질환)이 있습니다. 이를 뽑아내지 아니하고는 일절 학술이나 사업이나 도무지 될 것이 없습

---

1   한의학에서 심장과 횡경막 사이를 지칭하는 용어로서 이곳에 병이 생기면 고치기 어렵다고 하는데, 고치기 어려운 깊은 병 자체를 말하기도 한다.

2   『청년』1928년 9·10월호; 정인보『담원 정인보 전집』2, 연세대학교 출판부 1983, 273~84면. 이 글은 국한문 혼용체에 기반한 강연 녹취록으로, 현대어로 옮기되 현장감을 살리는 방향으로 정리했다.

3   조선남녀학생기독교청년회에서 1928년 8월에 주최한 여름 연합수련회. 이 행사에는 윤치호(尹致昊), 신흥우(申興雨), 김활란(金活蘭), 오화영(吳華英), 백낙준(白樂濬), 배은희(裵恩希), 홍종숙(洪鍾肅), 홍병재(洪秉載), 조만식(曺晩植), 김필례(金弼禮), 서춘(徐椿), 채필근(蔡弼近), 변영서(邊永瑞), 김욱제(金旭濟), 정인숙(鄭寅肅), 윤신영(尹愼榮) 등과 더불어 정인보가 강사로 나왔다.

니다. 뭐니 뭐니 여러 가지 방법을 들어서 조선이 당면한 현실에 대한 구원을 말하고자 하나, 이 병근은 이 병근대로 두고서 하는 논의이기 때문에 병근 문제에 이르러서는 암만 하여도 격화소양隔靴搔癢[4]의 느낌이 있습니다.

첫째는 인순因循(답습)이 한 병입니다. 인순도 엄청난 인순입니다. 가장 이치에 어그러지는 예를 들면 "유명조선국有明朝鮮國"[5]이라고 우리 자신을 칭하는 것을 서로 이어가며 관습으로 알았으니 생각하여보면 우습지 아니합니까? 또 가까운 일례를 들어봅시다. 『동몽선습童蒙先習』에 "정복하시고"[6]라는 구절을 몇백년 그대로 읽어오지 아니하였습니까? 정복당한 사람이 누구입니까? 거기다 "하시고"라는 말이 더욱 우습지 아니합니까? 그냥 읽어왔습니다. 어떻게 읽어야 하는지 모르고 읽은 것이 그럭저럭 몇백년 되었습니다. 무엇이나 다 이렇습니다.

둘째는 구차苟且(허술함)입니다. 또 우스운 말씀 하나 하리다. 역사적으로 구차이던 것을 한가지 일만 보아도 알 수 있습니다. 영조 무신년(1728)에 이인좌李麟佐(1695~1728)의 난[7]이 있었습니다. 순무사巡撫使[8] 오명항吳命恒(1673~1728)이 출정하러 가다가 중대한 사건이 생겼습니다. 다른 일이 아니라 탄환이 총구에 들어가지 아니하므로 수원서 며칠을 묵어가면서 이를 가

---

4 신발을 신은 채 가려운 발을 긁는다는 뜻으로, 효과가 없는 행동이나 이치에 맞지 않는 행동을 가리키는 말이다.

5 명나라의 조선국이란 뜻으로, 정인보는 이러한 조선시대의 관습적 표기를 통해 조선왕조가 주체적인 국가 인식이 없었음을 지적하고 있다.

6 『동몽선습』은 조선 중종 때에 박세무(朴世茂, 1487~1564)가 쓴 어린이 학습서로, 『천자문 (千字文)』을 익힌 어린이가 『소학(小學)』을 배우기 전에 공부하는 교과서로 널리 사용했다. 정인보가 문제시하는 부분의 원문은 "토멸지(討滅之)하시고"인데, 『동몽선습』에서 이 문장의 주어는 한 무제(漢武帝)이며 목적어는 고조선이다. 정인보는 중국인 입장에서 표현한 "정복(討滅)"을 아무 문제의식 없이 그대로 읽는 데다가, 우리 민족의 나라를 망하게 한 한 무제를 높이느라 "하시고"라는 토를 단 비주체적 입장을 비판하고 있다.

7 노론이 주도하는 정국에서 배제된 소론과 남인의 과격파가 연합해 무력으로 정권 탈취를 기도한 사건.

8 지방에서 반란이 일어나거나 국지전이 발생했을 때 군무(軍務)를 맡아보는 한편, 백성들을 위무하고 민심을 수습하는 일을 담당했던 임시직.

느라고 죽을 힘을 들였다고 합니다. 웬만큼만 정신을 차렸으면 이 지경이 되었겠습니까? 만반의 구차하던 것을 이 한가지에서 다 알 수 있습니다.

셋째는 허식虛飾입니다. 우리네의 항용 쓰는 말이 있지 아니합니까? 남부끄럽다, 체면에 그럴 수 있나, 이것이 무슨 모양이냐? 이 몇 가지 말이 우리의 상호 간 체면치레에 흔히 쓰이는 말이 아닙니까? 오늘날에 비로소 있는 말이 아니라 역사가 오랜 말입니다. 그저 거죽으로만 꾸려서 남의 눈앞에 그럴듯하게 꾸미던 것이 몇백년 변함없이 내려오던 것입니다. 학술이든 정치든, 안으로 가풍家風이든 밖으로 사교든 모두 허식뿐이었습니다. 가장 걱정이 남부끄러운 것이요, 가장 큰일이 모양 보는 것이요, 가장 중히 알던 것이 체면입니다.

터무니없이 빈 것으로 살던 한 사건을 먼저 들고자 합니다. 내가 어려서 『호남강령湖南綱領』이란 책을 보니까 호남 일도에만 상비병 수가 수십만인입디다. 깜짝 놀랐습니다. 우리도 과거에는 병비兵備가 이만하였구나 하였습니다. 그런데 속을 알고 보니 국초부터 "유보무궐有補無闕"(보태기만 하고 빼기는 없음)인 가소로운 병안兵案(군사 관리 장부)이 문서로만 숫자를 기록한 것입니다. 이렇게 터무니없이 지내왔습니다.

초상상제가 삿갓가마⁹를 타고 가다가 장터를 만나야 우니 부모에게도 허식이 아닙니까? 국상國喪 때에 소찬素饌하는 이들이 고기 건더기 없게 만든 국을 먹으며 "으뭉탕"이라 하였습니다. 문구멍으로 누가 오나 보아 기척만 있으면 자세를 반듯하게 하고 앉아 바쁜 척하는 것이 유자儒者들이 흔히 보이는 예요, 권귀權貴에게 대드는 기색과 언어를 발하여 밖으로 명예를 얻고 속으론 대뜸이 도로 더없는 아첨이 되어 이로써 그의 환심을 낚는 것이 이른바 사대부의 기풍이었습니다. 그러므로 누구나 점잖지 아니함이 없으되 참으로 점잖은 이는 적었고, 누구나 유교를 겉치레로 꾸몄지

---

9   가장자리에 흰 휘장을 두르고 위에 큰 삿갓을 씌운 가마로, 주로 초상의 상제가 탔다.

만 참 유자는 보기에 드물었습니다.

이러한 것으로 보면 어떠한 사람이겠습니까? 어림없고 어리석은 사람이겠습니까? 아닙니다. 그렇지 아니합니다. 너무 똑똑하고 너무 세련되고 총명한 사람이었습니다. 어수룩한 일이라고는 한 일이 없었습니다. 이네들이 하는 일을 다시 볼 것 같으면, 당파黨派로는 옛날에 보지 못할 당파요, 시기猜忌로는 극도에 이른 시기요, 냉박冷薄(차가운 박대)으로도 다시 없을 냉박들이었습니다.

임진왜란 때에 이통제李統制(삼도수군통제사 이순신, 1545~98)를 잡아 올리던 것이 당파입니다. 존망이 이 한 사람에게 달려 있건마는 당파적 시각이 견고한지라 이 사람을 죽일 생각이 더 컸습니다. 또 당파로도 한때 한 시기의 쟁투가 아니라 부자와 조손이 서로서로 계승하고 일당이 또 나뉘어 오랠수록 더욱 많이 뻗어나가는 당쟁입니다.

또 조선인같이 남의 공적을 시기하고 질투하는 사람이 없습니다. 한마디의 장점과 한가지의 능력이라도 들릴 때 벌써 시기심이 일어납니다. 조선에서 큰 공적이 있는 위인을 말할 때 헐뜯는 말이 없는 법이 없습니다. 발명이 있으면 그전에도 있었던 것을 증명하기에 몰두하고, 성취가 있으면 그 속에 나무랄 점이 숨어 있지 않나 찾아내기에 마음을 썼습니다. 이통제의 거북선이 율곡栗谷 이이李珥(1536~84)의 지시요, 서애西厓 유성룡柳成龍(1542~1607)의 훈업勳業이 겸암謙庵 유운룡柳雲龍(1539~1601, 유성룡의 맏형)의 가르침이라고 하는 것 같은 전례가 한두가지가 아닙니다. 자신에게 간절한 이해가 없어도 이같이 시기심이 일어나는 터인즉, 터럭만큼이라도 제 이해가 직접 있다 할 것 같으면 그야 물론 상대방을 할박割剝(살을 베고 가죽을 벗김)하고야 말 것 아닙니까? 냉박으로는 누구나 거의 냉박하였으니 이만큼 당파적 시각이 강렬하고 시기심이 예리한 바에야 그의 마음속 돈후온량敦厚溫良(인정이 두텁고 후하고 따뜻하고 선량함)을 찾을 수 없을 것은 재론할 필요가 없지 아니합니까?

그런데 당파도 순수한 당파가 아니라, 속은 구질구질한 사적 이익을 다투는 것이면서도 겉으로는 춘추春秋의 대의大義와 공맹孔孟의 성훈聖訓을 표방하여, 다투면서도 모양도 보고 체면도 보고 남부끄럽지 아니하도록 장엄하게 꾸미는 전쟁이었습니다. 다시 말하면 피차의 당쟁이란 것은 가식 대 가식의 전쟁이었습니다. 시기는 공정한 분노라고 포장하고, 냉박은 가끔 돈후온량의 옷을 입어 한층 더 독석미毒螫味(독벌레 같은 맛)를 가지고 있게 되었습니다.

위에 적은 여섯가지 병이 나누어 여섯이지만 한 뿌리에 달린 것입니다. 이는 다른 뿌리가 아니라 곧 자기의 사적 이익만을 꾀하려는 일념이 이것입니다. 인순이 자신에게 이익이 됩니다. 우뚝 서거나 새로 만들거나 개조하는 일은 다 위험성이 있으므로 탈 없을 것을 생각하게 되어, 남 하는 대로 오래 두고 해오던 대로 그렁저렁 지내는 것이 제일이라 하여 이같이 된 것입니다. 구차도 자신에게 이익이 됩니다. 나만 어떻게든지 책임을 벗어나면 그만이다, 잘할 필요가 없다, 잘하려다가 혹 탈만 날 수도 있다, 애초에 고식책이 좋다 하여 이 사람 저 사람 명철보신明哲保身[10]만 하는 바람에 나라의 계책과 백성의 삶은 물을 수도 없을 지경에 미치었으나, 자기네로는 아주 득계得計(좋은 계책)로들 알았습니다. 허식은 더군다나 자신에게 이익이 됩니다. 저렇게 마음먹은지라 저의 진면목이 드러나면 누구나 침 뱉듯 버리지 아니하겠습니까? 자기를 지키려니 꾸밈으로 살 수밖에 없게 되었습니다. 당파가 자기 이익 아니고 무엇을 다투겠습니까? 저를 추켜세울 맘이 없다면 시기가 있겠습니까? 남에게 냉박한 사람이 자기에 대해 범범하지 아니할 것은 물론입니다.

그러고 보니 우리 역사의 고황膏肓이 무엇이겠습니까? 자기 이익을 꾀하는 생각 그것입니다. 이야말로 고치기 어려운 병근입니다. 이 생각은 실

---

[10] 총명하고 사리에 밝게 자기 몸을 잘 보존함을 말하는데, 여기서는 총명하고 사리에 밝은 체하며 제 한 몸 지키는 일에만 몰두하여 세상일을 돌보지 않는 태도를 말한다.

재의 생각이건마는 이로 좇아 나타나는 것은 어느 무엇이고 허위 아닌 것
이 없어서 마침내 평생 동안 자기의 희로애락에 한번도 진실이 드러나는
적이 없고, 오직 거짓으로 지어내고 꾸며대어 결국 제 생활이라고는 못 하
게 되고 말았습니다. 한 찰나 사이라도 진실이 드러난다면 여섯가지 병이
즉시에 모양을 감추게 될 것입니다. 자기 이익을 꾀하였지만 결국 거짓의
응보가 거짓으로 오고 마니, 깨달은 사람으로서 이네를 훤히 들여다보면
결국 지극히 어리석고 아주 멍청한 사람이라 아니 할 수 없습니다.

　사람이 세상에 나매 가정으로 부자, 사회로 붕우, 미루어 만반의 관계에
미치기까지 한번 안부를 묻고 한번 음식을 권하는 데에도 진정眞情이 드러
나는 것이니, 한마디 말의 끈끈함이 있고 한가지 일의 접착력이 되는 것입
니다. 큰 곤경에 처하여 서로 위하여 죽는 것이 무엇에 말미암습니까? 서
로의 엉김이 진정이매 무엇이든지 이를 떼어 제칠 수 없는 것이 아닙니까?
우리는 이 한곳이 비었습니다. 몇백년을 눈물이 없었나니 있다면 거짓의
흐름이요, 몇백년을 웃음이 없었나니 있다면 꾸며진 표정입니다. 우리가
우리대로 살아야 비로소 우리의 생활입니다. 이제 삶이 우리로서 사는 것
이 아니니 누구나 자기 이익을 꾀하자 할 때 생각이 한번 여기 미치면 어
찌 통곡할 바가 아니겠습니까? 통곡은 진정의 곡哭이라 이 울음이 오랫동
안 거짓으로 꾸며대던 사람에게서 좇아 나올 리가 없습니다. 여섯가지 병
이 하나의 뿌리에 달리매 이 뿌리가 고황의 본령이거늘 이제 와서도 뽑아
버리려는 노력이 없을 뿐 아니라, 아래로 내려오는 동아줄이 옆으로 여러
가지 새끼를 보태어 오늘의 고황은 전날보다도 더욱 단단하고 또 방대하
게 되었습니다. 종기 뿌리가 뽑히지 아니하였는데 보약을 먹으면 종기의
독성만 돕는다는 왕양명王陽明[11]의 말씀이 곧 오늘날 우리에게 한 말씀인
줄로 압니다.

11　왕수인(王守仁, 1472~1529). 중국 명대의 유학자. 자는 백안(伯安), 양명은 그의 호. 지행합
　　일(知行合一), 심즉리(心卽理), 치양지(致良知) 등을 주장해 양명학의 창시자가 되었다.

일체의 학술이 조선인에게는 병을 악화시킬 물건이며, 허다한 주의主義가 조선인에게는 증세를 더하게 할 약제입니다. 오랫동안 해오던 재능이 있으매, 공론이 손에 잡히면 공론을 빌려 사견私見의 방패를 삼을 수도 있고, 공존의 이론과 상조의 학설이 남모르는 속에 벌써 혼자만 살고 자기만 위하는 교묘한 보호막이 될 수 있습니다. 이러하니 역사적 병근이 한층 더 세차게 기승을 부립니다.

근일에 귀에 넘치는 모든 것을 대강 짐작해보시면 아실 것입니다. 도로 인순입니다. 남이 떠드니 나도 떠들지 않습니까? 도로 구차입니다. 명확히 단절하려는 자의식이 어디에 있습니까? 도로 허식입니다. 실지로 속 깊이 느낀 바 있어 이에서 출발하는 것이 아니고 예전처럼 거짓 꾸밈의 행세입니다. 그러니 어찌 당파가 없겠습니까? 도처에서 겉으로 싸우지 않으면 속으로 싸우는 것입니다. 어찌 시기가 없겠습니까? 남을 타도하는 것을 나의 수립으로 압니다. 어찌 냉박하지 아니하겠습니까? 서로서로 더운 정을 주고받는 사람은 거의 한 사람도 없다고 할 만큼 쌀쌀들 하지 아니합니까. 가르쳐야 한다? 가르치는 것도 좋지만 가르쳐봐야 결국은 이 병근에다가 비료를 증대할 뿐입니다. 모아야 한다, 조직하여야 한다? 모임도 병근은 병근대로의 모임이며 조직도 병근은 병근대로의 조직입니다. 종교가가 되자? 종교가도 이 병근을 뽑아낸 뒤라야 참사랑과 참슬픔이 있을 것입니다. 문학자가 되자? 문학자도 이 병근을 뽑은 뒤라야 참된 정서의 참된 드러남이 있을 것입니다. 경제가 파멸의 상태이다? 살려 하매 여러 가지 구제책이 있어야 하겠으나 그러나 이에도 근본 문제는 이 병을 뽑아내는 것입니다. 사활과 존멸의 근본이 오직 여기에 달렸습니다.

제2일(전일의 계속)

어제 말씀한 것과 같이 우리의 역사적 고황이 참으로 한심합니다. 동방

군자국이 당시에 지나支那(중국) 사람으로부터 지고한 숭앙을 받아서, 이 땅에 나는 새는 봉황이라서 보이면 천하가 안녕하다 하였고, 범은 맹수라고 하나 이네들의 어루만지는 어질고도 곰살가운 손 앞에는 길든 개와 같이 고개를 숙였다고 하였습니다. 동이의 이夷는 인仁이라, 이夷의 고자古字가 이仁니 이仁는 즉 인仁이라 어질 인仁 자 그대로라고 지나의 현대 석학 장태염章太炎[12]이 논증한 바 있습니다. 지나의 전승하는 사상의 핵심은 인입니다. 삼대三代(중국 고대 하·은·주 세 왕조)의 통치 교화와 주공周孔(주공과 공자)의 학문이 모두 인 하나를 싸고도는 것입니다. 우리의 선민이 남에게 인이라는 칭호를 받던 것과 인이 저들에게 어느 정도의 사상적 핵심이냐 하는 것을 생각하여보면, 사적史籍에 기록은 없으나 동방 사상의 주류가 조선에서 발원하였다고 하여도 혹 과언이 아니 될 줄 압니다.

어질면 약할 듯도 하건마는 옛날에서 멀지 않은[13] 고구려 시대의 무위武威를 볼 때 과연 어떠합니까? 신라에 미쳐서는 문화가 점점 극성에 들어가 고구려같이 강무强武하지는 아니한 듯하나, 김유신金庾信(595~673)의 "허리에 찬 보검이 스스로 뛰어 칼집을 뛰쳐나오던〔腰間寶劍自躍出鞘〕"[14] 광경을 생각하여보면 얼마나 오싹합니까? 그러고도 이때로부터 바로 얼마 전 우리 사신이 양조梁朝에 갔다가 후경侯景의 난이 지난 뒤 성궐이 퇴폐함을 보고 일시에 목 놓아 부르짖으며 곡을 하여 지나가는 사람들이 모두 울었다

---

12   장병린(章炳麟, 1868~1936). 자는 매숙(枚叔), 태염(太炎)은 그의 호. 중국 청말민초의 학자.
      만주족의 통치에 반대하는 종족혁명주의(種族革命主義)의 대표적 사상가였으며, 제자백가
      의 사상과 고증학 및 불교를 망라해 중국 국학(國學)을 주창했고, 특히 문자학에 해박했다.
13   여기서 옛날은 정인보가 한반도 역사 초기의 이상적 문명으로 상정하고 있는 고조선 시대를
      말한다.
14   『삼국사기(三國史記)』에 나오는 구절로, 신라군이 황산벌에서 백제군과 전투를 치르느라
      당나라군과의 합류 약속에 늦자 당나라 장수 소정방(蘇定方)이 지각의 책임을 물어 김유신
      의 부하 김문영(金文穎)을 처벌하려 했을 때, 김유신이 당나라와 먼저 승부를 겨루겠다며
      발끈하는 광경을 묘사한 대목이다. 김유신의 기세에 눌린 소정방이 김문영을 석방하는 것으
      로 『삼국사기』에는 서술되어 있다.

는 것을 보면[15] 이어온 지 오랜 인성仁性이 가다가 물아物我의 간격이 없음을 짐작할 수 있습니다.

이 무위와 이 인정仁情이 서로 표리가 되는 것입니다. 자기 이익을 모르고 측은함만 가진 사람처럼 인한 자가 없으매 또한 이처럼 강한 자가 없습니다. 스스로를 위하는 생각이 움직인 뒤일 것 같으면 벌써 신체적 고통을 견디기 어려워지고 가족에 대한 사랑이 앞서게 되니, 누가 이를 떨치고자 하겠습니까? 그러므로 우리 선민의 지극히 인함이 곧 우리 선민의 지극히 강함인 것입니다. 인이 다른 것입니까? 본심의 느낌을 그대로 하고 이 밖에 다른 계산이 없으니 자기의 이익과 손해에 대한 생각이 붙지 못하는 그 정체를 가리킨 것입니다. 우리는 이러한 조상의 자손입니다. 오래되어 선조가 가르쳐준 교훈과 전해준 관습이 차차 쇠하여 수백년 이래로 역사적 고황을 가진 민족이 되었으니 고금을 올려보고 내려볼 때 누구나 개탄하지 아니할 수 없을 것입니다.

병이 발생한 원인은 암만 하여도 송학宋學[16]의 수입에서 비롯되어 명철보신의 한마디를 신성시한 것이 가장 중한 원인이라 하겠으나, 이보다도 고려 중엽 이후로 중국에 대한 모화慕華의 흉내가 아주 선민의 전통적 국성國性(민족성)을 저버리어 마침내 사이비 한문 문장과 독자성 없는 종속적 학술이 가득하게 되어 어느덧 본심을 잃어버린 것이 더 큰 원인이라 하겠습니다. 대저 이 병근을 심각하게 만든 것은 송학이며, 이 병근을 숙성시켜 낸 것은 근본을 저버린 모화파 학자들입니다. 이만큼 역사가 오랜 고황인

---

15   『삼국사기』에 나오는 구절. 백제 제26대 성왕(聖王) 때 사신이 중국 양(梁)나라에 가보니 후경의 반란에 무제(武帝)는 죽고 도성이 황폐해져 있었다. 사신들이 도성 앞에서 양나라를 위해 통곡을 하자 후경이 그 소식을 듣고 사신들을 투옥했는데, 나중에 후경의 반란이 진압된 뒤에야 귀국할 수 있었다고 한다.

16   중국 송나라 때에는 한나라와 당나라의 학문 경향인 훈고학(訓詁學)에 반발하여 철학적 사색을 중시하는 학문 경향이 우세했는데, 이러한 학문적 분위기 속에서 남송의 철학자 주희(朱熹, 1130~1200)가 주자학(朱子學) 즉 성리학(性理學)을 수립해 우주와 역사와 인간에 관한 송학의 철학적 체계를 집대성했다.

지라 이제 이를 제거하는 것이 우리들의 더할 수 없는 큰일입니다.

이를 뽑아버리려면 첫째 본심을 환기하여야 합니다. 본심, 본심이란 무엇입니까? 본심은 간격과 차별이 없습니다. 본심은 물아物我가 없고, 일체의 구구한 돌아봄과 꺼려함이 없고, 만사에 속 좁은 계산이 없습니다. 몸에 어떠한 고통이 미치든지, 심하면 죽음이 앞에 있든지 더 심하면 집이 망하고 가족이 멸하든지 어느 지경에 이르더라도 자기 태도는 늘 자기 태도대로 가지게 됩니다. 시대를 호령하는 권력자가 사랑하는 사람이라고 해도 그에게 쏠리는 법 없고, 억만금의 재산이라고 해도 부러워하지 아니합니다. 오직 생각을 공통적으로 내고 느낌을 전체적으로 일으킬 뿐입니다. 그러므로 본심의 느낌은 조선인이면 조선인으로서의 고통과 가려움을 느낄 뿐이라 각자의 이해에 대한 생각이 없고, 이 생각이 없으므로 너나없이 한 덩이가 되게 됩니다.

지금 실험하여보아도 압니다. 여기 무슨 일이 일어났다 합시다. 가장 사람의 감정을 일으킬 만한 일이라 합시다. 자기 이해가 관계되는 사람은 관계의 정도를 따라 다 각기 생각이 다를 것이겠지만, 이것이 없이 그대로 와락 느껴진다고 합시다. 물론 백이면 백이 다 같은 느낌을 일으킬 것입니다. 누구나 다 같음일새 이것이 이른바 인생의 근본이며 대우주의 단일한 영성靈性의 발로입니다. 본심은 태양이라 이 한 덩이가 두렷이 솟아난 뒤에는 병근이란 다 무엇이겠습니까? 조선인이 조선인으로서 단합한다고 합시다. 원체 한 덩이인 근본 마음으로부터 흘러 인도하지 아니하고 어디서 착수하겠습니까?

그러나 이 정도의 말씀으로는 실행의 단계가 되지 못합니다. 우리들의 일대사가 본심 환기에 있으니, 본심 환기에 대한 첫 단계 즉 유일한 정도正道를 말씀하지 아니할 수 없습니다. 환기로부터 아주 회복에, 첫 단계로부터 아주 본령에까지 이르는 것은 우리들의 노력에 달려 있는 것입니다. 우리는 무슨 일을 하고 아니 하는 데 남 모르고 나 혼자만 밝게 아는 안심과 불안이 있습니다. 이 한 자리만은 인생에서 가장 환하고 밝은 곳이라 누구나 스스로 이 자리에는 구차한 용서를 받을 수 없고 희미하게 감추는 것을 도모할 수 없습니다. 알고도 위배함이 있을지언정 누구나 불안함을 느낄 때 자기 혼자만의 고통이 없는 법이 없습니다.

한달을 모르다가도 하룻밤에 불안이 있을 수 있고, 일년을 마비되었다가도 하루아침에 고통을 느낄 때가 있습니다. 남은 속일 수 있으나 저는 속일 수 없으니 저 혼자만 알고 저 혼자만 느끼는 이 자리의 한점의 밝음은 비록 지적 능력이 모든 사람보다 뛰어난 사람일지라도 어찌하지 못하는 것입니다. 그러므로 정의와 불의, 정직과 부정, 사적 이익과 공존, 편파와 공평이 이곳으로부터 갈라져 나가는 것입니다. 지극히 어리석은 자일지라도 가지고 있고, 완악한 자일지라도 다 같이 가진 것입니다.

이제 이 불안의 생각이 있을 때, 곧 하지 아니하여서 불안일 때는 반드시 하고, 하여서 불안일 때는 반드시 하지 아니하여, 이 불안이 안심이 되도록 노력하여보시면 얼마 지나 자연히 무엇에든지 불안을 느낌이 전보다 예민해질 것입니다. 이 느낌이 날카로울수록 스스로 불안을 견디지 못함이 한층 한층 더욱 심해질 것입니다. 차라리 몸이 죽고 집이 망할지언정 이 불안은 견디지 못하게 됩니다. 불안이 스스로를 위하는 생각에서 생김이 아니라 본심에서의 느낌이니 본심이 본심대로 나타나야 비로소 안심함을 얻는다면, 족류族類(민족)에 대한 희생과 고난에 대한 구원이 비로소 참될 것이며, 자신에 대한 준열한 반성과 사심에 대한 깨끗한 청소가 비로소 참될 것입니다.

동서고금의 성자들이 본래 품었던 마음을 거슬러 살펴보면 한갓 이 불안을 견디지 못함이며, 절개를 지킨 선비들과 의로운 장부들이 백절불굴한 것과 노력하는 실천가들과 위인 호걸들이 죽음에 이르도록 나아간 것이 오직 이 불안을 견디지 못했기 때문입니다. 이를 견디지 못할 뿐일새, 일체의 모양치레와 의존성이 없고, 계략과 계산이 없고, 너와 나의 가름이 없고, 어려운 일과 쉬운 일의 구별이 없고, 즐거울 것과 괴로울 것의 구별이 없고, 편리한 일과 고생스러운 일의 구별이 없고, 될 일 안 될 일의 헤아림이 없습니다. 십자가에 줄줄 흐르는 그리스도의 피가 이 때문에 흐른 것이며, 천둥벼락이 울리고 산하가 무너져도 움직이지 못하는 여래의 정定[17]이 어떤 자의 번민하는 미미한 소리로부터 깨어진다 함이 이것이며, 공자가 "안 될 것을 알면서도 행한다"[18]고 한 것이 또한 이것입니다. 우주에서 가장 참된 것이 이것뿐입니다. 이것으로부터 출발하여야 비로소 사람의 일다운 일이 있겠습니다. 일체의 운동이 이것으로부터 출발하여야 할 것이며 제반 주의가 이것으로부터 수립되어야 할 것입니다.

우리는 이 불안감을 강렬하게 일으켜야 하겠습니다. 한 조각의 불안이 이른바 한알의 금단金丹(장생불사의 영약)이라, 이 앞에는 인순이 없고, 이 앞에는 구차가 없고, 이 앞에는 허식이 없고, 이 앞에는 당파가 없고, 이 앞에는 시기가 없고, 이 앞에는 냉박이 없습니다. 이것이 다른 까닭이겠습니까? 언제든지 이 불안의 생각은 자기 이익을 기준으로 하는 법이 없고 물아의 간격이 있는 법이 없으니, 자기 이익을 싸고도는 여섯 종류의 병이 이 자리는 침범하지 못하는 까닭입니다. 인순을 인순인 줄 앎에 여기 불안이 있나니 인순이 어찌 이 자리를 통과할 수 있겠습니까? 시기하는 생각이 일어날 때 시기라고 판단하는 양지良知가 본심이니, 아무리 가장으로 아닌 체한들 스스로야 어찌 속이겠습니까? 행위에 미치지 아니할 때부터 스스로 막대한 불안을 느끼지 아니할 수 없습니다. 남의 선이 곧 나의 선이라 서로 같이 아름답게 앎이 이 같은 본심이니, 이 본심을 어기는 것인 까닭에 시기에 대하여 스스로 불안을 느끼게 됩니다.

오늘날 사람들이라고 하더라도 무슨 일에 불충실할 때 그만한 불안이

---

17   불교 용어로, 마음을 한곳에 모아 움직이지 아니하는 안정된 상태를 뜻한다.
18   『논어』「헌문(憲問)」편에 나오는 구절로 원문은 "知其不可而爲之"다. 문지기였던 어느 은자가 성문을 지나던 공자 제자 자로(子路)에게 말을 걸며 공자를 평가하면서 한 말이다.

있고 자기에게 속 좁게 집착할 때 그만한 불안이 있습니다. 그러나 느낌이 약하고 자극이 깊지 아니하므로 마침내 수월하게 견디게 되어서, 있는 불안이 없는 것과 거의 다르지 아니하게 되었습니다마는 이날부터라도 불안의 생각을 현격하게 높여서 그 생각으로 하여금 일체를 이기게 하면 차차 일어남이 강하고 움직임이 날카로울 것이며, 이러한 뒤에는 스스로 견디지 못하는 바가 심하여 자연히 거취와 취사가 훤하고 강렬할 것입니다. 이러한 뒤에라야 만가지 행실이 본심의 가지로서 뻗어나갈 것입니다. 이래야 참됩니다. 이래야만 힘이 있습니다. 이것이 우리의 제일 큰일입니다.

세상을 둘러보니 참으로 걱정스럽기만 합니다. 사활의 계기와 존망의 핵심이 한곳에 있거늘 이를 버리고 말초末梢에서만 방황하는 것이 참으로 걱정스럽기만 합니다. 선악이 어디 있느냐 환경이 있을 뿐이다, 이 말이 현대의 표어입니다. 그러나 환경은 오직 저 스스로 선하지 못할 때, 또는 저 스스로를 보호하기 위해 자기와 이해가 없는 막연한 어떤 사람의 일에 대하여 쓰는 말입니다. 만일 제게 미치는 손해가 있을 때는 그만 용서가 없습니다. 그런즉 환경은 결국 자기를 위하는 비결이 되고 말 것입니다. 그런즉 공정한 마음, 공평한 안목이 아니고는 이 환경론을 일체에 적용치 못할 것이며, 공정한 마음, 공평한 안목이라면 벌써 본심에 뿌리를 박은 것이니 환경뿐이라는 말이 자체에서 모순이 생기는 것이 아닙니까?

분명한 모순이건만 이에 부화附和함은 무엇입니까? 본심의 관조가 아닌 까닭입니다. 또 변증법辨證法의 핵심 논리를 말하여 일체가 변화하며 고정되어 있지 않다고 주장하지만, 자기의 십년 전 불안의 느낌이 오늘날 불안의 느낌과 그 본체가 하나요 둘이 아님은 체험하면 알 것입니다. 사물의 변화를 억지로 정신에까지 쓰고자 하며 변화는 자연적이라 하여 그로부터 발생한 폐단이 벌써 침투한 곳이 있으니, 이는 다른 까닭이 아니라 고심하며 고통을 감수하는 독행篤行과 어려움을 알면서도 반드시 실천하려는 고생苦生이 모든 책임을 자임하는 데에서 나오는 것인데, 이제 국면을 헤쳐

나가는 열쇠를 자연에 돌리니 자연 해이함으로 떨어지고 마는 것입니다. 대개 오늘의 언론은 언론으로서 화제를 모으려는 뜻이 많아 출발이 본심으로부터가 아니므로, 일시에 뭇사람을 거꾸러뜨릴 수는 있으나 홀로 깨어 있는 밤에는 그것으로 자기 마음을 속여내지 못할 것이 대부분입니다.

그러나 우리는 외래의 학술에다가 책임을 전가하려고 하지 아니합니다. 우리가 자기 이익을 추구하는 마음을 내 마음의 핵심으로 삼았다면, 어떤 것이 해로운 독을 키우지 아니하겠습니까? 만일 우리가 본심의 밝음을 본위로 삼았을 것 같으면 변증법이 사물 관찰에 밝은 도움으로 활용됨에 그칠 것이니 내면 탐구에까지 침식할 리가 없고, 환경은 남에 대한 용서에 활용됨에 그칠 것이니 자기 자신에까지 범접하지 아니할 것입니다. 이럴수록 우리는 첫걸음으로서 자기 마음으로 방향을 돌리지 아니할 수 없습니다. 이대로 어림없이 지나다가는 예전의 고황이 갈수록 깊어질 뿐입니다. 우리는 새사람이 됩시다. 새삼스러운 새사람이 아니라 본심 그대로의 새사람이 됩시다. 홀로 아는 한 조각의 불안은 오천년 역사가 명운을 맡기는 곳입니다. 이곳으로부터 밝음을 얻어 본심의 광명을 회복합시다. 자기 자신, 개인적 이익의 칼로 끊었던 목숨을 물아일체의 줄로 이어냅시다.

이 말은 고언苦言이라 들으시는 이에게 거슬릴 만치 공격적 지적을 불사하였습니다. 얼른 생각하면 혹 지나친 말과 거친 말이 많다고도 하겠으나, 우리로 하여금 오늘에 이르게 한 것과 또 우리로 하여금 앞으로 더한 위험을 대비하게 하는 것이 무엇입니까? 사람마다 자기 마음에서 나오는 정직한 행동이 없이 모두 주변만 돌며 생각만 많이 하여 처세處世가 유일의 헌장이 된지라, 전제정치 시대에는 군주와 권신에게 아첨하여 이로써 호신의 부적을 삼고, 시대가 변하여 오늘에 미친즉 문득 대중이라는 외부의 보호를 바라느라고 자기 마음의 안심과 불안을 묻지 않고 오직 대중이 나아가는 바를 찬탄합니다. 이같이 개인적 이익의 병근이 깊어 원래 있던 머리뼈마저 망가뜨렸으니 여기서 어찌 진실하고 간절한 행위를 바랄 수 있겠습니까? 전제군주나 권신은 위세 있고 높고 귀할 뿐이니 아첨을 한다면 맑고 공정한 의견을 가진 사람들로부터 비웃음을 받을 것이겠지만, 대중의 심리에 영합할 것 같으면 일체의 비난하는 비평이 감히 접근하지 못할 것 아닙니까?

그러므로 같은 영합이로되 하나는 소인小人이 되고 하나는 현자가 됩니다. 남의 눈으로써만 현자인 듯한 현자의 해로운 독이란 것은 지적하여 평가하기 어려운 가운데 불어나서 마침내 자신의 한때의 명예와 이익을 얻는 대가로 천만년 족류를 몰락하게 하고 맙니다. 이렇게 되기보다는 마침 시대에 따라 개념이 변해가는 중이니 여기에서 키(舵)를 돌려야 합니다.

누구나 본심으로써 현하現下를 비추어 본다면, 저절로 한마디를 발하고 하나의 일을 행하는 데 안심과 불안을 모두 느낄 것입니다. 이 일을 하는 것으로 인하여 피해와 치욕을 받을 것을 예견하더라도, 한 조각의 불안을 견디지 못하여 이에서 안심을 구하느라고 단연히 하는 사람이라야 비로소 스스로 설 수 있습니다. 한 사람의 본심이 정직하게 발현된다면 하나의 마음이 곧 대중의 마음이라 할 수 있나니, 단계를 한층 깊이 나아가 말하면 정작 대중의 마음이 모이는 곳은 오직 나 한 사람의 개인적 한계가 없는 순수한 느낌 이것입니다. 나는 믿습니다. 오늘날 어찌 여러분을 향하여 격렬하게 의논하지 아니하겠습니까? 민중의 취향이란 참으로 끝이 없이 이리저리 달라지니 오늘의 우상偶像이 내일 땅강아지 대접을 받을 수 있습니다. 짧은 인생으로 이같이 무궁한 변화를 따라다니며 절하고자 한다면 참으로 분주한 명령에 피곤하지 아니하겠습니까? 저 한 사람의 피곤은 오히려 적다 할 수 있으나, 뭇사람의 피곤을 방관하고 말면 어찌 본심의 불안함이 없겠습니까?

내가 서자는 것이 아니라 대중으로서 서자는 것입니다. 홀로 가는 길이라 호응하는 이가 없으리라 낙심하실 일이 아닙니다. 내게 있는 불안이 남에게 없을 리 없습니다. 본심은 본심이라야 일으킵니다. 한가지의 참이란 우주의 유일한 존재이니 이를 움켜쥔 사람이라야 그에게 생명이 있습니다. 나는 이렇게 압니다. 한 민족의 성쇠 존망의 원인이 보이고 들리는 데에 뿌리내리는 바가 아니요, 각 개인의 홀로 아는 가장 작고 은미한 자리에서 추진되는 것입니다. 아까 보니까 조찬을 앞두고 각자 묵도할 것을 주장합디다. 묵도이니 하고 아니 함을 누가 알겠습니까마는 하고 아니 함을 그 사람이야 알 것 아닙니까? 남이 못 보는 곳이니 아니 하여도 좋다고 스스로 거르고 지나친 이가 계시리라고는 생각하지 아니합니다마는, 한 분이라도 있다고 하면 이 생각이 자기 마음을 해치는 독극물인 줄을 알아야 하며 곧 전민족 사멸의 앞선 원인인 줄 알아야 합니다.

그러나 여기 불안이 있습니다. 이를 불안으로 아는 이 느낌이 우리의 부활할 수 있는 활명탕活命湯입니다. 불안으로부터 정신 차리도록 꾸짖는 데는 일의 대소가 없는 것입니다. 아슬아슬합니다. 우리의 본심은 오래 두고 마비시킨 나머지라 불안도 미미하게 되었습니다. 그럴수록 중대합니다. 성환검동명왕聖桓儉東明王[19]의 눈물 섞인 눈이 오직 이 한곳을 주시하고 있습니다. 이 불안으로써 등불을 삼아 희로애락을 전조선으로써 합시다. 이밖에 다른 대사大事가 없습니다.

---

19   환검은 고조선의 시조 단군왕검(檀君王儉)이고 동명왕은 고구려 시조 주몽(朱蒙)으로서, 정인보는 고조선과 고구려를 한반도 역사 초기의 이상적 문명으로 상정하고 이 문명의 창시자로서 두 신화적 인물의 이름 앞에 성(聖)을 붙였다.

영원의 내홍內訌[20]
—형제의 우애로 돌아가자

1.

(삭제 당함.)

2.

이조 오백년의 역사는 내홍內訌(내분)의 역사다. 그동안의 세월은 갑이 을을 저주하고 갑당이 을당을 도륙하려 하는 일에 허비하고 말았다.

임란壬亂에 사직社稷의 위기가 터럭 하나에 달렸을 때에도 외침을 방어하기보다 골육을 서로 죽이기에 정력과 세월을 허비하였다. 임금의 가마가 의주로 피난 갈 때에도 하루라도 외침이 조금 멎으면 곧 내홍을 시작하였다고 한다.[21] 하필 예를 먼 곳에서 구하랴. 근대 한국의 외교사를 보더라도 형제가 서로 시기하느라고 다투어 국권을 훔쳐다가 큰형은 청나라에게 작은형은 러시아에게 막내는 일본에게, 이 모양으로 갖다 바쳤다. 그들이 특히 청나라나 러시아나 일본을 사랑한 것도 아니요 신뢰한 것도 아니라, 다만 어떤 짓을 하여서라도 사적인 미움을 갚고 저 사람을 해치겠다는 비루하고 가증스런 욕망만 만족하면 그만이었던 것이다.

---

20 『동아일보』 1924년 2월 13일자; 『담원 정인보 전집』 2, 285~87면. 국한문 혼용체로 되어 있던 원문을 현대어로 옮겼다.

21 임진왜란이 발발하여 동래성이 함락된 지 14일 만에 신립(申砬)이 구축한 충주 저지선이 뚫리자 국왕 선조는 한양을 버리고 평양으로 피난 갔다가 의주까지 도피하게 되었다. 이 과정에서 세자 책봉 문제, 국경을 넘는 문제, 피난 과정의 의례 문제 등이 돌출하여 잦은 논쟁을 벌였다.

3.

이리하여 모든 충신 의사가 죽은 것이다. 쓸 만한 사람은 다 없애버리고 도깨비 허깨비 들만 조정에 뛰어올라 우리 민족의 오늘을 불러들인 것이다.

수백년 뒤에 우리 후손들이 이 역사를 읽을 때에 이를 갈고 팔뚝을 쓰다듬으며 "우리 같으면 이렇게 아니 할 것을"이라고 할 것이다. 그러나 우리들도 그 조상의 자손이다. 현재의 조선인도 내홍을 일삼는 점으로는 그들의 조상의 계승자들이다. 수백년 내홍에 훈련된 우리 안광眼光은 마치 형사나 순사의 것과 같이 형제의 결점과 약점을 정탐하기에만 능란하여 언론이나 행동의 대부분이 형제를 서로 헐뜯고 고자질하여 형제의 사업을 서로 파괴하기로 일을 삼는다.

4.

국내와 해외를 따질 것 없이 이름이 알려진 조선 인사 중에는 멀쩡한 사람이 하나도 없다. 모두 "죽일 놈"이요 모두 "도적놈"이요 모두 "야심가"다. 개인뿐 아니라 단체나 신문 잡지나 모든 사업이 다 부정하고 협잡을 저지르거나 매수당한 것이 아니면 무엇에 이용하려는 수단이라 한다.

설마 그럴 리가 있으랴? 그 개인들에게 또는 그 단체들에게 또는 그 언론기관들에게 각기 다소의 결점도 있는 동시에 긍정적인 점도 있을 것이며, 그뿐더러 세월과 정력을 지출하고 힘써 일하는 것을 보면 민족을 위하여 감사할 점도 있을 것이다. 모조리 "죽일 놈"일 것은 있을 수 없는 일이다.

그러면 이렇게 조선의 모든 인사와 모든 단체와 모든 기관에게 이러한 누명을 씌우는 자는 누구일까? 그것은 당연히 우리의 적이라야 할 것이다.

조선 민족을 해치려 하는 누구라야 할 것이다. 그러하건마는 사실은 그와 반대다. 이렇게 하는 자들은 우리 자신이 유전으로 물려받은 형사 혹은 순사와 같은 정탐의 눈을 갖고 있으니 이 무슨 저주이며 이 무슨 불행이랴.

5.

인도의 이슬람교도와 힌두교도는 전통적으로 불공대천不共戴天의 원수라 한다. 그러나 외부에 대해서는 연합하려는 경향을 가지게 되어 간디와 알리 두 사람은 악수를 한다. 러시아에서도 공산당 중의 노장파와 소장파는 이념상 항상 반목하지만, 외부에 대해서는 일시에 함구한다고 한다. 만일 레닌이나 윌슨도 조선인으로 태어났더라면 "죽일 놈" 되고 말았을 것이요, 아마 편히 누워서 죽지도 못하였을 것이다. 예로부터 조선의 이름난 재상과 뛰어난 선비로 편히 누워서 죽은 이는 매우 드물다. 그들은 모두 그들이 힘써 일해주며 위하던 동포의 악독한 수단에 죽어버린 것이다. 그들을 죽이는 자는 다 당당한 이유가 있었으니 "역적"이거나 "사문난적斯文亂賊"이었다. 그러나 후에 보면 그들이야말로 충신이요 의인이 아니었던가. 충신과 의인은 결코 비방의 무기를 사용할 줄 모르기 때문에 비방의 무기에 죽는 것이다.

6.

조선은 지금 중대한 시기에 있지 아니한가. 인물 하나라도 내어 세울 때가 아닌가? 단체 하나라도 힘 있게 되도록 후원해야 할 때가 아닌가? 형사나 순사의 관점을 버리고 형제가 서로 돕겠다는 관점을 취할 때가 아닌가? 그런데 현재의 우리는 외국인에게 대하여서는 사상이든지 사업이든지 아부에 가까운 맹목적 존경과 복종의 태도를 가지면서, 자국인의 사상이나 사업에 대하여는 다만 냉담하며 돌아보지도 아니할 뿐 아니라 도리어 적극적으로 털을 불어 헤쳐가며 흠을 찾아서 기어코 깔보고 비방하고 매장하고야 말려 한다. 실로 본말이 전도된 일이요 망해가는 조선에서 말고는 볼 수 없는 현상이다. 조선인은 만민이 한마음으로 서로 보좌하고 서로 돕더라도 지탱하기 어려운 위험한 지경에 있는데, 하물며 사소하고 무의미한 일로 질시와 쟁투를 일삼는다면 이 어찌 실 같은 민족의 잔명을 제 손으로 끊으려 함이 아니랴. 조선이 살려 한다면 우선 영원한 내홍을 영원히 매장해버려야 할 것이다.

오천년간 조선의 얼[22]
─『조선사연구』서론

누구나 어릿어릿하는 사람을 보면 '얼'빠졌다고 하고 멍하니 앉은 사람을 보면 '얼'이 하나도 없다고 한다. 사람의 고도리[23]는 '얼'이다. '얼'이 빠져버렸다면 그 사람은 꺼풀 사람이다. 이것은 그리 신기한 말이 아니다. 초동목부樵童牧夫라도 다 아는 것이다. 우리가 무엇을 가지고 보는가, 눈으로. 무엇을 가지고 듣는가, 귀로. 무엇을 가지고 맡는가, 코로. 무엇을 가지고 먹는가, 입으로. 무엇을 가지고 다니고 무엇을 가지고 들고 쥐는가, 발로, 손으로. 이것도 누구나 다 같이 가지고 아는 것이다. 그러나 먹을 것을 보면 먹거나, 누구야 하는 것이 들리면 그대로 따라가지 아니하고, 이를 가리고 저를 골라서 손이 있지만 쥐지 아니하고 발이 있지만 가지 아니하

---

22 『동아일보』 1935년 1월 1일~1936년 8월 29일자;『조선사연구』 상, 서울신문사 1946;『담원 정인보 전집』 3, 3~31면. 국한문 혼용체로 되어 있던 원문을 현대어로 옮겼다.

23 '고도리'는 문맥상 정수(精髓)의 의미로 사용된 듯한데, 표준국어대사전 등에 등재되지는 않은 어휘다.

는 것은 무엇인가. 또 나가면 죽음과 멸망이 앞에 있어도 발이 그리로 가고, 쥐다가 손이 떨어질 줄 알면서도 놓지 아니하는 것은 무엇인가. 여기서 '얼'이라는 것을 생각할 것이 아닌가. 그러나 전자만도 어려운 문제이니 쥐고 싶은 것이 보인다면 손이 어찌 나가지 아니하며, 먹고 싶은 것이 저기 있다면 발이 어찌 향하지 아니하랴. 그렇다, 이렇기 때문에 탐구가 '얼'로 돌아가는 것이다.

어릿어릿하는 사람을 '얼'빠졌다고 하라. 멍하니 앉은 사람을 '얼' 하나 없다고 하라. '얼'이 있다 하자, 어찌하여 열기가 되록되록하지 못하고 어릿어릿하며, '얼'이 있다 하자, 어찌하여 해동청, 수지니²⁴처럼 노려볼 것을 노려보지 못하고 멍하고 있는가? 그 머리에 '얼'이 박혔다면 결코 이러할 리가 없으리라. 그러나 어릿어릿하고 멍하다고만 해서 '얼'이 빠진 것이 아니다. 어릿어릿이 밖으로 보이는 사람은 속 '얼'이 흐려지기는 했을 망정 아주 빠졌다고 보기는 어렵다. 또 일시의 질병과 오래 쌓인 피로로 인하여 그럴 수도 있으나, 보이지 아니하는 그 속으로부터 고도리가 빠져버린 사람이 과연 얼마나 되는가? 찰나에 대할 때에는 겉모양으로 열기까지 있어 보인다. 그러나 사람의 '얼'의 그림자는 그곳을 떠나버린 지 오래다. '얼', 사람의 '얼', 사람의 존재는 구각軀殼(몸뚱이)으로서의 존재를 이름이 아니요 '얼'로서 존재한 것이니, 언젠가 구각을 버리고 '얼'을 세우는 것이 그리 큰일이 아니다. 하나는 지극히 존귀한 고도리요 하나는 곧 냄새나는 두골인지라 분별할 여지도 없는 것이다. 그러나 구각을 냄새나는 두골로 아는 그 구각은 곧 '얼'과 같은 몸이라서 마찬가지 향기의 응집으로 볼 수 있으나, '얼'빠진 그 구각일수록 천추만대에 영생불사할 것같이 집착하며 아주 아끼는 것도 사실이다. 이야말로 상산象山 육구연陸九淵(1139~92)의 이른바 "똥오줌 가운데의 존재"이다.

---

24   해동청은 독수리보다 작으며 등은 회색, 배는 누런 백색을 띠는 맹금류로 우리나라 해안과
      섬 절벽에 서식한다. 수지니는 사람 손으로 길들인 새매를 말한다.

남들이 "우" 하면 헤아림도 없이 그리로 몰리는 것이 무엇인가? 혼자서 어릿어릿하는 것만이 '얼'빠진 자요, 헤아림도 없이 몰리는 것은 남도 같이 하는 것이니까 '얼'빠진 자라고 부르지 아니할 것인가? 어릿어릿하는 것은 그래도 덥석 나가는 것과 달라서 다소간 자태 같은 것이 있지 아니한가? 이것이 오히려 저것에 비하여 털끝만큼이라도 나은 것이 있지 아니한가? 오호라, 남들이 "우" 하면 헤아림도 없이 그리로 몰리는 것이 물론 제 '얼'의 소유라고 보기는 어렵다. 그러나 그래도 좋은 것이 있다. 무엇이 좋은가? 헤아림 없는 그것이 좋다. 헤아림 없이 몰리었던지라 별안간 생각이 돌아서면 뉘우칠 수도 있다. 오직 헤아림이 너무나 많아서 행동하거나 가만있거나 타산 아닌 것이 없으되, 그 기점은 다른 것은 다 말살抹殺할 듯이 자기 이해에만 박아서 이 이외로는 한 뼘을 넘어가지 아니하는 그와 같은 사람의 '얼'이 뿌리 뽑혀지게 된 것이다. 뿌리 뽑힘이 오래되어 스스로 똑똑하고 야무지게 심하면 보통 이상의 특수한 재주가 있는 것처럼 자부하고 뻐기며, 더 심하면 이것이 옳은 것이고 이것보다 더 좋은 것은 없다 하여 다시는 돌아올 가망이 없게 되는 것이다. '얼', 사람의 존재 구각으로서의 존재가 사람의 '얼'을 이르는 것이 아니라는 것이 하상 이해력을 허비할 만큼 심오한 것도 아니다. 그러나 의론을 진행함에 있어 사리의 긍경肯綮(뼈와 살이 맞닿은 지점)을 탐구하려니까 어릿어릿하는 것도 오히려 헤아림 없이 몰리는 데 비하면 나은 점이 있다고 한 것이다. 그렇다고 어릿어릿하는 것을 용인하는 것은 아니다. 어릿어릿하는 그 머리에 '얼'이 있다 한들 없는 것과 무슨 다름이 있으랴?

(중략)

그뿐이랴? 오천년은 우리의 과거라. 이미 가버린 고인古人과 이미 낡은 고적을 기록을 맞추어가며 찾아본다 하더라도, 낡은 것과 가버린 것임에야 어이하랴. 또 그 기록으로 하여금 능히 이미 가버린 것을 면전으로 가져오고 이미 낡은 것을 지금인 것처럼 하였다 할지라도, 이러나저러나 기록일 뿐이지 그 사람이나 그 일이 아니다. 그러나 과거는 과거다. 과거가 아니라 할 수 있겠냐마는 이 과거가 남의 과거가 아니요 우리의 과거인 이상, 어떤 때 맹세가 붉은 가슴에 격발되어 땔감이 다하더라도 불씨가 전해지듯 깜박이며 오랫동안 유지되던 것이 과거로되 우리이다.

항하사恒河沙에서 모래 몇 알을 주워 말하더라도 "공덕이 황천皇天에 나아가고 위엄이 사해에 드리우던 것"[25]이 과거로되 우리요, "사방에서 국경을 의탁하고, 백성과 국토를 널리 얻고, 이웃 나라가 믿음을 서약하고 사신이 서로 교통했다"[26] 하던 것이 과거로되 우리요, 귀성龜城 평야에 멀리 산이 점점이 보이는데 비바람이 남쪽으로 올 때 장군기는 북쪽을 가리키던 것[27]이 과거로되 우리요, 옥저沃沮 하룻저녁에 숨죽이고 있던 천심이여, 뚫고 나아가려 칼을 뽑고 백성들이 쓰러지고 일어나던 것[28]이 과거로되 우리요, "이 몸이 죽고 죽어 일백번 고쳐 죽어 백골이 진토되어 넋이라도 있고 없고 임 향한 일편단심이야 가실 줄이 있으랴"[29] 하던 것이 과거로되 우리요, "바다에 가을빛 저무는데, 찬바람에 놀란 기러기 군진에 높이 나네. 나라 걱정에 전전반측하는 밤, 새벽달이 활과 칼에 비치네"[30] 하던 것이 과거로되 우리다.

---

[25] '광개토대왕릉비(廣開土大王陵碑)'에 나오는 구절로 원문은 "恩澤洽于皇天, 威武拂被四海"이다.

[26] 원문은 "四方託境, 廣獲民土, 隣國誓信, 和使交通"으로 신라시대의 '진흥왕순수비(眞興王巡狩碑)'에 나오는 구절이다.

[27] 1019년 강감찬(姜邯贊, 948~1031)이 이끄는 고려군이 침략해 온 거란군을 크게 격파한 귀주대첩을 언급하고 있다. 이 장소를 귀성이라고 하는데, 구성이라고 읽고 전투도 구주대첩으로 읽자는 의견도 있다.

[28] 244년 관구검(冊丘儉)이 이끄는 위(魏)나라 군대가 고구려 동천왕(東天王, 227~48)을 쫓아 옥저까지 진격해 그곳의 읍락들을 유린했을 때 고구려 장수 유유(紐由)가 목숨을 바쳐 반격의 기회를 만든 일이 있었던바, 그 사실을 거론한 것인 듯하다.

[29] 이방원(李芳遠, 1367~1422)에 의해 격살당할 때 정몽주(鄭夢周, 1337~92)가 지었다는 시조를 언급하고 있다.

[30] 이순신(李舜臣, 1545~98)의 「한산도야음(閑山島夜吟)」이라는 시로, 원문은 다음과 같다. "水國秋光暮, 驚寒雁陳高, 憂心轉輾夜, 殘月照弓刀."

훨씬 더 올라가거나 조금 내려오거나 아주 최근까지도 각양각색의 창피스럽고 속 좁고 구구한 각종 양상이 꾸준하게 새치기를 한 것도 사실이로되, 의연히 상존해온 한 조각의 위대함이 두루 펼쳐지고 안으로 또렷하던 것이 과거로되 우리다. 우리를 구각에서만 찾는지라 고인古人이 우리가 아니요 우리가 고인이 아니지, 한번 그 '얼'에 들어가 생각하여보면 우리의 고인이 곧 우리다. 그러므로 우리 고인의 지난 행적으로부터 그 골수와 혈맥을 접한다면, 이 혈맥이 곧 내 혈맥임을 놀랍도록 깨달을 것이다. 과거의 우뚝함, 위대함, 씩씩함, 견고함을 볼 때 내 속 어느 곳에든지 스며 내린 무엇이 있음을 자신하여 우리의 뭇별 같은 여러 선열의 구름 깃발 깃털 덮개가 발딱발딱하는 이 혈맥 속을 좇아서 시대가 내려오고 시대가 올라감을 몸서리치도록 깨닫게 될 것이다. 그런즉 과거는 의연히 살아 있는 것이니 누가 낡았다 가버렸다 하는고?

그런즉 우리로서 자기 마음에 스스로 의거하지 아니하고 일체를 밖으로 구하게 되는 것에 그 까닭이 다단하다 할 것이로되 최대한 근본 원인으로 말하면 우리로서 우리를 알지 못하고 또 알려고도 하여보지 아니한 지가 오랜 까닭이다. 오호라, 오천년의 척주脊柱가 백번 천번 변환하는 별별 비바람을 겪을 대로 겪어도, 가다가다 뚜렷하게 드러나는 것을 보면 의연히 밝은 빛이 찬란하거늘, 내리깐 눈을 조금이라도 올려 뜨지 못하여 지척만 가지고 천추를 똑같이 보려 할 뿐만 아니라 고꾸라지고 가라앉는 흐름이 꺼풀까지 저버리는 것은 말할 것도 없다. 설사 시대를 고민하고 세속을 슬퍼하는 괴로운 마음을 가진 축이라도 스스로 족류族類(민족)를 핍박하여 "할 수 없어" "원체 그러니까" 하는 단언을 서슴지 아니하고 붙이는 것도 거의 항사恒事이다. 우리로서 조금이라도 우리를 안다 할 것 같으면 아무리 추락하였기로서니 여기에까지 미치지는 아니하였을 것이 아닌가?

사람에게는 감격感激이 있다. 감격은 곧 '얼'이 통해 흐르는 혈맥이니 우리 고전, 지난 전적을 읽다가 어떤 때 눈썹이 들리고 어떤 때 슬픈 눈물이 흐르는 것이 모두 감격으로 통하는 혈맥이다. 그러나 이는 오히려 범범하니 골육을 주고받은 그 겨레붙이로서는 단단한 혈맥인지라, 거기서 생기는 감격은 그 밖의 감격과 같은 것이 아닌즉 저 감격으로 혈맥을 삼은 것과 이 혈맥으로 감격이 생긴 것이 한갓 깊거나 얕고 진하거나 흐린 차이로만 볼 것이 아니다. 그러므로 우리로서 우리의 과거를 어루만지지 아니한다면 모르되, 만지기만 한다면 우리의 손이 닿기 전에 벌써 옛 맥이 지금으로 뛰는 것을 몸으로 깨달을 것이다. 우리로서 어찌 우리를 알려 하지 아니할 것인가? 우리의 '얼'이 어떠함을 어찌 탐색하지 아니할 것인가?

'얼'을 눈에다가 비유하자. 스르르 감았다 딱 뜨는 이 깜빡임을 여러 번 되풀이하는 것이 몇 번이나 외계의 소장성쇠消長盛衰를 반영하는 것인가. 그러므로 학문이 '얼'이 아니면 헛것이 되고, 예교가 '얼'이 아니면 빈 탈이 되고, 문장이 '얼'이 아니면 말할 것이 없고, 역사가 '얼'이 아니면 박힐 데가 없다. 무엇이나 그렇지 않은 것이 없다. '얼'로서 참이라 '얼'이 아니면 거짓이요, '얼'로서 실實이라 '얼'이 아니면 허虛다. 이같이 일체의 고도리가 되는 그 '얼'을 스스로 섬기고 중시하지 못한 결과 하나의 말, 하나의 일, 하나의 행동, 하나의 움직임이 깡그리 골자가 없어지는 것을 어찌할 수 없게 되고, 거기 따라서 처지가 미치는 풍랑은 갈수록 거칠어진다. 오호라, 슬픈 일로서 마음이 죽는 것보다 더 큰 것이 없고 몸이 죽는 것은 둘째라 한 말이 남의 일이 아니건만, 돌아올 행장이 아직까지 감감할 뿐 아니라 이 고도리를 고도리로 하지 아니한 다음에는 돌아온다고 하더라도 그 목표가 없음에 어이하랴?

오천년간 조선의 '얼'이란 간단히 탐구할 문제가 아니다. 그러나 탐구하기가 간단하지 아니함을 핑계로 그대로 답습하기만을 서로 물려받는다면, 날이 가고 달이 가는 대로 어두워지는 것은 차차 더하고, 부모들 늙어가고 자식들 성장하는 대로 암담해지는 것은 점점 심해지는 것을 앉아서 보게 될 것이다. 지극히 외람된 줄을 모름이 아니면서도 우선 한 걸음 나아가보는 것으로 오천년을 오르내리며 그 척주를 찾을 것이다. 이에 따라서 비바람이 오가며 어찌하여 이를 가리었으며, 소장성쇠가 어찌하여 혹 저러하고 혹 이러한 것을 혹 특필도 하고 혹 부연도 하여 아무쪼록 옛날과 지금의 맥박을 한가지로 뛰게 하자. 한가지의 일관一貫을 서로 물려받는 것으로부터 사무치는 감격을 통하여 오천년간 이미 낡고 이미 가버린 과거를 살아나게 하도록 하는 동시에 묵직하게 오래된 줄기를 받들어 이로써 외로운 배의 방향타로 삼기를 애타게 바란다. 이것을 우활하다 하는 이는 우활하다 할 것이다.

어느 때와 무슨 일을 물을 것 없이 진실은 전해지고 거짓은 없어지는 것이니 행여 나 한 사람이라고 스스로 경시할 것이 아니다. 스스로 경시만 아니 할 것이 아니라 일체의 책임이 나 한 사람에게 있다는 것까지 통렬하게 깨달아야 한다. 한 생각의 미미함은 남이 알아차리는 바가 아니다. 남뿐 아니라 나 스스로까지도 그 미미한 생각의 뿌리가 물밑에서 일어나고 물밑에서 소멸하는 것을 알아채지 못하기도 한다. 그러나 가장 알아차리기 어려운 곳일수록 가장 일체를 좌우할 만한 힘이 있는 법이다. 여기에서 스스로 성찰하고 스스로 관조하는 것을 잠깐이라도 간과하지 아니하여 "저는 저로서"의 이 '얼'로 하여금 멀찍이 서고 홀로 존재하면, 눈부신 조명이 미치는 곳에 미미하다 하여 내버려두는 것이 없을 것이고, 또 생각의 뿌리의 가장 그윽한 속까지 찾아가 정리하는 것을 스스로 그만두지 못할 것이다. 이러하다면 있는 듯 없는 듯 미미하게 문득 일어날 때에 외로운 그림자로서 홀로 행하는 것이라 주변 사람이 알아차리는 바가 아니라 할지 모른다. 그러나 그 생각이 '얼'에 의한 것이라면, 곧 우리 오천년간의 뭇 성인과 많은 선열 들의 생명을 의탁하는 바이다. 그 생각이 '얼'을 등진 것이라면, 곧 우리 오천년간의 뭇 성인과 많은 선열 들의 혈맥을 끊는 바이다. 실낱만도 못한 한 생각이 관계하는 것이 이같이 매우 중대하고 매우 거대하다는 것을 거듭 스스로 살피면 반걸음도 허투루 걷지는 못할 것이다.

무릇 백년이란 아침저녁과 같고 구각이란 파초와 같아서 거기에 하등 견고한 것이 없다. 그러나 이렇게 자그마한 칠척의 몸 안에 갖고 있는 그 '얼'은 우주도 능히 어찌하지 못하는 것이다. 그 진실한 실체가 비치는 곳에는 어떠한 것이나 이것의 빛과 볕이 투과하지 못하는 것이 없다. 누구나 어릿어릿하는 사람을 보면 '얼'빠졌다고 한다. 멍하니 앉은 사람을 보면 '얼' 하나 없다고 한다. 이렇게 알기 쉬운 '얼'이다. 알기만 쉬운가. 누구나 다 있는 것이다. 누구나 다 있는 그 '얼'을 누구나 지니지 못하고 있으니 돌이켜 회복하는 것이 급선무가 되는 것이요, 누구나 다 지니지 못하였으되 본디 누구나 다 있는 것이라 언제나 돌아보고 찾을 수 있는 것이다. 본론에 들어가기에 앞서 소회를 들어 서론을 대신하되 한마디 말의 반복이 이같이 거듭되는 것이 지루할 것이다. 이 속에 어떠한 고심苦心이 있다 할 것 같으면 이는 지나친 말이다.

양명학 연론陽明學演論[1]

1. 논술의 연기緣起

어느 글이든지 쓰는 사람으로서 볼 사람에게 향하여 마음 들여 보아주기를 바라는 것은 공통된 바이다. 그러나 그 바람도 종류에 따라 더 심한 때도 있고 좀 덜할 때도 있는 것인데 내가 지금 이 글을 쓸 때에는 바란다는 것만으로는 내 속마음을 말하기에 오히려 부족하다. 곧 간절히 구걸하고자 하며 곧 기도하려 한다.

오호라, 과거 수백년간 조선의 역사는 실로 '허虛와 가假'로 연출한 자취다. 최근 수십년래로 풍속이 점점 변하게 되매 삼척동자라도 앞사람이 잘못한 것을 지적할 줄 안다. 그러나 앞사람을 공박하면서 다름없이 도로 그자취를 따르지 아니하는가. 이 말을 누구나 반대할 것이다. 첫째로 "수백

---

[1] 『동아일보』 1933년 9월 8일~12월 17일자; 『담원 정인보 전집』 2, 113~242면. 국한문 혼용체로 되어 있던 원문을 현대어로 옮겼다.

년간 조선의 역사가 오직 허와 가의 자취라니 그럴 수가 있나"라고 할 것이다. 이 반대 전에 나도 과한 말인 줄 안다. 과한 줄 알면서 어찌 이 말을 하는가. 내가 과하다 함은 사실에 있어서 과하다 함이 아니다. 말이 좀 예의에서 벗어나 과격함에 가깝다는 것이다. 그러나 한 걸음 나아가 말하면 근거 없는 말로 거짓으로 꾸며대지 아니하고 실實을 실로서 분명하게 드러내는 것이 오히려 과거에 대한 예의가 아닐까.

총괄한 아까 말을 차차 따지어 설명할 것이다. 수백년 역사를 세세히 열거하지 말고 우선 큰 자취만 들어보자. 조선 말기를 결말로 해서 보자. 소위 당쟁이니 소위 살육이니 소위 세도이니 지는 패를 죽여 없애게 되고, 죽이고 나면 세력이 한편으로 모이며, 이렇게 엎치락뒤치락하는 동안에 만사가 이미 아주 떠나버렸다. 다른 나라라고 당쟁이 없음이 아니로되 수백년 계속되는 분파는 요샛말로 파기록破記錄(전례 없는 기록)이요, 살육이 없음이 아니로되 피차 서로 이 궁리와 수단만으로 유구한 세월을 뻗어 내려온 것은 또한 고금에 없는 일이다. 이것은 다른 이야기가 아니냐, 이것과 허·가와 무슨 관계이냐? 아니 허와 가의 연출이 아니고는 이렇게 되는 법이 없다.

조선 수백년간 학문으로는 오직 유학이요, 유학으로는 오직 정주程朱를 신봉하였으되, 신봉의 폐가 대개 두 갈래로 나뉘었다. 하나는 그 학설을 받아 자기 집안의 편의를 도모하려는 사영파私營派요, 또 하나는 그 학설을 배워 중화中華의 적전嫡傳(정통)을 이 땅에 드리우자는 존화파尊華派이다. 그러므로 평생을 몰두하여 심성心性을 강론하되 실심實心과는 맞춰볼 생각이 적었고, 한 시대를 좌우할 만한 도의道義를 표방하되 자신밖에는 보이는 무엇이 없었다.

그런즉 시대가 내려오고 풍속이 쇠퇴함을 따라 그 학술은 허학虛學뿐이요 그 행동은 가행假行뿐이다. 실심으로 보면 그 학술이 허이지만 개인적 셈법으로 보면 실實이요, 진학眞學으로 보면 그 행동이 가이지만 거짓된 세

속으로 보면 실이다. 그러므로 수백년간 조선인의 실심實心 실행實行은 학문 영역 이외에 구차스럽게 간간이 잔존하였을 뿐이요, 온 세상에 가득 찬 것은 오직 가행이요 허학이다. 허라면 허인 대로만 그저 있는 것이 아니라, 학술이 이미 허인 바에는 이 허를 틈타서 가로로 뛰고 세로로 뛰는 일종의 산물이 있다. 이는 다른 것이 아니라 원래 인생의 수양이라는 것은 실심의 힘을 빌려가지고 편협한 자사념自私念(이기심)을 누르는 것인데, 학이 이미 허인지라 자사념만이 세월을 만나 날로 융성하게 되어, 그동안 실심을 떠난 학문이 이 자사념을 비호 또는 수식하는 데 있어서 교묘한 효능을 내어 자사념이 드디어 가행으로 변하게 되었다. 그러므로 살육을 서로 저지르고도 경전에 있는 성인의 말씀을 끌어오고, 당파싸움이 서로 격해지지만 옛날 도의를 가진 교훈에 견준다. 한마디의 말과 하나의 사건도 가탁하지 않는 것이 없고, 또 살육과 당파싸움에 이로써 밑천을 댈 뿐만 아니라 경전상 도의상 부득불 당파싸움과 살육을 계속하도록 서로서로 떠들어왔다. 다른 까닭이 있는가? 학문이 실심과 관계없으니 자사념이 자연히 주가 되고 이것이 주가 된즉 학문이 이를 싸고돌게 된 것이다.

둘째로 "최근 수십년래로도 의연히 도로 옛 자취를 따른다니 이것이야 더욱 그럴 리가 있나"라고 할 것이다. 이것이야말로 내가 이 글을 짓게 되는 가장 큰 동기가 되는 것이니, 과거는 어떠하였든지 그 과거가 지금 우리에게 있어 어떠한 악영향도 미치지 아니한다면 과거를 검토할 필요가 없다. 그러나 과거는 항상 바로 지금을 좌우하는 보이지 않는 힘을 가지게 되므로 이를 등한시하지 못하게 되는 것이다. 삼가 고하노니 우리 형님들이여, 아우들이여, 자매들이여, 친척들과 벗들이여, 지금 우리 무엇을 옳다할 때 과연 실심으로서 옳게 하는 것을 옳다 하는 것인가, 혹 행세로서가아닌가. 무엇을 하려고 할 때 과연 실심으로서 해야 하겠다는 것이 있어서 하는 것인가, 혹 남을 따라서 외양으로만 보이려는 것이 아닌가.

무어라 무어라 하여 팔을 뽑고 기운을 내어 스스로 강개해하는 것을 뽐내는 그 속에 과연 악착스러운 내 노릇을 남모르게 도모함이 없는가. 어떠하니 어떠하니 완전한 공공성을 주장하고, 어떠하니 어떠하니 전체를 논하며, 어떠하니 어떠하니 사업과 학술을 설파하되 그 가운데 과연 드러낼 수 없는 어떠한 자위심自爲心(스스로를 위하려는 마음)이 없는가. 그 사람 홀로 아는 속에서는 훤히 깨치게 될 것이다. 내 감히 우리 시대를 무시함이 아니로되 거대한 재난 앞의 슬픈 눈물이 두 눈을 희미하게 한 채로 내 시력이 미치는 데까지 바라보니, 합한다 단결한다 하지만 파벌싸움은 더 격화하는 것 같다. 비록 새남터, 당고개[2]의 사람 죽이던 곳에 망나니가 없어진 지 오래지만, 마음의 칼끝과 생각의 칼날로 서로서로 겨누는 것은 전보다 몇 층 더 심한 것 같다.

학문에 대한 태도가 전부터 이미 책장에서만 힘을 얻으려 하던 것이 더한층 늘어서, 말만 하면 영국, 말만 하면 불란서, 말만 하면 독일, 말만 하면 러시아가 어수선하게 나란히 나온다. 하지만 대개 공교하다는 자가 수많은 학자의 언설에다가만 표준을 세워 어떻다 무어라 함이 대개는 저 '언설'로부터 그대로 옮겨짐에 불과하고, 실심에 비추어 하등의 부합 여부를 생각해본 것이 아니다. 지금을 가지고 옛날과 비교하면 과연 어떻다 할까. 하든 아니 하든, 옳다 하든 그르다 하든, 떼어놓고 말하면 누구나 자기 마음의 발표로 볼 것이겠지만, 그 사람더러 물어본다 해도 저 '말'로서의 부합 여부를 조사할지언정 제 '마음'으로서의 부합 여부를 그윽이 살피어본 적이 없음을 자인할 줄로 안다.

그런즉 오늘날 학문의 꼼꼼함, 똑똑함이 놀랄 만큼 발전되었다고 치자. 우리의 실심은 여전히 우두커니 고립되어 누구 하나 돌아보는 사람이 없으니, 의복은 남루하고 낯빛은 칙칙하게 검으며 죄 없이 비실비실하면서 골목길 으슥한 데로 넋 잃은 듯이 떠돌아다닌다. 그러면서도 차마 인간을

2　조선시대 사형 집행장이 있던 자리로 모두 현재의 서울 용산구 한강 주변을 가리키며, 천주교 순교지로도 유명하다.

내어버리고 멀리 가지는 못하여 때때로 얼굴을 보인다. 보이어도 누가 눈도 거들떠보는 사람이 없건만 그래도 혹 떠볼까 하고 아주 가지는 못한다. 그러다가도 혹 떠보게 될 때는 어떠한 맑은 거울같이 휙 한번 비치며 옳다던 것도 그른 것으로, 안 해야 한다던 것도 꼭 해야 할 것으로 감출 수 없이 분별된다. 이것은 어디서 얻어 온 것도 아니요, 무엇으로 인한 명리名利에 대한 욕심도 아니다.

그러나 영국의 어느 학자, 불란서의 어느 대가, 독일의 어느 박사, 러시아의 어느 동무의 '언설'에 비추어 보면서, 아니다 꼭 이래야 옳고 꼭 아니 하여야 하겠다 하는 이 '마음'이야 그까짓 것 우스운 것이지만, 저 '말씀'이야 세계적 대학문에서 나온 것이므로 '실심'을 죽여 '남의 학설'을 살린다. 사람이란 제 한 몸과 제 한 집을 위주로 생각하는 자사념에게 고금 없이 부려먹히는 것이어늘, 실심의 시비와 분별로써 억제 또는 통제함이 없이 오직 남의 학설에만 의지한다면, 남의 학설은 언제든지 밖으로만 빙빙 돌며 날아다니는 것이라서, 실심을 만만히 보는 그 속에는 자사념이 쉽사리 들어서 있게 되고, 그럴수록 실심에 대한 경시가 더하여진다. 실심으로서 밝게 살피지 아니한 남의 학설인지라 어느덧 자신이 자사념에 의한 이용물로 변하게까지도 된다. 오호라, 과거의 인과가 이미 명백하거늘 이제 또 잘못된 지난 길을 다시 답습한단 말인가. 나는 실심에 대한 각성이 화제가 되도록 노력해온 지 오래다. 이것이 혹 실심 각성의 한 기회가 아닐까 하여 이 긴 논문을 시작하는 것이다.

2. 양명학이란 무엇인가

양명陽明은 명나라 중기의 큰 유학자 문성공文成公 왕수인王守仁(1472~1529)의 호이다. 그 학설로는 『대학문大學問』 『논학제서論學諸書』 『전습록傳習錄』 등이 있다. 양명학을 말하려면 먼저 양명이 힘써 주장하는 것과 통렬하게 배척하는 것을 알아야 하나니, 그가 힘써 주장한 것이 무엇인지를 알면 저절로 통렬하게 배척한 바를 알 수 있으며, 그가 통렬하게 배척한 것이 무엇인지를 알면 저절로 힘써 주장한 바를 알 수 있다. 그는 무엇을 힘써 주장하였는가, '치양지致良知'라 함이다. 그는 무엇을 통렬하게 배척하였는가, "무릇 천하 사물을 그 이치를 궁구하면 하루아침에 훤하게 꿰뚫게 된다"[3]라 한 말이다. '치양지'라 하는 말에서 '치致'는 '이룬다'는 뜻이니 무엇이든지 이루었다 하면 그 한도를 다한 것이요, '양지良知'라 함은 '태어나면서부터 가진 앎'이라는 뜻이니 사람으로서는 잘난 사람이든지 못난 사람이든지 심지어 극히 고약한 무리일지라도 태어나면서부터 가진 이 '앎'은 누구나 다 같은 것이다. 이 앎은 다 같지만 저버리기도 하며 가리기도 하며 심하면 아주 분탕하여 없어지도록 하기도 하므로 이 앎이 앎답게 이루어지지 못하는 것이다. 그러므로 이를 이루어놓자 하는 것이니라. 아직 이것쯤만 말하여두자.

"무릇 천하 사물을 그 이치를 궁구한다"라고 하는 말은 온 세상 갖가지의 사물에 대하여 그 '이치'를 궁구한다는 뜻이요 "하루아침에 훤하게 꿰뚫게 된다"라고 하는 말은 하루아침에 시원하게 꿰어 뚫린다는 뜻이다. 온 세상 갖가지 사물에 대하여 그 이치를 궁구한즉 각개 사물의 진리가 모인 데서 하루아침에 시원하게 꿰어 뚫리는 것을 얻으리라는 것이니, 남송南宋의 대유大儒 회암晦菴 주희朱熹(1130~1200)가 주장한 바이다. 이렇게만 말하면 독자는 어리둥절하리라. 나도 이 말만을 내어놓아가지고 분명하게 될 것이라고 생각하지 못한다. 대개 공자의 정통 제자로서 사문師門의 종지를 전수받은 이가 곧 증자曾子이다. 공자가 증자를 불러 이르되 "삼參(증자)아, 우리 도道는 하나로써 꿰이느니라." 증자가 곧 "네" 하고 대답하였다 하는 것이니, 공자와 증자가 사제 간의 주고받음에 어떠한 간단하고 쉬운 불이

---

3 원문은 "卽凡天下之物, 而窮其理, 一朝豁然貫通"인데, 주자가 『대학장구(大學章句)』에서 주장한 내용이다.

문不二門[4]이 있음을 대개 짐작할 수 있다. 증자가 『대학大學』을 이렇게 서술하였다.

대학大學의 도는 명덕明德을 밝힘에 있고, 인민을 친親함에 있고, 지선至善에 그침에 있느니라. 옛날 천하를 태평하게 다스리고자 하는 자는 먼저 그 나라를 다스리나니, 그 나라를 다스리려 하는 자는 먼저 그 집을 가지런하게 하나니, 그 집을 가지런하게 하려는 자는 먼저 그 몸을 닦나니 (…)

천하로부터 몸에 이르기까지 바싹바싹 넓은 데로부터 좁은 데로, 먼 데로부터 가까운 데로 한 걸음 한 걸음씩 조여들어 하나의 근원이 나올 때까지 이런 식으로 좇아 들어가려 하는 것이라.

그 몸을 닦으려 하는 자는 먼저 그 마음을 바르게 하나니, 그 마음을 바르게 하려 하는 자는 먼저 그 뜻【하려는, 그만두려는 등의 관념】을 정성스럽게 하나니, 그 뜻을 정성스럽게 하려 하는 자는 먼저 앎을 이루나니 (…)

마음을 바르게 하는 것이 근원일 듯하지만, 어떻게 하여 바르게 할까 하는 여기에서 '성기의誠其意'(뜻을 정성스럽게 함)라는 것을 지시하였다. 뜻을 어떻게 하여 정성스럽게 할까 하는 여기에서 '치지致知'(앎을 이룸)라는 것을 지시하였다. 백척간두에서 한 걸음을 더 나아가 그러면 앎은 어떻게 하여 이룰까 하는 생각이 없을 수 없나니 "지知를 치致함은 물物을 격格하는 데 있느니라" 하는 한 문장이 곧 마지막 문장이다. 그러나 "물物을 격格한다"[5] 하는 문장 구절이 자못 이상한지라 이것이 천개 만개의 대문을 열 수

---

4 본디 상대적이고 차별적인 것을 모두 초월한 절대적이고 평등한 진리의 상태를 뜻하는 불가 용어지만, 여기서는 공자와 증자의 지향이 서로 다르지 않았음을 표현하는 말로 쓰였다.
5 이 이후부터 '격물(格物)'에 대한 주자학과 양명학의 해석 차이를 서술하고 있다. 간단치 않

있는 하나의 열쇠인 채로 천년 백세의 세월을 두고 학자들의 쟁점이 되어 왔다.

회암晦菴(주희의 호)이 이를 해석하되, 격格은 끝까지 파헤쳐 알아내는 것이요 물物은 사물事物이다, 천하 제반 사물에 다 각각 그 원리가 있으니 여기에 대해 궁구窮究함을 쌓으면, 각개 사물의 각개 이치가 모여드는 곳에 조화롭게 통하는 한개의 원리를 투명하게 깨닫게 될지라, 각개 이치에 대한 궁구를 격물格物이라 하고 조화롭게 통하는 한개의 원리를 투명하게 깨달음을 치지致知라 하였다. 회암은 가장 면밀하고 포괄적인지라, 이처럼 나누어 탐구하고 합쳐서 깨닫는다는 큰 학설은 실로 앞선 옛날 학자들이 미치지 못한 탁견이다. 탁견인데도 양명陽明은 어찌하여 이를 통렬히 배척하였던가.

그 문맥의 흐름으로 보아 몸〔身〕 이외는 모두 외부요, 이미 '마음' 속으로 더듬어 든 뒤에는 '뜻〔意〕'과 '앎〔知〕' 모두 으슥한 마음속 일이라 새삼스럽게 외물外物의 물物이 들어올 차례가 아니라 하는 것은 그렇지 아니함이 아니로되, 문맥 흐름상의 해석만 잘해보자는 것이 양명의 본뜻은 아니다. 우선 '물'을 어찌하여 '격格'하려느냐, '앎'에 '이르'려고. '앎'에 '이르게' 되면 무엇을 하느냐, '뜻'을 '정성스럽게' 하려고. '뜻'을 '정성스럽게' 하면 무엇을 하느냐, '마음'을 바르게 하려고. 그러면 중심은 마음이 바르게 되는 것이 아닌가. 옳지 아니하고는 못 견딜 만한 뜻의 정성이 있어야 마음의 바름을 이루리라.

옳지 아니하고는 못 견디는 것은 '앎'에 '이르는' 것에 있고 '앎'에 '이르는' 것은 '물物'을 '격格'함에 있다 하였나니, 옳지 아니하고는 못 견딜

은 맥락이라서 미리 정리해두면, '물(物)'을 주자학에서는 외물 즉 사물로 보았고 양명학에서는 내물 즉 마음으로 보았으며, '격(格)'을 주자학에서는 궁리하는 것으로 보았고 양명학에서는 바로잡는 것으로 보았다. 주자학은 만물을 궁리한다는 것으로 보고, 양명학은 마음을 바로잡는다는 것으로 보는 차이가 있는 것이다. 주자학과 양명학을 넘나들며 해석 차이를 섬세하게 서술하는 문맥을 현대어로 옮기면서 '물'과 '격'을 원래 한자 용어 그대로 옮겼다.

'뜻'이 이 '앎'에서 바로 생겨야 할 것이다. 이 물物을 격格함에서 곧 앎이 이루어져야 할 것이니, 실제로 체험해보아 되지 아니할 것 같으면 의심스러운 해석이다. 각개 사물을 궁구하고 또 종합적으로 고찰하였다 하자. 분별分別로부터 홀로 도달한 관찰이 있게 될지는 모르겠지만, 각개 사물의 이치의 총합을 어디까지로 한도를 정할지도 모호하려니와, 이는 살피고 탐구하는 것이라서 박학博學의 종류일 뿐이지 옳지 아니하고는 못 견딜 그 뜻을 만드는 마음 안의 생활이 아니다.

우주의 대체大體로 말하면 각기 나누어진 것이 곧 하나의 통합이니, 하나의 풀과 하나의 돌이 가지고 있는 원리가 곧 대우주의 원리이다. 흩어져 각기 나누어진 것이기 때문에 갈래를 따라 연구하여 근본으로 통할 수 있다. 회암의 탁견은 이를 홀로 조망한 것이다. 그러나 학자로서 우주의 생성을 탐구하는 학구적 방법과, 수행하는 사람으로서 마음속과 아주 밀접한 생활을 홀로 해나가는 요체는 다른 것이다. 양명은 처음에 회암의 교훈에 의하여 뜰 앞 대나무부터 좀 격格하여보자 하다가 외물에 대한 연구가 마음속을 뚫어 깨닫게 하는 것에 아무런 효과를 얻지 못할 것을 스스로 탄식하였다. 그러다가 권암權奄 유근劉瑾(1451~1510, 당시 득세했던 환관)이 정치를 망치는 것에 맞서 논박한 까닭으로 귀주貴州 용장역龍場驛에 좌천되어 있을 때 '격물치지格物致知'의 대지大旨를 깨달아

성인의 도가 자성自性에서 자족自足한 것이라 바깥 사물에서 구할 것이 아니다.

하였다. 이에 '격물格物'을 해석하되 '격格'은 바르게 한다는 뜻이요, '물物'은 사물의 물이 아니고 조금이라도 뜻이 있는 것은 다 물이다.【이는, 마음속의 물이다】 '지知'는 이른바 '양지良知'이니 본연으로 고유한 '앎'을 이르는 것이요, '치致'는 이 고유한 '앎'을 완성하는 것이라 하였다. 이

'앎'이 곧 마음으로서의 '앎'이로되 마음이 그 바름을 잃은즉 이 '앎'을 가리게 되고, 이 '앎'이 가려지게 된즉 마음이 바른 자체를 잃는 것이라.

간혹 이 '앎'이 비스듬히 슬쩍 나타나더라도 잠깐만에 도로 가려져서, 비록 나타날 때 그른 데 대한 가책과 옳은 데 대한 흠모가 없었음이 아니나 잠깐 보이다가 도로 없어지게 된다. 흠모에 대하여 하려 하는 뜻이나 가책에 대하여 그만두려 하는 뜻이나 다 순수하게 한결같지 못하여, 하려다가도 그만두어버리고 그만두려 하다가도 도로 하는 것이다.

오직 '앎'이 완전히 이루어진 뒤에라야 옳고 그름과 되고 안 됨의 판단이 극도로 밝아지며 감각의 정도가 더없이 예민해진다. 하려 하면 뒤따를 죽음과 멸망이 이를 저지하지 못하고, 그만두려 하면 앞에 올 부귀와 영광이 이를 견인하지 못할 뿐 아니라, 전류가 전선에 통하듯이 아니 통하지는 못하고 고양이가 쥐를 채듯이 아니 채지는 못하게 된다. 이 만일 천생이 아니라면 이렇게 스스로 마지 못하는 경계가 없을 것이다.

그러나 이 '앎'을 완전히 이루려 한다면 이 '앎'이 비판한 대로 뜻 가는 곳마다 그 부정함을 곧 바르게 하여야 한다. 다시 말하자면 이 '앎'이 받아들이지 아니하려는 뜻을 이 '앎'에 의하여 교정하여 한번 두번 자꾸 쌓일수록 '양지良知'가 더욱 밝아지게 되는데, 밝아질수록 점점 더 예민해져서 나중에는 '양지'의 완성을 보게 되는 것이다. 이것이 양명의 주장이며 회암의 학설과는 상반되는 것이다. 이제 『대학』의 해석상의 옳고 그름으로 인한 피차의 실제상 내적 생활의 분기와 세간에 끼쳐주는 영향을 이어 검증할 것이다.

학문이라는 것은 세상 사람이 알든 모르든 표준을 두는 곳이다. 회암의 학설에 의하면 공부가 마음 밖으로 향하게 되고, 양명의 학설에 의하면 마음을 떼어놓고는 착수할 것이 없게 되었다. 그러므로 『대학』의 제1장에 이른 "명덕明德을 명明함에 있고, 민民을 친親함에 있다"【명덕은 마음을 예찬하여 부르는 명칭】고 한 것이 우선 앞서 서술한 두뇌적 해석에 의하여 분

기되는데, 회암은

친親 자는 와전된 것이다. 마땅히 신新 자로 고치어볼 것이다.【『전습록傳習錄』에 의함】백성을 가르쳐 새롭게 한다 함이다.

하였고, 양명은

아니다, 고본古本이 옳다. 명덕을 밝히는 것과 민중을 친하는 것이 하나의 일이다. 만일 민중과 간격이 있어 그들의 이해와 안위가 내 몸의 통양痛痒(통증과 가려움)같이 감통感通되지 못하면 명덕의 본체가 무엇이 밝았다 할 것인가. 그러므로 민중을 친하는 것을 제쳐버리고 명덕의 밝음이 없고, 명덕의 밝음이 없고는 민중을 친할 무엇이 없다. 민중을 친하는 것이 곧 내 마음을 밝힘이요, 내 마음을 밝히는 것이 곧 민중을 친함이다.

라고 하여, 두 학설이 이렇게 달랐다. '신新'은 교훈에 대한 말이니 벌써 마음 밖으로 밖의 일에 속하는 것이지만, '친親'은 곧 마음의 감통이라 그대로 명덕의 본체이다. 하나는 밖에서 구하는 것이요 하나는 안에서 찾는 것이다. 그러므로 민을 새롭게 함에 있다 하는 것도 민중을 위하지 않는 것은 아니지만, 마음을 밝히는 일 따로 있고 민중을 가르치는 일 또 따로 있는 것이다. 저 가르치는 것이 벌써 한 걸음의 거리가 있는 것이기 때문에 가르치려다가 못 가르쳤더라도 명덕을 밝힘에는 하등의 손상이 없으나, 민중을 친하는 이것은 마음 안의 일이라 이 친함이 지극하지 못하고는 명덕의 존재까지 의심하게 되므로 민중과 나와의 관계가 조그마한 간격을 용납할 수 없도록 감통하게 된다.

그러므로 회암은 예의禮儀에 대한 꼼꼼한 해석과 전주箋注의 상세한 서술에다가 위대한 족적을 남기었으나 그를 따른 후학의 어떤 이는 "도道를 걱정하는 것이지 국國을 걱정하는 것은 아니라"라고 하여 민중 밖에 따로 걱정할 어떠한 도가 있는 것 같은 말을 하기에 이르기까지 하였다. 하지만 양명은 늘 사람으로서 고유한 '앎' 즉 '양지'를 제창하였기에, 책에서만 구하지 말라, 네 '양지'에서 구하라 하며 마음 밖으로 한 걸음을 내딛지 못하게 함으로써 국가와 민중을 마음 안의 일로 사무치게 느끼게 하였다. 명말에 이르러 분신쇄골을 단꿀같이 여기고 이리저리 뛰어다니며 외쳐대기를 그만두지 아니하게 만들었으니, 옳도다, 황종희黃宗羲(1610~95)의 「장황언 묘문張煌言墓文」[6]에 장공이 죽고 또 죽을 각오로 고통을 감수하던 의열義烈을 서술할 때 "이것이 본디 별것이냐, 오직 그만두려 해도 스스로 그만두지 못함을 이루었을 뿐이라" 한 말이여.

그만두려 해도 스스로 그만두지 못하는 것이 이른바 의意의 진정성이다. 대개 동방 고학의 진수는 간이簡易함에 있고 번박繁博함에 있지 아니하다. 간이라 하는 것은 일체의 법을 오직 본심에 의하여 그 실實과 진眞을 구하는 것을 이름이다. 당, 오대, 송초 이후 선종禪宗이 제멋대로 미친 듯이 날뛰는 기세에 깊은 영향을 받았던 학풍을 정돈함에 있어서 회암의 학설이 주도면밀하여 증세를 완화시킬 약이 아님은 아니지만, 안으로 조여 들어가야 하는 학문의 근원을 산만한 바깥 사물로 향하게 했다. 그러므로 자연히 폭넓게 연구하며 지식의 범위만 확장하는 것에 기울게 되며, 가장 앞서 최초로 착수할 곳인 '지知'를 멀리 텅 빈 곳으로 보내버리기 때문에, 핵심이 저절로 꼭 박히지 못하여 학자가 의지할 것이 아무것도 없다는 것을 느끼게 된다.

이에 이미 착수할 곳이 없고 또 폭넓게 연구하는 것이 변치 않아야 하는 진리가 되어버린 까닭에 학자들이 평생 동안 웅얼거리는 것이 오직 예의

---

6 명말청초의 경학자(經學者)로서 이민족의 청 왕조와 타협하지 않았던 황종희가 청 왕조에 끝까지 저항하다 체포되어 참형을 당했던 장군 장황언(張煌言, 1620~64)을 위해 지어준 묘비문이다.

와 전주 등에나 치우칠 뿐이지 속마음에 있어 어떠한 실제적 바른길을 얻은 적이 없었다. 그러한즉 학문이라고는 예의와 전주일 뿐이다. 조금도 자기 마음에서 앎을 이룩한 것이 없으므로 바깥 사물에 접하면 의연히 천박한 자사념自私念(이기심)이 여기에 응하게 되고, 저 예의와 전주로부터는 터럭만큼도 힘을 얻을 것이 없었다. 양명이 이에 발분하여 '치양지致良知'를 주장하고 민중과 내 마음은 둘이 아님을 애타는 마음으로 피력하였다.

회암의 '격치格致'의 대의大義를 만일 사물을 나누어 탐구하는 분과학문의 정신으로 실제에 응용하였던들, 물질에 대한 발명이 혹 유럽과 나란하였을지도 모를 것이다. 그러나 이렇게 활용하지는 못하고 그 해석 그대로 심성을 수양하는 거기에다가 붙박이 요로로 삼고 보니, 학자가 말로는 자세히 설명할 수 있으나 자기 마음에서 어떠한 출발점도 없으니 그런즉 학문은 실상 자기 마음과 떨어지게 되고 말았다.

이 학문이 자기 마음과 멀지만 그래도 학문이라서 군중이 흠모하는 대상이다. 먼저 학문으로 자립할 생각이 없을 수 없고, 다음 학문으로서 관심을 호소할 생각이 나지 아니할 수 없다. 사실은 착수처가 없으면서도 있다고 할 수밖에 없고, 있다고 한 뒤에는 마음속에서 깨달음을 얻는 것을 제쳐두고 오직 문자 위에서만 들어맞게 하는 데에만 노력하게 된 것이다. '명덕明德'과 '친민親民'의 용솟음치는 열렬함은 그들이 찾는 것이 아니요, 이미 문자 위에서만 노력이 저러한즉 자연 이기심의 맹아萌芽가 따라 점점 자라며 이로부터 자기 만족과 타인 배척이 날로 성하였다. 이러면서도 경전 문자에는 들어맞게 하는 것이 점점 더 교묘해지는지라, 여기서부터 화란이 비롯한 것이다. 알라, 허虛는 가假의 근본이다.

이 글을 보는 이 중에 아직도 깊이 몸에 밴 관습에 젖어 도학道學의 문호를 생각하는 이는 내 말을 곧 이단으로 배척할 것이다. 그러나 마음속으로 한 걸음 돌아 들어가, 자기 자신을 향하여 그 허실을 비추어 보라. 또 우리 시대의 새로운 사조에 자유로이 헤엄치고 있는 명사名士네는 웃을 것이다.

"참 썩은 소리로군. 지금 우리에게 『대학』해석이 바르건 틀렸건 털끝만치나 관계가 있어야지. 우리는 『대학』이라는 것부터 이름자도 모르는데" 이렇게 말하리라. 나도 이 말에 아주 반대하고자 하지 않는다. 그러나 수백년 간 일단의 학자들이 학풍을 세우니 농촌의 가난한 백성들까지도 이를 흠모하였고, 오래 두고 내려와 당파싸움과 살육까지 모두 '실심實心 이외의 탐구'를 뿌리로 삼아 확대된 것이다. 그 근원은 보이지 아니하되 흐르는 물결은 아직도 우리의 속에 남아 있다는 것을 알아야 한다.

"무슨 관계가 있나?" 하는 그 사람도 어찌하여 열정보다 냉대함이 많으며, 어찌하여 자기 마음의 실감보다 남 흉내만이 성하며, 이러면서도 열정이 있는 것처럼 실제 얻음이 있는 것처럼 외면으로 나타내 보여주는가. 당연히 느껴야 할 것이 어찌하여 마비되었으며, 당연히 나아가야 할 걸음이 어찌하여 정지되었는가. 심지어 우리의 정으로 차마 못 할 것, 우리의 마음으로 어느 모로나 옳다 할 수 없는 것도 한번 먼 저기로부터 떠드는 것만 있으면, 그 말이 뻔히 제 속에 반대되는 것이지만 당연히 해야 할 것이라 하며, 당연히 옳다고 아니 할 수 없다 하는가.

마음속으로는 반대하면서 입 밖으로는 추종하니, 나중에는 자기 마음조차 자기 입으로 부인하게 된다. 그러한즉 자기 마음은 아주 멸절하여도 저 학술을 살려야 내 명예도 얻고 내 추종자도 생길 것이라고 여겨 자기 마음의 멸절은 조금도 돌아보지 아니한다. 이러면서도 이러하다는 것 자체를 또 부인하지 아니하는가. 누구나 이 말을 반대할 것이겠지만, 만에 하나라도 심사숙고하고 조용히 성찰해보면 다소 그렇기도 하다고 스스로 비추어 볼 줄로 안다. 이것은 하루아침에 만들어진 일이 아니다. 쌓이고 쌓인 병을 극약 처방으로 일소하지 아니하고는 온전히 살기를 바랄 수 없고, 일소하려면 그 병의 뿌리를 깊이 조사하지 아니할 수 없다.

근본 원인은 모르는데 병의 증세는 날마다 극심해지니 그 병이 오래된 것을 이것만으로도 짐작할 수 있다. 서양의 학술이 수입된 뒤에도 그중에 어느 부분은 병이 이를 받아들여 벌써 고름으로 변한 것도 있고, 그중에 어느 부분은 이상하게도 '실심 이외의 탐구'가 같은지라 이에 다시 또 병의 뿌리를 북돋아 점점 마음 밖으로 더 달아나게 되고 마는 것이 실로 슬퍼할 만하다. 한번 마음속 하나의 길로 진실한 곳을 향하게 되어야, 비로소 새것을 받아 우리 민중의 복리를 도모할 수 있고, 비로소 옛것을 정돈하여 또한 우리 민중의 복리를 도모할 수 있다. 우리 민중의 복리를 도모하는 데에서 우리의 실심의 진상을 볼 수 있음을 알라. 이를 도모하는 데에 자기 마음으로부터의 자발이 어떻게 하여야 순수하고 한결같게 될까, 여기서 양명의 학설을 한번 풀어 논하고자 한다.

앞서 말한 것은 대개 양명이 떨쳐 일어난 것을 말한 것이고, 차차 그 학설의 전체를 혹은 번역해서 서술하고 혹은 개략적으로 펼쳐 보이기도 하려고 한다. 먼저 부탁할 것이 있다. 말로 따져보지 말라. 외부에서 무엇으로든지 끌어들여 증명하려고 하지 말라. 오직 자기 마음의 은미한 가운데에 스스로 체험하여 그 부합 여부를 생각하라. 양명의 학술은 심학心學이다. 심학이라 하면 마음을 대상으로 하여 고찰하는 것이 아닌가 생각하리라. 이것은 근세 학술의 술어만 알고 하는 말이다. 양명의 심학은 그런 것이 아니니, 곧 우리의 마음이 타고난 그 '본밑'대로 조그마한 속임도 없이 살아가려는 공부이다.

그런즉 외물을 접한다든지, 홀로 생각하고 헤아려봄이 있다든지, 좋은 생각이나 나쁜 생각이나 다 마음에서 발하지 아니함이 없다. 그러나 마음의 본밑을 말할진대, 그 생각을 내면서도 스스로 옳다 하지 아니함이 있음을 보면, 옳다 하지 아니하는 그 판단을 내리는 그것이 본밑이지 그 판단을 받는 그것이 본밑이 될 수는 없다.

시골 농민이 낮에 논갈이 품을 팔 때 가령 주인이 보지 아니한다 하자. 잘못 갈아주어도 말할 사람이 없다 하자. 그 사람이 중간쯤 갈다가 생각하기를 돈은 받았고 누가 보는 것이 아니니 어름어름하고 갈까 하다가, 스스로 이 생각을 나무라며 가로되, 아니다 보는 사람이 없대도 나는 못 할 일로 여기지 아니하느냐, 그러다가 결국 처음 생각대로 어름어름하고 말았다 하자. 집에 와서도 저 한 일을 옳지 않다고 여긴다.

어떤 것이 본밑마음인가. 다른 사람은 속일 수 있어도 저는 속일 수 없나니, 속이려는 것을 사념邪念이라 하고 속일 수 없는 곳을 본심本心이라 한다. 그런즉 엄격하게 마음을 말한다면, 본밑마음이 이 마음이요 그 밖의 것은 곧 마음의 적賊이다. 체계는 또 무슨 체계냐, 내가 하려는 것을 하고 내게 부끄러운 것은 아니 하려는 단순한 법문法門이다. 실증은 또 무슨 실증이냐, 누구나 학문은 없어도 '나'야 있지 아니한가, 내가 내 속을 기망하지 못할 것은 다 스스로 증명하고도 남음이 있지 아니한가. 근세 서양 학술만이 복잡하고 자질구레한 것이 아니다. 송 이후 중국 유학의 심성心性에 대한 탐구도 참으로 기막히도록 꼼꼼하고 더할 수 없이 똑똑하다. 그러나 천년을 두고 마음을 연구하여 한 찰나에 일어나는 생각의 속성을 수만 언言을 써서 분석하였다 하자. 마음을 탐구하는 그 학문과 내 마음 공부와는 당초에 관계가 없다.

그러므로 일념의 부끄러움을 붙들어 부끄러운 일념을 누르는 것이 천년 두고 마음을 연구하는 것보다 실제 공부이다. 마음이라는 명칭조차 모르는 사람으로도 능히 부끄러워할 만한 일이라면 자신의 이로움도 버렸을 것이니, 그것으로 심학에 있어 높은 지위를 점하였다고 할 수 있는 것이다. 양명의 학술이 바로 이러한 심학이요, 마음은 곧 본심이며 쉽게 말하자면 본밑마음이다. 양지良知가 곧 이 본밑마음이니 양명의 이른바 "양지는 곧 마음의 본체이다"라고 한 것도 이러한 이유였다. 그러므로 양명의 학술은 간이하며 명료하여 양지의 피 한 방울로써 거의 멸절하게 된 심혼心魂을 다시 불러들이자는 것이다.

그런즉 양명이 이른바 '심心'은 곧 '이理'니, 이라는 것은 자연히 이루어지는 질서라서 인위가 아니기에 천명天命이라 하는 것이다. '이'는 지선至

善이니 선善하지 아니한 것이 없다 한다. 양명은 또 이르되

　　지知가 곧 행行이라는 것을 알았다 하자. 알기는 하였으되 행하지는 못하
　　였다 한다면 그 알았음이 참 앎은 아니다. 앎이 제대로 있다면 행이 곧 거기
　　에 있을 것이다.

하여 '양지'로 비추어 보기만 하고 실제로 행하지 못한 것은 그 '지'가
아직 '지'답지 못한 것임을 분명히 말하였다. 역대 학자들이 실행 없이 빈
말로 정신만 갖고 노는 버릇으로 하여금 설 땅이 없게 하였다. 양명의 『대
학해大學解』는 『대학』을 풀이하자는 것이 아니라, 그의 본심의 밝음에다가
이를 비추어 보아 격치格致와 명덕明德, 친민親民의 본뜻을 가장 쉽게 해결
하자는 것이다.

　　우리가 지금 양명의 학설을 강론하는 것도 양명의 학설을 표준으로 삼
자고 우리 민중에게 호소하려 하는 것이 아니라, 우리의 본심의 밝음에 이
학설을 비추어 그의 옳고 그름을 스스로 증명하여 체득하도록 하자는 것
이다. 양명의 학설을 표준으로 삼지 아니하기는 쉽지만, 우리의 본심에 의
하여 일체를 조파照破(비추어 보면서 깨우침)해야 한다는 것은 변함없는 철안
鐵案(무쇠처럼 변치 않는 주장)이 아니겠는가.

　　양명의 '심즉리心卽理'설은 양지로써 근본을 삼는 그 학설에 있어 중대
한 의론이다. 마음이 불선不善(착하지 않음)됨이 없는지라 마음의 본밑밝음
에는 불선으로써 속이지 못하는 것이니, 이 한 자리에서 정확하고, 명백하
고, 진실하며, 부합하는 해석의 깨달음이 없고서는 사람으로 제 마음을 보
지 못할 것이다. 양명은 이에

　　네 마음은 지선至善이니 곧 이理다. 자연히 이루어지는 질서를 여기에서
　　찾으라.

하였다. 그러나 밝음으로써 비추었다 할지라도 곧 실행하지 아니한다면 그 밝음이 밝음답지 못한 것이다. 알면 행하는 것이니 행이 밝게 깨닫고 정밀하게 관찰한 곳이 바로 지이고, 지가 절실하고 독실한 곳이 바로 행이다. 이것이 '지행합일知行合一'설의 대략이다. 양명의 제자 서애徐愛(1487~1517)가 양명에게 묻되

선생의 말씀같이 지극한 선을 다만 마음에서만 구한다면, 천하 사리에 다하지 못함이 있을까 두렵습니다.

양명이 가로되

마음이 곧 이치이다. 세상에 마음 밖의 일이 있으며, 마음 밖의 이치가 있을까.

서애가 가로되

아비를 섬기는 효孝와 임금을 섬기는 충忠과 벗을 사귀는 신信과 백성을 다스리는 인仁, 이 사이에 허다한 도리가 있으니 살피지 아니할 수 없을까 합니다.

양명이 이에 탄식하며 이르되

저런 말이 진리를 가려온 지 오래다. 어찌 한마디 말로써 깨닫게 할 수 있으리오. 우선 묻는 그것에 대하여 말하리라. 아비를 섬김에 있어 아비에게 가서 효의 이치를 찾아냄이 아니요, 임금을 섬김에 있어 임금에게 가서 충

의 이치를 찾아냄이 아니며, 벗을 사귀거나 백성을 다스림에 있어 벗에게
백성에게 가서 신과 인의 이치를 찾아냄이 아니다. 모두 이 마음에 있는 것
이니 마음이 곧 이치이다. 이 마음이 자기 이익의 욕구에 가려짐이 없다면
이 바로 천리天理【천리라 함은 인위人爲가 아니라 순수하게 천연적으로 이
룩된 것을 이름】이니, 외면에서 일부분이라도 덧보탤 것이 없다. 이 순수한
천리의 마음이 아비 섬김에 발하면 문득 이것이 효이고, 임금 섬김에 발하
면 문득 이것이 충이며, 벗을 사귀고 백성을 다스림에 발하면 문득 이것이
신이요 이것이 인이니, 오직 이 마음에 인욕人欲【사적 이익을 추구하려는
욕구】을 없애고 천리를 두는 것을 공부한다면 곧 더할 바 없을지니라.

서애가 가로되

끝내 약간의 의심이 없지 못합니다. 아비 섬기는 한가지 일만 가지고라도
그 속에 따뜻함, 서늘함, 편안함, 살핌【겨울에 따뜻하게, 여름에 서늘하게,
저녁에 편안하게, 아침에 기체를 살피는 것이니 효자의 부모 섬기는 일을
이름】같은 것들의 종류가 허다한 절목이 있으니 이것을 강구講求할 수 있
겠습니까.

양명이 가로되

어찌 강구하지 않겠는가. 다만 두뇌가 있으니 이 마음의 '인욕을 없애어
천리를 두는 것'에 대하여 강구할 것이다. 가령 겨울에 따뜻하게 모시는 것
을 강구한다 하자. 다만 이 마음의 효를 다하려 하여 털끝만치라도 인욕이
이에 섞일까 하여 두려워하고, 여름에 서늘하게 모시는 것을 강구한다 하
자. 다만 이 마음의 효를 다하려 하여 털끝만치라도 인욕이 이에 섞일까 하
여 오직 이 마음에 있어 강구하는 것이다. 이 마음이 만일 인욕이 없고 순수

한 천리뿐이라면 이 효도에 정성스러운 마음이 겨울이면 자연히 부모가 추위함을 생각하여 스스로 따뜻하게 만들어드릴 도리를 구할 것이며, 여름이면 자연히 부모가 더위함을 생각하여 문득 스스로 서늘하게 만들어드릴 도리를 구할 것이다. 저는 다 진실한 효심의 마음에서 나온 조건이다. 저 진실한 효심이 있는 뒤라야 저 조건이 나올 것이다. 수목에 비교하면 진실한 효도의 마음은 뿌리요 허다한 조건은 가지와 잎이다. 먼저 뿌리가 있어가지고 가지와 잎이 있는 것이지, 가지와 잎부터 먼저 찾아낸 뒤에 뿌리를 심는 것이 아니니라. (『전습록傳習錄』)

이것을 보면 양명의 '심즉리'설에 대한 논란과 응답의 일단을 알 것이다. 지금 우리 사회 민족에 대하여 마땅히 행할 것을 살피고 탐구하는 이가 몇이나 되나. 어떻게 하여야 할까, 어떻게 하여야 할까, 이론이 나날이 불어나지 아니하느냐. 알지 못하겠다. 혹 부모에 대한 진실한 효도의 진심에는 강구가 없이 따뜻함이니 서늘함이니 이것에 대하여 찧고 까부는 종류가 아닐까.

'지행합일'설에 대하여 다시 『전습록』의 한 항목을 기록하려 한다. 서애가 양명에게 '지행합일'에 대한 의문을 제기하니 양명이 가로되 "어디 말해보아라." 서애가 가로되

지금 사람이 아비에게 마땅히 효도할 것, 형에게 마땅히 우애할 것을 알면서도 효도하지 못하고 우애하지 못하는 것만 보아도 지와 행은 분명 둘이 아닙니까.

양명이 가로되

이는 벌써 사욕이 격단隔斷(사이를 막아 끊음)한 바가 된 것이지, 지행의 본

체가 아니다. 알고 행하지 아니하는 자는 없으니 알고 행하지 아니한다면 이는 바로 알지 못한 것이다. 성현이 사람에게 지행을 가르침이 정히 자기의 본체를 회복하게 한 것이니, 저렇게만 하고 그만두는 것이 아니다. 그러므로 『대학』에 참지행을 가르쳐 보이되 "미인을 좋아하듯, 악취를 싫어하듯 하라" 하였으니, 미인을 보는 것은 지에 속하는 것이요, 미인을 좋아하는 것은 행에 속하는 것이다. 저 미인을 볼 때 벌써 좋아하게 되는 것이니 본 뒤에 또 마음을 세워 좋아하는 것이 아니다. 악취를 맡는 것은 지에 속하는 것이요, 악취를 싫어하는 것은 행에 속하는 것이다. 저 악취를 맡을 때에 벌써 싫어하게 되는 것이니 맡은 뒤에 따로 마음을 세워 싫어하는 것이 아니다. 코가 막힌 사람은 악취가 앞에 있을지라도 코로 맡지 못한즉 또한 심하게 싫어함도 없다. 오직 냄새를 알지 못하는 것이다.

아무개가 효도를 안다, 아무개가 우애를 안다 하자. 반드시 그 사람이 일찍이 효도를 행하고 우애를 행하였으므로 바야흐로 그 사람을 일러 효도를 안다, 우애를 안다 하는 것이지, 다만 몇 가지 효도와 우애에 대한 이야기를 말한다고 해서 곧 효도와 우애를 안다고 일컫지 못할 것이다. 또 아픔을 안다면 반드시 벌써 스스로 아팠을 것이요, 추움을 안다면 반드시 벌써 스스로 추웠을 것이요, 배고픔을 안다면 반드시 벌써 배고팠을 것이다. 지와 행을 어찌 나눌 수 있으랴. 이 곧 지행의 본체이다. 개인 감정으로 격단됨이 있지 아니한 것이다. 성인이 사람을 가르치되 꼭 이래야 바야흐로 지라고 이를 수 있고 이렇지 아니하면 애초에 안 것이 아니라고 하셨으니, 이것이 어느 정도로 간절하고 착실한 공부가 될 것인가.

또 말하였다.

지금 사람은 지행을 둘로 만들어 이르되, 먼저 알아야 그 뒤에 행할 수 있다, 내 지금 강습하고 토론하여 지적知的인 공부를 하여 아는 것이 참되기를 기다려야 바야흐로 행적的인 공부를 한다고 하며, 끝내 종신토록 행하지 못하고 또한 종신토록 알지 못한다. 이것은 작은 병통이 아니다. 이렇게 해 온 것이 하루이틀이 아니다. 이제 '지행합일'을 말한 것은 정히 증상에 대한 약이요, 또 내가 지어낸 것이 아니라 지행의 본체가 원래 이러한 것이다. 이 제 이 근본 뜻을 안다면 설사 둘이라고 하기로서니 또 무엇이 해로우랴마는 만일 이 근본 뜻을 깨달아 알아차리지 못하면 하나라고 말을 한다 한들 또 한 무엇을 이룰 것이겠는가. 이 오직 한가한 이야기가 될 뿐이니라.

오호라, 양명의 이 말을 가지고 본다면, 우리가 아무리 본심에 대한 자 기 나름의 증명이 있다 할지라도 행 없는 지는 참된 지가 아님을 알 것이 다. 알았는가, 그러면 행하였는가. 행여 알지만 행하지 못하였다 하지 말 라. 애초에 알지 못한 것으로 알라. 하물며 한해가 다 가도록 얽히고설키는 이론과 몇 년을 넘겨도 복잡하게 굴절되기만 하는 해석들이 본심 공부와 는 하등의 관계가 없고, 한 걸음 한 걸음씩 원래의 본심과 요원하던 거리를 더 멀리 만들기에 몰두할 뿐이다. 크고 작음과 맑고 탁함을 누구에게 물을 것 없이 시대에 뒤떨어지지 아니한다는 것을 오직 본심을 내다 버림으로 써 증명한다 하여도 아마 과언이 아닐 것이다. 본심은 버리기 쉬우나 사념 私念(자기를 위하는 마음)은 떨어지지 아니하는 것이기에 자기 한 몸을 도모하 는 데에는 기술이 점점 발전하여간다. 내다 버리기는 하되 본심은 의연히 본심이라서 스스로 자신의 허위를 자신도 인식할 것이니, 이에서 진실한 무엇이 나오기를 어찌 바랄 상상이나 하겠는가. 지금으로서 양명 당시와 비교하면, 양명의 걱정하던 그것조차 오늘날 우리로서는 흥성하던 때처럼 생각하게 되지 아니한가.

육상산陸象山[7]이 일찍이 말하되 "우주 안의 일은 곧 자기 분수 안의 일이

---

7   육구연(陸九淵, 1139~92). 중국 남송의 사상가. 자는 자정(子靜), 상산은 그의 호. 주희와 동
     시대의 사상가로서 둘 사이에 전개된 아호사(鵝湖寺) 논쟁은 중국사상사에서 매우 중요한

라" 하였고, 양명은 더 총괄하여 자세하게 말하여 가로되

대학이란 무슨 말인가. 대인의 학문이란 말이다. 대인의 학문이란 무엇을 이름인가. 대인은 천지만물로써 일체를 삼는다. 그러므로 그 참정성으로 애틋함이 어떠한 간격을 두지 아니하나니, 명덕을 밝힘은 곧 일체의 체體를 세움이요 민을 친함은 일체의 용用에 도달하는 것이다.

하였다. 그러나 그 '애틋'함이 천지만물을 일체로 하되 그 발함에 있어 선후와 경중, 후박厚薄(두텁고 얇음)과 소근疎近(멀고 가까움)이 또한 자연스러운 절도가 있는 것이니, 『대학』의 이른바 '지선至善'에 그친다고 한 말이 곧 이것이다. 여기에서 더하거나 빼면 곧 '애틋'의 참핏줄이 아니다. 그러므로 양명은 『대학』 초장을 풀이하면서 명덕明德과 친민親民으로서 지선至善에 그치지 아니하면 그 본을 망실함이라 하였다. 이미 같은 몸임을 말하고 또 후박을 말한 것은 어떻게 된 것인가.

'애틋'의 간격이 없는지라 이것이 바로 일체요, 같은 '애틋'이로되 "내 부모에게서 시작하여 남의 부모에 미치고 내 족류族類(민족)에서 시작하여 멀리 먼 나라에까지 미치는 것이다". 내 부모 내 족류를 남의 부모나 온 세계와 똑같이 안다고 하면 얼핏 생각하여 혹 지고至高한 듯도 하지만, 내 부모 내 족류와 남의 부모 온 세계 사람을 똑같이 아는 진심은 없는 것이다. 그러므로 남의 부모 온 세계를 내 부모 내 족류와 똑같이 사랑한다는 것이 결국은 내 부모 내 족류를 남의 부모같이 먼 외국같이 소원하게 만드는 것밖에 되지 아니한다. 그러므로 후박이 없고는 '애틋'의 참핏줄을 찾아낼 수 없는 것이다. 그런즉 같은 몸의 '애틋'이 자연스러운 후박으로부터 그 참핏줄이 사무치게 되고 사무침에 있어 후박의 절도가 지극히 합당할수록

위상을 갖고 있으며, 주희의 성즉리(性卽理)에 대하여 심즉리(心卽理)를 주장하여 왕양명의 사상에 영향을 끼쳤다.

같은 몸에 대하여 더욱 간격이 없어지게 되는 것이다.

나는 이에 느낌이 있다. 대개 본심이라야 절실하며, 본심이라야 독실하며, 본심이라야 용감하며, 본심이라야 능히 생사를 따지지 않는 희생의 의거가 있는 것이요, 본심이라야 온갖 고난과 어려움이 없이 오직 그 향하는 곳에 '애틋'함을 스스로 어찌하지 못할 것이다. 본심의 '애틋'이 아니라면 이는 '사의私意'이다. 어떠한 비루하고 잗다란 이익 추구와 천박한 부귀를 좇아 허장성세하는 것이기에, 하루아침에 이것으로써 얻을 수 있는 명예가 없고 이것으로써 생길 사적 이익이 없으면 아까까지 신줏단지 모시듯 하던 것도 쉽사리 헌신짝처럼 버리게 될 것이다. 학설이야 존폐가 어떠하든지 상관없을 수도 있지만, 그로 인하여 본심의 '애틋'한 참핏줄을 스스로 부인하고 빈 말의 헛된 지경을 따라 마침내 사람으로서 누구나 다 있고 언제나 다 가진 이 '애틋'의 뿌리조차 뽑혔음이 어찌 통한치 아니하랴.

선배들의 저서를 보면 "아대명我大明(우리 명나라)"이라 한 것이 있다. 허허, 대명이 우리 대명이란 말인가. 을지문덕乙支文德(생몰년도 미상)이 수隋나라 군대를 격파 섬멸하였다고 상국을 범한 죄라고 말한 이가 있었으니, 허, 그대로 두번 절하고 죽어버렸더라면 쾌할 것이란 말인가. 어린애 아니면 천치더러 물어보아도 나와 남과 내 나라와 적을 모를 리가 없건마는, 학문이 본심의 '애틋'을 떠난 것이기에 본심이 아닌 말과 본심이 아닌 일을 하여도, 일시적으로 유행하는 "본심이 아닌 곳에서 나온 망설妄說"을 따라 하거나 혹 불러일으키는 것을 도리어 영광으로 안 것이다. "아대명"이라 한 그도 그 마음은 대명을 곧 자기 나라로 알았던 것은 아니었다. 을지문덕을 비난한 이도 중국을 적대해야 할 때를 만나면 그 말처럼 상국이라고 빌며 항복하였으리라고 생각되지 아니한다. 그러므로 더 허위이다. 독자는 이 말씀을 소홀히 보지 말라.

지금 누구나 내 이 말을 판단할 때 특별한 종류의 무리들을 제외하고는 내 의사와 다름이 없으리라. 그러나 글자는 다를망정 "본심이 아닌 곳에서 나온 따라 하기"에는 지금이라고 이러한 견해가 없으리라고 말할 수 없으며 혹 더 심할 것이다. 그때는 대명을 우리라고만 하였지만 지금은 곧 '조국'이라고 아니 할지 누가 알랴. 양명은 철인哲人이라 같은 몸의 인仁을 말하고 또 후박의 절도를 말하여 어디까지든지 일단 양지의 '애틋'함에다가 준칙을 세운 것이니 "우주 안의 일을 내 분수 안의 일"로 생각하려는 우리의 어진 상태는 모름지기 같은 몸의 '애틋'이 자연스러운 후박으로부터 사무친 것임을 깊이 생각할지어다.

현대 조선에 있어 양명학을 말하기보다는 듣기가 어렵다. 어찌하여 그러한가 하면 학술의 기풍이 간략하고 간이한 자기 마음에서의 공부를 외면해버리고, 심각한 언어 문자의 잡동사니, 잗다란 감정과 학식의 분과연구일 뿐이며, 요즈음은 이것마저 묵은 책장같이 되고 군중의 취향이 그나마 심心이니 철哲이니 하는 곳을 버리게 되었기 때문이다. 양명의 단도직입적 심학心學을 귀담을 까닭이 없다. 남들은 외풍을 받아도 자기 마음을 가지고 받은 까닭에 혹 비교도 하여볼 수 있지만 우리에 있어서는 외풍이 외풍이 아니다. 외풍이 들어온 것은 마찬가지지만, 우리는 받은 자기 마음의 자리가 모호하기 때문이다. 어떠한 자기 마음이 있어 이를 비교할 것이겠는가. 이는 현대 조선의 과오가 아니다. 전술한 바와 같이 허가虛假의 폐해, 그것이 내려옴이 멂을 알라. '일진무가一眞無假'(한결같이 진실되고 거짓이 없음) 네 글자가 양명학의 근본이다. 남 모르고 나 홀로 아는 이 한곳이 의리와 이익, 선과 악의 경계이니, 여기서 소스라쳐 경계하여 깨우치는 것이 있다면 곧 참된 생활이 시작되는 것이다. 양명이 이르되

오직 천하의 지성至聖이라야 능히 잘 듣고 밝게 보고 지혜롭다.

라고 한 것이 전에 볼 때는 현묘한 어떤 것이었는데 이제 보니 원래 사람마다 다 갖고 있는 것이었다. 귀는 원래부터 잘 듣는 것이고, 눈은 원래

부터 밝게 보는 것이요, 심사는 원래부터 지혜로운 것인데, 성인은 다만 이 것들을 '능'히 하는 한가지가 있을 뿐이다. 능히 하는 것이 바로 이 양지요, 사람들이 능히 하지 못하는 것은 다만 양지를 이루지 못했기 때문이다. 이 얼마나 명백하고 간단한 것이냐. 그러나 이는 곧 사람 사람이 같이 얻은 영명靈明(신령함)이다. 양명이 이르되

　　동덕同德이 무엇이냐, 어리석은 지아비와 지어미와 같은 것이 동덕이요, 이단異端은 무엇이냐, 어리석은 지아비와 지어미와 다른 것이 이단이다.

하였으며, 같이 얻은 영명이로되 거기에 진실함과 진실하지 못함의 차이가 있어, 성인과 어리석은 자가 나뉘는 것이다. 양명이 이르되

　　사람이 다만 선을 좋아하되 미인을 좋아하듯 하고, 악을 미워하되 악취를 싫어하듯 하면 문득 성인이라.

하였다. 대개 양명의 학이 크게 동체同體를 말하거나 절실하게 후박을 말하거나 명덕, 친민, 지지선止至善을 말하거나 간에, 정신은 오직 '치양지致良知'요 '치양지'가 실제 착수하는 곳은 '격물'이니, 물物에 격格함이 없다면 앎을 이룩할 경로가 없고 앎이 없다면 물을 격할 밑천이 없다. 그런 즉 그중 문제되는 것이 이 '지知'이니 우리로서 어떠한 '지'가 본심의 양지良知인지 그 판단을 어떻게 해야 할까 하고, 뜻 있는 이는 의심하리라. 그러나 누구든지 내 '본마음'인지 아닌지 구별하기 모호한 것일랑 아직 그냥 두라. 자세하지 아니한 것을 가리켜 하는 말이 아니다. 오직 스스로 그렇게 하는 것이 그르다 해서 아니 하면 내 명예를 얻음에 내 재산을 얻음에 해롭고, 스스로 아니 함이 옳다 하는데 하면 내 명예를 얻음에 내 재산을 얻음에 이롭다 하자. 남은 모르더라도 자기 홀로는 판단이 되지 아니하겠는가.

큰일에서든지 작은 행동에서든지 혹 말하되 이 판단을 어찌 믿느냐 한다. 허, 사람의 실제를 버림이 이렇듯 심하구나. 하등의 조건이 없이 자기 속에서 우러나오는 옳다 그르다 하는 판단을 버리고 또 어디서 옳음과 그름을 찾으랴. 혹 습염習染(깊이 밴 버릇)에서 나오지 아니하였나 하리라. 습염에는 명예를 구하고 이익을 구하는 그늘이 은은히 한구석에 있다. 또 습염으로는 일체의 명예와 이익을 초월한 판단을 하지 못한다. '양지의 판단', 이러한 것은 사람마다 가끔 만나는 것이지만 그러나 저 홀로 옳다는 것이 분명하지 아니하면 또 말하는 것이 아니요, 저 홀로 그르다 하는 것이 분명치 아니하면 또 말하는 것이 아니다. 그중 분명한 것, 저 홀로는 스스로 한편에 가책과 불안이 생기고 한편에 수긍하고 인정하며 복종하고 따르게 되는 것, 이는 저 스스로 본마음으로 아는 것이다. 이러한 곳에서 먼저 옳다는 것은 꼭 하고 그르다는 것은 당장 뽑아버리어, 이렇게 오래 두고 하면 불안의 감도가 예민하여 터럭 하나라도 어름어름 지나지 못하게 될 것이다. 아니 할 것 하고는 견디지 못하고, 할 것 아니 하고는 견디지 못하여 나중에는 만사의 고통이 한순간의 불안에 비하여 어려울 것이 없고, 백절의 고난을 마음속의 자득으로써 즐길 수 있다.

　그러므로 별달리 양지를 탐구할 생각을 말고 저 홀로 저만 아는 속에 스스로 속이지 못할 곳이 있거든, 분명하거든, 양지로 알라. 이를 깨달았다고 해도 그대로 바로잡지 아니하면 점점 빛이 흐려지나니, 속이려는 그 '것' 이 근절될수록 속일 수 없는 그 자체가 점점 더 뚜렷해질 것이다. 속이려는 '것'을 뽑아 속일 수 없는 그 자체를 완성함을 '치지致知'라 한다. 이 '지知' 는 학문상의 탐구로 증명하고 파악할 수 있는 것이 아니라 자기 마음에서 실제로 몸으로 내놓는 것이다. 한 글자도 모르는 사람이라고 이를 모름이 아니로되 흐지부지 가리어버리고, 고금의 서적을 다 읽어낸 사람이라고 이 '지知' 이외에 다른 본체 없을 것이로되 대개 서적에서만 방황하고 만다.

(하략)⁸

7. 후기後記

양명학의 대지와 양명의 행동 및 양명이 했던 말의 개략과 그가 남긴 영향은 대개 위에서 말한 것과 같다. 내가 이제 번거롭게 제기하고 거듭거듭 인용하는 것을 피하지 아니하고 이같이 써 내려온 것은, 하나의 거대한 장편으로 학문 계통을 구상하여 색다른 읽을거리를 제공하자는 것이 전혀 아니요, 실로 그윽하게 외로운 고분孤憤(세상에 홀로 분하게 여기는 일)이 있어 스스로 그만두지 못했던 것이다. 양명이 평생토록 고생스럽게 이야기한 것과 현명한 계승자들이 힘껏 주장하고 애써 지키려던 것이 별것이 아니니, 스스로 가릴 수 없는 천생으로 가진 이 앎에 의하여 조금도 유감이 없게 하자고 할 뿐이다. 이것은 도무지 지식에 도움을 받는 것이 아니니 낫 놓고 기역자도 모른다고 이 앎은 서툴고 촌스러운 법이 없으나, 아무리 만 권을 읽어냈을지라도 이 앎에 의할 줄을 알지 못하고는 일체가 모두 허虛일 뿐일 것이다.

이 앎이란 삼엄하여 터럭 하나의 구차함이 없는 것이니, 어떠한 교묘한 재주라도 이를 기망하지 못하는 것이다. 오직 나 홀로 아는 것이니 가장 은미하여 소리나 냄새 모두 숨어버린 곳이다. 사방 한 치의 넓이를 갖는 마음이라는 것도 오히려 비할 것이 아니겠지만, 나 홀로는 알기에 이를 가장 진지하고 절실하게 여겨 성명性命을 거는 곳이다. 이를 제외하고는 인간의 옳고 그름에 대한 기준을 정할 곳이 없을 것이다. 무릇 내가 세상만사에 반

---

⁸　분량 제한으로 정인보의 양명학적 입장을 선명히 보여주는 부분만 제시하고, 왕양명의 생애와 중국 및 조선에서의 양명학의 전개 부분은 생략했다. 생략 부분의 소제목은 다음과 같다. 3. 양명 본전(陽明 本傳); 4. 대학문(大學問), 발본색원론(拔本塞源論); 5. 양명문도(陽明門徒) 및 잇달아 등장한 제현(諸賢); 6. 조선 양명학파(朝鮮 陽明學派).

응하지 아니한다면 모르겠고, 내가 취사선택을 아니 한다면 모르겠다. 내가 선택하는 것에 내 한 몸과 집안을 주고라도 바꾸게 되고, 버리는 것에 생명이 걸려 있다고 하더라도, 구차히 생각이 얽매이지 않고 대수롭지 않게 여겨진다면 모르겠다. 만일 그렇지 아니하다면 이 앎을 제외하고 무엇으로 저기에 반응할 것인가. 이 앎을 제외하고 무엇으로 저것들을 취사선택할 것인가. 이 앎을 제외하고 누가 능히 선택하는 것에 한 몸과 집안을 주고라도 바꾸고, 버리는 것에 생명도 아끼지 아니할 것인가.

힘이란 나 하고 싶은 데에서 나오는 것이다. 그러나 하고 싶은 그것이 나 홀로 앎에 있어서 옳지 않을 것 같으면 이는 몸뚱이에서 일어난 생각이라 하더라도 본심에 진실한 뜻이 아니니, 엄격하게 말하면 내가 하고 싶은 것이 아니다. 만일 나 홀로 앎에 이를 옳다 하는 것이고 하고 싶은 것이라면 무엇에라도 막히지 아니할 것이다. 한 생각이 일어나고 소멸되는 것을 나 홀로는 안다. 몸뚱이 위에서 일어나는 생각은 언제나 간격적間隔的이요, 본심 위에서 일어나는 진실한 뜻은 언제나 감통적感通的이다. 감통적인 것이기 때문에 은미한 가운데 한점의 밝은 빛이고 일체의 인仁의 발로이다. 민중의 고통과 가려움이 내 고통과 가려움이 된다는 것은, 실로 내 마음의 본체가 이렇게 하는 것이지 일부러 과장해서 말하는 것이 아니다.

그러므로 누구나 "내 본밑마음의 천생으로 가진 앎"을 찾으려거든 스스로 속일 수 없는 곳을 조용히 성찰하여보라. 스스로 속일 수 없는 그곳의 실체를 찾으려거든 민중과의 감통感通과 간격間隔 중에 어느 사이에 있을 것인가 이를 스스로 검토하여보라. 한 찰나 동안이라도 이 밝음은 어느 속에서든지 멈추고 쉬는 일이 없으니, 이것을 한번 깊고 멀리 생각하여보면 결코 그렁저렁하고 말 것이 아니다. 우리가 본심에 대하여 가리고 막은 지 오래라서, 옳고 그름이 본심으로서의 옳고 그름이 아니고, 취사선택이 본심으로서의 취사선택이 아니게 되었다. 본심으로서가 아닌지라 옳고 그름에 대해서 남을 따라 하는 것에 그치고, 취사선택에는 밖으로 꾸미는 것에 그치니, 그 하고 싶은 일이 사실 내가 하고 싶은 것이 아니다. 이에 힘을 바랄 수 없음은 이미 말할 것도 없거니와, 남을 따라 하고 밖으로 꾸미는 것은 할지언정 감통적이 아닌 바에는 간격적인 것을 면하지 못하는 것이다.

몸뚱이로부터 나오는 창피스러운 생각은 언제나 간격의 계기가 될 것이다. 비록 상태가 만가지로 다르고 모양이 백가지로 다르더라도, 한곳 그윽한 속에는 싸고도는 것이 이 한가지 생각일 줄로 안다. 그러므로 한 백년 평생을 지식 탐구에 몰두하여 학문이 동서를 꿰뚫었다고 스스로 인정하고, 재주가 고금에 가장 뛰어나다고 자부할지라도, 홀로 아는 그곳에서 실제적으로 격물格物의 공부를 하지 아니하고는, 제 한 몸만 챙기려는 창피스러운 생각은 머릿속에 의연히 있게 된다. 사물이 와서 접하면 그 재주와 그 학문은 많건 크건 헛일이 된다. 푼돈이나 비단 쪼가리에 대한 비루하고 천박한 의욕에 갑자기 부응하게 되는 것은 흔한 일이라 하고 말겠지만, 오히려 그 재주와 학식으로 인하여 더욱 심해지고 혹은 더욱 주도면밀하게 될 수도 있다. 그러나 스스로는 그런 짓이 비루하다는 것을 알고 천박하다는 것을 안다. 아는 이곳으로부터라야 비로소 이겨내고 치료할 힘이 생긴다.

나는 양명학자이다, 그러니까 어떻게든지 양명학을 세워야겠다, 이렇게 생각한다면 그 속에 어떤 것이 잠복하고 있는가. 나는 양명학자가 아니다, 그러니까 어떻게든지 양명학을 배척하여야겠다, 이렇게 생각한다면 그 속에 어떤 것이 서려 있는가. 내 본마음의 옳고 그름대로 분별할 뿐이 아니라면 이는 다 사심私心이다. '그러니까'의 넉 자가 곧 천하 만고의 공적인 논의를 흐리고 어지럽히는 원천이 된다. '그러니까'의 넉 자가 없다면 무슨 일에나 본심으로부터 조응하는 앞에서는 일절 허虛와 가假가 없을 것이다. 그러므로 내가 양명학을 말하되, 누구나 양명학을 좋다고 하는 인식을 가지고 이에 기꺼이 인정하는 것을 바라지 아니한다. 반드시 자기 마음으로부터 참된 옳음과 참된 그름의 분별이 스스로 갈라져야 비로소 허와 가의 영역을 벗어나게 되는 것이다.

양명학을 가리켜 태첩太捷(너무 빠르게 전개됨)하다고 하였다. 언제 이 학문이 가르치는 대로 가보기나 하였는가. 빨리 들어갈 길이 있을 것 같으면 구태여 돌 것은 무엇인가. 일부러 돈다면 갈 곳에는 진실한 마음이 없다는 것이 아닌가. 양명학을 가리켜 태간太簡(너무 간략함)하다고 하였다. 언제 이 학문이 가르치는 대로 하면서 가보았는가. 간단함으로 이룰 수 있을 것 같으면 구태여 번거롭게 할 것은 무엇인가. 일부러 번거롭게 한다면 이루는 데에는 진실한 마음이 없다는 것이 아닌. 원래 학문의 핵심은 자기 마음에서 홀로 아는 곳으로부터 그 생각에 부정함이 없게 함에 있는 것이다. 양명학은 실로 간략하다. 그러나 태간한 것은 아니니 이 이상으로 한 터럭만큼이라도 더 꾸몄다면 이것이 곧 개인적 작위이다. 양명학은 실로 빠르다. 그러나 태첩한 것은 아니니 이 이상으로 한번 더 굽어 가는 다른 길을 찾았다면 이것이 곧 터무니없는 거짓이다. 그러나 간략하다 하라, 온갖 변화에 대응하여도 다함이 없이 세세하게 합당하다. 빠르다 하라, 일생 동안 삼가고 두려워해도 간신히 도달할 수 있다 할까.

오호라, 실심實心을 죽여 남의 학설을 살리는 저 말에 부합하는지를 조사할지언정 자기 마음에 부합하는지를 살피지 아니하여, 껍데기로 살고 거짓으로 숨 쉬는 것이 실로 하루아침 하룻저녁에 만들어진 것이 아니다. 수백년간 아비가 가르쳐주고 형이 알려준 것이 어느 것 하나 마음 밖의 가식이 아닌 것이 없었다. 가령 흔히 하는 말로 보더라도 어른이 어린아이를 꾸짖으며 가르치는데 "너는 남부끄러운 줄도 모르느냐" "이게 무슨 모양이냐" "그런 체면이 있나" "저런 꼴이 어디 있단 말이냐" 등의 항용 하는 말이 어느 것이나 다 밖으로 꾸밈에 있어 파탄 난 것을 나무라는 것이요, 자기 마음에 홀로 아는 곳으로부터 경계하여 깨우친 적이 없었다. 평생토록 학문이 오직 의지하고 흉내 내는 것일 뿐이라 "그것이 어찌하여 옳습니까." "응, 주자께서 옳다고 하셨으니까." "주자는 어찌하여 옳다고 하셨습니까." 여기에 미쳐서 대답할 말이 궁하였을 것이다.

참으로 애달프지 아니한가. 나는 나일 뿐인데, 누가 옳다고 해서 옳다 할 것인가. 주자의 말을 인용하는 것도 내 마음과 같은 생각이기 때문이지, 덮어놓고 옳을 리는 없지 아니한가. 이는 자기를 말살하는 것인 동시에, 주자에 대해서도 터럭만큼도 알지 못하는 것이 아닌가. 세속의 언어가 천근하거나 학문이 엄중하거나, 이거나 저거나 다 모두 마음 밖의 구차한 가식이고, 이미 마음 밖이기 때문에 변천이 무상한 것이다. 남부끄러움도 변하고 모양도 변하고 체면도 변하고 꼴도 변하였다. 그러나 남을 부끄러워할 줄만 아는 것은 전이나 지금이나, 모양만 보기는 전이나 지금이나, 체면만 알기는 전이나 지금이나, 꼴을 좋게 하려 하기는 전이나 지금이나 꼭 일반이다.

"그것이 어찌하여 옳습니까." "응, 누가 옳다고 하였으니까." 그 '누가'가 주자만이 아닐 뿐이지 자기 마음으로 실제로 살펴서 참된 진리를 구하지 아니하기는 전이나 지금이나 꼭 일반이다. 허虛인 줄 알라. 저 말의 부합 여부, 저 글의 부합 여부, 이것이 다 허인 줄 알라. 제 마음을 제쳐놓고는 부합 여부의 기준이 없다. 오호라, 이 어떤 강론을 기다려서 알게 될 것이란 말인가.

내 우리 옛 역사에서 보니 신라 김흠운金歆運(?~655)이 양산에 주둔하였다가 백제 대군이 야간 습격을 해 왔을 때 형세가 위급한지라 그 부하가 김흠운의 말고삐를 잡고 "장군이시여, 피하소서. 이 어두운데 적을 만나니 돌아가신들 누가 장군의 충용을 알아주리오." "아니다. 대장부가 나랏일에 죽는다면 남이 아나 남이 모르나 한가지라. 감히 명예를 구하랴." 마침내 한 걸음을 물러서지 아니하였다.[9] 남이 알고 남이 모름이 관계될 것 같

---

9 『삼국사기』에 의하면 신라가 백제와 고구려의 연합군에게 공격당했을 때, 낭당대감(郞幢大監) 김흠운이 양산(陽山, 현재의 충청북도 영동)에 진을 치고 백제와 전투를 치르다가 백제의 기습을 받아 위기에 몰렸다. 대사(大舍) 전지(詮知)가 일단 후퇴하여 후일을 기약하자

으면 이것은 벌써 본심상 성의가 아니다. 본심상 성의라면 남이야 알건 모르건 하등의 관계될 것이 없다. 옳도다, 김흠운의 말이여. 이러한 뒤라야 참이다.

이제 누구나 자기 마음이 홀로 아는 곳으로부터 살펴 검토하여보면 정당한 행위라도 남이 알아주는 것과 남이 몰라주는 것을 과연 한가지로 여길 수 있다고 자신할 수 있는가. 한가지로 여기지는 못하지만 외양으로는 관계없다고 여기는 것처럼 보이지 아니하는가. 이러나저러나 일체의 행위가 자기 본심이 스스로 만족하는 것을 구하는 것이 아니요, 외부로부터 아나 모르나 비난하나 칭찬하나 이것만을 살피고 계산하여 수백년 전이나 오늘이나 한결같이 하여왔음은 사실이다. 자꾸 그런 체하고 자꾸 그렇지 아니한 체하지만, 사람으로서 스스로 속이지 못하는 한곳은 의연하다. 이곳은 의연한 것이라 어찌할 수 없이 저를 천시하고, 비루하게 보고, 소인시하고, 간사하게 보게 되며 이러할수록 남에게만 이렇게 보이지 아니하려 백방으로 외면을 장식하게 된다. 스스로 보기에는 더 천하며 더 비루하며 더 소인이며 더 간사할 것이다. 그렇건만 다만 이 스스로 보는 정도가 몸뚱이에서 생기는 사적 이익의 관념이 바람처럼 일어나고 샘물처럼 솟아나는 형세를 따라 점점 미약해지기 때문에, 나중에는 천함도 비루함도 소인이라는 것도 간사한 사람이라는 것도 아주 알지 못하게 될 때도 있다. 그러한즉 세상은 간격뿐이라 털끝만큼의 감통을 부자지간에도 발견하지 못하게 된다. 김흠운의 저 말이 길이길이 후인들의 마음과 골수에 박히었던들 일체를 자기 마음의 홀로 아는 것으로부터 해결을 구하였을 것이다.

제가 옳게 알아서 함과 남이 옳게 알아주는 까닭에 함을, 일자무식한 사람에게 그 진위를 물으면 묻는 사람이 너무나 실없다고 웃을 것이다. 이 어

고 권유하는 것을 뿌리치고 적과 싸우다가 끝내 대감(大監) 예파(穢破), 소감(小監) 적득(狄得)과 함께 전사했다. 죽은 뒤 일길찬(一吉飡)에 추증되었으며, 사람들이 「양산가(陽山歌)」를 지어 그의 죽음을 슬퍼했다고 한다.

찌 심사숙고한 뒤에 옳고 그름을 판별할 것이랴. 그러나 제가 옳게 아는 이한곳으로부터 자립하자는 근본적 서원誓願이 수백년을 오르내려도 어찌 그리 적막하게 드물었다는 말인가. 나는 양명의 학설을 볼 때 이 말이 양명의 말이 아니라고 생각한다. 사람이 다 같이 인정하는 것을 말하는 것을 말만 하는 이의 말이라 할 수는 없을 것이다. 너는 네 마음 네 본밑마음의 천생으로 가진 그 앎에 의하여, 하려 하든지 말려 하든지 생각이 형성되려 하는 것이 있거든 이를 바로잡으라 한 것을 과연 이상한 말이라 할 수는 없을 것이다. 말에 대하여 말로써 옳다 그르다 하는 것은 하등의 실체가 없다.

가만히 자기 마음에 비추어 검토하여보라. 생각이 형성되려 할 때, 당연하지만 그렇게 하면 내게 불리하니 어찌할까, 옳지 않지만 그렇게 해야 내게 유익하니 어찌할까. 누구나 이는 경험해보지 아니한 이가 없을 것이다. 당연하다 옳지 않다 하는 그것과 어찌할까 하는 그것과는 곧 나와 적과의 경계선이다. 당연하다 한다면 하고 옳지 않다 한다면 하지 말되 이를 머릿속에서부터 확실히 실천하여야 한다 하는 것이 이 과연 이상한 말이라고 할 것인가.

경험해본 것이 익히 듣는 것이 아니라서 의심하고, 경험해본 것이 요즘의 이론이 아니라서 보잘것없다고 할 것 같으면 이것을 어떠한 판단이라고 해야 할까. 지향이 각자 다른 것을 내가 구태여 강조하자는 것이 아니다. 재능의 차이, 자질의 다름이 저절로 일치될 수는 없는 것이다. 그러나 백 갈래 천 갈래 갈림길들이 출발은 다 자기 마음에 비롯하나니, 여기에 공부한 것이 없다면 백 갈래 천 갈래 갈림길이 다 허虛와 가假일 뿐이다. 어찌할 것인가. 그러므로 외람히 이 고언을 드려 기도하며 간절히 구걸하는 지극한 마음으로 사랑하고 공경하는 분들께 향하여 바치고자 하는 것이다. 붓을 던짐에 미쳐 나의 스승님 난곡蘭谷 이건방李建芳(1861~1939) 선생으로부터 이 학문의 대의를 배웠음을 정히 고백하고, 동료 고하古下 송진우宋鎭禹(1887~1945)가 이 학문을 천양闡揚하는 데에 고심을 쏟는 것에 깊이 감사하며, 또 저세상으로 영원히 떠나신 겸곡謙谷 박은식朴殷植(1859~1925) 선생께 이 글을 질정하지 못하는 것을 한스럽게 여긴다는 것을 덧붙여둔다.

3장
윤리적 학술의 전통

『성호사설유선星湖僿說類選』 서[1]

무릇 학술에서 귀중한 것은, 작고 은밀한 것을 뚜렷하게 밝혀내고 본말本末과 시종始終을 드러냄으로써 인민의 삶을 보좌하는 것이다. 여기에 이를 수 있으려면 반드시 이치를 터득해야 하고, 이치는 허투루 지어낼 수 없으므로 반드시 실제에 기반해야 한다. 실제는 두루뭉수리 섞일 수 없으므로 반드시 독자성을 추구해야 한다. 독자성을 추구하면 실제에 기반하게 되고, 실제에 기반하면 이치를 터득하게 되어, 뚜렷하게 밝혀낸 효과가 인민과 만물에 드러나 감추려 해도 감출 수 없게 된다.

인방仁邦[2]에 나라가 있은 지 오래되었다. 문창후文昌侯 최치원崔致遠(857~?)의 「난랑비鸞郎碑」[3]를 통해, 옛 가르침의 흔적이 끊긴 듯 사라진 듯

---

1 『성호사설유선』, 문광서림, 1929, 5~8면. 이 책의 표지와 판심(版心)에는 '성호사설'로 적혀 있고, 범례 이하 본문에는 '성호사설유선'이라고 적혀 있음. 한문으로 되어 있는 원문을 현대어로 옮겼다.
2 우리나라를 일컫는 말. 인(仁)이 동쪽을 상징하기 때문에 생긴 표현이다.
3 난랑(鸞郎)이라는 화랑의 무덤에 쓴 비문(碑文)인데 원문은 전해지지 않고, 이 비문의 앞부

하지만 독자적으로 온화함을 발휘하고 삼교三敎가 함양되어 있었음을 알 수 있으니, 옛 선인들의 덕성과 지혜를 가늠해볼 수 있다. 음악 연주를 하게 되면 인민의 뜻과 서로 공명하여, 옥보고玉寶高(생몰년도 미상)와 극종克宗(생몰년도 미상)[4]이 지은 것에는 실제로 신라의 정신이 나타나 있으며, 거문고의 제도를 바꿔 신곡을 연주하여 검은 학을 불렀다고 하는 것[5]은 역시 그 동명왕東明王의 터에서 독자성으로 이른 경지가 아니겠는가.

신라 유리왕儒理王 때 사뇌격詞腦格을 지었는데, '사詞'의 음音은 원래 '시時'와 같고, '뇌腦'는 우리 훈으로 '골骨'이라는 발음이다. '사'는 음을 취하고 '뇌'는 훈을 취하였으니 이를 합하여 '시골〔鄕, 시골 향을 훈독한 것〕'로 읽었다. 사뇌격이란 '우리 가락' 정도의 뜻이다. 그 후로 향가鄕歌의 도道가 성하여, 『삼국유사三國遺事』에 "자주 천지와 귀신을 감동시킬 수 있었다"[6]라고 한 것은 당시의 실제에서 나온 것으로, 독자적으로 이른 감정의 경지를 묘사했기에 그런 것이다.

고려시대로 내려와 선인들의 향기가 점차 없어졌지만, 팔관회八關會[7]를

분인 「난랑비서(鸞郎碑序)」의 일부만 『삼국사기』에 인용되어 있다. 최치원은 이 글을 통해 화랑이 지키는 풍류도(風流道)는 유가, 불가, 도가의 3교가 통합된 것이라고 하여 화랑도의 사상적 기반을 정리했다.

4　『삼국사기』에서 신라시대 거문고의 명인으로 기록된 사람들이다. 옥보고는 경덕왕 때 지리산 운상원(雲上院)에 들어가 50년 동안 거문고의 기법을 닦고, 30여곡의 거문고 곡조를 지어 속명득(續命得)에게 전했다고 한다. 극종은 속명득에게 전수받은 귀금(貴金)으로부터 비법을 이어받은 아버지 안장(安長)에게 거문고를 배워 이를 널리 전하고, 자신도 7곡을 지었다고 한다.

5　『삼국사기』에 의하면, 중국 진(晉)나라에서 고구려에 칠현금(七絃琴)을 보내 왔으나 연주할 줄 아는 사람이 없었다가 왕산악(王山岳)이 그것을 개량하여 새로운 현악기를 만들었고 100여곡을 작곡했다. 왕산악이 자작곡을 연주하자 검은 학이 날아와 춤을 추었기에 이 새로운 악기가 현학금(玄鶴琴)이라고 불리다가, 현금(玄琴) 즉 거문고라는 이름을 갖게 되었다고 한다.

6　『삼국유사』의 「월명사도솔가(月明師兜率歌)」에서는 "往往能感動天地鬼神"이라고 되어 있는데, 정인보는 이 표현의 원 출전이 되는 『시경(詩經)』「모시서(毛詩序)」를 따라 "往往能動天地感鬼神"으로 적고 있다.

7　불교 의식과 한반도의 민속 신앙이 결합된 종교 의식. 통상 서경에서는 음력 10월 15일, 개

거행하고 선랑표仙郎表[8]도 있었으니 겉으로 흉내만 낸 것은 아닐 것이다. 그러나 김부식金富軾(1075~1151)의 무리가 제멋대로 역사를 기록[9]할 때에는 실제 사정을 무시하면서 방언方言을 배척하고 고전故典을 삭제하였다. 한나라 당나라 사람들과 똑같이 되기를 바란 것이었다. 학자들의 헛된 모화慕華 풍조가 날마다 더해지며 어언 육칠백년간 백성들의 옷깃을 잡아당겨 모두들 중국 땅만 바라보게 만들었다. 선조들이 남겨준 실마리는 가슴속에 흐르고 있었고, 산천 들판의 기상과 마을 언덕의 풍속에 족류族類(민족)들이 더불어 의지하고 있던 것이건마는, 전해질 수 없던 것을 아무도 묻지 않았다. 의론이 길어질수록 성정은 감추어지고, 인용이 번다할수록 본질은 사라지는 것이니, 이른바 실제와 독자성이란 것을 어디서 찾아볼 수 있을 것인가?

독자성獨自性으로 말하자면 정해진 것이 아니어서, 작게는 벌레나 먼지에서부터 크게는 국가에 이르기까지 곳곳에 있다. 가까이는 마음에서 체험되고 멀리는 천체 운행에서 미루어볼 수 있다. 모두가 각자의 실제가 있는 것이고 독자성이 그로부터 생겨난다. 이제 자신의 독자성을 제거하고 남의 독자성에 합하려 한다면 근본이 완전히 상실될 것이다. 만약 이렇게 하고서 뚜렷하게 밝혀내라고 한다면 맹인에게 앞을 보라고 요구하는 것과 무엇이 다를 것인가? 학술이 부진하여 인민들이 도움을 얻을 바가 없다면 그 흐름은 족류를 멸하기에 이미 충분하다. 학술이 헛되고 잘못되고 실제가 없어 그 폐단이 가슴에까지 이르렀다. 시비 판단을 하늘이 부여한 선량

성은 11월 15일에 거행했고, 이날 백성들은 술, 다과, 놀이를 즐기고 나라와 왕실의 안녕을 빌었다고 한다. 고려 태조의 「훈요10조(訓要十條)」에서 팔관회를 중시할 것을 언급했을 정도로 국가 통합의 시각에서 중시되었다.

8   선랑(仙郎)은 화랑의 별칭인데, 고려시대 팔관회 등의 행사에서 화랑의 전통을 계승하여 임금에게 올리는 글을 발표하는 일이 더러 있었던 듯하다. 『동문선(東文選)』에는 고려 인종 때의 태학박사였던 곽동순(郭東珣)이 지은 「팔관회선랑하표(八關會仙郎賀表)」가 남아 있다.

9   김부식 등이 고려 인종의 명을 받아 『삼국사기(三國史記)』를 지은 것을 말한다.

함에 근거하지 않고 남들이 내달리는 대로 따라 달려서 꼭두각시가 된 것을 기뻐하니, 그러고도 어찌 엎어지고 자빠지지 않을 수 있겠는가.

사람이 태어나면 구각軀殼이 갖추어지고 거스르는 성품도 부여받는다. 남이 나를 업신여기고 내게 욕을 하면 발끈 화를 내거나 혹은 찔러서 복수하기도 한다. 나아가 우리 온 종족을 죽은 사람 취급하는데, 슬퍼하는 것이 어찌 항민恒民[10]의 일반적 마음이 아니겠는가. 을지문덕이 수광隋廣[11]을 물리쳐 그 공이 크니 아이들도 칭송하고 있는데, 근고近古의 선비 중에는 더러 기록하면서 그가 중국의 군대에 대항한 것을 헐뜯은 바 있다. 공자孔子가 주창한 존주尊周의 의리를 배반했으니 목을 베어야 하는데, 다만 수광이 스스로 흉역을 저질렀으니 망정이지 그렇지 않았다면 수갈繻葛[12]의 전투와 달라질 바가 없었으리라고 하였다.[13] 대개 아이들도 분간할 수 있는 일에 책을 읽었다는 선비들이 몽매하다. 이는 한 사람만의 말도 아니고 또 한 시대만의 일도 아니다.

---

10 일반 백성을 말한다. 허균(許筠, 1569~1618)의 「호민론(豪民論)」에서는 지배계급에 대한 원망을 품지도 않고 권력을 잡기 위한 야욕도 품지 않아서 권력자가 시키는 대로 움직이는 백성들을 항민이라고 했지만, 여기서는 평범하게 사는 백성을 의미한다.

11 수 양제(煬帝)의 이름이 '양광(楊廣)'이라서 수광이라고 표기했다.

12 수갈은 중국 하남성의 지명으로 환공 5년(BC 707)에 정(鄭)나라가 주(周)나라 연합국을 패퇴시킨 장소다. 『춘추(春秋)』에서 공자는 제후국인 정나라가 천자의 군대에 대항한 것을 비난하는 의미로 주나라가 패퇴하였다고 적지 않고 정벌했다고 적었다.

13 송시열(宋時烈, 1607~89)의 「평양부 을지공 사우기(平壤府乙支公祠宇記)」에 "중국에 대항하여 제왕의 군대를 도륙 내고 천자의 행차를 핍박하여 제후의 법도를 크게 잃었으니, 그때 수사(隋史)에 반드시 수갈(繻葛)의 필법(筆法)으로써 기록했을 것이다(抗衡中夏, 屠戮王師, 困迫乘輿, 以大失侯度焉. 則其時隋史必書以繻葛之法矣)"라는 구절이 있어, 정인보가 지적한 내용에 부합한다. 다만, 송시열은 수나라 양광이 아비를 죽이고 아비의 후궁을 간음하여 도덕적 하자가 있으므로 죽어 마땅한 자라는 점을 지적하면서, 이 살수대첩(薩水大捷)의 결과 수나라가 망하여 양광의 종족이 씨가 마르게 되었으니 을지문덕의 공로는 고구려를 구한 정도가 아니라 천하의 인심을 통쾌하게 한 점이 있다고 하였기에, 을지문덕을 목을 베야할 자라고까지 규정한 것은 아니다. 그러나 정인보는 천하의 도덕을 바로잡은 것이라고 송시열이 부연한 것도 민족주의적 판단이 아니라 중국 중심주의적 판단에서 나온 것이라고 지적한 것으로 보인다.

선조들의 영토를 멸시해서 내버리고 족류를 누추하다며 무시하면서, 오류를 답습하고 잘못을 이어받는 일이 오래되었다. 그리하여 공자가 당연히 받들었던 것만 알고, 공자가 주周나라를 받든 것이 실제 공자의 독자성인 것은 몰랐다. 우리의 독자성이 비록 누추하더라도 이것을 떠나서 우리는 더불어 존립할 것이 없게 된다. 『춘추좌씨전春秋左氏傳』에 "천지 사이에 세워진 나라에는 돕는 자가 있어 존립하는 것이다"[14]라는 말이 있기는 하지만, 인민의 도덕이 이와 같이 붕괴되었는데도 나라를 잃지 않기를 바라는가. 그때를 살았던 선비들은 이러한 기만적 학술에 모두 놀아난 나머지, 자신의 타고난 양심에 의해 이겨내고 노력하여 '의실구독依實求獨의 학문'[15]에 종사한 경우가 매우 적었고, 백성들을 구제하려는 마음도 충분하지 못했다.

폐단이 극에 달하면 돌아갈 줄도 아는 것이라고, 서서히 뒤에 영재들이 생겨나서 세태를 바꿀 방법을 생각하기 시작했다. 하곡霞谷 정제두鄭齊斗(1649~1736)는 '양지良知'를 주로 연구하면서 산수算數도 함께 연구하였고, 명곡明谷 최석정崔錫鼎(1646~1715)과 소재疎齋 이이명李頤命(1658~1722)은 모두 역상曆象에 정통하였으며, 옥동玉洞 이서李漵(1662~1723)는 문자학을 전공하였다. 모두들 가슴에서 터득하면서 구차히 추종하려고 하지 않았기에 학풍이 점차 변화되긴 하였지만, 여전히 우리나라의 우수함을 확장하고 인민의 몽매함을 크게 계몽하는 데에 이르지는 못하였다.

성호星湖 이익李瀷(1681~1763) 선생에 이르게 되어 역사학에 근본을 두고 정체성을 찾아 회복을 추구하던 선열先烈들을 앞장서서 드러내었다. 족류의 의리가 선명해졌고, 그 모범적 형식이 한번 제시되자 분분하던 갈래들

---

14 『춘추좌씨전』 소공(昭公) 원년(元年)조에 나오는 말이다. 다만 정인보는 "國於天地, 與有立也"라고 인용했는데, 원전에는 "천지 사이에 세워진 나라에는 반드시 그 존립을 돕는 자가 있다(國於天地, 必有與立)"라고 되어 있다.
15 실체에 기반하여 독자성을 추구하는 학문이라는 뜻이다.

이 모두 바르게 되었다. 이때부터 조선의 역사는 조선을 위주로 하게 되었으니, 마치 세종世宗의 치세에 이순지李純之(?~1465)와 김담金淡(1416~64)이 한성漢城의 천기를 관찰하여 월력月曆을 바로잡음으로써 나라에 비로소 월력이 있게 된 것과 같다.[16]

선생이 돌아가신 뒤에 인재들이 그 뒤를 이었으니, 순암順菴 안정복安鼎福(1712~91)은 『동사강목東史綱目』을 저술하여 우리나라 역대 왕조의 사건을 일관되게 기술하였으며, 소남召南 윤동규尹東奎(1695~1773)는 『사수변四水辨』을 지어 실제적 사실에 근거해 진리를 추구하였는데, 이는 모두 선생의 가르침에서 비롯한 것이다. 그리고 선생의 정치와 경세제민經世濟民의 학문은 또 넓고도 두루 갖추어져 있어, 예법을 연구하고 음악을 판별하며 역상과 지리 및 국제 정세에 이르기까지 밝았고, 우리나라의 고전 지식도 독실히 생각하여 언어, 가요, 복식, 건축에 이르기까지 연구하지 않은 분야가 없었다. 괴이함은 배격하고 이상함은 제거하였으며, 발언에는 명확한 근거가 있었다.

이보다 앞서 경세제민을 말한 인물로서 반계磻溪 유형원柳馨遠(1622~73)을 선생은 계승하였다. 반계는 질박하고 돈독한 점으로 따지자면 주周나라 한漢나라에 가까웠는데, 당시의 풍상風尙에 영향을 받아 존주尊周의 뜻이 우세했기에 왕왕 중국 쪽에 근본을 두며 우리 쪽을 기반으로 삼지 않았다. 그러나 성호 선생은 우리나라를 기준으로 세우고 백성들이 보고 듣는 실제에서 징험하였기 때문에, 측은한 마음의 슬픔이 인민들의 생활 기반과 곡진하게 연결되었다. 옛 성인들의 제도와 부합하기를 바라지 않고, 복잡한 문제에 빠진 사람들을 도와 그들을 실제로 구제하게 되기만을 생각

---

16 천문학자 김담과 이순지가 세종의 왕명으로 원나라 수시력(授時曆)에 대한 해설서인 『칠정산내편(七政算內篇)』을 1442년 간행한 뒤, 다시 서역의 회회력(回回曆)을 연구하여 『칠정산외편(七政算外篇)』을 1444년에 간행했다. 『칠정산』에는 한양을 기준으로 천체의 운동을 계산한 것이 있기에, 정인보가 비로소 우리나라에 월력이 있게 되었다고 표현한 것이다.

하였다. 이른바 앉아서 한 말은 일어나 실천할 수 있어야 한다는 것이다.

벌열閥閱을 배격하고 업적 평가를 장려하며, 용렬한 자가 나라를 망치는 것에 분개하였고, 특히 안용복安龍福(생몰년도 미상)의 사람됨을 크게 추대하여 진탕陳湯의 위에 둔 것[17]을 보면서, 아아 나도 모르게 울음소리를 내고 말았다. 비록 그렇지만 이것은 오히려 감정에서 나온 말이고, 통치의 도리가 무너진 것에 대해 논하면서 그 폐단의 원천을 분명하게 적시하여 말하였다. "임금이 높고 신하가 낮다는 말은 영정嬴政(진시황)에게서 시작되었으나 한漢나라에서도 이를 고치지 못했다. 문벌로 인재를 등용하는 것은 조만曹瞞(조조)에게서 시작되었으나 진晉나라에서도 이를 고치지 못했다. 사부詞賦로 인재를 등용하는 것은 양광楊廣(수 양제)에게서 시작되었으나 당唐나라에서도 이를 고치지 못했다"라고 하였으니, 이는 천년을 꿰뚫어 뭇사람의 몽매함을 깨우쳐준 것이다.

일본이 바다 너머 멀리 떨어져 있어 문서들이 때맞춰 들어오지 않은 탓에 단편적이고 왜곡된 정보만 얻을 수 있었는데도, 그 정세를 통찰하여 "세월이 지나면 막부幕府 정치가 무너지고 번藩이 폐지되는 것을 응당 보게 되리라"고 예측하였다. 비록 촛불로 비추면서 헤아려본다고 한들 이보다 더 나을 수 있을 것인가.

대체로 선생의 학술은 실상에 의거하여 반드시 그 독자성을 추구하였다. 그러므로 천하를 말할 때는 천하에 기반했고 외국을 말할 때는 외국에

---

17   진탕은 한나라 원제(元帝) 때 사람으로 서역부교위(西域副校尉)로 있으면서 천자의 명을 위조하여 군대를 일으켜 흉노(匈奴)의 질지선우(郅支單于)와 싸워 이겼다. 천자의 명을 위조한 죄와 변방을 안정시킨 공 사이에서 처벌과 포상에 대한 논의가 분분했는데, 원제는 결국 그를 용서한 다음 관내후(關內侯)에 봉하고 사성교위(射聲校尉)를 제수했다. 안용복은 숙종 때의 어민으로, 일본 어민들이 울릉도를 자주 침범하자 일본에 가 항의했다. 이후 허락 없이 국경을 넘어 외교적 분쟁을 일으킨 사실 때문에 사형 선고를 받았다가, 대마도주에게 울릉도와 독도의 영유권 침해에 대한 사과를 받아낸 공으로 유배형으로 감형된 사정과의 유사성을 지적한 것이다.

기반하였다. 폭포수가 그 실상을 뒤덮고 있더라도 이해득실의 독자성으로 접근하면 분명히 알아낼 수 있다. 이것이 선생이 역사를 연구하는 방법으로, 그 논리를 따라가면 확연해지지 않는 것이 없었다.

선생이 평생 저술한 목록을 돌아보면 오로지 우리나라 족류에 대한 것이었다. 천하를 말할 때도 이를 위함이고, 외국을 말할 때도 역시 이를 위함이며, 역상曆象과 예율禮律(예학과 음악)도 모두 그러하였다. 그러므로 탐구에 임할 때는 입장을 구분하지 못할까 걱정하며 구분하여 탐구하였으며, 그 귀결은 우리 인민들을 보좌하는 데에서 벗어나지 않았고, 그렇지 못한 것은 아무리 오묘한 의론이라도 모두 과감하게 내버렸다.

선생의 후학으로 산수算數에는 득보得甫 황덕길黃德吉(1750~1827)과 이로耳老 신후담愼後聃(1702~61)이 있고, 경학經學에는 선생의 형의 아들 이병휴李秉休(1710~76) 및 선생의 아들 이맹휴李孟休(1713~51), 손자 이구환李九煥(1731~84)이 있고, 지리地理는 족손族孫인 이중환李重煥(1690~1756)에게 전수하였으며, 국제 정세에는 종손從孫 이가환李家煥(1742~1801)이 정밀하였다. 정치와 경세제민의 실마리는 다산茶山 정약용丁若鏞(1762~1836)이 가장 잘 풀어내어 치밀하고 견실하고 꼼꼼하게 통찰하였기에 학자들의 종주宗主가 되었다고 하겠다. 그 밖에 의기가 비슷하여 서로 공감하며, 교류는 소원하였으되 마음은 추앙한 이들도 매우 많았다.

정조正祖와 순조純祖 이후로 박학樸學을 연구하는 선비들이 서로 이어져 적막을 달게 여기고 곤궁을 편안히 여기며 끊임없이 진리를 추구하였는데, 그 연원이 반드시 모두 선생에게서 나온 것이라 할 수는 없겠지만 선생이 앞에서 나오지 않았다면 그들이 이러한 경지에 오르지 못했을 것이라는 점을 우리는 알 수 있다. 한 사람의 선비가 세도世道에 관계되는 바는 어떠한 것인가. 선생의 현명함이 없었더라면 이보다 더 나아감이 있었겠는가.

선생은 태어나면서부터 가문의 곤경을 만났다. 부친인 참판군參判君 이하진李夏鎭(1628~82)은 여러 차례 귀양살이를 하였고, 형 섬계剡溪 이잠李潛(1660~1706) 또한 노론老論을 탄핵하다 죽임을 당했다.[18] 무릇 사람은 습속에 따라 변하는 것이라서, 가문의 의론은 참으로 현명한 사람이라도 고개를 숙이고 따르게 만드는 것이다. 당쟁의 박해 속에 원수를 원망하고 분노하며 어그러졌다면 의론 또한 쉽게 평정을 잃는다. 자기편이 그르고 상대편이 옳아서 집안이 적법하게 망했어도 오히려 그 분하게 여기는 회포를 나무랄 수 없을 터인데, 하물며 정직함으로 화를 당한 경우에랴. 선생으로서는 붕당을 논하면서 자기 당을 높이고 상대 당을 책망한다고 하더라도 이상할 것이 없다.

그런데 이제 『곽우록藿憂錄』의 여러 논설을 읽어보면 당파싸움으로 국정을 혼란에 빠뜨리고 그로 인해 백성들이 거듭 곤경을 겪는 것을 슬퍼하며, 적폐가 얽혀 있는 곳의 근본을 파고들었다. 벌열을 억누르고 실적으로 평가하며, 이익 추구의 문을 막아 일절 당론을 잠재우게 하려고만 했을 뿐, 평생토록 집안의 원한을 가지고 편을 가르는 의견을 드러내 보이지 않았다. 대개 그 자신의 마음을 스스로 다스려 감정을 이겨내고 정밀하게 공부하여, 만물이 일체라는 어진 마음에 근본을 두고 그 측은히 여기는 공심公心을 발휘하였는데, 이는 박학樸學만 하는 선비가 도달할 수 있는 경지가 아니다.

세상에서 선생을 논할 때 많이들 박학다식博學多識함을 떠받들고, 옛것을 아는 사람들은 또 핵심에 정밀하면서도 두루 통달하였다고 입을 모은다. 하지만 선생이 평생 고심한 바는 오로지 우리나라 족류에 있었으니, 이는 오직 선생이 저술한 책을 깊이 탐구해본 사람만이 알 것이다. 선생이 홀

---

18   이익의 부친 이하진은 숙종 때 경신환국(庚申換局)으로 숙청되어 유배지 운산에서 죽었고, 형님 이잠은 노론당파의 김춘택(金春澤) 등이 경종의 세자 책봉을 미루는 것을 비판하는 상소를 올렸다가 국문을 당하고 옥사했다.

로 나아간 것의 근원을 찾아 들어가면 대개 선생의 타고난 성품이 만들어 낸 것이다. 선생을 아는 사람은 거의 드물지만, 이는 실로 선생이 학술에서 근본으로 삼은 것이다. 뚜렷하게 밝혀낸 성과가 뭇 선비들보다 뛰어난 것은 오로지 이러한 까닭이다.

지적 능력이 비록 명名과 실實을 종합할 수 있더라도, 관찰만 하고 체득하지 못하면 대상과 내가 둘로 나뉘어 진실한 본질에서 벗어나게 된다. 측은히 여기는 마음이 발휘되면 주체를 해체하고 대상에 빠져들게 되어, 그들의 기쁨과 슬픔 및 고통과 회복이 내 감정을 끌어가게 되니 이것을 어찌 홀연히 덮어버릴 수 있을 것인가. 그러므로 작고 은미한 것을 뚜렷이 밝혀낸 것으로는 같더라도 지적 능력에만 의지하는 자와 측은히 여기는 마음을 발휘하여 진심으로 밝혀낸 자는 그 높낮이와 완결성이 현격하니 선생에게서 증험할 수 있는 것이다.

선생이 저술한 책은 매우 많지만, 『성호사설』 10권은 선생이 쪽지에 기록해놓은 것으로 뭇 분야를 두루 포괄하고 고금古今을 오르내리고 있어서, 선생의 학문을 살펴보면서 후세 사람들이 길을 잃지 않도록 깨우쳐주기에 충분하다. 홍순민洪淳敏 군이 간행하면서, 쉽게 가지고 다니며 들고 읽기 편하게 제본하겠다며 나에게 서문을 부탁하였다. 이에 학술의 훌륭함과 천박함의 차이로 민덕民德이 그에 따라 성쇠盛衰하는 것을 두루 논하여, 선생을 계승하여 공부하려는 학자들로 하여금 선생의 학문이 조선에서 혼란을 평정하여 질서를 회복하려는 것이었음을 알게 하였다. 비록 백세가 지나도록 떠받들어도 옳다 하겠다.

기사년(1929) 10월 후학 정인보 쓰다.

『여유당전서與猶堂全書』 총서總敍[19]

　우리 선민先民들을 살펴보면, 오래전에 일어나 뭇 윤리를 펼쳐왔다. 비록 제도는 시대마다 달라졌어도 핵심은 백성들의 생계를 넉넉히 하는 것이었다. 기운을 북돋고 심지를 굳게 하였고 일하는 목적에 공경과 근면을 다했으므로 큰 공이 완성되는 데에 이르렀다. 나라 안에서 스스로 떨쳐 일어났기에 나라 밖에 대해서는 다른 나라로 여겼다.

　삼국을 보자. 그 시대의 고구려는 강력한 무력으로 이름이 났는데, 사방의 영토를 더욱 넓혔다. 백제는 옹색한 한구석에 있어서 지금의 경기와 호서 및 호남 땅에 있었지만 바다에 돛을 세워 나아가 요해遼海 밖에 군郡을 개설하기에 이르렀으니,[20] 분명 정치를 엄숙하고 단단하게 세워 구차하지 않았던 것이다. 신라인들은 농업에 밝았으며, 게다가 화백和白 제도[21]가 예로부터 이어져와서 조정의 귀족도 함부로 농단하지 않은 것은 진조震朝[22]도 미치지 못하는 바였다.

　신라가 이 지역을 대략 통일한 뒤 백성을 편하게 하려고 노력했지만, 당나라가 융성할 즈음을 만나 차츰 외래의 중화中華를 경쟁적으로 수용하면서 신라는 쇠퇴하였다. 고려 초에는 실實을 높이는 것으로 이를 바로잡았다. 그 뒷 시기에는 능히 하지 못했지만 고려의 정치는 아직 기강이 있어서 최근 이삼백년간의 해이함에까지 이르지는 않았다.

　정치와 학술은 서로 근본을 이루기 때문에 조선시대에는 학술로 백성을

19　『담원 정인보 전집』 5, 365~78면. 한문으로 되어 있는 원문을 현대어로 옮겼다.

20　요해는 요동반도 앞바다인데, 정인보는 『조선사연구』에서 백제의 요서경략설(遼西經略說)을 따르면서, 백제가 요해를 건너 요서 지방에 진평군(晉平郡)을 설치하고 경영했다고 서술하고 있다.

21　신라시대에 나라의 중대사를 의논하던 회의 제도로, 만장일치제로 운영되었다고 한다.

22　동방의 나라라는 뜻으로 본디 진단(震旦)이라고 썼으나, 조선왕조에서는 이성계의 이름을 피해 진조(震朝)라고 적었고 흔히 우리나라를 가리켰다. 인도 입장에서 중국을 가리키는 말로 쓰이기도 했는데, 여기서는 중국을 뜻한다.

보좌하려는 사람 역시 적었다. 인조와 효종 때에 반계 유형원이 비로소 정치를 말했지만, 대개 중화에 뿌리를 두고 있어서 이 땅에 적용하는 데에 더러 합치되지 않기도 하였다. 성호 이익이 뒤를 이어 역사 서술 법칙을 분명히 밝혀서 주체와 객체가 비로소 분명해졌다. 비록 큰 것만 거론하고 면밀한 부분까지 포괄하지는 못했지만, 학문에 높은 산과 큰 강은 대강 정한 셈이었다.

여러 학설을 폭넓게 종합하여 합리적으로 절충하고 온갖 법제를 총괄하여 타당하게 귀결시키는 것이, 을파소乙巴素(?~203)[23]의 옛것을 혁신하는 재능에 제갈량諸葛亮(181~234)의 백성 다스리는 요령을 합하여, 밝음에 비추지 않는 곳이 없고 정밀함에 규명되지 않는 바가 없으며, 반드시 우리 낡은 나라를 새롭게 하려는 마음으로 온 세상을 분주히 달렸던 분으로 말하면 오직 다산 정약용 선생만이 그러하였다.

선생은 영조 말엽에 태어나 어려서부터 남다른 재주를 자부하였으며 겨우 약관에 이미 강개하게 우주 안의 일이 모두 자기 분수 안의 일이라는 뜻[24]을 품었고, 뾰족한 창끝과 예리한 칼날처럼 만나는 것마다 반드시 파고들어 분석해내었다.

선생이 눈으로 보자면 백성들이 초췌한데도 나라의 존립을 보좌할 사람이 없는 것이, 마치 사람이 기진맥진하여 곧 죽을 것 같은데도 치료해줄 수 있는 사람은 없는 것과 같았다. 서울로 들어가 뛰어난 인물을 찾아다녔고, 성호가 남긴 문장도 모두 읽게 되었다. 또 마침 먼 서양의 천문·역산曆算·광학·물리·화학 등의 학문이 청나라로부터 이르니, 식자들은 대부분 마음이 쏠렸고, 선생 역시 스스로 노력하여 사물에 대한 조리가 더욱 정밀해졌다.

처음 벼슬하던 때부터 자기 한 몸이 세상에 쓰여지기를 바라는 뜻이 있

---

23 진대법(賑貸法)을 시행한 고구려의 재상으로 알려져 있다.
24 중국 남송의 사상가 상산(象山) 육구연(陸九淵, 1139~92)이 한 말로, 공동체에 대한 지식인의 책무를 강조하는 말이다.

었다. 하는 일마다 드러나니 정조 임금의 지우知遇를 받게 되었다. 더욱 자신을 소진시킬 생각을 하였지만, 미워하는 자들이 이미 서로 둘러싸고 일어나 교묘한 비방을 만들어내었다.[25] 임금이 밝게 살펴주는 덕을 보기는 하였으나 저들은 모두 큰 집안의 세력 있는 가문들이라 임금 또한 어찌할 수가 없었다. 크게 쓰지는 못하고 임시로 가볍게 써보면서도, 시키는 일마다 신명스럽게 일을 잘한다고 사기를 북돋아주었다.

오래지 않아 임금이 승하하자 옥사가 일어났다. 한 시대의 통달한 식자들로서 선생이 지난날 도탑게 지내던 분들은 거의 남김없이 처형되거나 유배를 갔다. 유독 선생만이 하늘에 떠 있는 해와 달처럼 훤히 보이게 행동하였으므로 무고하여 엮으려 해도 트집을 잡을 수 없었다.[26] 비뚤어진 자들은 더욱 이를 갈며 기왕에 유배를 보내고도 반드시 선생을 죽여야겠다고 하였으니, 선생이 죽지 않은 것은 아마 하늘이 내린 행운이라고 할 것이다.[27] 강진과 해남 사이에서 무릇 18년 만에야 비로소 한강가의 마현馬峴으로 돌아왔는데, 그러고도 여전히 벼슬길이 막혀서 등용되지 못하고 돌아가셨다.

---

25 홍낙안(洪樂安, 1752~?) 등의 남인 공서파(攻西派)와 서용보(徐龍輔, 1757~1824) 등의 노론 벽파(僻派)가 정약용을 중심으로 한 남인 개혁파 관료들을 천주교 수용 문제로 공격한 일을 말한다.

26 1801년의 신유옥사(辛酉獄事)를 말한다. 천주교 신앙 문제에 유화적 입장을 취하던 정조가 죽고 정순왕후가 수렴청정을 시작하자, 남인 공서파와 노론 벽파가 천주교도들과 정약용을 비롯한 천주교 수용 관련자들을 탄압한 사건이다. 이 사건으로 정약용의 셋째 형 정약종(丁若鍾, 1760~1801)은 신앙을 지켜 순교했고, 남인 개혁파 이가환(李家煥, 1742~1801)과 권철신(權哲身, 1736~1801) 등은 고문 끝에 죽었으며, 정약용과 그의 둘째 형 정약전(丁若銓, 1758~1816)은 신앙을 지키고 있다는 혐의가 찾아지지 않아 유배를 가게 되었다.

27 신유옥사의 전말과 그 대응책에 대해 정리한 편지를 교황청으로 보내려다 발각된 황사영(黃嗣永, 1775~1801) 백서사건(帛書事件) 때 공서파 홍낙안 등이 신지도에 유배 갔던 정약전과 장기에 유배 갔던 정약용 형제를 불러들여 다시 국문(鞠問)을 하고 유배지를 옮겨 각기 흑산도와 강진으로 가게 만들었던 일이 있었다. 이때 홍낙안이 "천 사람을 죽이더라도 정약용을 죽이지 않으면 죽이지 않느니만 못하다"고 했다고 정약용이 「자찬묘지명(自撰墓誌銘)」에 기록해두었다.

선생이 남쪽 변방으로 귀양 갔을 때부터 자신은 등용되지 못할 것이라고 스스로 생각하였다. 이에 평생의 포부를 다 풀어내어 책으로 저술한 뒤 후세에 올 사람을 기다리기로 하였다.

그중에 정치를 바로 세우려 한 책이 『경세유표經世遺表』이다. 관리를 임명하고 관직을 나누고, 도성을 계획하고 지방을 구획하며, 군사 제도와 학교 규칙, 토지세와 창고 관리 및 화폐 제도, 세관과 상업 세금, 말 목장과 선박의 일에서부터 잗다란 일과 꼼꼼한 규정까지 구비되지 않은 바가 없었다. 각 항목의 뒤에는 그 이로움과 해로움을 나열하고 편리함과 폐단을 말하였으며, 부류별로 인용하며 논변을 덧붙일 때에는 또 반드시 맥락의 결대로 쳐내고 뼛속의 핵심까지 꺼냈다. 무릇 백성과 나라에 관계되는 것이라면 아무리 한올의 터럭만큼 미세한 것이라도 반드시 가져다가 깨끗하게 빨아서 털고 정리한 뒤에야 그만두었다.

법률을 제정하는 근본을 총괄하는 대목에서 다음과 같이 말했다.

선왕은 예禮를 법으로 삼았는데, 후왕은 법을 법으로 삼았다. 천리天理에 비추어 헤아려도 합당하고 인정에 맞추어 시행해도 화합하는 것을 예라 하고, 위엄으로 겁을 주고 협박으로 시름하게 하여 이 백성들이 벌벌 떨면서 감히 범하지 못하도록 하게 만드는 것을 법이라 이른다.

법을 법으로 삼는 법으로는 제대로 다스릴 수는 없는 것이라 하며 배척하고, 예를 법으로 삼는 법을 개진하여 백성들의 삶이 펴지도록 하였다. 그러했기 때문에 일상에 안주하고 관습을 인습하면서 아무런 적극적 노력도 없이 다스리는 것을 부러워하여 천하가 날마다 썩어가게 만드는 것들을 통렬하게 반박하였다. 한번 분발하고 떨쳐 일어나 전체적으로 꼼꼼하며 엄숙하게 바로잡아 유신維新의 정치[28]를 세우고자 하였다. 백성을 불쌍히 여기는 슬픈 마음에서 나왔기 때문에 그 말이 절실하도록 진지하였다. 뭇사람이 깨닫기를 바랐기 때문에 그 글이 간곡하고도 소홀함이 없었으니 예로부터 지금까지 일찍이 없었던 것이다.

『경세유표』는 거질鉅帙이어서 하루에 보고 이용할 수 있는 것이 아니니, 백성들이 신음하는 고통스런 병은 아침저녁으로 비참한데 지금 그 본원을 도와 손쓸 방법이 없다고 선생은 또 생각하게 되었다. 우선 그 병증에 응급으로 대처할 약을 구해야 하였는데, 이에 『흠흠신서欽欽新書』를 저술하여 옥을 다스리는 사람이 이로부터 진심을 얻어 하소연할 곳 없는 사람에게 원통함이 없게 만들었다. 그리고 『목민심서牧民心書』를 지었는데 백성을 부양하기에 알맞도록 조목을 정하여 주현州縣의 원님 사또들에게 잘 전달되도록 하였으니, 썩어빠진 탐관오리라도 이 책을 대하면 뉘우칠 줄을 알게 하였다. 선생은 일찍이 자신이 지은 저서들을 자평하면서 일표이서一表二書로 천하와 국가를 위한다고 한 것이니, 바로 이것이다.

오래도록 근심 걱정을 겪고 세상 변고에 시달릴수록 생각은 더욱 멀리 미치게 되었다. 정치와 학술은 서로의 뿌리가 되는데, 세상 사람의 마음이 바르게 되지 못한 것은 실로 경전經典 해석이 그것을 밝혀주지 못하고 있기 때문이라는 것을 알게 되었다. 그래서 여러 경전 연구에 뜻을 쏟았다. 『역경易經』에 대한 연구로 『주역심전周易心箋』 『역학서언易學緖言』이 있고, 『서경書經』에 대한 연구로 『상서고훈尙書古訓』 『매씨상서평梅氏尙書平』 『상서지원록尙書知遠錄』이 있고, 『시경詩經』에 대한 연구로 『모시강의보毛詩講義補』가 있으며, 『춘추春秋』에 대한 연구로 『춘추고징春秋考徵』이 있고, 『예기禮記』에 대한 연구로 『상례사전喪禮四箋』 『상례외편喪禮外編』이 있고, 『악경樂經』에 대한 연구로 『악서고존樂書孤存』이 있으며, 『논어論語』에 대한 연구로 『논어고금주論語古今注』가 있고, 『중용中庸』에 대한 연구로 『중용자잠

28　『시경(詩經)』 「문왕(文王)」 편의 "주나라가 비록 오래된 나라지만 그 명은 새롭도다(周雖舊邦, 其命維新)"에서 유래하는 단어로, 흔히 정치 혁신을 표방할 때 사용하는 개념이다.

中庸自箴』『중용강의보中庸講義補』가 있고,『대학大學』에 대한 연구로『대학
공의大學公議』가 있고,『맹자孟子』에 대한 연구로『맹자요의孟子要義』가 있
다. 이론과 현실을 종합하여 논리화하는 데 선생보다 뛰어난 사람은 없다.

선생은 조작된 위서緯書[29]를 믿지 않았고, 무당 푸닥거리를 하지 않았으
며, 음양陰陽 점술에 현혹되지 않았다. 인간의 일에 근본을 두고 백성의 눈
과 귀로 얻은 실정으로 징험하였다. 그러하기에, 선유先儒들이 인습하던
오류들 중에 서로 그러려니 하고 믿어온 것도 기필코 분명히 징험해보고
금지시켜 백성들에게 헷갈리지 않도록 보여주었다.

독실한 학술은 세상을 경륜하려 함이요, 나라가 잘 다스려지는 것은 도
를 지켰기 때문이다. 그러므로 마땅히 쓸 만한 사람을 쓰고 마땅히 공경할
만한 사람을 공경하는 데에 힘을 쓰면서 실심實心과 실행實行을 표지로 삼
았고, 기껏 깊이 숨을 곳을 찾아 유무有無 간에 엿보기만 힘쓰는 자들을 배
격하기에 힘을 아끼지 않았다. 실심과 실행, 이 둘을 갖출 것을 내세워 법
칙으로 삼았으니 묵자墨子에게 삼표三表[30]가 있었음과 같다.

선생이 경전을 연구함도 역시 그러하였다.『시경』을 논하여 임금에게
간諫하는 글들이라고 하였고,『서경』을 논하며 선기옥형璿璣玉衡은 천체를
관측하는 기구가 아니고 실제로는 관에서 저울과 자를 백성에게 주어 표
준으로 삼게 한 것이라 하였다.[31]『악경』을 논하며 육율六律은 본래 악기를

---

29 경전에 길흉·화복의 예언을 덧붙여 공자가 지은 것이라고 조작한 일종의 참서(讖書)로서
『역위(易緯)』『서위(書緯)』『시위(詩緯)』『예위(禮緯)』『악위(樂緯)』『춘추위(春秋緯)』『효
경위(孝經緯)』따위가 있다.

30 『묵자』「비명상(非命上)」편에 나오는 세가지 기준이라는 개념으로, 근본〔本〕이 있어야 하
고, 판단〔原〕이 있어야 하며, 쓰임〔用〕이 있어야 한다는 것이 삼표다. 묵자는 삼표를 부연하
여 고대 성인의 치적에 근본을 두어야 하고, 백성들의 견문으로 판단해야 하며, 인민에게 이
익이 되는 정치에 쓰임이 있어야 한다고 했다.

31 『서경』에서 "선기옥형을 살펴서 칠정을 가지런히 한다(在璿璣玉衡, 以齊七政)"는 구절을 흔
히 혼천의와 같은 관측기구를 통해 천체의 움직이는 원리를 파악한다는 방식으로 이해해왔
지만, 정약용은 도량형으로 정치를 바로잡은 것으로 보아야 한다고 주장한 것이다.

제작하는 법도라 하였고, 추연鄒衍과 여불위呂不韋와 유안劉安의 취율정성吹律定聲을 사설邪說이라 판단하였다.[32]

『논어』를 논하며 공자가 "영유甯兪의 지혜는 따라갈 수 있지만 그의 어리석음은 따라갈 수 없다"라고 하였을 때의 지혜란 권좌를 피하는 것이고 어리석음이란 제 몸을 잊고 나라를 위해 죽는 것을 비유한 것이니, 만약 숨는 것을 어리석음이라 한다면 시대의 고난을 임금과 함께 구제할 사람이 없을 것이라 한 것이다.[33] 『중용』의 '소은素隱'은 이유 없이 은거하는 것이라고 보았고,[34] 『시경』의 '명철보신明哲保身'은 나라를 위해 현자를 뽑는 것으로 내 몸을 부지하고 임금을 섬기는 것이라고 하였다.[35] 『맹자』의 '존심양성存心養性'의 뜻을 설명하여, 충과 효를 힘껏 행하는 것이 존양存養이며 만약 이것을 버리고 정거靜居(고요히 머무는 것)하는 공을 구한다면, 신하가 고요히 있으면 임금을 섬길 수 없고, 자식이 고요히 있으면 아비를 섬길 수 없고, 지어미가 고요히 있으면 지아비의 뜻을 받들 수 없을 것이라고 하였다.[36]

---

32 취율정성은 악기를 불어 음률을 정한다는 말로, 육률(六律)을 불어 오성(五聲) 음계를 정했다는 뜻이다. 전국시대의 추연과 진시황 때의 여불위와 한나라 때의 유안 등이 이렇게 이해했는데, 정약용은 육률과 오성은 별개라고 주장한 것이다.

33 『논어』에 "영무자(甯武子, 영유)는 나라에 도가 있으면 지혜롭게 행하고 나라에 도가 없으면 어리석게 행했는데, 그의 지혜는 따라 할 수 있지만 그의 어리석음은 따라 할 수 없구나"라는 구절이 있다. 공자가 따르기 어렵다고 한 영유의 어리석음은 흔히 난세에 은둔하는 일로 생각해왔지만, 정약용은 난세에 목숨 걸고 세상을 바로잡는 일로 보아야 한다고 주장한 것이다.

34 주자(朱子)는 『중용장구(中庸章句)』에서 소은(素隱)을 '색은(索隱)'의 오자로 보고 편벽된 이치를 찾는 것이라고 해석했는데, 정약용은 원래 글자 그대로 이유 없이 평상시에 숨는 것이라고 주장했다.

35 명철(明哲)을 흔히 철리를 밝히는 것으로 이해한 것에 대해 정약용은 철리를 지닌 사람을 등용하는 것이라고 주장하고, 보신(保身)을 흔히 내 몸을 지키는 것으로 이해한 것에 대해 정약용은 임금을 섬기기 위해 내 몸을 보존하는 것이라고 주장한 것이다.

36 존심양성이라는 어휘를 흔히 양심을 보존하고 천성을 기른다는 수양론으로 해석해온 경향에 대해, 정약용은 충과 효라는 실천적 개념으로 보자고 주장한 것이다.

이러한 것으로 미루어 나아갔기 때문에, 무릇 선생이 경서經書에 대해 설명한 것이 간혹 잘못되고 뚝 떨어져 모든 것이 경서에 들어맞는 것은 아니라 하더라도, 천천히 그 뜻을 탐구해보면 어느 하나 덕을 빛나게 하고 어그러짐을 막아서 세상이 잘 다스려지도록 하지 않는 것이 없으니, 옛 성인에 홀로 부합했다고 할 수도 있을 것이다. 그러나 선생이라면 또한 이렇게 말한다고 마음이 편해지지는 않았을 것이다.

대개 조상들의 후손으로 조상의 예전 영토가 그대로 있는데, 옛날에는 저리 훌륭하였으면서 근세에 와서 이리 저조함은 무슨 까닭인가? 정치 때문인가? 학문 때문인가? 참으로 사람들은 의지할 바가 있어야 존재할 수 있고, 학문과 정치 또한 그 기반이 있어야 견고해질 수 있으니, 영토 이것이 바로 종족을 보호할 정수이다. 금척金尺[37]이 숨은 것은 이것에 대해 소홀했기 때문이 아니겠는가? 창근昌瑾[38]이 빛난 것은 이것에 대해 견고했기 때문이 아니겠는가? 통전筒箭[39]이 힘을 못 쓴 것은 이것에 대해 단서를 잃은 때문이 아니겠는가?

이에 골똘하고 깊이 이렇게 생각하였다. '지금 대개 선비나 서민에게 집안이 있으면 할아버지와 아버지가 있고, 할아버지와 아버지가 있으면 가법家法이 있는 법이다. 비록 자기 할아버지와 아버지의 어짊이 공자와 맹

---

37   금척은 전설 속의 신비한 황금자를 말한다. 『동경잡기(東京雜記)』에 의하면 신라 시조 박혁
      거세(朴赫居世)가 신인(神人)에게 받았는데 그것으로 사람을 재면 병자는 낫고 죽은 자는
      살아났다고 하며, 중국에서 소문을 듣고 금척을 요구하자 신라에서 몰래 묻어버렸다고 한
      다. 한편 정도전(鄭道傳)은 이성계(李成桂)가 꿈에 금척을 얻으면서 왕이 될 운명을 듣게 되
      었다는 내용의 악장(樂章) 「몽금척(夢金尺)」을 지은 바 있다.
38   창근은 궁예(弓裔)에게 신비한 거울을 바쳤다는 당나라 상인 왕창근(王昌瑾)인데, 여기서
      는 그가 바친 거울을 의미한다. 거울 속에 참언(讖言)이 적혀 있었는데, 왕건이 후삼국을 통
      일하리라는 내용이었다고 한다.
39   대나무 통에 끼워 쏘는 작은 화살로 편전(片箭), 변전(邊箭), 동전(童箭) 등으로 불리웠으며,
      긴 화살에 비해 더 멀리 더 빠르게 날아간다. 이익의 『성호사설』에서는 적들이 두려워하는
      우리나라 무기 중의 하나였다고 했다. 통전이 힘을 못 쓴다는 말은 조선이 외적 방어에 실패
      했다는 뜻으로 쓰인 듯한데 정확한 의도는 알 수 없다.

자에 미치지 못하더라도 내가 의당 법으로 삼아야 하는데, 그 반대로 공맹 孔孟을 더 중시하는 자도 더러 있다. 콩 심은 데 콩 나고 보리 심은 데 보리 난다. 만약 하루아침에 멥쌀의 좋은 맛을 사모하여 콩과 보리를 재배하는 원래 방법으로 재배하지 않고 논의 물속에 심는다면, 그 뿌리를 썩히지 않을 수 없을 것이다.'

이에 우리의 강역疆域을 고찰하고 『대동수경大東水經』을 지어서 뒤에 태어난 선비들의 고루한 이목을 말끔히 씻고, 역사의 흔적을 드러내 뭇사람들에게 알렸다. 선생이 역사를 존중한 것은 정치를 바로잡으려는 것이었으며, 경전을 설명하여 세상을 보좌하려던 것과 그 취지가 참으로 서로 이어져 있음을 군자들은 알 것이다.

선생은 재주가 벌써 남보다 천만 배나 뛰어났기에 붓끝이 마음먹은 대로 용솟음쳐 마치 몰아치는 듯하였다. 『마과회통痲科會通』과 『의령醫零』 등의 책은 다 백성들의 필수 의료에 대한 것이다. 『문헌비고간오文獻備考刊誤』와 『아언각비雅言覺非』나 『소학관주小學串珠』에는 속설을 교정하는 중요성과 옛것을 고증하는 실질성이 있으니, 세상을 다스리는 데 빠져서는 안 될 것들이다. 종이 쪼가리의 글씨 몇 자라도 나라에 대한 계책과 백성에 대한 근심이 그 속에 갖추어져 있다. 풍경과 꽃을 노래한 시 작품들도 역시 모두 큰 사건을 기록하거나 향토를 밝히고 역사를 해석하여 『시경』만큼 의미 있게 채택될 만한 요소를 갖추었다.

옛날의 선비들이 뒷날을 위해 저술한 것을 두루 살펴보면, 한두가지 특별한 저술로 내세우는 것을 제외하면 나머지는 대수롭지 못하다. 선생은 온 생애를 저술에 바쳐서 그 저서는 큰 문제나 작은 문제, 장편이나 단편, 급한 일이나 여유로운 일, 형식이나 내용 무엇을 다루었든 모두 백성과 나라에 근본을 두고 우리의 낡은 것을 새롭게 하자는 것으로 귀결시켰으니, 마치 목계나무나 자단나무가 뿌리에서 잔가지까지 모두 향기로운 것과 같고, 바닷물을 깊이 끌어오든 작게 나누든 모두가 짠 것과도 같다. 참으로 고행을 감수하는 정성이 본성으로 되지 않고서야 선생처럼 성인의 뒤를 따르기를 조금도 쉬지 않는다는 것이 어찌 가능할 수 있었겠는가?

오직 이와 같았기 때문에 선생이 계셨을 때 세상에서는 바야흐로 거절하고 배척하고 소외시키고 유배 보내서, 독기 서린 천리 밖 바닷가에 가두었으면서도 오히려 죽이려 하였다. 정부에 있는 자들이 먼저 그렇게 하니, 재야에 있는 벼슬 안 한 자들도 부화뇌동하며 서로 선생을 헐뜯어서 선생의 이름을 듣는 것만으로도 마치 오물이 자기에게 묻는 듯하였다. 그러나 선생은 쉬지 않는 정성으로 도움 되기만을 도모한 것이 오래되니 자기 몸과 백성을 하나로 여겨 간격을 느끼지 못하게 되었다. 그와 더불어 초췌해지고 시름겨워서 빙빙 돌며 갈 곳 몰라 하면서도 멈출 수가 없었다. 공자가 말씀하기를 "하루 자기를 이기고 예를 회복하면 천하가 그 인仁에 귀의한다"고 하였다. 천하가 실제로 귀의하는 것이 아니라 나의 인仁이 천하와 간격이 없게 되어 더불어 하나가 되는 것이라고 선생은 생각하였다.

선생이 남녘 황량한 곳으로 귀양 간 지 오래되었을 때, 알고 지내던 어떤 사람이 그때 한창 높은 벼슬을 하여 활로를 찾아보자고 몰래 선생에게 편지를 보냈다. 선생은 다음과 같이 답장을 하였다.

내 한 몸이 여기서 죽는다고 무어 해로울 것이 있겠소? 지금 남쪽 백성이 곤액을 당하고 있는데, 이들이 움직이면 난리가 날 것이오. 그대가 만약 나를 생각해준다면 이곳에서 그들의 곤액을 풀어줄 방도를 모색해주시기를 바라오.

대개 선생이 눈으로 보고 마음으로 생각하는 것은 단 한곳으로 집중될 뿐, 자기 한 몸의 궁달이나 득실에 대해서는 이렇듯 담담하였다.

유독 저술에 대해서만은 아까워하는 마음이 매우 지극하여 반드시 전수하려고 하였다. 두 아들에게 유언으로 당부하고 또 영남의 지인에게 글로 말하여 거두어 판각해주기를 바랐는데, 그 말이 애절하였다. 선생 같은 어진 분으로도 오히려 세상에서 이름이 묻혀버리게 두지 않으려 하는 것을 자못 이상하다 생각하였는데『여유당전서』를 읽고 나서야 선생께서 저술한 취지를 대강 엿볼 수 있게 되었고, 그런 뒤에야 선생이 자신의 저서를 사랑하고 아까워하는 것은 바로 이 백성을 사랑하고 아까워하기 때문이었음을 알게 되었다. 자신의 간격 없는 인仁이 자신이 죽은 뒤에까지 이어져 단 한 사람의 남자나 단 한 사람의 여자에게라도 혹시 은혜를 끼칠 수 있지 않을까 하는 생각에서였음을 알게 되었다. 어찌 문장을 가다듬으면서 스스로 기뻐하는 무리들과 같은 차원으로 말할 수 있을 것인가?

선생께서 돌아가신 뒤, 그 집안에서는 대대로 선생의 저서를 보관만 하고 미처 간행하지는 못하였는데, 몇 년 전 을축년(1925)에 한강에 홍수가 나서 선생 사시던 집이 떠내려가고 책도 거의 물에 빠질 뻔하였다. 그 다음 해 어떤 이가 이를 간행할 계획을 하여 다 베껴두었는데 출판 사업은 제대로 되지 못하였다. 또 10년이 지나 비로소 권태휘權泰彙(1901~?)가 중심을 잡고 진행하였다. 나와 안재홍安在鴻(1891~1965)이 교정과 대조를 맡아 4년 만에 작업을 마치고 책으로 엮으니 모두 76책이 되었고, 총서 이름을『여유당전서與猶堂全書』라 하였다. 중간에 자금이 부족하여 여러 차례 중단했다가는 다시 속행하곤 하였는데, 권태휘 군의 큰 힘에 의지하여 고되게 애쓰면서도 마침내 완성하기에 이를 수 있었다.

지금으로부터 위로 선생께서 돌아가신 지 백년 하고도 삼년이다. 오호! 이 책이 비록 잘 정돈되어 여기 있지만, 지난날 선생께서 고심하시며 나라를 새롭게 하고자 생각했던 것은 이미 깨끗이 사라져 물을 데가 없다. 선생께서 아신다면 우리가 세상에 전했다고 위로받게 되실까? 아니면 돌아보다 찌푸리며 지금 그 책만 온전히 있음에 상심하실 것인가? 시대가 옮겨지고 형세도 바뀌었지만, 선생의 쉼 없는 정성은 예부터 여전히 드문 것이다. 우리를 문장으로 넓히고 우리를 예禮로 단속시켜서, 서로의 간격이 없는 인仁을 느끼고 발휘하게 할 것이 이 저서에 달려 있다. 뒤에 태어나 학문도 부족한 내가 우여곡절을 겪으면서도 선생의 뜻이 전해지기를 도모하게 된 것은, 실로 그만둘 수 없는 일을 한 것일 뿐이다.

지금 이후로 선생의 저서가 사람들마다 읽혀서 장차 그들의 마음이 이 저서와 하나가 된다면, 아무리 야위고 비틀거리고 머뭇대며 돌아갈 곳조차 없다 하더라도 흙 속에 묻힌 선생의 유골은 오히려 덕분에 춥지 않을 것이다. 그런 뒤에라야 가히 전해졌다 할 만하지, 그렇지 않다면 차라리 전해지지 않는 것과의 차이가 얼마나 되겠는가? 이 저서를 읽는 분들과 함께 노력하여 선생을 저버리지도 않고 조상들의 훌륭함도 멀리 계승하기를 나는 바란다.

기묘년(1939) 정월 초닷새
후학 동래東萊 정인보

『김추사전집金秋史全集』 서[40]

추사秋史 김정희金正喜(1786~1856) 공이 돌아가신 뒤에, 동료 선비들이 그의 원고를 여러 번 간행하였다. 『완당집阮堂集』 『담경재시집覃擎齋詩集』 『완당척독阮堂尺牘』 등이 각기 유통되고 있는데, 체계도 없고 누락된 것도 많다. 공의 종현손從玄孫(방계의 4대손) 김익환金翊煥(1898~1978)이 오랜 세월에 걸쳐 원고를 모두 모으고 다시 간행할 것을 계획하며 나에게 서문 써줄 것

---

40   『담원 정인보 전집』 5, 108~11면. 한문으로 되어 있는 원문을 현대어로 옮겼다.

을 부탁하였다.

　대개 공의 집안은 대대로 귀했고 공의 벼슬길 역시 일찍부터 밝았다. 한
때의 곤액에 막혀 남으로 북으로 귀양 다니다가 삶을 마쳤는데, 처음에는
오히려 스스로 남과 어울리지 않는다고 생각하여, 덩그러니 하릴없이 지
내며 초서와 예서 쓰기를 좋아하였다. 문장을 구성할 때에는 더욱더 경전
과 전적의 옛 뜻에서 증거를 찾아 제시하였으며, 금석문자를 변별해내고,
서화를 평할 때에는 종이와 필묵의 진짜와 가짜, 좋은 것과 나쁜 것에 대해
완벽히 통달하지 않은 것이 없었다.

　나이도 많아지고 세상도 오래 겪게 되자, 삼교三敎의 본지에 깨달음을
얻게 되었다. 지난날 가슴속에 걸려 있는 듯하던 것들이 모두 깨끗이 씻겨
사라지니, 출세와 곤궁의 차이가 없어지고 삶과 죽음이 같게 여겨지면서
마음이 담백하게 되어 애쓰는 일이 적어졌다. 취미를 즐기는 것이 전과 다
르지 않긴 하였지만, 하려고 해서 하는 것이 아니라 한가하고 여유롭게 마
음껏 즐기는 것이었다. 전공 분야처럼 여기고 몰두하는 사람에게 비교해
본다면, 아주 멀다고 하겠다.

　이제 공이 돌아가신 지도 여든 해가 되어간다. 세상 물정이 많이 변하
긴 했어도, 공을 언급하는 이는 공을 소중히 여겨야 한다는 것쯤은 알고 있
다. 그러나 그 이유를 찾아보면 대개 공의 서예 때문이라 하고, 조금 낫다
는 이도 공의 고증학考證學이 청나라 옹방강翁方綱(1733~1818)과 완원阮元
(1764~1849)으로부터 단서를 얻었다는 것을 말한다. 그러나 공의 서법書法
은 한위漢魏와 육조六朝의 얼기설기 뻗어 나가고 응축하여 무성한 것을 규
범으로 삼은 것이었으니, 세상 사람들이 예스럽다 여기면서도 공이 아득
한 것을 추구하고 희미한 것을 찾으려 하여 스스로 그 경지에 이르게 된
것은 알지 못한다. 설령 글씨 연습에 공들여서 그러한 경지에 이르게 된다
고 하더라도, 성령性靈[41]이 운행할 때 재빠르게 뜻이 따르는 것은 손가락이

나 팔뚝의 재능으로 능히 도달할 수 있는 바가 아니다.

공은 어려서부터 남다른 천품을 드러냈는데, 부친 유당酉堂 김노경金魯敬(1766~1840) 공이 넓은 식견으로 실사구시實事求是를 하였으니 가정에서 이미 부친의 학문을 계승하였던 것이다. 마침 정조가 문학을 숭상하고 옛 것을 상고하던 시대를 만나 사대부들이 서서히 그 은택에 젖어들고 있었 다. 석천石泉 신작申綽(1760~1828)과 다산茶山 정약용丁若鏞(1762~1836), 아정 雅亭 이덕무李德懋(1741~93), 정유貞蕤 박제가朴齊家(1750~1805) 등 여러 경전 학자들이 정현鄭玄과 허신許慎을 능가하였으므로,[42] 공의 앞길을 열어주기 에 충분하였다.

약관에 청나라 북경으로 사신을 가는 아버지를 따라가서 옹방강, 완원 과 교유하였으며 뒤이어 그들과 서신 왕래도 매우 많이 하였다. 세상에서 는 그러려니 하며 마침내 이로부터 공이 학문을 얻었다고 여기지만, 공은 일찍부터 가정과 사우師友로부터 전수받은 것이 있었던 것이지 그들을 기 다린 뒤에 학문을 얻은 것이 아님은 알지 못한다. 대개 공이 학문의 본원에 깊이 합치된 바가 있는데도 다만 서예와 고증학만으로 중시하는 것도 얕 게 아는 것이다. 서예와 학문에 대해서도 다만 막연히 중히 여기고 있으니, 그 진실을 능히 아는 사람은 몇이나 될 것인가.

아! 선비가 옛것을 밝히고 외롭게 수양하며 이미 넓게 공부한 것을 기반 으로 깊은 경지에 이르게 되었는데, 묻혀버려서 세상에 알려지지 않는다 면 참으로 한이 없을 수 없을 것이다. 그러나 실로 무식한 자들의 입에 전 파되어 제대로 알려지는 것을 기약할 수 없다면, 차라리 민멸되어 영원히 그 그윽한 아름다움을 지켜내는 것이 수다스럽게 모욕을 많이 받게 되는

---

41 개인의 독자적 감성의 영묘함. 개성주의 예술론을 주장할 때 흔히 그 핵심 개념으로 거론 된다.

42 중국 후한시대 훈고학의 지표가 되는 정현과 『설문해자(說文解字)』를 지은 허신의 업적을 넘어서는 고증학적 업적을 남겼다는 뜻이다.

것보다 나을 것이다. 하물며 남들 하는 소리와 남들 평가하는 견해를 따르면서 외부의 영향을 받은 것이지 스스로 주도한 것은 아니라고 여긴다면, 어찌 족히 그와 함께 공에 대해 논할 수 있겠는가?

세상에서 이 문집을 읽는 이들이 나의 말을 따라서 이해해나간다면 그 또한 느껴야 하는 게 무엇인지 알게 될 것이다.

계유(1933) 겨울 12월.

4장

식민지 지식인의 학술윤리

단재丹齋와 사학史學[1]

무창혁명武昌革命[2]이 난 지 3년 되던 해 상해에서 단재丹齋 신채호申采浩 (1880~1936)를 만났다. 단재가 북만주를 거쳐 그리로 왔다던 것, 노잣돈은 예관睨觀 신규식申圭植(1879~1922)이 보냈다던 것들이 생각나고, 단재가 가 지고 온 책 상자가 둘이든지 셋이든지 백지에 베낀 『동사강목東史綱目』[3]이 꺼내는 대로 연방 나오던 것을 본 것은 아직도 눈에 선하다.

모여 앉아 이야기들을 하다가 사론史論이 나면 모두 단재에게로 향하였 다. 그때 단재는 늘 중국옷을 입었다. 회색 융 두루마기가 발등을 덮은 대

---

1   『동아일보』 1936년 2월 26일자; 『담원 정인보 전집』 2, 98~103면. 국한문 혼용체로 되어 있
     는 원문을 현대어로 옮겼다.
2   1911년 10월 10일 중국 무창(武昌)에서 일어난 봉기로, 청 왕조를 무너뜨리는 신해혁명(辛
     亥革命)의 출발점이 되므로 무창혁명이라고도 한다.
3   순암(順庵) 안정복(安鼎福, 1712~91)이 지은 역사서로 단군 조선부터 고려 말까지의 역사
     를 편년체로 기술했다. 전근대 시기 한반도 역사서 중 가장 대표적 저술로 평가받으며, 신채
     호의 근대 민족주의적 역사학에 일정한 영향을 주었다.

로 고개는 항상 기우듬하던 것이었다. 언제나 얼굴에 궁핍한 빛을 띠어 누르스름 부은 듯도 하고 기운은 초췌하고 걸어 다닐 때면 늘 복부를 부둥키기에, 왜 그러냐고 물으니까 냉통이 때때로 심하다고. 이러면서도 조선 역사를 말할 때에는 두 눈이 곁에 있는 사람을 쏘고 담변談辯이 칼날 같았다. 가끔 한두권 책자를 들고 프랑스 조계 백이부로白爾部路[4] 뒤 공원 풀밭으로 거닐며 혼자 웅얼웅얼하다가 또 무엇을 생각하다가 하는 중에도 한 손은 여전히 복부를 부둥켜 놓지 못하였다. 멀리서 오는 것만 보아도 단재는 누구나 알았다. 그동안 어느덧 23년이 지나고 단재는 벌써 고인이 되었다.

단재의 사학은 세상이 다 아는 바와 같이 명실상부한 거벽巨擘이다. 처음 언론의 주필을 잡았을 때[5]부터 썩어 냄새나는 앞 시대의 역사에다가 강하고 독한 침과 뜸을 계속 놓아 새로이 생색이 돌며 뒤집히고 기울어진 척추가 차차 바로 서기 시작하였다. 그 뒤 연하여 떠돌아다니고 방랑하여 만고풍상萬古風霜이라는 말도 단재에게는 너무나 제대로 형용되지 못한 비유이지만, 조선 역사를 연구함에 있어서는 한결같이 부지런하였다.

단재의 사학을 말하려면 여러 가지 특징점이 있으니, 첫째 고증하는 데 있어 다른 사람들 늘 보는 책 속에서도 그의 형안炯眼을 한번 쏘기만 하면 이것저것을 비교하는 가운데 뜻하지 아니한 발견과 기존 학설에 대한 반박을 제기하였다. 혹 허공을 걸어가는 듯하다가도 한곳을 짚은 뒤에 보면 뚜렷한 사실이 나온다. 우리도 늘 보는 것인데 거기에 이런 것이 있었던가 찾아보면 훤히 아는 것인데 어째 그대로 지났던가, 여기서 단재의 천재적 능력에 거듭 놀라지 아니할 수 없다. 하필 역사서에서 역사적 증거를 얻은 것뿐이랴. 가령 심상한 책자일지라도 단재가 한참 동안 뒤적거리면 거

---

4   상하이에 있던 프랑스 조계지의 한 구역이며 당시 명칭은 Rue Paul Beau, 현재의 중경중로 (重慶中路)다.

5   신채호는 1905년 『황성신문』의 주필이 되었다가 『대한매일신보』의 주필로 옮겨 1910년 망명 직전까지 시론을 담당했다.

기서도 가끔 어떠한 확증을 얻을 때가 있다. 누구나 들으면 분명히 그렇다. 그러나 단재의 입에서 나온 뒤에야 말이지, 그전에는 누가 보아도 그러한 분명함을 찾을 길이 없던 것이다.

둘째, 그 얽히고설키고 복잡한 과거 국내외의 기록을 정리하며 나가는 데 마치 엉킨 실을 풀 때에 어떠한 매듭 한군데를 끄르면 확 풀리는 것같이 매양 한곳의 핵심을 제시하여 온갖 실마리의 엉킴을 푸는 신령스러울 정도의 수완이 있다. 자기도 그 사론 중 "조선사의 열쇠"란 말을 쓴 일이 있었거니와 과거나 현재 그 수많은 역사가가 대개는 그 사실을 그 기록에서 찾아보려 하는 것이 거의 일반적 예이건마는 단재는 눈을 상하사방으로 굴려 이 끄덩이가 어디에 얽히었나, 가령 이 문을 열려면 그대로 밀어야 할까, 아니, 그러면 막 차서 깨트려야 할까, 아니다, 열쇠가 있으리라, 이렇게 얼마를 지난 뒤에 천천히 한 매듭을 푼다. 이 매듭이 풀린 다음에는 가리사니 없던 그 끄덩이가 일시에 확 풀리게 된다. 이 점에 있어서는 더욱 그가 독보적임을 인정하지 아니할 수 없다.

셋째, 몇천년 동안 구불거리며 내려오는 성쇠 변천의 출발 지점을 그 실제에서 좇아 탐색하되, 어떤 때는 문헌의 미미한 속에서 오래 두고 범연히 지나치던 것을 들추어 큰 관절이 활기 있게 움직이는 것을 보여주기에 특장이 있다. 문헌이야 그 문헌을 통독하여 마지아니하지만 "마음이 미혹되면 『법화경』에 굴림을 당하지만, 마음이 깨달으면 『법화경』을 굴린다"[6]라는 말과 같이 내 안광은 언제나 내 안광이기 때문에 아무리 환각을 일으키는 변신이 백번 넘게 발생한 속에서라도 그 너머의 진眞을 바라봄이 이상히 예리하여 조금도 현혹되지 아니하며 도리어 진을 가린 환幻을 가지고 진을 드러내는 간접 증거로 삼기도 하였다.

이만하면 단재의 사필史筆이 조선사의 대저를 남길 만했다. 게다가 그

---

6   원문은 "心迷法華轉 心悟轉法華"로 당나라 시대의 육조 혜능(惠能)이 남긴 말이다.

유리방랑의 반생을 대개 고조선 발상의 유적지와 전투가 벌어졌던 연고지와 천도하고 왕래하던 성터에서 보냈으니만큼, 이르는 곳마다 지도와 서적을 가지고 혹 산천을 묻기도 하고 혹 습속을 살피어 옛 역사 사실과 비교도 하고 혹 금석문의 잘리고 훼손되고 남은 조각과 건물 주춧돌 터의 사라지고 남은 흔적을 찾아다니면서 직접 수집하고 또 널리 물었다. 이에 옛날을 조문하고 오늘을 슬퍼하는 감격이 점점 커지는 것은 말할 것도 없고, 앞사람이 발표한 적 없는 사료를 얻은 것이 점점 쌓일뿐더러 이왕 홀로 남다른 의견을 품고도 그 옳고 그름을 확정하지 못하던 것이 눈으로 보고 몸으로 답사하는 가운데 드디어 확립됨을 보고는 스스로 환희를 느끼기도 하였을 것이다.

본디 도도하여 기세가 남보다 뛰어난 것도 판단하는 데 관련이 있으려니와, 또한 세상사에 어두워서 그 전공하는 바에만 심혈을 기울임으로써 집중 공부하는 데 도움이 컸으며, 약관 때 이미 한적漢籍에 깊이 통하여 제자백가諸子百家를 꿰뚫고 언론사의 주필이 된 이후 학문의 영역을 세계 쪽으로 꾸준하게 전진하여 30, 40세경에 이르러서는 넓고 큰 포부가 동서를 아우르며 사학의 날카로운 빛이 한층 더 번쩍거렸다.

예나 이제나 학자라고 반드시 문장에 능하라는 법이 없으므로 뇌리에서 역력한 것이 붓끝에서 분명히 표현되기 어렵건마는, 단재는 문장의 빼어남이 근세에 있어 그 짝할 적수가 없는 동시에 그중에도 변론에 뛰어나고 서술에 능하고 분석에 정밀하여 아무리 머릿살 아픈 재료일지라도 그의 붓끝이 잠깐 스치기만 하면 대번에 정밀하고 합리적이고 명쾌하게 깨닫게 된다. 그리 문장 엮기에 마음을 쓰는 것 같지도 않고 또 국문과 한문을 번갈아 쓰는 가운데 닥치는 대로 집어 쓰는 것도 많아 조목을 따라가며 탐구하면 가다가 거친 듯한 구절도 없지 아니하되, 재차 낭송하여보면 아까 거친 듯하게 알던 그 구절의 소재를 어느덧 잊어버리게 되니 이는 그가 단숨에 몰아쳐 만들어낸 말들이 파도같이 도도히 내려와 독자로 하여금 스스로 세밀히 탐구할 겨를을 얻지 못하게 하는 까닭이다. 그가 청구靑丘(우리나라) 역사가의 제일인자임은 물론이요, 만일 '뛰어난 문장가'를 동시대에서 구한다면 첫째 손가락으로 단재를 꼽는 것이 또한 공정한 의론일 줄 안다. 그런즉 유지기劉知幾(661~721)의 이른바 재주와 학문과 지식의 세 장점[7]이 단재에게 갖추어지지 않음이 없고 또 궁핍과 슬픔의 적막한 가운데 배는 고파도 붓대는 자유로운 때가 간간 있었건마는, 몇 종의 흩어진 원고를 제하고는 거의 남긴 것이 드묾은 과연 어찌 됨인가.

그인들 왜 대저를 남길 것을 생각하지 아니하였으랴마는 사학에 대하여 연구와 이해가 깊으니만큼 스스로 작은 흠결을 넘기고 지나가지 못함이 과도하게 매우 심할 뿐 아니라, 한해가 가고 또 한해가 오는 대로 견식이 갈수록 새로워져서 지금을 가지고 옛것과 비교할 때 차마 볼 수 없는 것같이 평가절하하여 최근 『조선사연구』 같은 것도 바야흐로 간행 배포하려 할 즈음에 훼판하라는 글발이 단재에게로부터 왔으니, 이러한 점에서 더욱 단재 사학의 높은 품격을 볼 수 있는 바다. 이른바 "법을 아는 사람이 두려워한다"가 단재를 두고 말한 것 같기도 하나 이것보다도 단재의 사학은 "날마다 다르고 달마다 같지 않다"의 실상이 있어서 그 까닭에 스스로 안주하지 못함이니, 학문의 경지보다도 그가 스스로를 속이지 못하는 학문적 양심이 또한 존경하고 감복함 직하다.

다만 성질이 본디 곰살갑지 아니하여 성질이 나면 찬찬할 겨를을 낼 여지가 없어, 간혹 한 글자의 불편함을 증오하다가 전 책을 성냥불에 붙이는 등, 어떤 때는 스스로 너무 깊이 생각한 것을 모르고 홧김에 북북 찢어 수세미를 만드는 등, 두고두고 공을 들여 심혈을 다 쏟은 것을 순식간에 없애버린 것이 한두번이 아니라 한다. 나온 바로 『조선사연구』만 하더라도 그가 여기 있기만 하였으면 그 고집에 피차 절교하기까지 이르더라도 빼앗

---

7   『사통(史通)』을 지은 당나라의 역사학자 유지기가 역사 서술을 위해 필요하다고 언급한 세 가지 장점, 재학식(才學識)을 말한다.

아다가 없애고야 말았을 것이니, 여러 번 짓고 여러 번 없앴다는 것이 반드시 사실일 줄 안다.

마음을 가라앉히고 말하면, 부족한 대로라도 우선 통사의 체계를 세우고 수정을 수시로 할지언정 예전 것을 전부 버리지 말고 오랫동안 작업하기로 하고 나갔던들 오늘에 와서 남은 것이 이같이 적지는 아니할 것이거늘, 속을 썩이지 못하기도 너무 심하여 저렇듯이 없애버리기를 자주 하였으니 이는 그 성질의 단점이라고 할 것이로다. 그러나 다시 생각하여보면, 그가 스스로 보아서 부족한 것이 타인으로서 보기에는 일찍이 있지 않던 탁견인 것이 한두가지가 아니니, 그의 부족으로 아는 것도 이렇거든 나아가기를 마지아니하는 그의 사학의 높은 조예가 만년에 어느 경지까지 가게 되었을 줄 어찌 알랴. 혹 말하기를 그가 사학에 있어 우주에 번쩍거리는 번갯빛 같은 한마디에는 뛰어나지만, 땅속으로 흐르고 스며들면서도 기어이 그 줄기를 바다까지 끌고 가는 근기는 부치지 아니하느냐 하나, 이는 그런 것이 아니다. 단재의 꾸준한 점인들 어찌 그 적수가 있으랴. 그가 없애버린 것도 실상 꾸준함 속에서 없애버린 것임을 알라.

단재가 불교에 깊음이 조선인 거사림居士林[8]에서 거의 최고요, 유학을 하상 배척하기는 하되 거기에 대한 지식은 또한 일가의 식견을 가졌다. 이는 다 말하지 말기로 하자. 자기의 문장을 어떻게 자부하던지, 북경에서 글을 팔아 입에 풀칠하던 때 어느 신문사에서 자기 원고 중 심상한 글자 한자를 고쳤다고 온갖 말로 화내고 욕하고는 투고하기를 단절하였다. 이뿐 아니라 남의 말은 좀처럼 그렇다고 하는 법이 없는 오만한 성품인데 오직 조선 사학에 있어서는 아직 초학 소년이라도 그의 잘못된 곳을 갑자기 지적하면 문득 긴장하며 듣고 두번 세번 깊이 생각하여 스스로 만족하는 태도가 없었으니, 이런 점에서 보면 그가 세가지 장점의 천재성 이외에 일단

8　불교에서 승려가 아닌 평신도의 모임을 지칭한다.

조선사에 대한 정성이 특히 깊었음을 알 것이다.

조선 고대사는 끊어진 언덕과 험한 길이 많으니 그가 전후를 탐구한 어려움은 또래 학자들이 감당할 수준이 아니었는데, 다행히 단재 같은 석학이 있어 이를 자기의 임무로 삼았기에 우리의 은근한 바람이 컸고, 최근에도 그의 건강을 궁금히 여기면서 10년간 고요히 들어앉아 있던 소득이 멀지 아니하여 정녕 사학계에 경이를 일으킬 수 있으려니 하였더니.

"떠돌다 인간 세상에 떨어진 것, 태산에 한 터럭 까끄라기"라는 셈으로[9] 단재가 발표한 것과 그 뱃속의 원고를 비교하면 나온 것이 없다고 하여도 거의 과언이 아니다. 연암燕巖 박지원朴趾源(1737~1805)이 이언진李彦瑱(1740~66)의 시를 기리면서 "해오라기 푸른 백로 비오리 뜸부기는 새 중에 아름다운 것인데, 오히려 스스로는 그 깃털을 사랑하여 물에 비추며 서 있다가 날아올랐다가 다시 모이네. 사람에게 문장이 있으니 어찌 깃털의 아름다움 정도이겠는가"[10]라고 했던 한 문장이 자못 탄식할 만하니, 단재의 사학이야 그 한 몸의 불후를 위해 추구한 것이 아님은 물론이겠지만, 그도 사람의 정을 가졌을 것이니 평생의 고심한 소득을 아득하게 망각해버리고 말 때 스스로 돌아본들 어찌 유한遺恨이 없으랴? 내 항상 생각하되 우리네의 이런저런 말들은 서투른 자귀질이요 단재는 솜씨 좋은 장인바치였으니, 어찌하면 그가 언론의 주필을 맡은 뒤 오로지 사학으로 치달려서 대저술을 지었노라 하는 소리를 들어볼까 하였다. 접때 죽을 지경으로 쓰러졌다는 기별을 듣고도 오히려 실오라기 같은 희망이 있어, 만일 의식만 조금 붙었다면 달려가서 사학에 관한 가장 아까운 소득을 물어보려고까지 하였다.

9　원문은 "流落人間者, 泰山一毫芒"인데 당나라 시인 한유(韓愈)의 「조장적(調張籍)」이라는 시의 한 구절이다. 장적이 지은 시들 중에서 세상에 남겨진 것이 매우 적다는 의미로 사용한 것이다.

10　『송목관신여고(松穆館燼餘稿)』에 박지원이 지어 실은 본전(本傳)의 한 구절이다. 다만 "새 중에 아름다운 것인데(禽之美者也)"라고 정인보가 인용한 구절이 박지원의 원문에는 "새 중에 미물인데(禽之微者也)"라고 되어 있다.

이제 와서는 한줌의 재가 고향으로 향함을 볼 뿐이니, 아, 사학의 거벽巨
擘 "그 전하지 못했던 것들과 더불어 죽었네"[11]라. 듣자 하니 그의 평생 친
구 중 흩어진 원고나마 간혹 가진 이가 있으리라 한다. 단재가 버려둔 찌꺼
기라도 사학에 뜻을 둔 자는 마땅히 애석해할 것인데, 하물며 그가 가까이
두고 손때 묻힌 책으로 그가 정중히 적어가던 것이라면 어찌 그 묻혀버림
을 버려둘 바이겠는가. 우선이라도 서로 알려주기를 바란다.

남겨진 추억 몇 조각殘憶의 數片[12]

단재는 사학 이외에 불교학이 특별히 깊었는데,『유마경維摩經』『능엄경
楞嚴經』등 여러 경전을 깨우치는 정도가 당대의 속세 사람들 중에 최고인
줄로 알고 있다. 더욱이『유마경』을 좋아하여 항상 지우들에게 한번 보라
고 권하였으며, 또 마명馬鳴의『대승기신론大乘起信論』을 깊이 연구하였는
데, 내가『대승기신론』을 열독한 것은 아마 단재의 권고를 받은 뒤인 듯
하다.

시조에 간혹 마음을 붙인 적이 있었다 하나 이는 상해에 있을 때는 보
지 못한 바요, 한시에 있어서는 자못 구슬처럼 영롱하고 들판처럼 태탕
한 영역이 있어서 비록 가볍게 쓴 작품이라도 시어의 품격이 다른 사람
과 달랐다. 언제던가 영남 유생 한 사람이 자기 부친의 부탁이라고 고향
에 있는 향각에 편액으로 걸어둘 시문詩文을 구하자 겸곡謙谷 박은식朴殷植
(1859~1925) 등 몇 명이 지어준 바 있었다. 단재가 휴지 쪼가리에 적은 칠언

---

11 원문은 "與其不可傳也, 死矣"인데 원출전은『장자(莊子)』로, 성인들의 말씀이라는 경전에서
    도 성인들이 그 핵심은 전하지 못했다는 의미로 사용된 말이다.
12 『신동아』1936년 4월호;『담원 정인보 전집』2, 103~04면. 국한문 혼용체로 되어 있는 원문
    을 현대어로 옮겼다.

율시 한 수를 내주면서 버리다 남은 것이라 마음에 맞지 아니한다 하였지만, 날아가는 듯한 시풍이 홀로 뛰어나 좌중이 일시에 일어나 경탄하였다. 십년 전만 하여도 그 시의 전부가 생각나더니, 지금 생각하여보니까

> 푸른 수풀 봄날의 저녁엔 소가 돌아가는 시골길
> 붉은 여뀌 가을의 맑은 날엔 백로가 내려오는 모래밭
>
> 綠蕪春晏牛歸巷 紅蓼秋晴鷺下沙

이라는 한 연만 기억에 남아 있을 뿐이다.

그때는 그 시만 알았다. 그 뒤 상해에 고 나철羅喆(1863~1916) 선생을 제사 지내며 애도한 한편의 사언문四言文을 보니 그야말로 뛰어나게 씩씩하면서도 차분하게 단아한 격조를 다하여 우리네의 조예로는 도저히 그 깊고 오묘한 경지를 엿보기 어려울 만한 대가임을 깨닫고 놀랐다. 대수롭지 않은 편지라도 일종의 구성이 있었으며, 가끔 과체시科體詩[13]를 장난삼아 지어놓고 혼자 웃고 보다가 찢어버리고 말았는데 그런 것까지도 붓이 가고 신채神采(정신과 풍채)가 돌지 아니하는 것은 없었다. 오직 글씨체가 극히 졸렬하여 어떤 때 보면 천자문을 막 배우고 있는 어린아이가 글씨 연습을 한 것 같기도 한 것은 천재들이 갖고 있는 하나의 특징일 것이다. 옛날에 연천淵泉 홍석주洪奭周(1774~1842)도 이랬다고 한다. 며칠 전 『조선중앙일보』에 실렸던 그의 칠언율시는 오자가 두어곳 있어 이를 교정하여 다음에 붙인다.

가을밤의 회포 (1922)

---

13   과거시험에 쓰던 복잡한 격식을 갖춘 시인데, 문인들이 심심풀이로 짓곤 하던 양식이다.

반짝이는 등불 하나 함께하는 나의 근심

일편단심 다 태우기도 마음대로 되지 않아

하늘의 창槍 들어 영광의 시간 되살리지 못하고

몽당붓 들어 우리나라 그려보니 부끄럽기만

남의 땅 십년 동안 서리 내린 구레나룻

병들어 뒤척이는 깊은 밤에 달이 드는 다락방

강동의 농어회 맛이 좋다 말하지 말라

지금은 낚싯배 묶어둘 땅도 없나니

秋夜述懷 壬戌

孤燈耿耿伴人愁 燒盡丹心不自由

未得天戈回赫日 羞將禿筆畫青丘

殊方十載霜侵鬢 病枕三更月入樓

莫說江東鱸膾美 如今無地繫漁舟

호암湖巖 문일평文—平에게 보내는 편지[14]

전에 족하足下(상대방을 높여 이르는 말)께서 이렇게 말씀하셨지요.

요즘 역사를 다루는 사람 중에 아무개 같은 사람은 비록 석학이라고는 못 하겠지만 그래도 문헌에 충실히 의거하고 함부로 넘겨짚지 않으니 충분히 얻어들을 만한 것이 있습니다.

저는 반박하고 싶었지만 자리에 다른 손님들이 있어서 말씀드리지 못했

---

14 『담원 정인보 전집』 5, 331~37면. 한문으로 되어 있는 원문을 현대어로 옮겼다.

습니다. 족하께서는 저도 그렇게 생각할 것이라고 짐작하고 계신 것이 아닐는지요? 그렇다면 옳고 그른 사정이 희미해질 것이니, 저의 어리석고 고루한 생각을 대략 펼쳐보겠습니다. 한번 보아주세요.

공자께서 말씀하셨습니다.

하夏나라의 예禮에 대해 나는 말할 수 있지만, 기杞나라에 대해서는 밝힐 수 없다. 은殷나라의 예에 대해 나는 말할 수 있지만, 송宋나라에 대해서는 밝힐 수 없다. 문헌이 부족하기 때문이다.[15]

역사를 다룰 줄 아는 사람이 문헌을 극진히 중시하는 것은 옛날부터 원래 그러했습니다. 역사에서 문헌이란 전설·가요·유물·유골 등등에 비할 것이 아닙니다만, 그렇다 하더라도, 진짜도 있고 가짜도 있고, 또한 만일 그것이 진짜라 하더라도 대수롭게 여기느냐 그렇지 않게 여기느냐의 차이로 활짝 피거나 시드는 변화가 생기고, 주느냐 뺏느냐의 나뉨으로 얻고 잃는 조화가 생기니, 어찌 의거한다는 하나로만 말할 수 있겠습니까?

가령 우리나라의 고대 역사를 다룬다면 대개 국내외 문헌 중 과거의 것은 더욱이 그 실상을 잃은 것이 많습니다. 국내 문헌 가운데『삼국사기三國史記』『삼국유사三國遺事』같은 것들은 모두가 옛날의 정수精粹가 이미 흩어진 시대에 지어졌습니다. 실정이 옮겨져서 그 옛것들을 잊었으며, 남의 것을 믿고 우리 것을 배척하여 심하면 주체와 객체, 우리 편과 상대 편을 분별할 줄도 몰랐습니다. 저들이 우리를 침범함을 토벌(討)이라 하고 우리가 저들을 치는 것을 침략(寇)이라고 하여, 백번을 싸워 우리 강토를 되찾

15　『논어(論語)』「팔일(八佾)」편에 있는 문장이다. 하나라 왕조와 은나라 왕조의 예에 대해서는 말할 만한 문헌 증거가 있지만, 하나라 왕조의 제사를 받들도록 책봉한 제후국 기나라의 예와 은나라 왕조의 제사를 받들도록 책봉한 송나라의 예에 대해서는 문헌 증거가 없으니 넘겨짚지 않겠다는 취지의 말이다.

은 것을 "그 영토를 침범했다"고 하니, 이런 일은 동서고금에 없던 일입니다. 그러므로 지구상에 역사를 지닌 민족은 모두가 그 스스로 교만한 것이 걱정이지만, 우리 역사는 스스로를 너무 깔보는 것이 걱정입니다.

국외 문헌으로는, 우리 땅과 가장 가깝고 우리와 교류가 가장 오래되어 기록이 가장 풍부하기로는 중국인들보다 나은 것이 없습니다만, 중국인이란 또 자기 긍지를 갖고 자기를 총애하는 정도가 더욱 심각한 사람들입니다. 그들이 역사를 쓸 때 전쟁에는 승리만 기록하고 패배는 감추어 적들은 마치 항상 패퇴한 듯이 하고, 영토에 대해 쓸 때 얻은 것만 기록하고 잃은 것은 생략하여 이웃나라는 마치 항상 빼앗긴 듯이 합니다. 구차하게 남의 나라에 화친을 구하고서도 찾아와서 복종하였다고 기록하고, 통상通商으로 서로 거래를 한 것을 조공朝貢이라고 기록하며, 정벌을 미뤄줄 것을 기대하며 해마다 폐백 선물을 보내고는 상賞을 내려주었다고 합니다. 족하께서는 이미 『사기史記』『전한서前漢書』『후한서後漢書』『삼국지三國志』 등의 여러 책을 익히 보셨는데, 과연 그렇지 않습니까?

대개 긍지와 긍지가 만났을 때 긍지와 긍지가 서로에게 받아들여지지 않으면 오히려 자기 긍지를 지키느라 그렇게 되는 것입니다. 지금은 너무도 자기를 폄하한 것과 심하게 긍지를 표출한 것을 같은 값으로 치고는, 이제 서로 비교하여 증거로 삼는다면 그 왜곡됨이 거의 영원토록 해결되지 않을 것입니다. 이렇게 하고서도 오히려 "나는 삼가 문헌에 의존하였다"라고 한다면 그는 역사에 있어서 자기를 거꾸로 여긴 것이 아니겠습니까? 나는 적이 이 점에 대해 개탄하고 있는 것입니다.

지금 우리 역사를 다루는 자는 국내와 국외의 문헌을 처리할 때에, 복종하는 마음으로 남에게 순종하면 안 되고 결기를 부려 남에게 도전하여야 옳다고 생각합니다. 엉성한 대나무 수레로 거친 길을 갈 때 잡목 덤불 가운데에서 들어서면, 왼편으로는 막대기를 잡아 헤치고 오른편으로 날카로운 칼로 억새와 갈대를 베어버려야 합니다. 그러면 고라니가 뛰고 토끼가 일어나고 뱀은 똬리 틀고 여우는 날뛰고 범이 맞서고 승냥이가 들이닥치는데, 찌르고 고꾸라뜨리기를 정신없이 하다 보면 발이 터지고 손이 지치고 고단하여 일어날 수도 없을 것입니다. 그래도 또 오히려 다시 일어나고 다시 기운 내기를 일곱, 여덟, 아홉, 열 번을 하고도 포기하지 않은 뒤에라야, 여기에서 언덕이 하나씩, 저기에서 골짜기가 하나씩 차츰차츰 눈앞에 나타날 것입니다. 이러한 것을 따라서 멀고 가까운 거리를 파악하고 높고 낮은 높이를 헤아리며, 토양을 구별하고 초목을 분류한 뒤에라야 도랑과 이랑을 정해 논밭을 만들 수 있게 될 것입니다. 이렇게 하지 않으면 왜곡될 뿐입니다.

저의 이런 말은 요컨대 우리나라 사람이 역사를 다루는 방법을 밝혀보자는 것일 뿐이지, 그 아무개와 같은 자와 득실을 따지자는 것은 아닙니다. 아무개와 같은 자는 다만 아둔하고 천박하고 어리석고 우매한 무리라서, 문헌에 기록된 바를 따른다고 하는데 그가 과연 글자를 이해하고 단어를 살필 수 있는지 없는지도 나는 모르겠습니다. 비록 거기에서 왜곡된 것을 풀어내고 싶다 해도, 오히려 왜곡에도 급수가 있는 것이니 어찌 아무개 같은 자가 능히 바랄 일이겠으며, 또한 어찌 의거하고 의거하지 않음을 말할 수준이겠습니까?

아무개가 구차하게 의거한다는 것은 다른 게 아닙니다. 최근 일본학자가 왕왕 조선사로 자기 이름 내기를 좋아하여, 국내외의 옛 역사를 증명하는 데 한결같이 문헌에 의거한다고 과시하고 있습니다. 이런 것에 의거하여 살을 붙여가다 보면 이 땅의 사람들이 가장 못나고 열등한 것이 대개 예로부터 그러했다고 드러내놓고 지껄일 수 있게 되고, 그 자신의 자만과 스스로의 총애를 보태어 온화한 척할 수 있으며, 또 이렇게 된 뒤에는 억압받는 자들이 옛날을 못 잊어 하는 정이 엷어지면서 어그러지고 간사한 짓도 행하게 된다는 것을 알기 때문입니다. 달팽이가 파먹는 것이나 하늘타리가 넝쿨을 뻗는 것도 담장을 넘을 수 없는 법입니다. 그런데도 또 우리

남해안에 일찍이 저들이 우보羽葆(제왕을 상징하는 깃털 장식)를 심었다고 하면서 그 문헌에서 스스로 증명도 된다고 하니,[16] 그 밖의 것들이라면 또 말해 무엇하겠습니까?

아무개는 일찍이 이 무리에게 배워서 공경하기를 신명처럼 여기며, 거칠부居柒夫, 이문진李文眞은 뛰어나다고 말할 수 없다 하고,[17] 지금 사람으로 무애無涯 신채호申采浩같이 빼어난 분을 비웃으며 미쳤다고 합니다. 밤낮으로 발을 질질 끌면서 자기 스승의 자취만 밟고 있으니, 저들이 대략만 제기하면 아무개가 그것을 상세하게 펼쳐내고, 저들이 시작만 해놓으면 아무개가 그것을 마무리까지 해냅니다. 저들이 평양平壤 봉산鳳山이 예전에 한사군漢四郡에 포함되었다고 하면, 아무개는 바로 호서湖西의 군읍郡邑이 모두 그 속현屬縣이라 하면서 더 늘려서 거기에 포함시킵니다. 잘 파악하지도 못한 자질구레한 것을 끌어다가 고증이랍시고 제멋대로 덧붙입니다.

아무개의 마음을 헤아려본다면 역시 어찌 반드시 그 스승들에게 충성해야 하겠다고 그러는 것이겠습니까? 아마 교수敎授라는 명칭 하나 얻어서 이름을 빛내기를 바라서 그런 것이 아니겠습니까? 그 오장육부가 한창 악하니 때려줘도 부족한데, 얻어들을 만한 점이 있다고 하는 게 가당키나 합니까? 족하께서는 행실이 맑고 학문이 전일하여 후생들이 우러르는 터인데 삼가지 않으셔도 되는 겁니까? 할 말 다 적지 못합니다.

---

16   일본의 역사학자들이 4~6세기 무렵 일본의 야마토 왕조가 한반도 남부에 일본부라는 통치기구를 세웠다고 주장하는 소위 '임나일본부설(任那日本府說)'을 말한다.

17   신라 사람 거칠부는 『국사(國史)』를 편찬했고, 고구려의 이문진은 『유기(留記)』 100권을 간추려 『신집(新集)』 5권으로 편찬했다고 한다.

순국선열추념문 殉國先烈追念文[18]

우리 국조國祖께서 가시덤불을 열어젖히시고 정치와 교화를 베푸신 뒤로 면면히 이어져온 것이 거의 오천년에 미칩니다. 그동안 나라의 흥망이 어찌 한두번이리오마는 실상은 한 족류族類(민족)로서의 계승이었고, 혹 외적의 침탈이 있었다 할지라도 그 범위는 한 지역에 그쳐, 환인桓因, 해모수解慕漱로부터 이어 내려오는 정통성은 언제나 뚜렷하였으니, 우리들이 몸소 당한 변란이야말로 역사상에서 보지 못하던 초유의 참극이었나이다. 광무 을사년(1905)에서 시작되어 정미년(1907)을 지나 융희 경술년(1910)에 와서 드디어 언어조차 끊어지게 되니, 그 참혹함은 오히려 둘째라 하더라도 비길 수 없는 수치와 큰 모욕이 이처럼 극단에 이른 것을 무엇으로 견줄 수 있겠나이까.

이러한 가운데 한 줄기 찬란한 민족의 빛을 일으켜, 이 민중으로 하여금 치욕의 날에도 자긍심을, 비참의 시기에도 분발을 끊임없이 가지게 한 것은 과연 누가 만드신 것이겠나이까. 우리는 이에 을사 이후 순국하신 선열 제위를 오매寤寐간에도 잊지 못하나이다.

그동안 일본 도적이 이 땅에서 어지러이 날뛴 지 오래되었기에, 통감統監이라 총독總督이라 하여 패퇴하던 날까지 강산과 인민을 저들은 자기들의 압제 아래에 두고 있다고 알았을 것이옵나이다. 그러나 우리 선열이 피로써 싸워온 거룩한 투쟁 전선이 41년의 세월을 관통하여, 몸은 쓰러져도 혼은 나라를 놓지 않고 숨은 끊어져도 뜻은 겨레와 얽혀 있었나이다. 그 장하고 매서움을 말할진대, 어느 분의 최후가 하늘이 울고 땅이 슬퍼할 거대한 자취가 아니었겠나이까. 칼날에 쓰러졌거나 독약에 죽었거나 다 같이

---

18 『담원 정인보 전집』 2권, 264~68면. 1945년 12월 23일 순국선열추념대회에서 김구(金九, 1876~1949)를 대신하여 정인보가 작성하고 낭독한 추념문의 대본으로, 국한문 혼용체로 되어 있는 원문을 현대어로 옮겼다.

국가 독립을 향해 솟아오르는 버팀목이요, 홀로 거사했거나 부대를 이루어 싸웠거나 모두가 광복 달성의 열렬한 매진이요, 국내에서 고난을 겪다가 꿋꿋한 의지를 감옥에 묻었거나 해외에서 떠돌다가 애타는 마음을 왜적의 칼날에 끝마치었거나 다 반드시 적들에게 맞서다 죽겠다는 굳센 결단의 실천이었나이다. 개인이든 단체든, 자결이든 희생이든 각기 내어뿜는 민족적 기개는 일찍이 한시도 끊긴 적을 보지 못하였나이다. 그러한즉, 이 피가 마르지 아니하매 적과 싸움을 쉰 적 없고, 이 싸움을 쉬지 아니하매 이 땅이 마침내 적의 온전한 점령으로 돌아갔다고 이르지 못할 것이옵나이다. 그러므로, 우리 과거 41년을 통틀어 일본 도적에게 부림을 받았다 할지언정 하루라도 저들의 시대라 일컬을 수 없음은, 오직 순국선열들께서 끼치신 피 향내가 항상 이곳에 주된 공기가 되어온 때문입니다. 이 여러분의 선열이 아니런들 우리가 무엇으로써 둥근 지구 위에 서 있겠나이까. 삼천리의 토양 알알이 그대로가 이 여러분 열혈의 결정체임을 생각하매, 새삼 느껴지는 옛 원한이 가슴에 북받쳐 어찌할 줄을 모르겠나이다.

교활한 도적들이 러일전쟁 전승의 기세를 타가지고, 을사조약이라는 협박 조약을 떠들던 것이 어제인 듯하옵나이다. 국운은 기울고 대세는 떠나 앞길의 암흑이 그 끝을 알 수 없는 그때, 저 주근周勤과 유유紐由[19]의 오랜 정기가 몇몇 분의 붉은 피를 따라 다시 솟아났나이다. 이에 안으로 폐부 깊이 두터운 신망을 얻은 원로들과 의를 지키며 말라가던 구신舊臣들과 격앙한 군인들과 강개한 말단 관료들과 재야 유림 스승들의 순국이 서로 이어졌고, 밖으로 주재 외교관들의 순국이 나라 안의 여론을 흔들었으며, 각 지방으로 의병의 깃발 곳곳에 날려 전사한 시체와 냉산冷山의 혼[20]과 붙들려

---

19   외적의 침입에 결사항전하던 고대인들이다. 주근은 백제 온조왕의 영토 확장에 저항하며 우곡성에서 항전하다가 패배하여 자결한 초기국가 마한의 장수였고, 유유는 위나라 관구검의 침입 때 위나라 지휘관을 살해하고 함께 죽어서 반격 기회를 만들어낸 고구려 장수였다.

20   적국의 감옥에 갇힌 충신의 혼을 뜻한다. 남송(南宋) 때의 홍호(洪皓)가 금(金)나라에 사신으로 갔다가 억류되어 15년 동안 냉산에 갇혀 있다가 돌아왔는데 온갖 위협과 회유에도 굴

도 굴하지 않는 병사들이 적의 간담을 서늘하게 하였나이다. 헤이그의 의
로운 외침[21]이 국내외를 뒤흔들자 국민마다 속에 있는 피가 끓는 가운데,
고종이 양위讓位하라는 강요를 받은 뒤에 군대의 해산을 보게 되던 날이
되었습니다. 세차게 울리는 대장의 자살 총성이 그 즉시 조국 광복의 살아
있는 가르침이 되고 죽어도 겨누라는 명령이 되어 마침내 시가전의 비린
피가 백성들의 끝없는 의지의 보람으로 빛나매,[22] 무릇 군복을 몸 위에 걸
친 이들 대부분 자발적으로 결합하지 아니함이 없고, 학사學士 명관名官이
함께 깃발과 북을 잡아 비록 힘은 미약했더라도 자못 구름처럼 일어나는
것을 보았나이다. 이에 창이 부러질수록 의義 더욱 굳고, 몸이 적에게 잡힐
수록 정신은 갑절이나 활발하였나니, 옥중에서나 황야에서나 죽은 어느
누군들 어기찬 전사가 아니었겠습니까.

　역적을 치려다가 잘못 맞춰 의로운 몸만 상함을 애달파함도 그 어름이
어니와,[23] 하얼빈에서 원수들의 수괴를 사살하던 장쾌한 거사는 지금껏 늠
름함이 남아 있나이다.[24] 나라에 변고가 생겼던 당시 조정과 민간을 막론
하고 매운 절개 있는 이들이 잇달아 일어났던지라, 지방을 지키던 관리를
비롯하여 강호에서 어렵게 도를 지키던 이, 국민 교육으로 백성들의 의지
를 뭉치려던 이, 석학, 문호, 고사, 단인端人(단정한 사람), 한양 부근에 살던
벼슬 없는 이나 중직을 맡은 이들까지, 앞서거니 뒤서거니 생명을 버려 목

　　　하지 않았다고 한 고사에서 유래한다.

21　1907년 헤이그 만국평화회의에 고종의 특사로 파견되었던 이위종(李瑋鍾, 1887~?), 이상설
　　　(李相卨, 1870~1917), 이준(李儁, 1859~1907)이 회의장 안팎에서 을사늑약의 부당함을 선
　　　전했던 일을 가리킨다.

22　1907년 대한제국 군대 해산식이 강행되자 시위연대 대대장 박승환(朴昇煥, 1869~1907)이
　　　권총으로 자결했고, 이에 분격한 장병들이 봉기해 시가전으로 저항한 일을 가리킨다.

23　1909년 12월 이재명(李在明, 1890~1910) 의사가 이완용(李完用, 1858~1926)을 습격했다가
　　　중상만 입히고 사형을 당한 일을 가리킨다.

24　1909년 10월 안중근(安重根, 1879~1910) 의사가 이토오 히로부미(伊藤博文, 1841~1909)를
　　　사살한 일을 가리킨다.

숨 걸고 싸우는 절의를 밝히셨나이다.

을사년부터 경술에 이르러 국운 이미 기우는 것을, 대세 이미 가는 것을 저렇듯 죽음으로 붙드시려 하였으나, 기우는 것은 기울고, 가는 것은 가 최후에 이르게 되었나이다. 그 최후의 일면을 붙드신 그 힘은 그 속에 점점 강고해져서, 한번 환란의 최후를 넘자 떨어지던 파도를 휘돌려 다시 솟구치기 시작하게 만들었으며, 광복의 하나의 길 바로 전민중의 치달리는 바 되었나이다. 이에 앞서부터 만주와 남화南華(중국 남부), 멀리는 미국, 가까이는 노령露嶺(연해주)에 지사志士의 종적이 흩어 퍼지더니 다시 그 규모를 크게 넓히며, 혹 단결하여 군대를 키워 떨치고, 혹 규합하여 조직을 확장하고, 혹 단신으로 홀로 결행하면서, 이쪽으로 끌어주고 저쪽으로 밀어주는 그 행적 또한 온갖 난관을 무릅쓴 바였나이다.

안팎으로 만나 흐르는 수많은 뜨거운 피 속에서 전민중의 의지 불타듯이 뜨거워가다가, 기미년(1919) 3월에 와서 하나로 합쳐진 외침이 독립만세로 터지자, 여기서들 대한민국을 내세우고 임시정부를 만들어 오늘에 이른 것이, 하나로부터 만억에 이르기까지 다 선열의 물려주신 바임은 천추 후에도 오히려 소매를 적시며 눈물을 자아내게 될 것인 줄로 아나이다. 기미 이후는 우리의 운동이 가장 강하여지니만큼 만세 소리에 호응하여 모이던 그때부터 농촌·시장·교회·부인·노년을 나눌 것 없이 앞에서 넘어진 채 뒤에서 밀고 나와 피바람과 피비가 온 땅을 휩쓸었으니, 옛 선조의 임전무퇴臨戰無退의 가르침이 이에 다시 살아남에 이르렀나이다. 피 헛되이 쌓이지 않았고, 하늘이 백성들의 충심을 돌아보아 오늘날 광복의 서광曙光을 우리 국토에서 맞이하게 되었나이다.

언제나 순국선열은 우리나라의 기둥이시라. 그 가운데에서도 우리의 과거를 생각건대 선열은 곧 나라의 명命이시니, 왕왕 한 사람의 피로 인하여 민족이 소생함을 보게 됨이 어찌 헛된 말이리까. 저 강호江戶(토오꾜오)에서 계속된 폭탄 투척의 장쾌한 장면[25]으로 우리 조선에도 사람이 있음을 나타넘도 그러하려니와, 지난 상해 사변 때 일본군의 기세등등하던 공세가 우방友邦(중국)으로 하여금 깊은 한을 머금게 하던 때 우리 의사의 폭탄 한 발이 저들의 대장 여럿을 섬멸한 것[26]은 한 나라의 지원군보다 오히려 나음이 있어, 우리 독립의 대계大計가 성난 파도와 같이 거세게 쏟아져 나오게 되었나이다.

예로부터 지사는 한번 죽는 것을 가볍게 여기나니, 구태여 삶을 버리고 의를 취하신 데 향하여 비애의 자질구레한 정을 붙이고자 아니 하나이다. 더욱이 모든 광복의 원훈이신 바에 무슨 유한이 있으리까마는, 같은 선열이시면서도 혹 밝게 드러나 천지에 혁혁하게 빛나기도 하고 혹 묻혀버려 이름자조차 물을 길이 없기도 하니, 전자를 다행이라 하면 후자 어찌 불행이 아니리까. 하물며 인적 없는 끊긴 길 마른 풀 위에 해골을 굴리어 도깨비불 번득이고 까막까치가 어지러이 날아다닐 뿐으로, 생전은 고사하고 사후까지 쓸쓸한 이가 많음을 어찌하리오. 설사 이렇게까지는 아니라 할지라도 독립군 부대에서 행군하다가 전멸한 이들은 누구며, 어두운 감방에 오래 갇혔다 옥사한 이들은 누구이뇨. 수가 많아 이름이 두드러지지 않았을 뿐 해와 별과 나란히 드리워질 행적이 많으시려니, 돌아가신 분들께서 아무리 마음이 넓고 크다 한들 살아 있는 우리야 어찌 돌아보아 슬프지 아니하리오.

다시 생각하면 순국선열은 나라를 위해 목숨을 바친 것으로 한 몸이시니 이름자를 가리켜 나와 남을 나누려 함은 오히려 사사로운 소견인 양하여, 자위自慰하고자 하나이다. 그러나 또 설워하는 바 있으니 을사년 이후 선열께서 보고자 하신 것이 광복이고, 이 몸이 이리저리 떠도는 동안 동지

---

25 토오꾜오에서 이어진 김지섭(金祉燮, 1885~1928), 이봉창(李奉昌, 1900~32) 등의 폭탄 투척 사건을 가리킨다.

26 일본군의 상하이 점령 직후 1932년 4월 일왕 생일 기념행사가 열린 홍커우 공원에서 윤봉길(尹奉吉, 1908~32)의 폭탄 투척으로 상하이 파견군 총사령관 시라까와 요시노리(白川義則)가 사망하고 장성급 군인들이 중상을 입은 사건을 가리킨다.

로서 고난을 함께 나누던 이 가운데도 이미 선열을 따라가신 이 많거늘, 이 날을 어찌 우리만이 본단 말입니까. 더욱이 이날을 만드시던 이는 멀리 아득하고, 그 자취를 좇던 우리만 이 서광을 바라보게 되니 이 느낌을 또 어이하리오.

우리는 해외에서 세월을 보낸 지 오래라. 그때는 산 자들 또한 죽을 길을 밟으며 기대는 바 오직 선열의 혼백이기에 거의 사람과 귀신의 간격을 잊었더니, 이제 고국에 돌아와 동포 민중의 품에 안기니 와락 살아남은 이 몸이 텅 비어 있음을 느끼나이다. 들어오면서 곧 작은 정성을 드리려 한 것이 오늘에야 겨우 추념하는 대회를 거행하게 되니, 늦으나마 오히려 우리의 정을 붙여봄 직하나이다.

우리 선열께 바칠 제사의 향이 광복의 완성 즉 독립의 성과 보고에 있을 뿐이어늘, 이제 여기까지 도달하기에는 아직 거리 없지 아니할새 영전을 향해 부끄러움이 자못 무겁나이다. 그러나 몇십년 전 암흑뿐이요 실낱같은 희망이 없던 그때에도 선열은 꺾이지 아니하셨으니, 우리 이제 거의 이룬 독립의 일에 헌신함을 맹서할 것이 물론이나이다. 때에 과거와 현재의 거리가 있다 할지라도 국민의 지침은 선열께서 남긴 사업으로부터 이어져 다를 바 없나이다.

우선 현재 상황을 들어 선열께 고하면 여러분 하늘에 계신 영령들은 우리를 위하여 염려하실 터이니, 다만 그 백절불굴하신 의기, 지극히 순결하신 높은 지조, 백성과 나 사이에 간격 없으신 성심聖心, 용맹하고 탁월하신 기개를 전국민으로 하여금 본받게 하시어, 이로써 태평성대를 맞이하여 위로 홍익인간弘益人間이라는 국조의 큰 뜻을 다시 새롭게 하시며 아래로 삼천만의 기원을 하나로 맞추어 이루게 하소서.

5장
윤리적 문학의 전통과 실천

정송강鄭松江과 국문학[1]

우리 옛날 옛적 분네는 노래하기를 좋아하였다. 큰길이나 좁은 고샅에 밤새도록 노랫소리가 끊이지 아니하였다. 이 말이 남의 역사책에까지 올라 있다.[2] 신라 때 이른바 "천지와 귀신을 감동시킨다"[3] 하던 가사들이 모여 큰 책이 되었고 고려 적에도 명곡이 많았으나, 지금 전하는 바는 얼마 되지 않는다. 거기다가 향찰鄕札로 옮겨진 것은 번역하는 데 '밑말'(원래 표현)이 다치기가 쉬울뿐더러 문자가 잘못되고 빠진 것도 많아서 근거를 찾아 아울러 확인해볼 데가 없는 것도 한둘이 아니다. 이 빠진 옛날 옥거울과 같아서 진귀하기는 더하나 안개 너머로 바라보는 꽃과 같아서 희미한

---

1   『담원 정인보 전집』 2, 55~62면. 국한문 혼용체로 되어 있는 원문을 현대어로 옮겼고, 인용된 시조는 원문의 본디 표기를 그대로 둔 채 각주에서 현대어로 옮겨 제시했다.

2   진수(陳壽)의 『삼국지(三國志)』 「위지동이전(魏志東夷傳)」과 범엽(范曄)의 『후한서(後漢書)』 「동이전(東夷傳)」 등에서 동이족이 노래와 유희를 즐긴 것으로 묘사되어 있다.

3   원문은 "動天地感鬼神"으로 본디 『시경(詩經)』의 「모시서(毛詩序)」에서 나온 표현이며, 『삼국유사(三國遺事)』의 「월명사도솔가(月明師兜率歌)」에서도 이 표현이 응용된 구절이 있다.

것은 어찌할 수가 없다. 그러므로 우리나라 가곡으로 악보를 실은 기록이
남아 있는 것은 대개 한경漢京(한양이 수도인 시대, 즉 조선왕조) 이후요 그중에
특출한 명인名人을 고르면, 몇 분 속에도 송강松江 정철鄭澈(1536~93)과 고
산孤山 윤선도尹善道(1587~1671) 두 분은 오백년을 통틀어 그를 당할 이가
없다.

　송강의 「관동별곡關東別曲」 「사미인곡思美人曲」 「속미인곡續美人曲」 들은
일찍부터 청음淸陰 김상헌金尙憲(1570~1652), 석주石洲 권필權韠(1569~1612),
동악東岳 이안눌李安訥(1571~1637) 등 여러 명가들의 감탄을 받아왔었고, 서
포西浦 김만중金萬重(1637~92) 같은 이는 "우리나라의 참문장은 다만 이 세
편뿐이다"[4]라고까지 하였거니와, 단가短歌(시조) 또한 뭇 문체를 두루 갖추
어 만나는 대로 그 신채神采에 맞는다. 고산은 대체 담아淡雅한 한 방향으
로 나아가 저 강호의 풍광과 배합되는 데 장점이 있으나, 송강은 호탕할 때
는 호탕하고, 처절할 때는 처절하고, 더욱 그 순박하게 나오는 말투야말로
곧 경박한 풍속을 돌려놓을 듯한 데가 있다. 또 묘사하는 솜씨가 서로 다
르니, 고산의 「어부사시사漁父四時詞」에 "우는 거시 벅구기가 프른거시 버
들습가"[5] 같은 것은 속세를 떠나 하는 일 없이 한가롭게 지내는 사람의 편
안한 심경을 흔적 없이 나타냈고, "하마 밤들거냐 자규子規 소리 묽게 난
다"[6] 같은 것은 호남 산수 간의 밤경치를 귀신같이 그리었다. 그러나 송강
의 「관동별곡」 끝에

　　나도 줌을 씨여 바다홀 구버보니
　　기피룰 모룩거니 ᄀᆞ인들 엇디 알리
　　명월明月이 천산만락千山萬落의 아니 비쵠 딕 업다[7]

4　원문은 "左海眞文章只此三篇"으로 김만중의 『서포만필(西浦漫筆)』에서 나온 표현이다.
5　우는 것이 뻐꾸기인가, 푸른 것이 버들숲인가.
6　벌써 밤이 되었느냐, 소쩍새 소리 맑게 난다.

한 것을 보면, 명월 이하는 잠 깨어 보는 새벽이 묘사된 표현을 넘어 선한 데다가 노랫가락이 졸지에 변하여 짝 맞추는 것이 바꾸어지며 말결이 나무등걸같이 서니, 정히 밤은 깊고 사방은 고요한, 그림으로 미치지 못할 그림이다. 이뿐 아니다. 단가로도

> 내 흔낫 산깁 적삼 셜고 다시 셜아
> 되나 된 벼틔 믈뢰고 다료이 다려
> ᄂᆞᆫ 듯 늘란 엇게에 거러두고 보쇼셔[8]

의 "ᄂᆞᆫ 듯 늘란 엇게"라 함이 미인을 그리는 데 얼마나 뛰어나게 높은가 생각하여보면 벌써 그 솜씨를 알려니와, 그 "엇게"를 눈에 그리되 이같이 어여뻐 보이는 것이 실상 자기의 연모戀慕가 하나에 모인 까닭이니, 중국의 악부樂府「맥상악陌上樂」[9]이 이와 비슷하나 송강은 한 것이 없이 저절로 되어 한층 더 높다.

송강은 붓 나가는 결이 자연히 장단에 맞아서「관동별곡」가운데

> 명사鳴砂길 니근 ᄆᆞᆯ이 취션醉仙을 벗기 시러
> 바다훌 겻틱 두고 해당화海棠花로 드러가니
> 백구白鷗야 ᄂᆞ디 마라, 네 버딘 줄 엇디 아는[10]

---

7   나도 잠을 깨어 바다를 굽어보니 / 깊이를 모르는데 끝인들 어찌 알리 / 맑은 달이 온 세상에 아니 비치는 곳이 없다.

8   내 한벌의 생깁 적삼 빨고 다시 빨아 / 뜨겁고 뜨거운 볕에 말리고 다리고 또 다려서 / 나는 듯이 날씬한 어깨에 걸어두고 보소서.

9   중국 한(漢)나라 때의 악부「맥상상(陌上桑)」을 말한다. 농촌 풍경을 목가적으로 부른 소박한 민요로, 왕인(王仁)의 아내 나부(羅敷)가 조(趙)나라 왕의 유혹을 물리치기 위하여 지었다고 한다.

10 모랫길 익숙한 말이 취한 신선을 내려놓기 싫어(『관동별곡』의 다른 본에는 '빗기 시러'라고

이 한편만 들어도 바로 서술할 것을 한번 풀어내어 흥취와 서로 어울리게 하였다. 고산의 단가는 그 체재가 좁으니만큼 이 경계를 나타낼 수 없으며, 단가로도 송강의 "광화문光化門 드리드라 내병조內兵曹 상직방上直房의 흐룻밤 다숫 경의 스믈석 뎜 티는 소릐"[11]라든지 "신군망辛君望 교리校理 적의 내 마춤 수찬修撰으로 상하번上下番 구초와 근정문勤政門 밧기러니"[12]라든지, 다 세상에 견줄 데 없을 정도의 풍치가 있다. 고산은 이보다 좀 모자란다. 그러나 고산은 말마다 유자儒者요, 송강은 그렇지 아니하다. 각각 홀로 나아가는 바가 있어 감히 낫거나 못하다고 말하기 황송하지만, 단가로도 못 문체를 갖춘 이는 송강이다. 일을 기록하는 데에도 송강의

재 너머 성권농成勸農 집의 술 닉닷 말 어제 듯고
누은 쇼 발로 박차 언치 노하 지즐 투고
아히야 네 권농 겨시냐, 정좌수鄭座首 왓다 흐여라[13]

한 것을 보라. 소를 곰살갑게 끌어내어도 좋을 것을 어찌하여 발로 박차며, 언치 놓고 올라앉는 데도 하필 지즐(비스듬히 눌러) 타는 것이 무엇인가. 박차는 것은 흥이요 지즐 타는 것은 진솔이다. 여기에 저절로 그 당시의 마음가짐이 보인다. 또 "투고"라는 말로 잠깐 멈추더니 "아히야"가 거기 이어지매, 힘들일 것 없이 산 넘고 내 건넌 것이 그 속에 다 들었다. 나는 항

되어 있는바, '비스듬히 싣고'라고 해석할 수 있다) / 바다를 곁으로 두고 해당화 꽃밭으로 들어가니 / 흰 갈매기 날아가지 마라 네 벗인 줄 어찌 아느냐.

11 광화문으로 달려 들어가 내병조에서 당직을 서는 방에 / 하룻밤 다 지난 오경에 스물세번 종 치는 소리.

12 신군망(신응시辛應時, 1532~85)이 교리 벼슬을 하고 있을 때 나는 마침 수찬 벼슬이라서 / 상하로 번을 서며 있던 근정문 밖이러니.

13 산 너머 성권농 집에 술 익었단 말 어제 듣고 / 누운 소 발로 박차 언치 놓아 비스듬히 타고 / 아이야 네 권농 계시냐 정좌수 왔다 하여라.

상 이를 들어 이 시인이 일을 기록하는 뛰어난 요령이 이와 같았음을 말한다.

또 "거문고 대현大絃 올나 한 괘棵 밧글 더퍼시니"[14]는 초장의 하나인데, 거문고 타는 손가락과 거문고 소리가 함께 그대로 살았으며, "벽제碧蹄에 손이라커든 날 나가다 ᄒᆞ고려"[15]는 종장의 하나인데, 시류를 배척하는 뜻이 말 밖에 두렷이 보인다. 그중에도

> 형아 아ᅌᅵ야 네 슬홀 ᄆᆞᆫ져보와
> 뉘 손ᄃᆡ 타나관ᄃᆡ 양ᄌᆡ조차 ᄀᆞᄐᆞᆫ다
> ᄒᆞᆫ 졋 먹고 길러나이셔 닷ᄆᆞᄋᆞᆷ을 먹디 마라[16]

같은 것은 형제의 지극한 정을 느끼게 함에 가장 찌연하며(진하며),

> 어와 뎌 족하야 밥 업시 엇디ᄒᆞᆯ고
> 어와 뎌 아자바 옷 업시 엇디ᄒᆞᆯ고
> 머흔 일 다 닐러ᄉᆞ라 돌보고져 ᄒᆞ노라[17]

같은 것은 저절로 도탑고 화목한 마음을 자아내며,

> 오늘도 다 새거다 호믜 메오 가쟈ᄉᆞ라
> 내 논 다 ᄆᆡ여든 네 논 졈 ᄆᆡ여주마

---

14 거문고 대현(넷째 줄) 올려 한 과(기러기발) 밖을 짚으니.
15 벽제에 오신 손님이라 하면 나 외출했다 하거라.
16 형아 아우야 네 살을 만져보아라 / 누구에게서 태어났기에 모습조차 같은 것인가 / 한 젖 먹고 자라났으니 딴마음 먹지 마라.
17 어와 저 조카야 밥 없어서 어찌할까 / 어와 저 아저씨야 옷 없어서 어찌할까 / 궂은일 다 말해보라 돌봐주고자 하노라.

올 길히 뽕 따다가 누에 먹여보쟈스라[18]

같은 것은 시골의 순박한 풍속이 그대로 소리가 되었다. 대개 시가가 어려운 것은 적당한 곳에서 적당히 서로 어울려 맞추어지는 데 있나니, 화려하기는 쉽되 소박은 어렵고, 소박하면서도 소박한 속에 화려함보다 더 뛰어난 색채와 향기를 머금기가 또 더 어렵다. 그러므로 원元나라 사람의 『비파기琵琶記』[19] 가운데 「탄강곡呑糠曲」이 가장 유명하되 한인漢人의 「안문태수행雁門太守行」[20]을 따르지 못함은, 하나는 시골 사람의 말투 그대로요 하나는 농가 부녀가 혼자 하는 말로서는 기교가 너무 과한 까닭이다.

그러므로 송강의 단가를 평할 때 나는 먼저 경민가警民歌를 기린다. 시가나 산문이나 외길이면 좋지 아니하고 층지어 꺾여야 묘하니, 송강의 것은 가다가 일필로 내려오게 될 때에도 자세히 보면 일필이 아니다. 저 "광화문" 절에 "흐르밤 다슷 경의 스믈석 덤 티는 소릭"는 앞구는 총괄이요 뒷구는 세분이니 이로써 단조로운 가락이 변하였고, "신군망" 절에 "근정문 밧기러니"가 "샹하번 フ초와" 아래에 놓여 거꾸로인 듯하므로 물결처럼 출렁거리는 것이 그저 뻣뻣함만이 아니었다.

이런 솜씨는 고산도 누구만 못하지 아니하니, "강촌 온갓 고지 먼 비치 더욱 됴타"[21]도 층이요, "일엽편주一葉偏舟에 시른 것이 무스 것고, 갈 제는 느쏜이요 올 제는 돌이로다"[22]도 층이다. 그런데 송강은 더욱 장가에 뛰

---

18 오늘도 날 다 샜다 호미 메고 가자꾸나 / 내 논 다 매거든 네 논 좀 매어주마 / 오는 길에 뽕 따다가 누에 먹여보자꾸나.

19 고명(高明, 1305~80)이 지은 원나라 희곡으로, 과거 보러 간 채백해(蔡白偕)의 아내 조오랑(趙五娘)이 고생스럽게 봉양하던 시부모님이 죽자 유리걸식하며 천신만고 끝에 남편과 만나 해후하여 행복한 여생을 보낸다는 내용이다.

20 한나라 악부시『상화가(相和歌)』중의 한 곡조인데, 특별한 수사법 없이 소박하게 안문 태수의 업적을 서술한 작품이다. 이 제목으로 당나라 시인 이하(李賀, 791~817)가 시적 감흥을 살려 칠언율시로 표현하기도 했다.

21 강촌의 온갖 꽃이 먼 빛으로 더욱 좋다.

어나므로 그의 능사能事를 다하였으니, 「속미인」 첫머리에 우선 남의 말을 빌려서

> 데 가는 뎌 각시 본 듯도 흔더이고
> 천상天上 백옥경白玉京을 엇디ᄒ야 이별하고
> 히 다 뎌 뎌믄 날의 눌을 보라 가시는고[23]

하고 다시 그 대답으로

> 어와 네여이고 이 내 ᄉ셜 드러보오
> (…)
> 설워 풀뎌 혜니 조물造物의 타시로다[24]

하고는 다시 또 남의 말로 "글란 싱각 마오"[25]가 안짝이 되고, 또 대답으로 "미친 일이 이셔이라"[26]가 바깥짝이 되어 층층으로 돌다가 꺾이다가 끝에 와서

> 출하리 싀여디여 낙월落月이나 되야이셔
> 님 겨신 창 안히 번드시 비최리라

---

22 한 조각 작은 배에 실은 것이 무엇인가 / 갈 때는 나(다른 본에는 '내' 즉 안개로 되어 있음) 뿐이고 올 때는 달이로다.

23 저기 가는 저 각시 본 듯도 한데 / 천상의 백옥으로 만든 서울을 어찌하여 떠나와서 / 해 다 저문 날에 누구를 보러 가시는고.

24 어와 너로구나 이 내 사설 들어보시오 / (…) / 서러워 풀어내며 헤아려보니 조물주의 탓이로다.

25 그렇게 생각하지 마오.

26 맺힌 일이 있으리라.

각시님 둘이야 ㅋ니와 구즌 비나 되쇼셔[27]

한 것을 보면, 그 층법層法이 얼마나 다변하며 층마다 나는 자태가 또 얼마나 절묘한가. 이는 오직 송강의 솜씨가 높아서일 뿐만 아니라 우리 고가古歌에서 본디 이같이 돌고 꺾이는 것을 잘하여 지금도 전하는 바 있으므로 송강이 이에서 취하여 한 걸음 더 나아간 것이다. 이 밖에 단가에도 고가에서 새로운 형식으로 변화시킨 것이 가끔 있으니,

심의산 세네 바회 감도라 휘도라 드러

오뉴월 낫계즉만 살얼음 지핀 우희 즌서리 섯거 티고 자최눈 디엿거늘 보앗는다

님아 님아 온 놈이 온 말을 ᄒ여도 님이 짐작ᄒ쇼셔[28]

는 고려 「사룡상화점곡蛇龍霜花店曲」[29]과 통하며,

듸 우회 심근 느틔 몃 히나 ᄌ란는고

씨 디여 난 휘초리 저ᄀ티 늙드록애

그제야 또 ᄒ잔 자바 다시 헌수獻壽ᄒ리라[30]

---

27   차라리 죽어져서 지는 달이 되어서 / 님 계신 창 안에 번듯하게 비추리라 / 각시님 달은커녕 궂은 비나 되시오.

28   심의산 서너 바퀴 감돌아 휘돌아 들어 / 오뉴월 한낮이건만 살얼음 지핀 위에 진서리 섞어 치고 자취눈 내린 것을 보았나요 / 님아 님아 온 놈이 온 말을 하여도 님이 짐작하소서.

29   『고려사』「악지(樂誌)」에는 「쌍화점」 2장의 내용이 「삼장(三藏)」으로 한역되어 전하는데, 고려가요의 한역으로 전해지는 「사룡(蛇龍)」도 「쌍화점」의 한역인지는 분명하지 않지만 정인보는 쌍화점의 번역으로 보고 있다. 「사룡」은 뱀이 용의 꼬리를 물고 태산을 넘어갔다고 해도, 만명이 각기 한마디씩 하더라도 짐작은 두 사람 사이에서 하는 것이라는 내용이다.

30   언덕 위에 심은 느티나무 몇 해나 자랐을까 / 씨 받아 자라난 회초리 저렇게 늙은 뒤에 / 그 때에서야 또 한잔 잡아 다시 장수를 기원하리라.

는 "구은 밤 닷되" 노래[31]와 비슷한 것이 있다. 또 「속미인」의 "글란 싱각 마오 미친 일이 이셔이다"를 고려가사 「정과정곡」에 "믈힛마터신뎌 솟옷브뎌"[32]와 맞추어보면 조금도 틀리지 아니한다. 이를 미루어 말하자면, 송강은 장가長歌(가사)에 타고난 재능이 있을 뿐 아니라 여기에 대한 문견이 넓고 연구까지 깊던 분이다. 『선조수정실록宣祖修正實錄』가운데 택당澤堂 이식李植(1584~1647)이 쓴 「송강서졸松江書卒」에 송강이 일찍이 그 자씨를 따라 궐내에서 자라서 명종의 아껴줌을 받았다 하였으니, 이때는 성종成宗 시절의 융성함이 멀지 아니하므로 궁중 가악이 후세처럼 엉망이 아닐 것이라, 송강이 가사를 배운 것이 여기서 비롯하였는지도 모른다.[33]

그러나 송강 가사는 가사만인 것이 아니다. 「사미인곡」마지막 절 같은 것은 충신·효자·의인·열사의 심회가 그대로 드러나 있다. '내가 내 마음을 어찌하지 못하여 할 뿐이요 그 밖에 다른 것에 대해 바라는 바가 없다. 그리하여 죽고, 그리하여 쫓기고, 쫓기어도 죽어도 변하지 아니한다.' 송강의 이 한 절이 우리 민족의 절의節義 관념을 무겁게 하고, 또 참되게 하고 간절하게 함에 실로 남음이 있다. 외워보면 이렇다.

츨하리 싀여디여 범나븨 되오리라

곳 나온 가지마다 간 듸 죡죡 안다가

향 모든 늘애로 님의 오신 올으리라

---

31 고려가요 「정석가」를 말한다. '푹석한 모래 벼랑에 구운 밤 닷되를 심어 그 밤에서 움이 돋고 싹이 나야 유덕하신 님과 헤어지겠습니다'라고 하는 내용이다.

32 말짱한 거짓말이었구나, 죽고 싶어.

33 정철의 누나가 인종의 귀인(貴人)이 되고 누이동생은 계림군의 아내가 되어, 정철은 어린 시절 동궁에 드나들며 명종(재위 1545~67)과 놀았다고 한다. 성종(재위 1469~94) 시대에 『악학궤범(樂學軌範)』등 궁중 가악에 대한 정리가 있었음을 염두에 두고, 본문에서 명종 시대가 성종 시대와 거리가 멀지 않음을 언급한 것이다.

님이야 날인 줄 모르셔도 내 님 조차려 하노라[34]

　가사의 오묘함은 말을 다 마치지 아니하는 데 있다. 말결으로도 잠자리가 물에 스치듯이 무겁게 가라앉지 아니하나니, 대개 듣는 이의 귀를 찌르자는 것이 아니요 그 마음의 애연한 곳에 곱게 맞추려는 것이다.
　송강은 이를 깊이 아는지라 우선 "뎨 가는 뎌 각시 본 듯도 흔뎌이고" 하였으니, "예 보던 각시로세" 하지 아니하고 짐짓 "본 듯도 흔뎌이고" 하는 것이 어렴풋함에 그치는 말이요,

　　이 몸 허러내어 냇물의 씌오고저
　　이 물이 우러녜여 한강 여흘 되다 하면
　　그제야 님 그린 내 병이 헐흘 법도 잇느니[35]

하였으니, "헐흘 법도"도 에둘러 하는 듯한 말이요, "내 양즈 늘만 못흔 줄 나도 잠간 알건마는"[36] 하였으니 "잠간 알건"도 스치어만 지나가는 말이다. 송강 같은 타고난 재능으로 거듭 학學과 공工을 아우름이 이와 같으니, 그가 만일 이를 여가의 취미로만 하지 않고 일생의 문사文思를 온통 이에 모아 순수한 국문학의 절경絶境을 더 널리 열었던들 뒷사람에게 물려준 바 이에 그치지 아니하였을 것이언만, 송강은 그때에 끼인 내(연기, 탁한 기운)를 다 헤치기는 어려웠던지 「관동별곡」이나 「사미인곡」이나 가다가 중국의 고사故事를 그대로 섞은 것이 있다. 이것만이 백옥白玉의 티다. 그러나 우리의 말을 결에 맞추어 멋거리 나게 써놓은 것이 또한 놀랄 만하니,

---

34　차라리 죽어져서 범나비 되오리라 / 꽃 나온 가지마다 간 데 족족 앉았다가 / 향 묻은 날개로 님의 옷에 오르리라 / 님이야 나인 줄 모르셔도 나는 님을 좇으려 하노라.
35　이 몸 헐어내어 냇물에 띄우고자 / 이 물이 울며 다니다가 한강 여울 된다 하면 / 그제야 님 그린 내 병이 덜어질 법도 있으리니.
36　내 외모 남보다 못한 것을 나도 금방 알지만.

「장진주사將進酒辭」는 전편이 그렇고, 다른 곡들도 그런 데가 많다. 「명사鳴沙」 일절이 첫째로 이에 합하거니와, 「성산별곡星山別曲」의

  산옹(山翁)의 히욜 일이 곳 업도 아니ᄒᆞ다
  울 밋 양지 편의 외씨를 쎄허두고
  믜거니 도도거니 빗김의 달화내니[37]

같은 것도 좋은 시어라 아니 할 수 없다. 또 우리 말을 나누거나 합하여 활용하는 데에도, 꿈결 잠결의 결을 떼어 「속미인」 끝에 "결의 니러 안자 창을 열고 ᄇᆞ라보니"[38] 한 것이 한 예요, 무엇조차 어찌한다 하는 "조차" 위에 토를 달아, 단가 「경민편警民篇」에 "늘그도 설웨라커든 지믈조차 지실가"[39] 한 것도 한 예다. 또 한자와 국문의 딱 맞는 번역으로도

  장사왕長沙王 가태부賈太傅[40] 혜건대 우읍고야
  ᄂᆞᆷ대되 근심을 제 혼자 맛다이서
  긴 한숨 눈물도 과커든 '에에' 할 줄 엇데오[41]

의 "에에"는 통곡을 이름이요,

---

37 산옹이 해야 할 일이 아주 없지도 아니하다 / 울 밑 양지 편에 오이씨를 뿌려두고 / 매거니 돋우거니 비 온 김에 가꿔내니.

38 결에 일어나 앉아 창을 열고 바라보니.

39 늙기도 서러운데 짐을조차 지실까.

40 가의(賈誼, BC 201~169). 장사왕의 태부(太傅) 벼슬을 했기에 장사왕 가태부라 불렸다. 「치안책(治安策)」 「과진론(過秦論)」 등의 글이 유명한데, 양회왕의 태부 벼슬을 하다가 본인의 제도 개혁안을 수용해줄 양회왕이 죽자 울분을 참지 못하고 33세에 죽었다.

41 장사왕의 가태부 헤아려보니 우습구나 / 남보다 많은 근심 자기 혼자 도맡아서 / 긴 한숨 눈물도 과한데 에에 통곡하니 어쩌리오.

강원도 백성들아 형제 송ᄉᆞᆺᄒᆞ디 마라

종꾀 바뀌ᄂᆞᆫ 엇기예 쉽거니와

어듸 가 또 어들 거시라, 흘긧할긧ᄒᆞᄂᆞ다[42]

의 "흘긧할긧"은 반견反見(곁눈질)을 이름이다. 또 송강 가사에 가다가 한토의 고사를 섞은 것이 흠이라 하나, 섞기는 하였을망정 대개 한문 그대로 썼고, 그렇지 아니하면 가태부의 곡을 "에에"라고 하듯이, 우리말 특징에 맞도록 바꾸었다.

본디 우리 말의 내려가는 결과 한문의 가는 결이 서로 다르다. 그러므로 한문을 섞어서 한토의 고사를 끌어 쓴 것이 우리 가사로 보아 하나의 하자가 아님은 아니로되, 한문을 그 글자로 섞은 바에서는 우리말이 상하지는 아니하나, 만일 한문으로 된 단어를 그대로 직역하여 우리말에 넣으면, 저 결과 이 결이 맞지 아니하느니 만큼 우리말까지 말썽이 일어나지 아니할 수 없다. 송강은 이를 깨달은지라 가다가 한문 그대로 인용할지언정 직역하기를 꺼리었고, 어찌할 수 없는 경우이면 우리 말씨에 맞추어 넌지시 바꾸었다. 그러므로 송강의 가사에는 그 티 되는 것에서도 의연히 그 솜씨가 보인다.

금산군수錦山郡守 홍공洪公 사장事狀[43]

공의 성은 홍씨洪氏이고, 휘는 범식範植, 자字는 성방聖訪이다.

선대는 영남嶺南 풍산豊山 사람이었는데, 뒤에 서울로 이사해서 대대로

---

42 강원도 백성들아 형제간에 송사하지 말라 / 종 따위 밭 따위는 얻기에 쉽지만 / (형제를) 어디 가서 또 얻을 것이라고 흘깃할깃하느냐.

43 『담원 정인보 전집』 5, 5~10면. 한문으로 되어 있는 원문을 현대어로 옮겼다.

높은 벼슬을 하고 이름이 났다. 증조할아버지의 휘는 정주定周니 동지돈령부사同知敦寧府事로 우의정右議政에 증직贈職되었고, 할아버지의 휘는 우길祐吉이니 판돈령부사判敦寧府事요 시호諡號는 효문孝文이다. 효문공이 집안 아우 중에 감역監役 벼슬을 한 휘 우필祐弼의 아들 승목承穆으로 뒤를 잇게 하였는데, 벼슬은 시강원첨사侍講院詹事니, 바로 공을 낳으신 분이다. 어머니는 해평윤씨海平尹氏 휘 장렬璋烈의 따님이다.

공은 고종 무자년(1888)에 진사시進士試에 합격, 내부주사內部主事가 되었고, 혜민원참서관惠民院參書官에 승진되고 통정대부通政大夫로 올라 태인군수泰仁郡守로 나갔는데, 정사를 베푸는 데에 은혜와 이로움이 있으니 백성들이 그를 사랑하였다. 그러다가 금산군수錦山郡守로 전직되었다. 경술년(1910) 7월 25일 나라에 변고가 생긴 바로 그날 순국殉國하니 나이 마흔이었다.

이에 앞서 공은 장차 변고가 있을 것을 알고, 한 목숨 순국할 것을 결심하였다. 가족들에게 보낼 편지를 미리 작성해두고 남은 일들을 처리했지만, 주변에서는 아무도 알지 못했다. 이날 날이 저물자 재판소裁判所 서기書記 김지섭金祉燮을 불러 함께 밥을 먹고는 아주 단단하게 봉한 작은 상자를 김지섭에게 내어주었다. 김지섭이 살펴보려 하자 공이 말했다.

"그러지 말고 그대로 집에 가지고 가게."

김지섭이 품에 품고 갔다. 조금 있다가 공이 그의 첩에게 말하였다.

"어찌 나가 돌아다니지 않는가?"

익숙한 고을 사람 집에 가서 첩을 안으로 들여보내고는 주인에게 말하였다.

"내가 안채를 고치려 하니, 첩을 잠시 자네에게 부탁하네. 잘 봐주면 다행이겠네."

이내 떠나갔다.

이때 심부름꾼 은성殷成이 따라갔었다. 고을 사람 집을 나와서 가다가 보니 공이 평소 오가지 않던 길로 접어드는 것을 보고 속으로 생각했다.

'이 길은 객사客舍로 가는 길인데 원님께서 무슨 일로 이 저녁에 가시는지, 그것 참 이상하다.'

객사란 고을 원이 대궐을 바라보고 망궐례望闕禮를 행하는 장소이다. 예전부터 왕명을 받든 사람이 이곳에 묵었으므로 객사라고 불렀다. 오래지 않아 객사 앞에 이르자 은성을 문밖에 남겨둔 채 성큼성큼 들어갔다. 공은 임금이 계신 북쪽을 향하여 절을 하였고, 절을 마치고는 물러나면서 처마 밑에 이르러 명주를 묶어 스스로 목을 조르려 했다. 은성이 몰래 들어가 살펴보다가 이 광경을 보고는 급히 앞으로 나서서 끌어안고 통곡하였다. 공이 화를 내며 손으로 은성을 밀치고 옷을 털며 나갔다. 은성이 공을 부르며 울면서 뒤를 따라 나가 문밖으로 겨우 두어 걸음 갔을 때, 공이 갑자기 몸을 돌리며 흙을 집어 은성의 얼굴에 뿌렸다. 은성은 얼결에 눈을 뜨지 못하다가 눈을 비비고 봤지만 공을 찾아볼 수 없었다. 날은 저물고 어두워 어디로 갔는지 알 수 없었다. 은성이 관청으로 달려가 사람을 마주칠 때마다 문득 울며 말하였다.

"원님께서 목을 매려 하시는 것을 제가 풀어드렸는데 지금은 원님께서 어디로 가셨는지 모릅니다요. 얼른 불을 켜고 찾아내야 합니다요."

관리와 백성 들이 깜짝 놀랐다.

김지섭이 처음에 밀봉된 물건을 가슴에 품었을 때에는, 공께서 선물로 주시는 것인데 다만 자기를 놀리느라고 바로 보지 못하게 하는 것이라 여겨 의심하지 않았다. 집에 가서 펼쳐보니 공의 아들에게 보내는 봉한 편지가 있고, 또 김지섭에게 주는 편지도 있었다.

"나라가 망했으니, 나는 죽음으로 절개를 지킬 것이네. 자네도 일찌감치 관직을 그만두고 다른 일을 하게나. 내 집에 보내는 편지도 잘 부탁하네."

김지섭이 편지를 뜯어보고 경악하며 급히 가서 보았지만 공은 이미 나간 뒤였다. 어떤 이가 가리켜주어 공이 첩을 맡긴 고을 사람 집에 가보았는데, 바로 돌아 나가셨다고 하였다. 김지섭이 혼자 한탄하며 마을 길을 빠져나오니, 불빛이 관청을 비추고 한창 어수선한 것이 바라다보였다. 서둘러 가보니 은성이 관리와 백성 들을 모으고 횃불을 준비하여 공을 수색하려는 중이었다. 같이 객사까지 가서는 앞뒤로 나누어 찾아보았다. 문 옆 밭의 기장과 옥수수가 헤쳐지고 꺾이어 마치 사람이 파고 들어간 것 같아 보여서, 모두가 의심하며 밭 가운데를 두루 찾았으나 아무것도 찾지 못했다. 갑자기 뒤쪽에서 외쳤다.

"원님이 여기 계신다."

모두가 달려가보니 객사 후원의 작은 소나무 가지에 목매 돌아가신 원님을 발견하였다. 가지는 연해서 처지고 몸은 땅에 늘어져 있어서 마치 누워서 자는 듯하였다. 이전에 공은 항상 검은 모자를 쓰고 있었던바 서양 제품이었는데, 이날은 예전의 의관으로 갈아입고 계셨다. 작년에 남에게 빌려 온 매화 화분도 이날 아침 편지와 함께 30리 길을 달려 보내 돌려주었는데, 심부름꾼이 돌아왔을 때 공은 이미 죽어 있었다.

이에 고을 안의 관청 소속 아전과 부로父老, 아래로는 농사짓는 집과 보부상, 부인과 어린아이 할 것 없이 모두 다투어 나와 곡하며 초상 준비에 분주하였다. 아들 홍명희洪命熹(1888~1968)가 달려왔을 때에는 이미 모든 것이 갖추어져 있었다. 염을 마친 뒤 수의襚衣 천이 십여필이나 남았다. 모두들 울면서 말하였다.

"이게 변변치는 못해도 또한 우리 백성들의 정성으로 모은 것이니, 이것으로 원님 몸 곁을 채워주셔서 우리의 여한이 없도록 해주시길 바랍니다요."

모조리 관에 넣었다. 상여가 떠남에 온 고을 사람이 다 나와 향 피우고 제수 올리기를 그치지 않았고, 거리의 모든 사람들도 온통 울부짖으며 따라갔다. 상여가 괴산槐山 선산까지 가는 300리 길에도, 상여를 따라온 관리와 백성 100여 명이 장례를 마치고야 돌아갔다.

공이 품 안에 남겼던 유서가 또 있었는데, 염탐꾼이 뒤져서 그것은 가져 갔으나 김지섭에게 부탁한 일은 알지 못하였다. 김지섭이 깊이 감추어두 었다가 단둘이 있을 때 홍명희에게 전해주었다. 편지를 뜯어보니 10여 통 이었는데, 할머니로부터 어버이, 그리고 부인, 아들, 며느리, 딸에 이르도 록 각각 위로하고 격려하였다. 어린 손자에게도 편지를 써서 자란 뒤에 보 라 하면서 쓴 편지 글씨가 모두 정자로 가지런하여 흘려 쓰지 않았다.

처음에는 괴산의 군청 동녘 산수동山水洞 신좌辛坐(서남향) 언덕에 묻었 다가 3년 뒤 8월 14일에 옮겨 전처와 같은 무덤에 합장하니 간좌艮坐(동북 을 등진 방향) 언덕이다. 전 부인은 은진송씨恩津宋氏 송은로宋殷老의 따님이 고, 후처는 한양조씨漢陽趙氏 조종승趙鍾升의 따님이다. 자녀는 여섯인데 큰아들은 홍명희洪命憙, 다음은 홍성희洪性憙, 홍도희洪道憙, 홍교희洪敎憙 요, 따님은 각기 이종헌李鍾憲, 정진규鄭鎭揆에게 시집갔고, 손자는 다섯이 다. 손자 홍기문洪起文(1903~92)은 공이 돌아가실 때 편지를 남기면서 자란 뒤에 보라고 한 그 사람이고, 나머지 넷은 아직 어리다.

공은 천성이 인애仁愛하여 따뜻하고 유순함이 마치 아낙네 같았지만, 불 의를 보면 용납하지 않고 의로움에 대해서는 사모하기를 독실히 하였다. 부모를 섬기는 데에는 지극한 효성을 바쳤다. 어머니가 돌아가신 뒤에는 슬피 생각하는 것이 죽을 때까지 변함이 없었다. 그가 첨사공詹事公(홍범식 의 부친 홍승목)을 곁에서 모실 때 부친의 뜻에 순종하고 따르며 아무것도 어 기는 것이 없었다. 더러 무슨 일이 있어 조용히 간언하다가도 바로 들어주 지 않으면, 부친의 뜻에 큰 상처를 입힐까 싶어 공은 민망한 마음으로 물러 났다가 다시 들어가 말씀드리려고 하다가 자꾸 멈추니, 첨사공이 왕왕 감 동되어 공의 말을 따르기도 하였다. 그 밖에도 형제간의 우애와 일가에 대 한 구휼 및 벼슬하는 동안의 선정과 치적 중에 기록할 만한 것이 많지만,

공에게 있어서는 오히려 하찮은 대목이라 다 적지는 않는다.

시조와 노랫말

광복절 노래[44]

흙 다시 만져보자 바닷물도 춤을 춘다
기어이 보시려던 어른님 벗님 어찌하리
이날이 사십년 뜨거운 피 엉긴 자취니
길이길이 지키세 길이길이 지키세

꿈엔들 잊을 건가 지난날을 잊을 건가
다같이 복을 심어 잘 가꿔 길러 하늘 닿게
세계에 보람될 거룩한 빛 예서 나리니
함께 힘써 나가세 함께 힘써 나가세

삼일절 노래[45]

기미년 삼월일일 정오
터지자 밀물 같은 대한독립 만세
태극기 곳곳마다 삼천만이 하나로
이날은 우리의 의요
생명이요 교훈이다

---

44   『담원 정인보 전집』 1, 80면.
45   『담원 정인보 전집』 1, 80면.

한강물 다시 흐르고 백두산 높았다
선열하 이 나라를 보소서
동포야 이날을 길이 빛내자

개천절가[46]

우리가 물이라면 새암이 있고
우리가 나무라면 뿌리가 있다
이 나라 한아버님은 단군이시니
이 나라 한아버님은 단군이시니

백두산 높은 터에 부자요 부부
성인의 자취 따라 하늘이 텄다
이날이 시월 상달에 초사흘이니
이날이 시월 상달에 초사흘이니

오래다 멀다 해도 줄기는 하나
다시 핀 단목잎에 삼천리 곱다
잘 받아 빛내오리다 맹세하노니
잘 받아 빛내오리다 맹세하노니

제헌절 노래[47]

비 구름 바람 거느리고

---

46   『담원 정인보 전집』1, 81면.
47   『담원 정인보 전집』1, 80면.

인간을 도우셨다는 우리 옛적

삼백예순 남은 일이 하늘 뜻 그대로였다

삼천만 한결같이 지킬 언약 이루니

옛길에 새 걸음으로 발맞추리라

이날은 대한민국 억만년의 터다

대한민국 억만년의 터

손 씻고 고이 받들어서

대계大界의 별들같이 궤도로만

사사 없는 빛난 구위救危 앞날은 복뿐이로다

바닷물 높다더냐 이제부터 쉬거라

여기서 저 소리 나니 평화 오리라

이날은 대한민국 억만년의 터다

대한민국 억만년의 터

자모사慈母思[48]

1

가을은 그 가을이 바람 불고 잎 드는데

가신 님 어이하여 돌오실 줄 모르는가

살뜰히 기르신 아이 옷 품 준 줄 아소서

2

부른 배 골리 보고 나은 얼굴 병만 여겨

---

48 『담원 정인보 전집』 1, 3~14면.

하루도 열두시로 곧 어떨까 하시더니
밤송인 쭈그렁인 채[49] 그저 달려 삽내다

3

동창에 해는 뜨나 님 계실 때 아니로다
이 설움 오늘날을 알았드면 저즘(접때) 미리
먹은 맘 다 된다기로 앞 떠날 줄 있으리

4

차마 님의 낯을 흙으로 가리단 말
우굿이(무성하게) 엉겼으니 무정할손 추초秋草로다
밤 이어 꿈에 뵈오니 편안이나 하신가

5

반갑던 님의 글월 설움 될 줄 알았으리
줄줄이 흐르는 정 상기 아니 말랐도다
받들어 낯에 대이니 배이는(젖는) 듯하여라

6

뮌(못생긴) 나를 고히(곱게) 보심 생각하면 되(도리어) 서워라(한스러워라)
내 양자樣子 그대로를 님이 아니 못 보심가
내 없어 네 미워진 줄 어이 네가 알것가

7

---

49   우리 속담에 쭈그렁 밤송이 3년 달린다는 말이 있다. 병이 많은 사람이 그대로 부지하는 것
      을 이에 견주어 말하며, 못생기고 오래 사는 것을 이에 견주어 말한다. —원주

눈 한번 감으시니 내 일생이 다 덮여라
절(저를) 보아 가련하니 님의 속이 어떠시리
자던[50] 닭 나래 쳐 울면 이때러니 하여라

8

체수는 적으셔도 목소리는 크시더니
이 없어 옴으신(오므리신) 입 주름마다 귀엽더니
굽으신 마른 허리에 부지런히 뵈더니

9

생각도 어지럴사 뒤 먼저도 바 없고야
쓰다간 눈물이요 쓰고 나니 한숨이라
행여나 님 들으실까 나가 외워봅니다

10

미닫이 닫히었나 열고 내다보시는가
중문 턱 바삐 넘어 앞 안 보고 걸었더니
다친 팔 도진다마는 님은 어대 가신고

11

젖 잃은[51] 어린 손녀 손에 키고(키우고) 등에 길러
색시꼴 박여가니 눈에 오죽 밟히실가

---

50   어머니 상사가 새벽이었다. ─ 원주
51   전 아내 성씨 일찍 궂기고 혈육으로는 큰딸 정완(貞婉)을 두었다. 갓 나며 할머니께 길렀
      다. ─ 원주

봉사(봉선화)도 님 따라간지 아니 든다[52] 움내다

12

바릿밥 남 주시고 잡숫느니 찬 것이며
두둑히 다 입히고 겨울이라 엷은 옷을
솜치마 좋다시더니 보공[53] 되고 말어라

13

썩이신 님의 속을 깊이 알 이 뉘 있스리
다만지 하루라도 웃음 한번 도읍과저
이저리(이리저리) 쓰옵던 애가 한 꿈 되고 말아라

14

그리워 하 그리워 님의 신색 하 그리워
닮을 이 뉘 없으니[54] 어딜 향해 찾으오리
남으니 두어 줄 눈물 어려 캄캄하고녀

15

불현듯 나는 생각 내가 어이 이러한고
말 갈 데 소 갈 데로 잊은 듯이 열흘 달포
설움도 팔자 없으니 더욱 느껴합내다

---

52 소녀 아이들이 봉선화를 짓찧어서 손톱에 홍색을 들이니 이를 봉사 들인다고 한다. ─ 원주
53 송종(送終) 때 의복으로 관 속 빈 곳을 채우는 것. ─ 원주
54 나는 어머니의 혈육(血肉)이 못 되므로 전형(典型)을 닮을 길이 없다. 그러니 더 한층 섧다. ─ 원주 (이 부분에서 그리워하는 대상은 양어머니다.)

16

안방에 불 비치면 하마 님이 계시온 듯
닫힌 창 바삐 열고 몇 번이나 울었던고
산속에 추위 이르니 님을 어이하올고

17

밤중만 어매(어머니) 그늘 세번이나 나린다네
게서 자라날 제 어인 줄을 몰랐고여
님의 공 깨닫고 보니 님은 벌써 머셔라

18

태양이 더웁다 해도 님께 대면 미지근타
구십춘광九十春光(봄 석달)이 한 웃음에 퍼지서라
멀찍이 아득케나마 바랄 날이 언제뇨

19

어머니 부르올 제 일만 있어 부르리까
젖먹이 우리 애기 왜 또 찾나 하시더니
황천黃泉이 아득하건만 혼자 불러봅내다

20

연긴가 구름인가 옛일 벌써 희미해라
눈감아 뵈오려니 떠오느니 딴 낯이라
남 없는 거룩한 복이 언제런지 몰라라

21

등불은 어이 밝아 바람조차 부는고야

옷자락 날개 삼아 훨훨 중천 나르과저

이윽고 빗소리 나니 잠 못 이뤄 하노라

22

풍상風霜도 나름이라 설움이면 다 설움가

오십년 님의 살림 눈물인들 남을 것가

이저다(이것저것 다) 꿈이라시고 내 키만을 보서라

23

북단재⁵⁵ 뾰죽집⁵⁶이 전에 우리 외가外家라고

자라신 경늦골⁵⁷에 밤동산⁵⁸은 어디런가

님 눈에 비춰던 무산⁵⁹ 그저 열둘이려니

24

목천木川 집 안방인데 누우신 양 병중이라

손으로 머리 짚자 님을 따라 서울길로

나다려 말씀하실 젠 진천인 듯하여라⁶⁰

---

55 종현(鍾峴)의 옛 이름. ─ 원주
56 천주교당의 속칭. ─ 원주
57 정릉동의 잘못된 표현. ─ 원주
58 어머니 외가가 정릉동이었는데 뒷동산에 밤나무숲이 있어서 어머니 어릴 적에 내외종 형제
    자매가 같이 다니며 아람을 주웠다고 말씀하였다. ─ 원주
59 어머니 어릴 적에 외조부 성천(成川) 임소에 가서 강선루(降仙樓)에 올라가 무산(巫山) 십
    이봉을 보았다고 늘 말씀하였다. ─ 원주
60 이 시조는 어느 날 밤 꿈을 그대로 적은 것이다. ─ 원주

25

뵈온 배 꿈이온가 꿈이 아니 생시런가
이날이 한 꿈되어 소스라쳐 깨우과저
긴 세월 가진 설움 맘껏 하소(하소연)하리라

26

시식時食도 좋건마는 님께 드려보올 것가
악마듸(마디가 억센) 풋절이를 이 없을 때 잡숫더니
가지록 뼈아픔내다 한恨이라만 하리까

27

가까이 곁에 가면 말로 못 할 무슨 냄새
마시어 배부른 듯 몸에 품겨 봄이 온 듯
코끝에 하마 남은가 때때 맡아봅내다

28

님 분명 계실 것이 여기 내가 있도소니
내 분명 갔을 것이 님 가신 지 네해로다
두61 분명 다 허사외라 뵈와 분명하온가

29

친구들 나를 일러 집안 일에 범연타고
아내는 서워라고 어린아이 맛없다고
여린 맘 설움에 찢겨 어데 간지 몰라라

---

61 초장의 님과 중장의 나를 합쳐, 님과 나 둘을 뜻함.

30

집터야 물을 것가 어느 무엇 꿈 아니리

한 깊은 저 남산이 님 보시던 옛 낯이라

게 섰자 눈물이리만 외오(혼자) 보니 설워라

31

비 잠깐 산 씻더니 서릿김에 내 맑아라

열구름 뜨자마자 그조차도 불어 없다

맘 선뜻 반가워지니 님 뵈온 듯하여라[62]

32

마흔의 외둥이를 웅아[63] 하자 맏동서께

남 없는 자애였만(자애였지만) 정 갈릴까 참으셨네

이 어찌 범절만이료 지덕至德인 줄 압내다

33

찬 서리 어린 칼을 의로 죽자 내 잡으면

분명코 우리 님이 나를 아니 붙드시리

가서도 계신 듯하니 한 걸음을 긔리까(속이리까)

34

어느 해 헛소문에 놀라시고 급한 편지

네 걸음 헛디디면 모자 다시 안 본다고

62　우리 생어머니는 얼음보다 맑은 어른이다. ─ 원주

63　어린애 나오면 곧 웅아 하고 운다. 어머니가 사십에 나를 낳아서 곧 큰동서께 바치고 행여 정이 갈릴까 하여 그 뼈가 녹을 듯한 자애(慈愛)를 참고 짐짓 대범하게 굴었다. ─ 원주

지질한 그날그날을 뜻 받았다 하리오

35

백봉황白鳳凰 깃을 부쳐 도솔천궁兜率天宮 향하실 제
아득한 구름 한점 옛 강산이 저기로다
빗방울 오동에 드니 눈물 아니 지신가

36

엽둔재[64] 높은 고개 눈바람도 경이랏다[65]
가마 뒤 잦은 걸음 얘기 어이 그쳤으리
주막집 어둔 등잔이 맛본상[66]을 비춰라

37

이 강이 어느 강가 압록鴨綠이라 여쭈오니
고국산천이 새로이 설워라고
치마끈 드시려 하자 눈물 벌써 굴러라[67]

---

64 진천(鎭川)서 성환역(成歡驛)으로 나오는 데 이 재를 넘는다. — 원주

65 경(景)이었다, 즉 하나의 풍경이었다는 뜻인 듯하다.

66 겸상으로 보아놓은 밥상. 임자년(1912) 첫 겨울이다. 내가 어머니를 모시고 진천서 성환으로 나오는데 엽둔재를 당하니 눈이 오고 바람이 불었다. 어머니 가마채를 붙들고 겨우 걸어 올라가면서 모자간 이야기가 많았다. 성환 오니 어두웠다. 저녁을 겸상하여 들어왔는데 등잔이라고 켠지만지 하였다. 그 하루가 지금껏 잊히지 아니한다. — 원주

67 우리 생어머니야말로 저 명말 정림(亭林) 고염무(顧炎武, 1613~82)의 모부인에게 지지 아니할 고절(高節)을 가졌다. 임자년 겨울 안동현(安東縣)으로 뫼시고 갈 제 기차가 압록강을 건너니 어머니 나를 부르며 "나라가 이 지경이 돼야 내가 이 강을 건너는구나" 그 말씀을 이어 눈물이 흘렀다. — 원주

38

개울가 버들개지 바람 따라 휘날린다

행여나 저러할라 돌이고도 굴지 마라[68]

이 말씀 지켰다 한들 누를 향해 사뢸고

39

이만 사실 님을 뜻조차도 못 받은가[69]

한번 상해드려(상하게 해드려) 못내 산 채 억만년을

이제와 뉘우치란들 님이 다시 오시랴

40

설워라 설워라 해도 아들도 딴 몸이라

무덤풀 욱은 오늘 이 살 붙어 있단 말가

빈말로 설운 양함을 뉘나 믿지 마옵소

십이애十二哀[70]

1

불살라[71] 날렸단들 님의 안을 가실 것가

못 감은 눈이 남아 오늘 우리 보시려니

구름이 북北에서 오니 새로 느껴합내다

　　　　── 고故 보재溥齋 이상설李相卨(1870~1917)[72] 선생을 생각하고

68　행여나 버들강아지처럼 이리저리 흔들리지 않도록 돌이 되고, 돌이 되어서라도 구르지 말라
　　　는 뜻인 듯하다.

69　이것밖에 못 사실 어머니의 뜻을 왜 제대로 받들지 못했을까라는 뜻이다.

70　『담원 정인보 전집』 1, 63~66면.

71　선생이 노령(露領)에서 돌아간 뒤 유언(遺言)대로 살라 날렸다. ── 원주

2

골목도 눈에 선타 동막東幕길이 어느젠고(어느 때였던가)

감추신 님의 한恨이 풀이 되여 우긋탄 말

사신 이[73] 돌아오시니 가슴 막혀 합내다

　　　── 고故 수당綏堂 민영달閔泳達(1859~1924)[74] 선생을 생각하고

3

글월은 몇째랏다 속[75]공부로 절개 높아

계오서(계셔서) 이제러면 온 의지가 되실 것을

웃음 띤 님의 신색이 눈물 될 줄 알리오

　　　── 고故 백암白巖 박은식朴殷植(1859~1925)[76] 선생을 생각하고

4

박히고 박힌 설움 금강석金剛石도 뚫을낫다

황포강黃浦江[77] 여읠(헤어질) 적이 어제런대 삼십삼년

넋 응당 오셨으련만 바라 아득하고녀

　　　── 고故 예관睨觀 신규식申圭植(1880~1922)[78] 선생을 생각하고

72　대한제국 시기 의정부참찬 등을 역임하다가 을사조약 이후 북간도로 망명해 서전서숙을 설립했고, 1907년 헤이그 특사로 파견되었으며 이후 대한광복군정부 정통령, 신한혁명단 본부장 등으로 독립운동에 헌신하다가 1917년 니꼴리스크[77]에서 사망했다.

73　생존하신 분. ─ 원주

74　명성황후 민씨의 종형제로 고종 시기 내부대신 등의 요직을 두루 거쳤으나, 합방 이후 일제의 작위를 거절하고 마포 부근에서 지내면서, 신흥무관학교 운영자금과『동아일보』운영자금을 지원하기도 했다. 시조 초장의 동막은 마포의 지명으로 현 대흥동 부근을 가리킨다.

75　선생은 양명학에 조예가 높았다. ─ 원주

76　근대계몽기 때 언론인으로,『황성신문』『대한매일신보』주필로 활동하다가 합방 이후 망명하여 동제사와 대한국민노인동맹 등의 독립운동단체를 조직하고 임시정부 제2대 대통령을 역임했으며,『한국통사』『독립운동지혈사』등을 저술했다.

77　내가 상해를 떠날 때 황포강 부두에서 나를 보냈다. ─ 원주

5

풍상風霜을 맛이라고(맛 중의 하나라고 여기고) 날 모르고 이 땅이네

설명킨(다리가 가늘고 긴) 학이러니 성이 나면(화가 나면) 범이러니

이 소식 님 못 드리고 어이 살가 합내다

　　　── 고故 백은白隱 유진태兪鎭泰(1872~1942)[79] 선생을 생각하고

6

뺄망정[80] 일을 하자 유언遺言 아직 새로워라

온몸이 정성되어(정성으로 이루어져) 머리 센 줄 모르서를

심으고 꽃 못 보시니 아니 울고 어이리

　　　── 고故 남강南岡 이승훈李昇薰(1864~1930)[81] 선생을 생각하고

7

두타산頭陀山[82] 한 구비에 굵고 말러 그냥 묻혀

지키신 그 일생一生이 적막寂寞할 손 광휘光輝로다

아우놈 외오 우는 줄 굽어 예뻐하소서

　　　── 고故 족형族兄 학산學山 정인표鄭寅杓(1855~1935)[83] 선생을 생각하고

78　대한제국기에 관립한어학교와 육군무관학교를 졸업한 뒤, 육군참위로서 을사조약 후 의병
　　　전쟁에 참여하려다가 발각되어 음독, 후유증으로 오른쪽 눈이 실명되었다. 1911년 중국 망
　　　명 후 신해혁명에 참여하고 상해에서 동제사를 조직했고, 임시정부 수립 후 중화민국정부와
　　　의 교섭을 주도하기도 했다.

79　독립협회에서 활동하고 3·1운동 직후 파리장서사건에 참여했으며, 기업인으로서 조선물산
　　　장려회 준비위원을 맡고 조선민립대학 기성준비회에도 참여했다. 신간회 경성지회장과 조
　　　선일보사 사장 등을 역임했다.

80　돌아간 뒤에 해부하여 뼈를 생리표본으로 써달라고 유언했다. ── 원주

81　3·1운동 때 독립선언서에 서명한 민족대표 33인 중의 한 사람으로, 오산학교 교장과 동아일
　　　보사 사장등을 역임했고, 조선물산장려회와 조선민립대학 설립운동에도 적극 참여했다.

82　진천(鎭川) 산 이름. ── 원주

83　동래정씨 소론 명문가 출신으로 홍문관교리와 충청도관찰사 등 청요직을 두루 역임하다가

8

다존듯(다 좋은듯) 하신 속에 숨어 깊은 한쪽 마음

술이니 글 글씨니 바둑 두어 수 높으니

내게만 비춰던 얼굴 두굿 그려합내다(몹시 그리워합니다)

      ── 고故 치재恥齋 이범세李範世(1874~1940)[84] 선생을 생각하고

9

풍란화風蘭花 매운 향내 당신에야 견줄손가(견줄쏜가)

이날에 님 계시면 별도 아니 더 빛날까

불토佛土가 이외 없으니 혼魂아 돌아오소서

      ── 고故 용운당대사龍雲堂大師(1879~1944)[85]를 생각하고

10

보자신 오늘 일을 오늘 되니 못 보서라

땅속이 깊다한들 님의 한과 어떠하리

내 아니 목석木石이온가 남아 혼자 보고녀

      ── 고故 송거松居 이희종李喜鐘(1876~1941)[86] 선생을 생각하고

11

종이도 예[87] 것이면 버리고야 마시던 님

합방 이후 은거하며 지냈다. 정인보의 집안 형님으로 정인보에게 『주역』 등을 교육했다.

84   대한제국기 규장각부제학을 역임하며 『국조보감』 편찬에 참여했고, 식민지 시기 시대일보사 사장을 역임했다. 그의 호 치재(恥齋)는 독립운동을 위해 망명하지 못한 것이 부끄럽다는 뜻이라고 한다.

85   속명은 한정옥(韓貞玉)으로 3·1운동 때 민족대표 33인 중의 한 사람인 만해(萬海) 한용운(韓龍雲).

86   정인보의 맏딸 정정완(鄭貞婉)의 시아버지.

87   왜(倭). ── 원주

강산江山이 돌아오니 님은 벌써 추초秋草로다

고유할 아들 있은들 이 느낌을 어이료

　　　— 고故 유창환兪昌煥(1870~1935)[88] 선생을 생각하고

12

가기를 어찌 간고 만리萬里뿐가 도산검수刀山劍水

옥玉도곤 귀한 선비 계서 고만 흙이라니

안 헤져 다시 온단들 뉘라 긴줄 알리요

　　　— 고故 김찬기金燦基(1915~45)[89] 군의 서보逝報를 듣고

88　식민지 시기의 문인 서예가. 우당(愚堂)·육일거사(六一居士)·홍엽산방주인(紅葉山房主
　　人)·성동초자(城東樵者) 등의 호를 사용했다.

89　독립운동가 김창숙(金昌淑)의 차남으로, 진주고보동맹휴학사건 및 왜관사건 등 국내 독립
　　운동 과정에서 여러 차례 옥고를 치르고 중국 충칭(重慶)으로 탈출해 대한민국임시정부에
　　서 활동했고, 환국 준비 중 사망했다.

홍명희 연보*

*1896년 을미개혁 전후로 음력(전)과 양력(후)이 구분되며, 국외 사건은 양력으로 표기한다.

연도	홍명희	국내외 주요 사건
1888년 (고종 25년)	• 7월 2일(음력 5월 23일), 충북 괴산군 괴산면 인산리에서 홍범식(洪範植)과 은진송씨 간의 장남으로 출생. 본관은 풍산. 자는 순유(舜兪). 호는 가인(假人, 可人), 벽초(碧初). 노론 명문가 출신으로 증조 홍우길(洪祐吉)은 이조판서, 조부 홍승목(洪承穆)은 병조참판을 지냈음.	
1892년 (고종 29년)	• 한문을 배우기 시작함. (5세)	
1898년 (광무 2년)	• 『삼국지』를 비롯하여 중국 고전소설들을 탐독하기 시작함.	
1900년 (광무 4년)	• 여흥민씨가의 규수 민순영과 조혼.	
1902년 (광무 6년)	• 서울 중교의숙(中橋義塾)에 입학. (15세)	
1903년 (광무 7년)	• 후일 저명한 학자가 된 장남 기문(起文)이 태어남. (그 후 차남 기무와 딸 수경, 무경, 계경이 태어남)	
1905년 (광무 9년)	• 중교의숙을 졸업하고 귀향. 『춘추』 4전(四傳)을 공부하고, 일본인 부부에게 일어 회화를 배움.	• 7월, 태프트-카쯔라 밀약. • 11월, 을사늑약 강제 체결.
1906년 (광무 10년)	• 일본 토오꾜오에 유학. 도요(東洋)상업학교 예과 2학년에 편입. (20세)	• 한국통감부 설치. 이또오 히로부미가 한국통감으로 부임.
1907년 (융희 1년)	• 토오꾜오 다이세이(大成)중학교 3학년에 편입. • 유학 시절 문일평·이광수·최남선 등과 교우하고, 서양 근대문학을 비롯한 다양한 분야의 독서에 탐닉함.	• 헤이그 밀사사건으로 고종 퇴위. 순종 즉위.
1909년 (융희 3년)	• 대한흥학회에 가입 활동. 『대한흥학보』에 「일괴열혈」 등 발표.	• 10월, 안중근이 이또오 히로부미 사살.

1910년 (융희 4년)	• 2월, 졸업시험을 앞두고 학업을 포기한 채 귀국함.(그러나 평소 성적이 좋았으므로 특별히 졸업증서를 수여받았음) • 『소년』지에 번역문인 「쿠루이로프 비유담」(크릴로프의 우화), 「사랑」(안제이 니에모옙스끼의 산문시) 등을 발표. • 8월 29일, 금산군수로 재직 중이던 부친 홍범식이 경술국치에 항거하여 순국함. • 정인보와 교우를 시작함.(정인보의 장녀 정정완의 증언)	• 8월, 경술국치(한일병탄조약으로 국권 피탈). 조선총독부 설치.
1912년	• 해외 독립운동에 투신하려 중국으로 떠남. (25세)	• 중화민국 수립.
1913년	• 상해에서 박은식·신규식·신채호·김규식·조소앙·문일평·정인보 등과 함께 해외 독립운동 단체 동제사(同濟社)에 가담하여 활동함.	
1914년	• 11월, 독립운동을 위한 재정적 기반을 구축하고자 남양(南洋)으로 향함.	• 1차대전 발발.
1915년	• 3월, 싱가포르에 정착. 이후 3년간 동남아시아의 화교들과 연계를 가지며 활동함.	
1917년	• 12월, 남양 생활을 청산하고 싱가폴을 떠남.(30세)	• 러시아 10월혁명으로 소비에뜨 정권 수립.
1918년	• 상해와 북경을 거쳐 귀국.	• 우드로 윌슨, 민족자결 원칙 등 14개조 강령 발표. • 1차대전 종전.
1919년	• 3월 19일, 괴산 만세시위를 주도하여 검거. 출판법 위반으로 징역 1년 6월을 선고받음.	• 3·1운동 발발하여 전국으로 확산. • 4월, 상해 임시정부 수립. • 중국 5·4운동 발발.
1920년	• 4월, 징역 10월 14일로 감형되어 만기 출감함.	• 조선일보, 동아일보 창간.
1922년	• 서울로 솔가 이주하여 한때 휘문고보·경신고보 교사로 근무함. (35세)	
1923년	• 조선도서주식회사에 근무. • 조선에스페란토협회에서 활동하고, 김억이 쓴 교재 『에스페란토 독학』에 에스페란토로 「머리말」을 써줌. • 사회주의 사상단체 신사상연구회에 창립회원으로 가담.	

1924년	• 5월, 동아일보 주필 겸 편집국장으로 취임. • 동아일보에 동서고금의 이색적인 지식을 소개하는 칼럼 「학창산화」를 연재함.(~1925년) • 신사상연구회가 맑스주의 행동단체인 화요회로 개편되자, 화요회 간부로 활동함.	• 중국 제1차 국공합작. • 시대일보 창간.
1925년	• 4월, 시대일보사로 옮김. 편집국장, 부사장, 사장을 역임함. • 비타협적 민족주의자들을 중심으로 한 학술단체 조선사정(朝鮮事情)조사연구회에 가담.	• 3월, 임시정부 대통령 이승만 탄핵, 2대 박은식 임시대통령 취임. • 4월, 조선공산당 창립.
1926년	• 카프(KAPF, 조선프롤레타리아예술동맹)의 기관지에 해당하는 『문예운동』 창간호에 평론 「신흥문예의 운동」 발표. • 조선도서주식회사에서 칼럼집 『학창산화』 간행. • 신채호의 『조선사연구초』 서문을 씀.(조선도서주식회사에서 1929년에 간행됨) • 시대일보가 자금난으로 인해 폐간되자, 정주 오산학교 교장으로 부임함.	• 6·10만세운동. • 시대일보 폐간.(제호를 바꿔 중외일보 창간)
1927년	• 민족협동전선 신간회(新幹會) 창립을 앞두고 「신간회의 사명」 발표. • 2월, 신간회 창립대회에서 부회장으로 선임되었으나 고사하고 조직부 총무간사로 활동함. • 오산학교 교장직을 사임함. (40세)	• 2월, 신간회 창립.
1928년	• 10월, 제4차 조선공산당사건 관련 혐의로 검거되었다가 불기소로 방면됨. • 11월 21일, 역사소설 『임꺽정(林巨正)』을 조선일보에 연재하기 시작함.	
1929년	• 12월, 신간회 민중대회사건으로 검거됨. • 투옥으로 인해 『임꺽정』 연재를 중단함.(「봉단편」 「피장편」 「양반편」까지 연재됨)	• 1월, 원산총파업. • 세계 대공황 시작. • 11월, 광주학생운동.
1931년	• 4월, 보안법 위반으로 징역 1년 6월을 선고받음. • 서대문형무소에서 벗 정인보에게 장편 한시 「술회」를 지어 보냄.	• 신간회 해소. • 만주사변 발발.
1932년	• 1월, 가출옥으로 출감. • 12월, 『임꺽정』 연재 재개.(「의형제편」부터)(45세)	• 만주국 건국.
1934년	• 김정희의 문집인 『완당선생전집』을 교열함.(영생당 간행)	• 중국공산당 대장정 시작.

1935년	• 평론 「대(大) 똘스또이의 인물과 작품」을 조선일보에 연재. • 12월, 병이 나서 『임꺽정』 연재를 중단함.(「화적편」 '청석골'장까지 연재됨)	
1936년	• 칼럼 「양아잡록(養痾雜錄)」과 「온고쇄록(溫故瑣鎖錄)」을 조선일보에 연재.(「양반」 「적서」 「노인」 등은 「양아잡록」의 일부임)	• 일본 2·26사건 발발. • 스페인내전 발발.
1937년	• 12월, 『임꺽정』 연재 재개. (50세)	• 중일전쟁 발발.
1938년	• 정몽주의 지조를 높이 평가한 논문 「정포은과 역사성」, 구술논문 「이조 정치제도와 양반사상의 전모」 등 발표.	• 4월, 일제 국가총동원법 공포.
1939년	• 홍대용의 문집 『담헌서(湛軒書)』를 교열함.(신조선사 간행) • 7월, 『임꺽정』 연재를 중단함.(「화적편」 '자모산성'장의 서두까지 연재됨) • 『임꺽정』 초판이 조선일보사출판부에서 간행됨.(~1940년) • 경기도 양주군 노해면 창동 244번지로 이주하여 은둔생활에 들어감.	• 2차대전 발발. • 7월, 일제 국민징용령 제정.
1940년	• 『임꺽정』 「화적편」 '자모산성'장의 일부를 『조광』 10월호에 발표.(그 후 『임꺽정』 연재는 영구히 중단됨)	• 창씨개명제도 시행. • 8월, 조선일보, 동아일보 폐간.
1941년	• 서유구의 『누판고(鏤板考)』를 교열함.(대동출판사 간행)	• 12월, 일본 진주만 공격, 태평양전쟁 발발.
1942년	• 차남 기무가 정인보의 차녀 경완과 혼인함. (55세)	• 10월, 조선어학회사건 발생.
1945년	• 해방의 감격을 노래한 시 「눈물 섞인 노래」를 『해방기념시집』에 발표. • 11월, 서울신문사 고문으로 취임. • 12월, 조선문학가동맹 중앙집행위원장, 에스페란토 조선학회 위원장, 조소(朝蘇)문화협회 위원장에 추대됨. • 좌익계의 '김일성장군 무정장군 독립동맹 환영준비회' 위원장, '반팟쇼 공동투쟁위원회' 위원장, 우익계의 '대한민국임시정부 개선 전국환영대회' 부회장, '신탁통치 반대 국민총동원위원회' 상무위원 등에 선임된 것으로 발표됨.	• 8월 15일, 광복. 남북이 분단되어 38도선 이북에는 소련군이, 아남에는 미군이 진주함. • 12월, 모스끄바 삼국 외상회의. 이를 계기로 국내에는 신탁통치 파동이 일어남.

1946년	• 1월, 좌·우익의 여러 단체에서 일방적으로 자신을 임원으로 선임한 데 대해 항의하는 내용의 「성명」을 서울신문에 발표. • 2월, 조선문학가동맹에서 주최한 제1회 전국문학자대회에 「인사 말씀」을 보냄.(이태준 대독) • 3월, 서울신문사 고문직 사임. • 8월, 홍명희를 중심으로 한 중간파 정당인 민주통일당 제1회 발기회 개최. • 12월, '남조선 과도 입법위원' 선거에서 관선의원으로 선임되었으나, 친일 인사들이 포함되어 있다는 이유로 수락을 거부함. • 「나의 정치노선」을 서울신문에 발표.	• 미소공동위원회 개최.
1947년	• 좌우합작을 통한 임시정부 수립을 지원하고자 김규식·여운형·안재홍 등 중간파 인사들과 함께 시국대책협의회를 결성함. • 8월, 여운형이 암살되자, 인민장에서 장의위원회를 대표하여 봉도문(奉悼文)을 낭독하고 한시 「곡몽양」을 발표. • 10월, 민주통일당 등 5개 정당을 통합하여 중간파 정당인 민주독립당을 창당하고 당 대표에 취임함. • 12월, 중간파 정당 사회단체의 연맹체인 민족자주연맹(주석 김규식) 결성에 참여. 정치위원으로 선임됨. (60세)	• 미소공동위원회 결렬. • 10월, 미국이 한국 문제를 유엔(UN)에 상정함.
1948년	• 『임꺽정』 재판이 을유문화사에서 간행됨. • 「통일이냐 분열이냐」를 『개벽』지에 발표. • 김구·김규식 등과 함께 남한 단독선거 반대를 천명하는 이른바 '7거두 성명' 발표. • 4월, 평양에서 열린 남북조선 제정당 사회단체 대표자 연석회의'(남북연석회의)에 참가. • 8월, 서울에 있던 가족들이 38선을 넘어 평양에 도착함. • 9월, 조선민주주의인민공화국 제1차 내각(수상 김일성)에서 박헌영·김책과 함께 3인의 부수상 중 한사람으로 임명됨.	• 8월 15일, 대한민국 정부 수립. 이승만 대통령 취임. • 9월 9일, 조선민주주의인민공화국 수립. 수상 김일성 취임.
1949년	• 2월~4월, 정부대표단의 일원으로 소련을 방문함. • 6월, 조국통일민주주의전선(조국전선)이 결성되자 중앙상무위원으로 선임됨.	• 북태평양조약기구(NATO) 창설. • 독일연방공화국(서독), 독일민주공화국(동독) 수립. • 10월, 중화인민공화국 수립.

1950년	• 6월, 한국전쟁 발발 직후 군사위원회(위원장 김일성)가 설치되자 7인의 군사위원의 한사람으로 임명됨.(교육 보건 부문 담당)	• 6월, 한국전쟁 발발.
1952년	• 과학원 초대 원장이 됨. (65세)	
1953년	• 11월, 정부 대표단의 일원으로 중국을 방문함.	• 7월, 휴전협정 조인으로 한국전쟁 정전. • 10월, 한미상호방위조약 체결.
1954년	• 『림꺽정』이 평양 국립출판사에서 간행됨.	
1955년	• 4~5월, '쏘비에뜨 군대에 의한 독일 해방 10주년 기념 축전'에 참가할 정부대표단 단장으로서 동독을 방문하고, 귀국 길에 소련에 들러 똘스또이 생가를 방문함.	• 제1차 아시아아프리카회의. • 바르샤바조약기구 창설.
1956년	• 과학원 원장직 사임. 과학원 중앙위원회 상무위원이 됨.	• 1956년, 헝가리혁명 발발.
1957년	• 제2차 내각에서 6인의 부수상 중 한사람으로 임명됨. • 조국통일민주주의전선 중앙위원회 의장단의 일원이 됨. (70세)	
1959년	• 4월~6월, 정부대표단의 일원으로 소련을 방문하고, 귀국길에 동독·폴란드 등 동유럽 여러 나라와 몽골을 친선 방문함.	• 쿠바혁명 발발.
1961년	• 남북통일과 대남문제 전담기구인 조국평화통일위원회(조평통)가 결성되자, 위원장으로 선출됨.	• 5·16군사쿠데타 발생.
1962년	• 부수상직 사임. 조선최고인민회의 상임위원회 부위원장에 선임됨. (75세)	• 쿠바 미사일 위기.
1967년	• 조선최고인민회의 상임위원회 부위원장에 재선됨.	
1968년	• 3월 5일, 노환으로 별세. 향년 81세.	

정인보 연보*

*1896년 을미개혁 전후로 음력(전)과 양력(후)이 구분되며, 국외 사건은 양력으로 표기한다.

연도	정인보	국내외 주요 사건
1893년 (고종 30년)	* 5월 6일 서울에서 출생. 본관은 동래(東萊). 유명(幼名)은 경업(經業). 자는 경시(景施), 호는 담원(詹園), 미소산인(薇蘇山人). 아호는 위당(爲堂). 부친 정은조(鄭誾朝), 모친 달성서씨(達城徐氏).	
1903년 (광무 7년)	* 집안이 회동(匯洞) 고향집을 떠나 양근(楊根)으로 이사. (11세)	
1905년 (광무 9년)	* 성계숙(成綮淑)과 혼인.	* 7월, 태프트-카쓰라 밀약. * 11월, 을사늑약 강제 체결.
1907년 (융희 1년)	* 진천(鎭川)으로 이사. (15세)	* 헤이그 밀사사건으로 고종 퇴위. 순종 즉위.
1910년 (융희 4년)	* 10월에 난곡(蘭谷) 이건방(李建芳, 1861~1939)을 스승으로 모시게 됨.	* 8월, 경술국치(한일병탄조약으로 국권 피탈). 조선총독부 설치.
1911년	* 중국 봉천(奉天)과 안동(安東) 등지를 답사하며, 노상익(盧相益, 1849~1941), 노상직(盧相稷, 1855~1931) 형제 등과 만남. * 부인 성씨와 함께 진천에서 서울로 이사.	* 중국 신해혁명.
1912년	* 중국 안동현(安東縣)으로 모친을 모시고 다녀옴.	* 발칸전쟁 발발.
1913년	* 중국 상해에서 동제사(同濟社)에 가입하고 신채호(申采浩,1880~1936), 홍명희(洪命憙, 1888~1968), 문일평(文一平, 1888~1936) 등과 활동함. * 부인 성씨의 부음을 듣고 귀국, 후처 조씨와 재혼. 이후 진천으로 이사.	
1914년	* 홍명희의 부친 홍범식(洪範植, 1871~1910)에 대한 「금산금수홍공사장(錦山郡守洪公事狀)」을 지음.	* 1차대전 발발.
1918년	* 생모 달성서씨 사망. (26세)	* 우드로 윌슨, 민족자결 원칙 등 14개조 강령 발표.
1920년	* 홍명희와 대둔산(大芚山)에서 한달을 기거함.	* 조선일보, 동아일보 창간.

1923년	• 양모 경주이씨 사망. • 이 무렵 연희전문학교에서 강의를 시작한 것으로 추정. (31세)	• 독일 히틀러, 맥주홀 폭동 주동.
1924년	• 2월 13일, 『동아일보』에 「영원의 내홍(內訌): 형제적 우애로 돌아가자」를 게재. • 5월, 『동아일보』 주필 홍명희와의 인연으로 논설위원 참여. 8월, 촉탁기자로 전환.	• 중국 제1차 국공합작. • 3월, 만주에서 김좌진 등이 신민부 조직. • 시대일보 창간.
1925년	• 11월 5일, 『동아일보』에 「곡백암박부자(哭白巖朴夫子)」 기고(압수기사).	• 3월, 임시정부 대통령 이승만 탄핵, 2대 박은식 임시대통령 취임. • 4월, 조선공산당 창립.
1926년	• 3월 14일, 순종이 서거하자 그 능비 「유릉지문(裕陵誌文)」을 썼으나 대체됨. • 5월 2일, 『동아일보』에 「대행애사(大行哀詞)」를 기고.	• 6·10만세운동. • 시대일보 폐간(제호를 바꾸어 중외일보 창간).
1927년	• 불교전문학교와 이화여전에 출강. (35세)	• 2월, 신간회 창립.
1928년	• 3월, 조선중앙기독교청년회 수양강좌에서 '중국 문학강좌' 강연. • 8월, 조선남녀학생기독교청년회 연합수련회에서 강연. • 『청년』 9~10월호에 「역사적 고황과 오인의 일대사」 게재.	• 홍명희, 『조선일보』에 「임꺽정」 연재 시작.
1931년	• 『동아일보』에 「조선고전해제(朝鮮古典解題)」를 연재. • 5월 14일, 『동아일보』에 「민족적 수치―채무에 시달린 충무공 묘소」를 기고하는 등 '현충사중건위원회(顯忠祠重建委員會)' 활동의 일환으로 관련 사설을 집중적으로 게재. • 겨울에 회봉(晦峯) 하겸진(河謙鎭, 1870~1946)을 만남.	• 신간회 해소. • 만주사변 발발. • 마오쩌둥, 중화 소비에뜨 임시정부 수립.
1932년	• 「영인 훈민정음 서(影印訓民正音序)」 집필. (40세)	• 만주국 건국.
1933년	• 9월 8일부터 12월 17일까지 『동아일보』에 「양명학연론」을 연재. • 12월, 「김추사전집서」 집필.	• 한글 맞춤법 통일안 제정.
1934년	• 9월 10일부터 15일까지 『동아일보』에 「유일한 정법가인 정다산 선생」 연재.	• 중국공산당 대장정 시작.

1935년	• 1월 1일, 『동아일보』에 「오천년간 조선의 얼」 연재 시작(1936년 8월 28일까지 총 440회). • 7월 16일, 『동아일보』에 「정다산 선생 서거 백년을 기념하면서」 게재. 이날 서울 동아일보 강당(공평동 태서관)에서 정다산 선생 서세 백주년 기념 강연을 시작하여, 전국 순회 강연을 수행함.	• 심훈 「상록수」가 『동아일보』 현상공모에 당선.
1936년	• 2월, 단재 신채호가 여순 감옥에서 옥사하자, 2월 26일 『동아일보』에 「단재와 사학」, 4월 『신동아』에 「잔억(殘憶)의 수편(數篇)」 등을 기고.	• 일본 2·26사건 발발. • 스페인내전 발발. • 손기정 베를린 올림픽 마라톤 우승.
1937년	• 이해부터 1940년까지 신병으로 칩거하며 다량의 한문 저술 산출. (45세)	• 중일전쟁 발발. • 10월, 일제 황국신민서사 암송 강요.
1939년	• 1월, 『여유당전서(與猶堂全書)』 총서(總敍) 집필. • 5월, 스승인 난곡 이건방이 서거하자 「제난곡이선생문(祭蘭谷李先生文)」 집필. • 7월, 권병훈(權丙勳, 1870~1948)의 한자 사전 『육서심원(六書尋源)』의 서문 집필.	• 2차대전 발발. • 7월, 일제 국민징용령 제정.
1940년	• 가을에 서울 내수동에서 경기도 창동(현재의 도봉구 창동)으로 이사.	• 창씨개명제도 시행. • 8월, 조선일보, 동아일보 폐간.
1941년	• 「난곡이선생묘표(蘭谷李先生墓表)」 집필.	• 12월, 일본 진주만 공격, 태평양전쟁 발발.
1942년	• 하겸진의 『동시화(東詩話)』 서문 집필. (50세)	• 10월, 조선어학회사건 발생.
1945년	• 3월에 다시 전북 익산으로 이사하였다가, 해방과 함께 서울로 돌아옴. 11월 22일 『동아일보』에 임시정부요인 「봉영사(奉迎辭)」를 기고. • 12월 23일, 서울운동장(구 경성운동장)에서 김구의 명의로 작성한 「순국선열추념문」을 낭독함.	• 8월 15일, 광복. 남북이 분단되어 38도선 이북에는 소련군이, 이남에는 미군이 진주함. • 12월, 모스끄바 삼국 외상회의.
1946년	• 1월, 남조선 민주의원 취임. 전조선문필가협회장에 취임. 하겸진이 서거하자 「하회봉선생상사(河晦峰先生傷辭)」 집필. • 9월 20일, 『조선사연구』(서울신문사) 간행. • 10월, 「세종대왕 어제 훈민정음 반포 오백주년 기념비문」 집필.	• 미소공동위원회 개최.

1947년	* 국학대학장에 취임. 민주의원 의원, 독립촉성회 부의장, 문필가협회 회장직 등을 사퇴. (55세)	* 미소공동위원회 결렬. * 10월, 미국이 한국 문제를 유엔(UN)에 상정함.
1948년	* 2월, 『담원시조』(을유문화사) 출간. * 8월 15일, 감찰위원장으로 취임. 동시에 국학대학장 사임.	* 8월 15일, 대한민국 정부 수립. * 9월 9일, 조선민주주의인민공화국 수립.
1949년	* 3월, 『시정보』에 「사령(私令)을 배제하고 공령(公令) 준행(遵行)의 관기를 세우자」 기고. * 8월, 감찰위원장 사직.	* 북태평양조약기구(NATO) 창설. * 10월, 중화인민공화국 수립.
1950년	* 2월, 정인보 작사 「3·1절의 노래」를 국가 공식 기념가로 제정. * 7월 31일, 한양병원(서울 낙원동 소재)에 입원 중 북한군에 납치 후 사망. 향년 58세.	* 6월, 한국전쟁 발발.
(사후)	* 『담원 국학 산고(薝園國學散藁)』(문교사, 1955); 『담원문록(薝園文錄)』(연세대학교 출판부, 1967); 『담원시조(薝園時調)』(을유문화사, 1973); 『담원 정인보 전집(薝園鄭寅普全集)』(연세대학교 출판부, 1983); 『담원문록(薝園文錄)』(정양완 역, 태학사, 2006) 출간.	
1990년	* 대한민국 독립장 추서.	

찾아보기

창비 한국사상선 24

홍명희·정인보
조선적인 것의 재구성

초판 1쇄 발행 / 2026년 2월 20일

지은이 / 홍명희 정인보
편저자 / 강영주 박석무
펴낸이 / 염종선
책임편집 / 박주용 박대우
조판 / 신혜원
펴낸곳 / (주)창비
등록 / 1986년 8월 5일 제85호
주소 / 10881 경기도 파주시 회동길 184
전화 / 031-955-3333
팩시밀리 / 영업 031-955-3399 편집 031-955-3400
홈페이지 / www.changbi.com
전자우편 / human@changbi.com

ⓒ 홍석중 강영주 박석무 2026
ISBN 978-89-364-8118-6 94150